KB263186

중국식 현대화와
세계질서의 재편

중국식 현대화와
세계질서의 재편

선옥경 지음

중국식 현대화란 무엇인가?

---

1. 들어가는 이야기
─세계 전환기와 중국식 현대화의 부상

2022년 가을 베이징 인민대회당에서 열린 중국공산당 제20차 전국대표대회에서 시진핑(習近平) 총서기는 중국식 현대화를 국가 발전의 새로운 좌표로 공식 선언하였다. 이는 단순한 정치 구호가 아니라, 14억 인구를 가진 국가가 어떤 방식으로 성장하고 국제 질서 속에서 어떤 위상을 점할 것인가를 둘러싼 장기적인 국가 전략의 핵심 개념으로 제시된 것이다. 이후 중국의 전략 문건, 정책 담론, 외교 연설, 학술 담론에서 중국식 현대화는 반복적으로 등장하며 체제 정당성과 국제적 역할을 동시에 설명하는 상위 담론의 위치를 차지하게 되었다.

오늘날 세계는 냉전 이후 처음으로 단일한 근대화 경로가 균열을 드러내는 시기를 맞이하고 있다. 기술 패권 경쟁, 공급망의 정치화, 데이터 규범의 분절화, 지정학적 갈등, 그리고 팬데믹 이후의 경제 구조 변화는 서구식 근대화의 보편성을 약화시키고, 복수의 발전 모델이 공존하는 다층적 질서를 예고한다. 이러한 전환기 속에서 중국은 기존 서구 중심 모형의 대안으로서 독자적 현대화 서사를 제시하고 있으며, 그 핵심이 중국식 현대화라는 개념이다.

　그러나 중국식 현대화가 정확히 무엇을 의미하는지, 그것이 서구가 경험해온 근대화 경로와 어떤 점에서 같고 또 어떻게 다른지에 대해서는 여전히 논쟁이 존재한다. 일부는 이를 기존 발전 전략의 단순한 재포장으로 보지만, 중국 지도부는 이를 중화민족의 위대한 부흥과 결부된 총체적 국가 전략으로 규정하며, 경제·정치·사회·문화·생태·대외 전략을 포괄하는 통합 국가 모델로 제시하고 있다. 따라서 중국식 현대화를 이해하는 일은 단순히 중국 내부의 변화를 해석하는 문제가 아니라, 21세기 세계 질서의 구조적 변화를 읽어내는 출발점이 된다. 바로 이 지점, 즉 근대화의 보편적 서사와 중국적 특수성이 교차하는 자리에서 중국식 현대화를 어떻게 이해할 것인가라는 물음에서 논의가 출발한다. 먼저 현대화 개념의 역사적 기원을 검토하고 그 보편성과 한계를 정리한 뒤, 중국식 현대화가 어떠한 구조적 특징과 전략적 함의를 가지는지를 세 축으로 정리한다. 이를 바탕으로 이후 각 장에서 중국식 현대화의 국내적 전개와 국제 질서 재편의 연관성을 설명하고자 한다.

　전체 서술은 다음 핵심 질문을 중심으로 전개된다. 중국식 현대화는 서구식 근대화와 어떤 구조적 차이를 가지는가? 그 차이는 국내 통치 방식뿐 아니라 국제 질서에 어떤 변화를 초래하는가? 미·중 경쟁과 다극화가 진행되는 상황에서 중국식 현대화는 어떤 역할을 가지는가?

　이 질문들을 통해 중국식 현대화를 단순한 정책 개념이 아니라, 21세기 세계 질서의 재구조화를 이끄는 핵심 변수로 이해하게 될 것이다.

2. 현대화의 보편성과 특수성
―서구 모델과 중국의 교차점

현대화라는 개념은 오랫동안 서구 국가들의 경험을 기준으로 정의되어 왔다. 18세기 후반 영국에서 시작된 산업혁명은 석탄과 철강, 방직 산업을 중심으로 생산력을 비약적으로 확장시켰고, 그 과정에서 대규모 도시화와 계급 구조의 변화가 동시에 일어났다. 이어 1789년 프랑스 혁명은 시민적 권리와 정치적 자유를 제도화하며 근대 국민국가 모델의 토대를 마련했다. 20세기에 접어들어 미국은 자유민주주의와 시장경제를 결합한 체제를 전 세계에 확산시켰고, 냉전 종식은 이러한 서구식 경로가 마치 인류 보편의 발전 경로인 것처럼 받아들여지도록 했다. 실제로 UNDP(유엔개발계획), 세계은행, OECD(경제협력개발기구)와 같은 국제기구들은 '산업화 → 도시화 → 민주화 → 서비스 경제화 → 복지국가'라는 선형적 단계 모델을 현대화의 기본 틀로 제시해 왔다. 그러나 실제 역사적 경험을 들여다보면, 이 보편 모델조차 특정한 역사·문화·지정학적 조건에서만 가능했음이 분명해진다. 일본은 19세기 후반 메이지 유신을 통해 서구 제도를 적극적으로 수용했으나, 민주주의는 제한적이었고 강력한 국가 주도 산업화가 특징이었다. 우리나라와 대만은 20세기 중반 권위주의 체제 아래에서 압축 근대화를 추진하며 경제 성장을 먼저 달성했고, 민주화는 그 이후에야 진행되었다. 라틴아메리카의 여러 국가는 서구식 제도를 이식하려 했지만 군부 쿠데타와 경제 위기를 반복했고, 아프리카의 다수 국가는 탈식민 이후에도 제도적 불안정과 빈곤 문제에서 벗어나지 못했다. 이러한 사례들은 현대화가 결코 단일한 직선 경로가 아님을 보여준다.

이들 경험은 현대화 경로가 다양하며, 이른바 보편 모델 역시 특정 시대와 조건 속에서 구성된 역사적 산물임을 시사한다. 다시 말해, 현대화는 동일한 목표를 향한 일직선의 발전이 아니라, 각국의 제도·문화·인구·지정학이 서로 맞물리며 형성되는 복수의 경로라는 것이다. 근대화는 하나의 모델이 아니라 여러 경로가 공존할 수 있는 역사적 과정이라는 점에서, 서구식 모델만을 정답으로 간주해 온 기존 인식 자체가 재검토되어야 한다는 논의가 확산되고 있다.

중국은 이러한 사례들과 비교해도 훨씬 더 특수한 조건을 지닌다. 14억 명에 달하는 세계 최대 규모의 인구, 사회주의라는 제도적 지향, 56개 민족이 공존하는 다민족 구조, 대륙형 영토와 지역 간 불균형이라는 구조적 제약은 서구 모델을 단순히 모방하기 어렵게 만든다. 특히 개혁개방 이후 중국은 시장경제 요소를 도입하면서도 동시에 국가의 전략적 조정 능력, 당의 영도, 장기 계획과 산업정책이라는 요소를 결합해 독특한 발전 방식을 구축해 왔다. 이러한 조건은 중국식 현대화를 단순한 후발 추격이 아닌, 독자적 경로로 설정하는 핵심적인 토대가 된다. 바로 이 교차점에서 중국식 현대화는 보편적 현대화 서사와 중국 특수성이 만나는 새로운 경로로 부상한다. 중국식 현대화는 서구 모델을 대체하려는 것이 아니라, 근대화의 목표와 방식을 재구성하며 다른 형태의 현대화가 가능함을 보여주는 제도적·역사적 실험이다. 이는 단지 중국 내부의 발전 전략을 의미하는 것이 아니라, 현대화의 의미 자체, 즉 무엇이 현대적 발전이며 어떤 가치가 그 기준이 되는가를 다시 묻는 국제적 논쟁의 출발점이 된다. 이러한 문제의식은 중국식 현대화의 구조적 특징을 이해하는 중요한 기반이 된다.

3. 중국식 현대화의 세 축
― 경제·정치·문화의 삼중 구조

(1) 경제 성장 – 고품질 발전

중국은 이미 세계 경제의 중심축 가운데 하나로 부상했다. IMF(국제통화기금)의 추계에 따르면 2022년 중국의 국내총생산(GDP)은 약 17조 9천억 달러에 달해, 미국(약 25조 달러)에 이어 세계 2위 자리를 차지했다. 불과 1978년 개혁개방 초기만 하더라도 국내총생산(GDP) 규모가 전 세계에서 10위권 밖에 머물러 있었던 중국이, 40여 년 만에 이 같은 도약을 이룬 것은 현대 경제사에서 가장 극적인 변화 가운데 하나로 꼽힌다. 그러나 중국 지도부는 단순히 총량의 확대만으로는 더 이상 체제의 안정성과 발전의 지속 가능성을 담보할 수 없다고 판단한다. 시진핑 주석은 2022년 제20차 당대회에서 "발전은 중국식 현대화의 토대이자 관건이지만, 이제는 고속 성장보다 고품질 발전을 최우선 과제로 삼아야 한다"고 선언했다. 이는 단순히 성장률의 숫자가 아니라, 성장의 내용과 질을 중시하겠다는 정치적 선언이었다.

2023~2024년의 흐름을 보면 이러한 전환은 더욱 명확해지고 있다. 중국 국가통계국(NBS)에 따르면 2023년 성장률은 5.2%를 기록했으며, 2024년 양회(兩會)에서도 정부는 성장 목표를 약 5%로 유지했다. 이는 고속 성장의 시대를 마무리하고, 중·고속 성장과 구조 전환을 결합한 새로운 안정 단계에 진입했음을 시사한다. 특히 2024년 들어 중국 정부는 신질생산력(新质生产力)을 핵심 경제 전략으로 제시했다. 이 개념은 기존의 단순한 산업 고도화를 넘어 혁신·디지털·녹색·안보가 통합된 신성장 동력 체계를 의미하며, 고품질 발전의 실질적 정책 방향을 제시하는 중요한 신호로 평가된다.

개혁개방 초기의 중국은 흔히 세계의 공장으로 불렸다. 값싼 노동력과 풍부한 토지, 그리고 대규모 외자 유치에 힘입어 노동집약적 제조업과 수출 주도형 성장 전략이 중국 경제의 엔진 역할을 했다. 하지만 시간이 흐르면서 이 모델은 여러 제약에 직면했다. 임금 상승으로 저비용 경쟁력이 약화되었고, 농민공 중심의 노동력 공급도 인구 고령화로 인해 더 이상 지속되기 어렵게 되었다. 에너지·자원 소모와 환경오염 누적, 미·중 갈등으로 인한 공급망 불안정성까지 겹치면서 기존 성장 경로의 지속가능성은 크게 흔들렸다. 이에 중국은 양적 성장 중심 모델에서 벗어나 생산성·지속 가능성·포용성을 핵심으로 하는 질적 성장 패러다임으로 이동하고 있다.

중국식 고품질 발전은 크게 세 가지 방향성을 지닌다. 첫째, 혁신 역량 강화이다. 반도체·AI(인공지능)·양자기술·바이오의약 등 전략산업에 대한 국가적 투자가 확대되며, 중국제조 2025와 14차 5개년 계획이 그 제도적 기반이 되고 있다. 둘째, 녹색 전환이다. 중국은 2030년 탄소 정점, 2060년 탄소중립 목표를 선언하고 태양광·풍력·전기차·수소경제 등에서 세계적 경쟁력을 확보하고 있다. 셋째, 포용성 강화이다. 공동부유 담론을 바탕으로 세제 개혁·사회보장 확대·교육 격차 완화가 추진되고 있으며, 이는 성장과 사회 안정의 연계를 강조하는 중국식 현실 인식을 반영한다. 전기차·배터리·태양광 등 신에너지 분야는 이러한 변화의 대표적 산업 현장이다. 중국의 BYD는 2022년 180만 대 이상을 판매한 데 이어 2023~2024년에도 세계 최대 전기차(NEV) 생산·판매국으로서의 중국의 위상을 공고히 했다. 태양광 모듈 시장에서도 중국기업들은 세계 점유율 70% 이상을 차지하며 글로벌 에너지 전환을 이끄는 핵심 공급자가 되었다. 이러한 산업 성과는 고품질 발전이 단순한 국가 전략이 아니라 실제 산업 지형 변화로 이어지고 있음을 보여준다. 고품질 발전은 국제 비교에서도 독자적 경로를 드러낸다. 독일의 인더

스트리 4.0이나 한국의 디지털 뉴딜과 달리, 중국의 전략은 국가 주도적 산업 조정과 안보·데이터 주권의 결합이 강하다는 점에서 차별적이다. 이는 향후 글로벌 기술 표준과 공급망 경쟁, 기후·환경 거버넌스 변화의 주요 변수로 작용할 것이다.

1978년 개혁개방 이후 중국은 두 자릿수 성장을 장기간 유지하며 세계의 공장으로 부상했다. 아래 그래프에서 보듯 1980~2000년대 초반까지 국내총생산(GDP) 성장률은 평균 10% 안팎을 기록했고, 2008년 금융위기 이후에도 7~8%대의 성장세를 보였다. 그러나 최근(2018~ 2022년) 성장률은 연도별 편차가 커졌으며(2018년 6.6%, 2019년 6.0%, 2020년 2.2%, 2021년 8.4%, 2022년 3.0%), 이는 단순한 경기 변동이 아니라 고품질 발전 패러다임으로의 구조적 전환과 맞물려 있다.

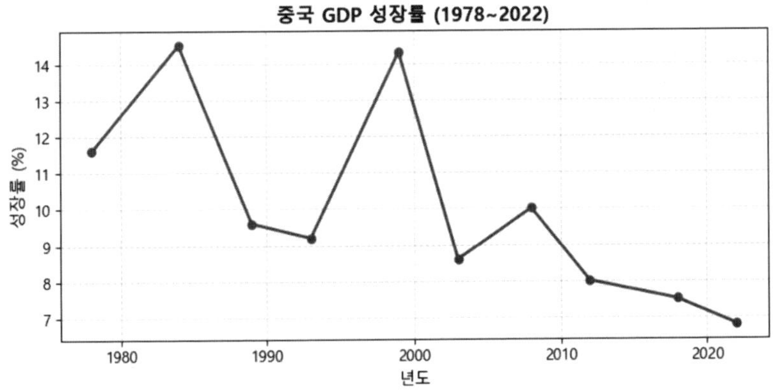

이러한 성장은 산업 구조의 전환과도 직접 맞물려 있으며, 아래 그래프는 중국 경제가 제조업 중심 성장 모델에서 벗어나 서비스·디지털 기반 경제로 이동하고 있음을 시각적으로 보여준다. 2000년 제조업은 국

내총생산(GDP)의 절반 가까이에 달했으나 2020년에는 약 38% 수준으로 낮아졌다. 같은 기간 서비스업은 50% 초반 수준에서 2020년 기준 약 54.5%로 확대되었다. 농업(1차 산업)은 약 15%에서 7~8% 수준(2020년 7.7%)으로 축소되었다. 이러한 변화는 중국 경제가 제조업 중심 성장 모델에서 벗어나 서비스·디지털 산업 중심의 고품질 발전 단계로 이행하고 있음을 보여준다.

아래 그래프는 2000~2020년 산업 구조 변화를 시각적으로 나타낸 것이다. 제조업(2차 산업)의 완만한 감소와 서비스업(3차 산업)의 꾸준한 확대는 중국 경제가 조립·생산 중심 구조에서 고부가가치 서비스와 지식·기술 기반 경제로 전환하고 있음을 분명히 한다. 이러한 추세는 실제 국가통계국(NBS) 수치와도 일치하며, 3차 산업의 안정적 확대와 1·2차 산업의 상대적 감소는 중국식 고품질 발전의 구조적 변화와 직결됨을 보여준다. 그래프는 중국식 현대화의 핵심 특징인 양적 성장에서 질적 성장으로의 전환을 시각적으로 확인하게 한다. 제조업 비중의 감소는 단순한 쇠퇴가 아니라 경제 구조의 고도화와 기술 기반 확장 과정이다. 이를 통해 고품질 발전 전략과의 연계성이 명확하게 드러난다.

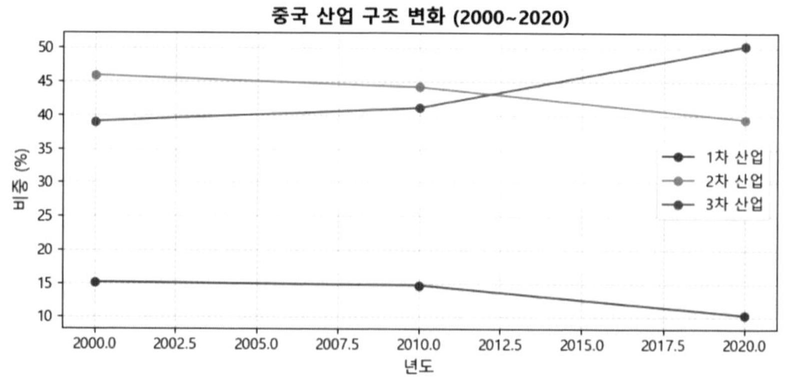

(2) 정치적 안정 – 당의 영도와 법치 담론

　중국식 현대화를 뒷받침하는 또 하나의 중요한 축은 정치적 안정이다. 시진핑 주석은 2020년 베이징에서 열린 전면적 법치 국가 건설 추진 좌담회(中央全面依法治国工作会议)에서 법치는 중국식 현대화의 기본 보장이라고 선언했다. 이는 법률 제도가 단순한 규칙 체계가 아니라, 국가 발전과 체제의 장기적 지속성을 지탱하는 핵심 안전판이라는 점을 강조한 것이다.

　중국이 정치적 안정과 제도적 일관성을 중시하게 된 배경에는 근현대사의 경험이 깊이 배어 있다. 청말(清末期)과 민국 시기에 중국은 외세 침략과 군벌 분열로 정치적 혼란이 지속되었고, 근대화 시도는 번번이 좌절되었다. 중화인민공화국 성립 이후에도 마오쩌둥 시대에는 법과 제도보다 개인 지도자의 권위가 우선시되었으며, 특히 문화대혁명(1966~1976) 시기에는 법적·제도적 기반이 사실상 붕괴되면서 사회 전체가 극심한 혼란에 빠졌다. 이러한 경험은 중국 지도부에게 중요한 교훈을 남겼다. 정치적 불안정은 경제 발전과 사회 통합을 근본적으로 위협하며, 안정은 국가 발전의 선결 조건이라는 인식이 자리 잡게 된 것이다. 덩샤오핑은 "개혁개방 시기 안정은 모든 것을 압도한다(稳定压倒一切)"는 구호를 내세워 정치적 일관성과 체제 안정이 경제 성장의 기반임을 강조했다. 이후 장쩌민은 사회주의 법치국가 건설을 당 강령에 포함했고, 후진타오(胡錦濤)는 조화사회(和谐社会) 구상을 통해 사회 통합과 제도적 질서를 강조했다. 시진핑 시기 들어 정치적 안정과 법치는 더욱 밀착되었으며, 현대화 추진의 핵심 보장 장치로 재정이 되었다.

　중국식 법치는 서구의 법의 지배(rule of law)와는 구조적으로 다르다. 서구에서는 법이 권력을 견제하는 장치로 작동하지만, 중국에서는 법이 공산당의 지도 원칙을 반영하고 체제를 정당화하는 도구로 기능한다. 흔히 법에 의한 통치(rule by law)라고 불리는 이러한 접근은 당의 영도와 국가 통치 체계를 일체화시키는 방식으로 제도화된다. 실제로 국가감찰위원회는 2016년 일부 지역에서 시범적으로 설치된 뒤, 2018년 개헌을 통해 전국적 기관으로 확정되며 국가 법률 체계에 정식 편입되었다. 중국식 법치는 크게 네 가지 특징을 가지고 있다. 첫째, 당(黨) 영도 중심성이다. 중요한 법률의 제정·집행은 모두 당의 노선과 정책 방향에 맞춰 추진된다. 둘째, 체제 정당화 기능이다. 사이버보안법(2016년 제정, 2017년 시행)과 홍콩 국가보안법(2020) 등은 사회 안정과 체제 유지를 명분으로 제정되었으며, 중국 정부는 국제사회의 우려에도 이를 질서 회복으로 설명한다. 셋째, 법률 체계의 현대화이다. 중국은 1978년 이후 법전 체계를 단계적으로 정비해 왔고, 2021년 시행된 민법전은 개인·재산권 보호를 통합한 최초의 민법전으로 평가된다. 넷째, 디지털 규범의 선도적 구축이다. 데이터보안법(DSL, 2021년 9월 시행), 개인정보보호법(PIPL, 2021년 11월 시행), 사이버보안법(2017년 시행)은 데이터·플랫폼·알고리즘에 대한 규범을 정립하며 중국식 디지털 통치 체계를 확립하고 있다. 중국식 법치는 국제사회에서 끊임없는 논쟁을 불러일으킨다. 서구는 이를 법치(rule of law)가 아닌 법통치(rule by law)라고 규정하며 권력 견제 장치가 취약하다고 비판한다. 반면 중국은 서구식 법치 역시 특정한 역사·문화적 배경에서 형성된 산물일 뿐, 이를 보편적 규범으로 강요할 수 없다고 주장한다. 이 논쟁에서 특히 두드러지는 분야가 디지털 규범과 인권 이슈이다. EU의 GDPR(일반개인정보보호규정)은 개인정보 보호와 데이터 주체 권리를 중심으로 한 권리 보호 우선 모델을 지향하지만, 중국의 DSL(데이터보안법)과 PIPL(개인정보보호법)은 데이터 안보·국가안보·사회 안정 등의 공공의 이익을 우선하는 국가 중심 규범 모델을 채택한다. 두 체계는 동일한 개인정보 보호라는 용어를 사용하더라도 가치 지향과 제도 목적이 근본적으로 다르다.

홍콩 국가보안법도 중요한 충돌 지점이다. 국제사회는 이를 일국양제(一国两制) 약화로 강하게 비판했지만, 중국 내부에서는 시위 종식과 질서 회복의 성과로 제시되었다. 이는 중국식 법치가 권리 보호보다 질서와 안정 확보에 더 큰 비중을 두고 있음을 보여준다. 흥미로운 점은 일부 개발도상국들이 중국식 법치를 긍정적으로 바라본다는 점이다. 에티오피아는 2019년 이후 중국과 사이버 공간 관리 협력 및 인터넷 규제 역량 관련 교류를 강화해 왔고, 캄보디아 역시 중국과의 협력을 통해 인터넷 실명제·감시 체계 강화 등을 추진하고 있다. 이는 중국식 법치가 단순한 국내 통치 모델을 넘어 국제 규범 경쟁의 한 축으로 확장되고 있음을 보여준다.

(3) 문화적 자신감 – 전통과 정신문명

중국식 현대화를 논할 때 흔히 경제와 정치가 먼저 거론되지만, 중국 지도부가 강조하는 세 번째 축은 문화적 자신감이다. 시진핑 주석은 여러 차례 "중화민족의 위대한 부흥은 물질적 문명과 정신문명의 균형 발전 속에서만 완성될 수 있다"고 언급했다. 이는 경제 성장과 정치 안정만으로는 중국식 현대화를 설명할 수 없으며, 문화적 자부심과 가치 체계가 함께 뒷받침되어야 한다는 인식을 반영한다. 이러한 기조는 시진핑 정부가 제시한 문화강국 전략과도 맞물려, 문화적 기반을 국가 발전의 핵심 요소로 재정의하려는 방향으로 이어지고 있다. 특히 문화강국 건설은 2021–2035년 중장기 발전 구상에도 포함되며 국가 전략의 핵심 축으로 격상되었다.

근대 중국의 역사적 경험은 이러한 문화적 자신감 담론의 중요한 배경이다. 중국은 아편전쟁 이후 서구 열강과 일본의 침략, 불평등 조약, 영토 분할 등으로 이어진 굴욕의 세기(百年国耻)를 겪었고, 이는 민족적 상처로 남았다. 현대 중국의 국가 정체성은 이 상처를 극복하고 민족 부흥을 실현하려는 서사 위에서 형성되었다. 시진핑이 제시한 중국몽(中国梦)은 이러한 역사적 맥락 위에서 등장한 구호로, 국가적 부흥과 개인적 행복을 결합한다. 개인이 풍요롭고 존엄한 삶을 누리는 것이 곧 국가적 위상 강화로 이어진다는 서사 구조가 강조된다.

문화적 자신감은 전통문화의 현대적 재해석을 기반으로 전개된다. 유교의 인(仁)과 예(禮)는 공동체적 조화와 사회적 질서를 강조하는 국가 담론에 통합되고, 도교의 자연관은 친환경·녹색 발전 담론과 결합하며, 불교의 자비·중도 사상은 포용성과 공동부유 담론을 뒷받침한다. 전통 명절(춘제·중추절 등)은 국가 차원에서 대대적으로 기념되며 현대적 문화 산업·축제 양식과 결합해 정체성 형성의 중요한 장치로 활용된다. 또한 드라마·영화·게임 등 대중문화 콘텐츠에서도 전통적 상징이 재해석되어 반영되면서 문화적 자부심을 강화하는 역할을 하고 있다. 예컨대 중국 대형 게임 기업들이 제작한 국풍(国风) 콘텐츠(전통 미학·신화·의상 등을 현대적으로 재해석한 장르), 영화「유랑지구」시리즈가 제시하는 중국형 미래 이미지, 드라마·예능에서의 전통문화 소재 활용 등은 전통 요소를 현대적 방식으로 재구성하는 대표적 사례로 꼽힌다.

문화산업의 성장 역시 문화적 자신감과 긴밀히 연결된다. 중국 국가통계국(NBS)에 따르면 2021년 중국의 문화 및 관련 산업의 부가가치 규모는 약 5.24조 위안에 달했다. 영화·드라마·온라인 게임·웹소설 등 콘텐츠 산업은 국내 소비뿐 아니라 해외 수출에서도 비중이 높아지고 있다. 드라마「삼생삼세십리도화(三生三世十里桃花)」나 영화「유랑지구(流浪地球)」는 글로벌 OTT 플랫폼을 통해 해외 시청자에게 널리 소비되면서 중국식 내러티브(중국의 발전·질서·가치를 설명하는 서사 구조)의 영향력이 확대되었다. 최근에는 넷플릭스·아마존 등 주요 플랫폼에서도 중국 콘텐츠가 확대되며, 콘텐츠를 통한 문화 영향력 확산이 더욱 구조적 양상으로 나타나고 있다. 또한 중국은 공자학원, 해외 문화 센터, 차이나데일리·CGTN 등 미디어 플랫폼을 활용하여 문화적 영향력을 확산시키고 있다. 특히 공자학원은 2017년 이후 미국·유럽 일부 대학에서 폐쇄 사례가 증가했지만, 아프리카·아시아 지역에서는 오히려 확대되는 이중적 추세가 나타난다. 그러나 중국의 문화적 자신감은 국제사회에서 상반된 반응을 불러일으킨다. 일부 아시아·아프리카 국가에서는 중국의 문화·교육 지원이 긍정적으로 받아들여지고, 중국식 발전 모델에 대한 호감과 연결되기도 한다. 반면 서구에서는 공자학원이 선전 기관으로 비판되거나 표현의 자유·검열 문제에 대한 우려가 제기된다. 특히 할리우드 영화 산업은 중국 시장의 비중 확대에 따라 검열 가능성을 의식해 콘텐츠를 조정하는 사례가 늘고 있으며, 이는 중국의 문화적 자신감이 단순히 내부적 정체성 강화에 머무르지 않고 국제 문화산업·규범 경쟁의 장으로 확장되고 있음을 보여준다.

중국적 맥락에서 문화적 자신감은 중국식 현대화의 정치·경제적 토대와 긴밀하게 결합된다. 경제 발전이 물질적 기반을 제공한다면, 문화적 자신감은 정신문명을 구성하며 체제의 정당성과 사회적 결속을 강화하는 기능을 수행한다. 다시 말해, 중국식 현대화는 물질적 풍요·정치적 안정·정신문명이라는 세 축이 균형을 이루어야 완성된다는 인식이 자리하고 있다. 아래 도식은 이러한 세 축의 상호 관계를 시각적으로 표현한 것으로, 산업·기술 혁신(고품질 발전), 법치·규제 강화(DSL·PIPL·감찰위), 사회정책·공동부유(농촌·교육·의료)가 서로 연결되며 중국식 현대화의 구조적 균형을 형성함을 보여준다. 이 도식은 중국식 현대화가 경제·정치·문화·사회 정책이 유기적으로 결합된 통합적 국가 모델이라는 점을 시각적으로 재확인시킨다.

중국식 현대화의 세 가지 측면

산업·기술 혁신
(고품질 발전)

법치·규제 강화
(DSL·PIPL·감찰위)

사회정책·공동부유
(농촌·교육·의료)

4. 맺음말
—중국식 현대화를 이해하는 관점

중국식 현대화는 더 이상 중국만의 문제가 아니다. 우리가 사용하는 전기차 배터리, 스마트폰 네트워크 표준, 일상적으로 접속하는 플랫폼의 데이터 규범, 그리고 동아시아 해역의 안보 안정성까지 모두 중국식 현대화의 향방과 밀접하게 연결되어 있다. 중국식 현대화는 단일한 경제 모델을 넘어 산업·기술 혁신, 법치·규제 강화, 사회정책·문화 전략이 결합된 복합적 체제 실험이며, 전기차 배터리 분야에서 중국 기업이 주도하는 LFP(리튬인산철) 기술과 5G·6G 국제표준 경쟁은 그 영향력이 실제 글로벌 산업 규범의 재편으로 이어지고 있음을 보여주는 대표적 사례다. 이러한 변화를 해석하기 위해서는 중국식 현대화를 구성하는 핵심 구조를 체계적으로 이해할 필요가 있다. 분석의 중심에는 중국식 현대화를 이루는 다섯 가지 축인 '고품질 발전, 공동부유, 디지털 통치, 정치적 안정, 문화적 자신감'이 놓여 있다. 이는 중국 정부가 공식 문건에서 제시한 다섯 가지 특징(초대형 인구 규모·공동부유·물질·정신 문명 조화·인간과 자연의 조화·평화적 발전)과는 구조적으로 상이하지만, 실제 정책 실행 영역을 기준으로 구성한 분석 틀이라는 점에서 유효한 접근이다. 내부적으로는 당·정부·기업이 긴밀히 결합된 국가 주도형 발전 전략이 체제의 지속 가능성과 정당성을 강화하는 방향으로 작동하며, 외부적으로는 기술·표준·환경·안보·거버넌스 등 다양한 영역에서 새로운 국제 질서의 규칙을 재구성하려는 동력으로 기능한다.

앞으로의 세계는 서구식 근대화가 주도해 온 기존 질서 위에 중국식 현대화라는 또 하나의 축이 병존하며 상호 경쟁하는 다층적 구조로 전개될 가능성이 크다. 이미 세계무역기구(WTO) 제도 기능 약화, 아시아·중동 지역에서의 다극화 심화, 기술·표준 경쟁의 가속 등은 이 다층적 구조가 점차 현실로 정착되고 있음을 보여준다. 반도체·AI(인공지능)·데이터 규범·공급망·금융·기후·해양 안보와 같은 핵심 영역에서는 협력과 견제가 반복될 것이고, 규범·제도·기술을 둘러싼 경쟁은 더욱 구조화될 것이다. 이러한 변화는 단순히 미·중 간 충돌을 넘어, 각국이 어떤 가치와 표준을 선택하고 조합할 것인지에 대한 복합적 도전을 의미한다. 따라서 중국식 현대화를 이해하는 일은 곧 변화하는 국제 질서를 읽는 일이다. 이는 중국을 어떻게 볼 것인가의 문제를 넘어, 우리가 속한 지역·세계 질서가 어떤 방향으로 재편될지, 그리고 그 속에서 우리나라와 같은 중견국이 어떤 전략적 선택을 내릴 수 있을지에 대한 질문을 던진다. 디커플링과 디리스킹(위험 축소), 분절적 상호의존, 다층적 연계와 같은 새로운 환경 속에서 우리나라는 산업·안보·기술·외교의 각 영역에서 선택과 조정을 요구받고 있다. 특히 미국의 CHIPS법(반도체·과학법)과 IRA(인플레이션감축법), EU의 디리스킹 전략 등은 중견국에게 공급망 다변화·전략적 유연성·분야별 연계 조정이라는 복합적 전략 구사를 요구한다. 궁극적으로 필요한 것은 갈등과 경쟁을 피할 수 없는 현실 속에서 협력의 가능성을 동시에 모색하는 균형 감각이다. 중국식 현대화와 서구식 근대화가 충돌과 조화를 반복하는 세계에서 지속 가능한 질서를 만들기 위해서는 상호 이해, 제도적 조정, 위기 관리 메커니즘, 그리고 분야별 협력 공간을 확장하는 노력이 병행되어야 한다. 중견국에게는 전략적 다층성을 유지하며 공급망·안보·기술·외교 각 분야에서 차별적 조합을 구축하는 능력이 점점 더 중요해지고 있다. 이러한 논의는 복합적 현실을 이해하고, 경쟁과 공존이 교차하는 국제 질서 속에서 보다 전략적이고 균형 잡힌 관점을 형성하는 데 기여하는 것을 목표로 한다. 중국식 현대화는 특정 국가의 발전 방식이 아니라 21세기 국제 질서를 구성하는 중요한 변수 중 하나이며, 이에 대한 이해는 변화하는 환경을 차분히 진단하고 대응 방향을 고민하는 데 의미 있는 계기가 될 것이다.

제1부
중국식 현대화의 내부 동력과 도전

제1장

중국식 사회주의와 국가 주도 경제
─국가자본주의와 시장의 결합

1. 들어가는 이야기
─국가와 시장의 동거와 중국식 조정모델의 서두

1978년 겨울 중국 베이징 중난하이의 좁은 회의실에서 덩샤오핑이 내뱉은 한 마디 흑묘백묘론 (黑猫白猫論) "검은 고양이든 흰 고양이든 쥐만 잘 잡으면 된다"는 단순한 농담이 아니었다. 당시 중국은 30여 년간 계획경제를 유지해 왔지만, 대약진과 문화대혁명으로 사회경제가 심각하게 왜곡된 상태였다. 농산물 생산은 정체되고 국유기업은 적자 상태에 놓여 있었으며, 도시와 농촌 간 격차도 점점 더 벌어졌다. 덩샤오핑이 말한 고양이의 색깔은 이념이 아니라 실용성, 즉 생산력의 회복과 성장이었다.

중국 현대화의 출발점은 이처럼 실용주의적이면서도 국가의 통제력을 유지하는 실험이었다. 서구 근대화의 경로인 '자본 축적, 시민혁명, 자유민주주의, 시장경제'와는 출발점부터 달랐다. 서구가 국가의 간섭을 줄이고 시장과 개인의 자유를 확대한 반면, 중국은 국가가 방향을 잡고 시장을 활용하는 혼합형 모델을 택했다. 이러한 선택은 단순한 경제전략이 아니라 문화적·정치적 맥락의 산물이었다. 중국은 수천 년 동안 중앙집권적 관료제와 대규모 인프라 건설, 국가 주도의 상공업 지원 전통을 가지고 있었다. 이 전통은 현대 중국에서도 산업정책·정책 금융·장기계획이라는 형태로 부활했다. 덩샤오핑 이후의 지도부는 시장 메커니즘을 도입하면서도 국가의 큰 그림을 절대 포기하지 않았다. 당시 중국 농촌의 생산책임제 실험은 극적인 변화를 보여준다. 안후이·사천의 농민들이 분배 책임제(包分到戶) 방식으로 토지 이용권을 나누자 농산물 생산이 급증했다. 1978년 3억 톤이던 농산물 생산이 1984년에는 4억 톤을 넘어섰다. 국가가 가격·생산량을 직접 통제하지 않고도, 계약과 인센티브만으로 생산성이 올라간 것이다. 이 작은 실험은 '시장+계약'이라는 도구가 국가 계획보다 효과적일 수 있음을 보여주었다.

도시 국유기업도 비슷한 길을 걸었다. 1980년대 기업책임제 도입으로 기업들이 자율적으로 생산과 판매, 인사·임금 결정을 내리기 시작했다. 이는 단순한 운영방식 변화가 아니라 국가가 기업을 관리하는 방식의 근본적 전환이었다. 계획경제 시절의 지시·할당이 줄고, 대신 '목표+성과'로 평가하는 구조가 자리 잡았다. 이렇듯 농촌과 도시에서의 실험은 국가와 시장의 동거가 단순한 정치적 구호가 아니라 현실적 대안임을 입증했다. 중국은 한 발 한 발 조심스럽게 계획경제를 수정하면서도 전면적 민영화·자유화를 거부했다. 서구식 충격요법 경제개혁 대신 점진적 이행을 선택한 것이다. 이 선택은 결과적으로 대규모 사회혼란을 피하고, 제도적 연속성을 확보하는 효과를 보았다. 소련·동유럽이 시장화 과정에서 사회적 충격과 생산 붕괴를 겪은 것과 대조적이었다. 중국은 오히려 개혁개방 이후 40여 년간 연평균 9%의 경제성장을 기록하며 수억 명을 빈곤에서 탈출시켰다. 그러나 이 모델은 국가자본주의라는 새로운 도전을 낳았다. 국유기업과 민영기업, 당·정부·기업의 삼각구도가 서로 협력하면서도 긴장을 빚는 구조다. 계획과 시장이 충돌할 때, 효율성과 안정성 사이에서 늘 고민해야 한다. 이 때문에 중국은 한편으로는 산업정책·보조금·국책은행을 활용해 전략 산업을 육성하면서, 다른 한편으로는 WTO(세계무역기구) 규범·국제 투자자 신뢰·민영기업 혁신을 유지하려는 복잡한 줄타기를 해 왔다. 여기서는 국가와 시장의 동거를 중심으로 내용을 풀어간다. 단순히 역사적 경로를 설명하는 데 그치지 않고, 현재 중국 경제의 엔진이 어떻게 작동하는지, 국제 규범과 어떤 긴장을 빚고 있는지를 설명한다. 특히 '당-정부-기업' 삼각구도라는 중국만의 독특한 구조가 산업·금융·데이터·기술 표준의 영역에서 어떤 힘과 리스크를 만들어내는지를 다룬다.

아래 도표는 1980년 이후 국유기업과 민영기업의 자산 비중 변화를 보여준다. 국유 부문의 축소와 민영 부문의 확대는 시장화의 진전을 의미하지만, 동시에 국가가 전략적 산업을 통제하며 선별적 개입 구조를 유지해왔음을 시사한다. 특히 금융·에너지·통신·중공업 등 핵심 분야에서는 국유기업의 비중이 여전히 60% 이상을 차지하고 있어, 단순한 자산 비중 감소가 국가의 후퇴를 의미하지 않는다는 점이 중요하다. 이는 중국식 현대화의 경제적 토대가 단순한 시장경제가 아니라, 국가와 시장의 공존·경쟁 구조 위에 놓여 있음을 보여준다. 또한 2000년대 이후 민영기업 자산 비중의 확대는 민영 부문의 빠른 성장에 따른 상대적 변화의 결과라는 측면이 크며, 국유기업이 전략 산업에서 절대적 영향력을 유지해 왔다는 사실과 함께 고려될 필요가 있다. 다만 이 도표가 보여주는 것은 전체 경제에서의 국유·민영기업 자산 비중 추세이며, 금융·에너지·통신·중공업 등 전략 산업 내 국유기업의 분야별 비중(60% 이상)과는 구분된다. 국가통계국(NBS)과 국유자산감독관리위원회(SASAC) 자료에 따르면 전략 산업에서의 국유기업 우위 구조는 여전히 유지되고 있으며, 그래프는 전체 비중 변화만을 시각적으로 제시한다. 즉 전체 자산 비중에서는 민영 부문이 빠르게 확대되었지만, 핵심 산업에서는 국유기업 중심 구조가 지속되는 이중적 변화가 동시에 존재한다. 또한 이러한 장기 추세는 국가통계국(NBS) 수치와도 일치하며, 민영·국유 부문의 비중 이동은 중국식 경제 구조가 '시장화 + 국가 전략 유지'라는 이원적 구조 위에서 작동하고 있음을 명확하게 보여준다.

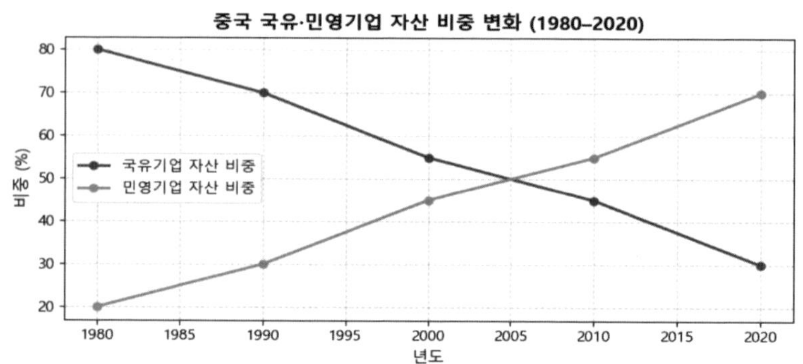

2. 형성과정
—개혁개방에서 쌍순환까지의 전환 경로

1978년 12월 18일 베이징 중난하이의 회의실에는 약한 난방과 담배 연기가 가득했다. 덩샤오핑은 "검은 고양이든 흰 고양이든 쥐만 잘 잡으면 된다"는 발언으로 긴장된 분위기를 누그러뜨렸다. 이 한마디는 사회주의 체제 속에서 자본주의적 도구를 활용하겠다는 신호였고, 동시에 중국식 현대화의 출발을 알리는 선언이었다. 그 이전까지 중국의 경제 구조는 국유기업 중심의 계획경제였다. 농민과 도시 노동자는 모두 국가 배급 체계에 묶여 있었고, 가격과 투자·고용까지도 중앙이 정했했다. 덩샤오핑은 생산력과 생활 수준을 높이는 것을 최우선 목표로 삼았다. 이 시도는 단순한 경제개혁이 아니라 대담한 정치적 선택이었다. 그 결과 40여 년 뒤 중국은 세계 2위 경제가 되었고, 전기차·배터리·5G(5세대 이동통신)·AI(인공지능) 등 전략 산업의 강자로 부상했다. 여기서는 이 실험의 심장부인 당·정부·기업 삼각 구도를 중심으로, 국가자본주의와 시장경제의 혼합이 어떻게 작동하는지를 살펴본다.

중국식 현대화의 첫 무대는 농촌이었다. 안후이·사천의 농민들은 토지를 가구별로 나누어 계약하고, 초과 생산물을 시장에 판매할 수 있게 되었다. 이 작은 변화가 농업 생산성을 크게 높였다. 1978~1984년 사이 농촌 주민의 1인당 순수입은 연평균 15% 이상 증가했고, 농산물 생산량은 3억 톤대에서 4억 톤을 넘어섰다. 국가가 물러난 것이 아니라 국가의 틀 안에서 시장을 허용한 실험이었다. 농촌의 성공은 곧 도시로 확산되었다. 1984년부터 도입된 기업 책임제는 국유기업이 더 이상 국가의 일개 부처가 아니라 스스로 경영 책임을 지는 경제 주체가 되도록 했다. 이 과정에서 국유기업은 가격·투자·고용에 대해 더 큰 자율성을 확보했다. 1980년대 말까지 60% 이상의 국유기업이 스스로 생산 계획을 수립·조정했다. 동시에 경제 특구와 개방도시가 만들어졌다. 선전(深圳), 주하이(珠海), 샤먼(厦門), 산터우(汕頭) 같은 도시가 전면에 나섰다. 세금·토지·외자 유치 특혜를 부여받은 이 지역들은 시장경제의 실험실로 기능했고, 민영·외자기업이 본격적으로 진입했다.

농촌에서의 성공이 도시로 옮겨갈 수 있었던 것은 단순한 정책 모방이 아니라, 1980년대 중국 정부가 '지역 실험-중앙 확산'이라는 정책 확산 메커니즘을 제도화했기 때문이다. 중앙은 농촌 실험의 성과를 확인한 후 도시 국유기업에도 단계적으로 자율성을 부여하는 방식으로 개혁을 설계했다. 이 점은 개혁개방이 무질서한 실험이 아니라 '국가 주도 실험-정책 제도화-전국 확산'이라는 구조적 경로를 따랐음을 보여준다.

1990년대 들어서면서 중국 경제는 또 한 번의 대전환을 맞았다. 주룽지(朱鎔基) 총리는 국유기업 구조조정과 금융개혁을 단행했다. "대형은 국유로, 소형은 민영으로"라는 원칙 아래 수십만 개의 중소 SOE(국유기업)가 민영화되거나 폐업했고, 대신 석유·전력·통신·금융 같은 전략 부문에 중앙 SOE(국유 기업)가 집중됐다. 이때 동시에 진행된 은행·금융 개혁은 정책금융과 상업금융을 분리하고, 국유 상업은행을 회사화·상장시키는 과정이었다. 그 결과 2000년대 초반 중국 경제는 '국유기업+정책금융+민영·외자기업'의 3중 구조로 자리 잡게 됐다. 다만 1990년대의 대규모 구조조정은 일정한 사회적 비용도 초래했다. 약 수천만 명의 국유기업 노동자가 실직했고, 동북·중서부 지역에서는 지역 경제 침체가 장기간 지속되었다. 지방정부는 재고용 프로그램과 사회보장 확대로 대응했지만, 이 시기 발생한 지역 격차와 실업 문제는 이후 중국의 사회정책 강화와 중서부 균형 발전 전략의 배경이 되었다.

2001년 WTO(세계무역기구) 가입은 개혁개방의 두 번째 도약이었다. 1980년대까지 중국의 수출은 주로 경공업·농산물·저가 제품에 집중됐으나, 2000년대 들어 전자·기계·자동차 부품까지 고부가가치 분야로 확산했다. 민영·외자기업이 수출의 70% 이상을 담당하면서 세계의 공장이라는 별칭이 굳어졌다. 국유기업은 인프라와 에너지를 공급하며 민영·외자기업을 뒷받침했다. 이 시기에 등장한 '중국 Inc.'라는 표현은 중앙정부·지방정부·국유기업·민영기업이 하나의 거대 기업처럼 움직인다는 의미였다. 2010년대 들어 시진핑 정부는 국유기업 개혁을 혼합소유제라는 새 프레임으로 전환했다. 국유기업 지분에 민간자본을 유치하고, 민영기업에도 당 조직을 강화했다. 전략산업을 중심으로 '국가전략+시장 혁신'이라는 이중 엔진을 구축했다. 대표적 사례가 전기차·배터리 산업이다. 중앙정부가 보조금과 표준을 설계하고, 지방정부가 부지를 제공하며, 민영기업이 혁신과 생산을 담당하는 구조였다.

CATL은 세계 시장 점유율 37%, BYD는 일본·독일·동남아로 수출을 늘리며 글로벌 기업으로 성장했다. 한편 국유기업들은 배터리 원료·충전망·전력망 등 인프라 분야를 안정적으로 공급했다. 이 둘이 결합한 결과, 중국은 2022년 신에너지차 판매 688만 대로 세계 1위를 기록했다.

혼합 소유제는 국유기업 효율성을 높이고 민간자본의 참여를 확대한다는 긍정적 평가가 있는 반면, 국제사회에서는 당 조직 강화가 기업지배구조의 투명성과 독립성을 제약할 수 있다는 우려도 제기된다. 특히 WTO 보조금 규율·투자 심사·경쟁 정책과의 정합성 문제는 EU·미국의 주요 보고서에서도 반복적으로 논의되며, 이는 중국식 국가자본주의 모델이 국제 규범과 어떻게 조화될 수 있을지라는 장기 과제로 이어진다.

2020년 쌍순환 전략은 내수와 대외를 동시에 강화하면서, 국유·민영·외자가 각자의 영역에서 협력하도록 유도했다. 국내 대순환은 내수·공급망 자립을 강화해 외부 충격에 대한 회복력을 높이고, 국제대순환은 글로벌 표준·시장과의 연결을 유지한다는 전략이다. 이 전략의 핵심에는 디지털·녹색 전환이 자리 잡고 있다. 신형 인프라(新基建) 프로젝트—5G 기지국, 고속철도망, 스마트전력망, 데이터센터—가 국가 차원에서 추진되고 있다.

이 지표들은 단순한 시장화가 아니라 '국가 전략+시장 혁신' 모델이 자리 잡았음을 보여준다. 국내총생산(GDP) 대비 R&D(연구개발) 투자 비중은 2022년 기준 2.55%로 주요국 가운데 상위권을 차지하고 있으며, 제조업 비중은 2000년 47%에서 2020년 37%로 줄었지만 서비스업 비중은 53%로 늘었다. 중국 개발은행 자산은 2022년 19조 위안, 수출입은행 자산은 6조 위안에 달한다. 신에너지차 판매는 2022년 688만 대로 세계 1위다.

중국 내부에서는 국가가 큰 그림을 잡아주고 기업이 실행하는 시스템이 위기 대응 능력과 산업 업그레이드 속도를 높인다는 평가가 많다.

반면 국제사회에서는 국가보조금과 국유기업 중심의 구조가 WTO(세계무역기구) 규범을 왜곡하고 글로벌 공급망을 정치화할 수 있다는 우려가 제기된다. MERICS(메르카토르 중국연구소)는 중국식 국가자본주의가 개발도상국들에게 매력적 모델이 될 수 있지만, 동시에 투명성과 경쟁 조건의 약화를 초래한다고 분석했다. 브루킹스 연구소는 중국의 정책 금융은 세계 인프라 자금시장의 패러다임을 바꾸고 있다고 평가한다.

아래 도식은 '당-정부-기업' 삼각구조가 어떻게 맞물려 작동하는지를 단순화해 보여준다. 당은 전략 방향을 설정하고, 정부는 제도·정책을 조율하며, 기업은 실행과 혁신의 주체로 기능한다. 도식에서 베이징은 당에 상대적으로 가까운 위치, 상하이는 세 꼭짓점의 중간 지대, 선전은 기업 쪽에 더 가까운 위치에 배치되어 지역별로 당·정부·기업의 조합과 비중이 서로 다르다는 점을 상징적으로 나타낸다. 이 삼자 관계의 밀도와 역할 분담은 중국식 현대화의 추진 엔진이자, 향후 국제경제 질서에서 주목해야 할 구조적 변수로 평가된다. 이 도식은 단순한 지역 비교가 아니라, 중국식 현대화에서 '정치-행정-시장'의 상호작용이 지역별로 어떻게 다르게 구성되는지를 보여준다. 베이징은 정책·전략 중심의 정치 수도로서 당의 영향력이 크고, 상하이는 금융·서비스 중심의 조정 허브이며, 선전은 민영·혁신 생태계가 강한 도시로 기업 중심성이 두드러진다. 이러한 지역적 차이는 산업정책의 속도, 민영기업 성장, 기술혁신 클러스터 형성 방식에 직접적인 영향을 미친다는 점에서 핵심적인 분석축이 된다.

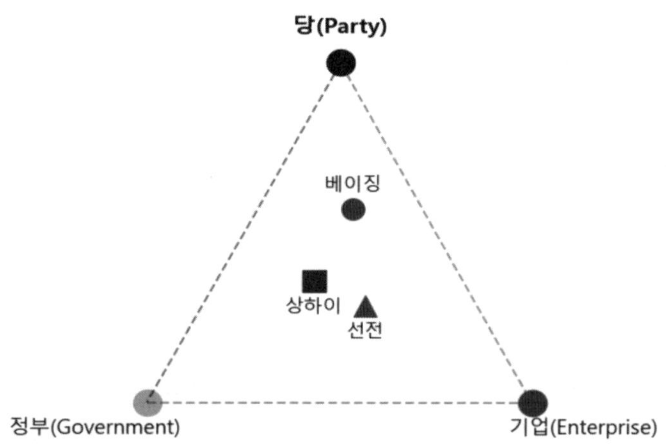

3. 당의 역할
―전략 목표 설정과 정치적 통합 메커니즘

중국식 현대화에서 중국 공산당은 단순히 정치 체제의 수호자가 아니라 경제·사회·문화 전반을 관통하는 전략의 중심축이자, 모든 주체를 조율하는 보이지 않는 손으로 기능해 왔다. 1978년 개혁개방 이래 중국 경제를 움직이는 삼각구도의 첫 꼭짓점이 당인 것은 결코 우연이 아니다. 서구에서 흔히 정부와 시장의 역할만 비교하는 것과 달리, 중국의 현대화 모델을 이해하려면 당의 역할을 반드시 별도로 살펴야 한다. 이는 중국이 정치적 안정과 전략적 일관성이라는 목표를 달성하는 핵심 수단이기도 하다.

중국 공산당은 무엇보다 국가 비전과 산업 전략을 구상하는 설계자다. 제20차 당대회 보고서는 중국식 현대화는 강력한 당의 영도 없이는 불가능하다는 점을 재확인했고, 실제로 「중국제조 2025」, 「인터넷 +」 전략, 「쌍순환」 전략, 「제14차 5개년 계획」, 「2035 장기목표」 등 국가급 프로젝트들은 모두 당의 중앙위원회·중앙재경위원회·중앙과학기술위원회 같은 핵심 기구에서 설계되어 내려간다. 이 계획들은 단순히 큰 그림을 제시하는 데 그치지 않는다. 어떤 산업에 얼마를 투자할지, 어느 지방에서 어떤 실험을 먼저 진행할지, 기업 간 협력·합병·분업을 어떻게 유도할지까지 구체적으로 담고 있다. 이런 점에서 당은 국가 전략의 지휘본부이자, 산업정책과 기업 활동을 동시에 관통하는 전략 네트워크의 핵심에 자리 잡는다. 이러한 전략 설계는 단일한 지시체계가 아니라, 중앙재경위원회(경제 전략 총괄), 중앙전면심화개혁위원회(제도개혁과 구조 조정), 중앙과학기술위원회(기술 전략 및 혁신) 등 상설 정책기구를 축으로 작동한다. 각 위원회는 당 총서기가 직접 주재하며, 국무원·부처·지방정부·국유기업까지 연결되는 '수직+수평' 구조의 정책망을 형성함으로써 전략 수립→지침 배포→지방 실험→전국 확산의 단계적 메커니즘을 구현한다. 이 같은 전략적 설계는 기업 내부의 당 조직을 통해 실행력과 일관성을 확보한다. 2021년 기준 중국 상장기업의 90% 이상이 내부에 당 조직을 두고 있으며, SOE(국유기업)는 주요 경영진이 당원으로 구성되어 있고, 이사회·경영회의에 당위원회가 동석하는 경우도 많다. 민영·외자기업에도 당 조직 설치가 권장·확대되면서 공정 경쟁과 공동 발전이라는 공식 명분 아래 기업 경영과 국가 전략의 연계가 강화되고 있다. 이러한 구조는 해외에서는 경영 자율성을 해치는 정치적 간섭으로 보이기도 하지만, 중국 내부에서는 정책 리스크를 줄이고 국가 전략과 보조를 맞추는 안전망으로 인식되기도 한다. 2015년 이후 플랫폼 빅테크 규제 과정에서 당이 기업과 직접 정책 조율을 통해 자발적 구조조정·투자 재배분·사회공헌 확대를 유도한 사례는 이를 잘 보여준다. 기업 내 당 조직은 단순한 상징적 장치가 아니라, 인사·투자·리스크 관리·노동 관계에 대한 자문 기능을 수행하며, 주요 경영 의사결정이 국가 전략과 충돌하지 않도록 조정하는 역할도 맡는다. 특히 대형 SOE(국유기업)에서는 당위원회가 중요 사안 사전 심의제를 운영해, 전략투자·합병·시설투자 같은 의사결정을 본격 논의하기 전에 정치적·정책적 정합성을 검토하는 체계를 갖추고 있다.

당은 위기대응과 산업전환의 조정자 역할도 한다. 2008년 글로벌 금융위기 이후 중국이 대규모 인프라 투자를 단행했을 때, 2020년 코로나19 팬데믹 기간 동안 방역 물자·백신·디지털 헬스코드 시스템을 신속히 구축했을 때, 공통된 패턴은 당이 전략·조율, 정부가 집행, 기업이 공급하는 삼중 구조였다. 이런 방식은 단순히 정치적 상징을 넘어 실제 조정과 위기관리 능력을 보여준다. 서구 국가들이 장기간 의회 논의와 협상 과정을 거쳐야 하는 반면, 중국은 당의 중앙집중적 의사결정 덕분에 정책과 자원이 단기간에 집행되는 구조를 가지고 있다. 예를 들어 2020~2022년 플랫폼 규제 국면에서 당은 앤트그룹(蚂蚁集团)의 금융지주사 전환, 앤트그룹(蚂蚁集团)·텐센트(腾讯)의 독점적 사업구조 조정, 디디추싱(滴滴出行)의 데이터보안 심사 및 재상장 절차 등 핵심 사안을 직접 조율하며 기업의 전략 방향을 국가 차원에서 재정렬했다. 또한 빅테크 기업에 공동부유 기여금 확대와 중소기업 지원 프로그램을 권고하며 사회적 책임 강화를 유도한 것도 당의 조정 역할을 보여주는 대표적 사례이다. 이러한 정치적 안전망은 대형 프로젝트나 고위험 신산업 투자에서 특히 위력을 발휘한다. 당이 전략적 방향을 설정하면 정책금융과 국유기업이 이를 뒷받침하고, 민영·외자기업은 보다 안정적으로 참여할 수 있다. 대규모 반도체 공장, 고속철도, 전기차 배터리 공장 같은 초대형 사업이 수개월 만에 착수되는 경우가 많은 이유가 여기에 있다. 그러나 이 같은 신뢰 메커니즘이 정치적 충성과 연계될 때는 국제 규범과 충돌을 일으킬 수 있으며, 해외 투자자들에게는 불투명성으로 받아들여진다. 유럽상공회의소와 미국 상무부가 국가 보조금과 국유기업 중심 구조가 WTO(세계무역기구) 규범을 왜곡한다고 지적하는 이유도 여기에 있다. 그럼에도 불구하고, 당이 가진 전략적 통합력은 중국식 현대화의 엔진이자 세계적 경쟁력의 원천으로 작동한다. AIIB(아시아인프라투자은행), 일대일로(一帶一路), 디지털 실크로드 등 초국가적 프로젝트들이 빠른 속도로 추진될 수 있었던 것도 당의 강력한 조정과 지휘 덕분이라는 평가가 있다. 개발도상국들은 중국의 이같은 대규모 개발금융과 인프라 투자 모델을 매력적인 대안으로 본다. MERICS(메르카토르 중국연구소)는 중국식 국가자본주의는 개발도상국에게 새로운 선택지를 제공하지만 투명성과 경쟁 조건을 악화시킨다고 분석했고, 브루킹스연구소는 중국의 정책금융이 세계 인프라 자금시장의 패러다임을 바꾸고 있다고 평가한다.

　AIIB(아시아인프라투자은행)·일대일로(一帶一路)·디지털 실크로드의 추진 또한 당의 전략 조정 아래 국무원, 정책금융기관(중국개발은행·수출입은행), 중앙 SOE(국유 기업), 지방정부가 역할을 분담하는 구조로 운영된다. 이들 프로젝트는 단순한 외교·경제 사업이 아니라, 당이 최상위 전략을 설정하고 정책 금융이 자금 공급을 맡고 국유기업이 실행을 담당하는 삼위일체식 추진 메커니즘으로 구성된다. 이러한 조정 구조는 중국이 대규모 해외 인프라 사업을 단기간에 추진할 수 있는 제도적 기반이 된다. 결국 중국식 현대화에서 당의 역할은 양날의 검이다. 산업전환·위기대응·장기전략의 일관성을 확보하는 강력한 엔진인 동시에, WTO(세계무역기구)·투자심사·데이터 이동·인권·노동규범 등 국제 규범과의 마찰을 야기한다. 앞으로 중국이 글로벌 스탠더드와 조화를 이루려면, 정치적 통합과 기업 자율성, 국가전략과 국제 규범 사이에서 보다 정교한 균형을 설계해야 한다. 이것이 중국식 사회주의 모델의 지속가능성과 세계적 영향력을 좌우하게 될 것이다. 특히 갈등이 반복되는 영역은 WTO(세계무역기구) 보조금 규정, EU·미국의 디지털 무역 규범, 데이터 주권과 개인정보보호법(PIPL), 대외 투자·

합작 투자에 대한 국가 안보 심사, 공급망 강제 분리 문제 등이다. 이러한 마찰은 단순한 제도 충돌을 넘어 '정치—경제—기술'이 결합된 복합 경쟁 구도로 확장되고 있으며, 중국식 법치와 당의 조정력은 이 구조 속에서 지속적으로 시험대에 오르게 된다.

4. 정부의 역할
—산업정책·정책금융·계획경제 유산의 재활용

중국식 현대화에서 정부는 당이 설계한 전략을 구체적 제도와 실행 계획으로 전환하는 거대한 실행 장치이자, 시장과 기업이 움직일 수 있는 인프라를 구축하는 촉매제이다. 흔히 '중국은 국가가 강하다'라고 말할 때, 그 핵심은 단지 행정권이 아니라 산업정책·정책금융·계획경제의 유산을 결합해 만들어낸 거대한 조정력에 있다. 개혁개방 이후 정부는 계획경제의 도구를 폐기하지 않고 오히려 다시 활용해 산업정책의 정밀도를 높였고, 이를 통해 국가 전략과 시장 동력을 일체화하는 새로운 체계를 형성해 왔다.

정부는 우선 산업정책을 통해 국가발전의 우선순위와 방향을 설정한다. 중국제조 2025, 제14차 5개년 계획, 2035 장기목표 등 일련의 계획은 전략산업의 로드맵·투자 규모·기술 목표를 구체적으로 제시하며, 중앙과 지방의 정책금융이 이를 뒷받침한다. 이러한 산업정책은 국가발전개혁위원회(NDRC), 공업정보화부(MIIT), 재정부, 과학기술부, 국유자산감독관리위원회(SASAC) 등이 참여하는 다층적 조정 체계를 기반으로 한다. 당이 전략 방향을 설정하면 국무원 각 부처가 세부 목표와 로드맵을 마련하고, 지방정부가 이를 지역별 조건에 맞추어 실험·

변형·확산하는 구조로 작동한다. 이로써 중앙의 장기전략과 지방의 정책 실행이 상호보완적으로 결합하는 분권형 산업정책 체계가 형성된다. 아래 그래프는 이러한 국가 주도 발전 전략이 기업 내부 거버넌스에도 반영되고 있음을 보여준다. 2000년 이후 상장기업 내 당 조직 설치 비율이 꾸준히 증가해 2020년에는 90%를 넘어서면서, 기업 운영에서 당의 지도력이 제도화되고 있음을 알 수 있다. 이는 국가 전략이 산업정책 차원을 넘어 기업의 지배구조와 의사결정 체계까지 확장되고 있음을 시사한다. 즉, 이 그래프는 정부가 산업정책과 규제·감독 기능을 수행하는 동시에, 당 조직의 제도화를 통해 기업 지배구조에까지 영향력을 확장하고 있음을 보여주는 중요한 지표로 기능한다. 이는 정부의 역할이 단순한 행정 집행을 넘어서, 기업 내부의 전략 방향·리스크 관리·노동 관계까지 깊숙이 연결되어 있다는 점을 시각적으로 증명한다.

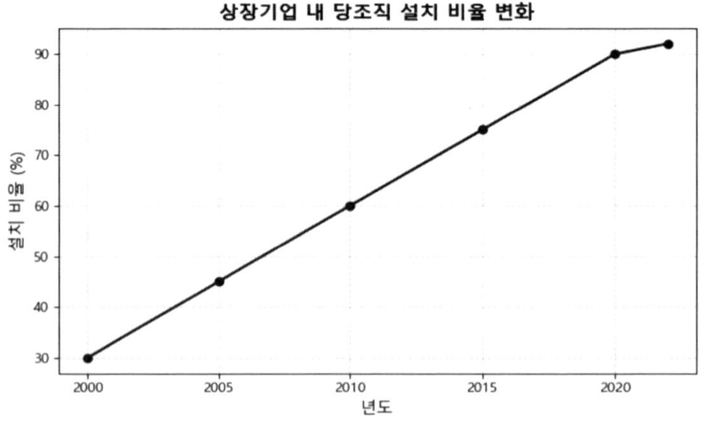

이러한 제도적 기반 위에서 중국 정부는 핵심 전략 산업을 선정하고 집중적으로 육성하기 시작했다. 초반 중국 정부는 반도체·AI(인공지능)·신에너지차·바이오·항공우주·해양·디지털 인프라 등 7대 전략 분야

를 국가 중점 지원 산업으로 선정하고, 각 지방정부에 세제·토지·연구비·펀드를 제공하도록 유도했다. 이런 정책은 시장 참여자들에게 예측가능한 시그널을 주면서도, 국가가 위험을 함께 부담하는 구조를 만든다.

정책 금융은 정부 역할의 또 다른 핵심이다. 중국개발은행(2022년 자산 19조 위안), 수출입은행(6조 위안)은 인프라·전략산업·녹색전환 분야에 장기자금을 공급하며, 지방정부와 기업이 동시에 움직이는 구조를 만든다. 특히 5G(5세대 이동통신) 기지국, 고속철도망, 스마트전력망, 데이터센터 같은 신형 인프라 프로젝트는 중앙정부가 방향을 정하고 지방정부·국유기업·민영기업이 함께 투자하는 방식으로 진행된다. 정책 금융기관은 단순한 자금 공급자가 아니라, 국무원·지방정부·중앙 SOE(국유 기업)와 삼각 협력 구조를 형성해 전략 산업을 전방위적으로 추진하는 역할을 맡는다. 국유기업이 실행 주체가 되고, 정책금융이 장기·저리 자금을 제공하며, 지방정부가 토지·인프라·보조금 지원을 담당하는 이러한 삼중 구조는 중국의 대규모 산업 전환이 짧은 시간에 이루어질 수 있었던 제도적 기반을 설명해 준다. 서구에서 양적 완화를 통해 민간금융을 살린 것과 달리, 중국은 정책금융과 국유기업을 활용해 고속도로·고속철·도시 지하철 등 실물 자산을 대거 확충했다. 이러한 방식은 경기부양뿐 아니라 지역균형 발전과 산업 업그레이드를 동시에 달성하려는 목적도 갖는다.

정부의 역할은 단순한 자금 지원을 넘어 표준과 규칙을 통해 시장을 설계하는 데까지 확장된다. 전기차·배터리·스마트시티 분야에서 중국은 이미 중국 표준 2035를 통해 국제 표준 경쟁에 나서고 있으며, 5G·AI(인공지능)·빅데이터 분야에서도 ISO(국제표준화기구), ITU(국제전기통신연합) 등 국제 표준화 기구에서 적극적인 의사결정을 추진하고 있다. 이는 WTO(세계무역기구)·국제표준화기구·데이터 규범과의 긴장을 불러일으키지만 동시에 중국 기업에게는 전략적 시장 우위를 제공한다. 표준을 선도하는 국가는 기술·산업의 주도권을 확보할 수 있다는 인식이 정부 전반에 확산되어 있기 때문이다. 실제로 중국은 5G 분야에서 3GPP 표준안 제출 건수 기준 세계 상위권에 올라 있으며, AI·사물인터넷(IoT)·스마트 제조 분야에서도 중국 기술 스펙을 ISO (국제표준화기구)·IEC(국제전기기술위원회)·ITU(국제전기통신연합)에 제출하며 국제 규범 형성에 적극 참여하고 있다. 이러한 표준 경쟁은 단순한 기술 문제가 아니라, 기술 패권·데이터 주권·산업 질서 재편과 직결되는 전략적 영역으로 인식된다.

지방정부는 이러한 국가 전략을 실험하고 구현하는 실험장 역할을 한다. 각 지방은 자신들의 비교우위에 맞춰 산업정책과 지원제도를 변형·적용하며, 국유·민영·외자기업의 혼합 클러스터를 형성한다. 선전은 민영·외자기업 중심의 혁신 허브로, 충칭은 국유기업 중심의 중서부 거점으로, 하이난은 자유무역항 실험과 관광·첨단서비스업을 위한 개방형 플랫폼으로 발전해 왔다. 이러한 실험은 중국식 현대화가 일률적 모델이 아니라 지역별 차별화를 통해 진화하는 유기체적 성격을 가진다는 점을 보여준다. 이와 같은 지역별 차별화는 중앙이 목표·기준·제도 틀을 제시하고 지방이 실험·조정·확산을 담당하는 중국 특유의 중앙-지방 관계에서 비롯된다. 중앙은 전략 방향을 제시하되 지방의 정책 혁신 여지를 넓게 허용하며, 이로 인해 지역별 산업구조·기업군·정책 도구가 상호 달라지는 다층적 발전 모델이 형성된다. 또한 정부는 규제와 감독을 통해 시장 안정과 사회적 목표를 동시에 추구한다. 플랫폼 빅테크 규제, 인터넷 금융 통제, 부동산 리스크 관리, 데이터·알고리즘 규제 등은 모두 정부가 금융 안정·사회 안정·기술 주권을 확보하기 위한 조치다. 이런 규제는 단기적으로 시장에 충격을 줄 수 있지만 장기적으로는 산업 생태계의 건전성을 높이는 기능을 한다는 논리다. 반면 국제사회에서는 이 같은 규제가 기업 자율성과 외국인 투자 환경을 위축시킬 수 있다는 우려가 제기되고 있다. 특히 플랫폼 규제에서 국무원 산하 규제 기관인 시장감독총국(SAMR), 공업정보화부(MIIT), 인터넷정보판공실(CAC)이 각각 독점 규제, 플랫폼 데이터 보안, 서비스 운영 규칙을 담당하며 당의 조정과 정부의 집행이 분업적으로 결합되는 특징이 나타난다.

정부의 역할은 결국 계획과 시장의 혼합이라는 중국식 현대화의 본질을 가장 선명하게 보여준다. 정부가 방향을 제시하고 자원을 배분하며 표준과 규칙을 설정하고, 지방정부가 실험과 실행을 담당하며, 기업이 혁신과 생산을 수행하는 구조는 '당-정부-기업' 삼각구도의 두 번째 축이자, 국가자본주의와 시장경제가 결합하는 접점을 이룬다. 이 체계는 지난 40여 년간 중국의 고속성장을 가능케 했지만, 동시에 국제 규범과의 충돌과 불투명성을 초래할 잠재적 긴장 요인도 내포하고 있다. 앞으로 중국 정부가 성공적으로 현대화를 추진하려면 두 가지 과제를 풀어야 한다. 하나는 국내적으로 기업 자율성과 혁신을 해치지 않으면서도 전략적 목표를 실현하는 균형을 찾는 일이고, 다른 하나는 국제적으로 WTO(세계무역기구)·투자 심사·데이터 이동·환경·노동 규범 등 글로벌 스탠더드와의 조화를 추구하는 일이다. 정부의 강력한 조정력이 중국식 현대화의 핵심 경쟁력인 만큼, 그 조정력이 얼마나 유연하고 투명하게 작동하는지가 앞으로의 성패를 좌우할 것이다. 특히 기술·데이터·공급망 안보가 경제정책의 핵심이 된 현 국제 환경에서 중국 정부의 조정력은 단순한 개발도구를 넘어 지정학적 경제 정책의 성격을 강화하고 있다. 이는 중국식 현대화가 국내 산업전략과 국제 규범 사이에서 지속적으로 균형점을 모색해야 함을 의미한다.

5. 기업의 역할
―국유기업과 민영기업의 공존과 경쟁

중국식 현대화에서 기업은 단순한 경제 주체가 아니라, 당과 정부가 설계한 전략을 실현하는 현장의 주역이자 실험장이다. 국유기업과 민영기업은 서로 다른 영역과 강점을 가지고 있으면서도, 상호 협력·경쟁·보완을 통해 중국 경제의 거대한 동력을 만들어왔다. 이중 구조를 이해하는 것은 중국식 현대화의 속도를 가늠하는 핵심 열쇠다.

국유기업은 에너지·통신·금융·중장비·항공우주·운송과 같은 전략 산업에서 안정적 공급과 장기적인 투자를 책임진다. 2022년 기준 중앙정부 관리 SOE(국유기업)는 약 98개, 총자산 80조 위안 이상으로, 석유·전력·철도·통신·항만·항공·원자력 등 기초 인프라와 국가안보 관련 산업을 장악하고 있다. 이들은 정책 금융·지방정부와 연계해 대규모 프로젝트를 추진하고, 글로벌 공급망에서 중국의 핵심 기반을 형성한다. 동시에 이들 기업은 당과 정부가 설정한 녹색 전환·디지털 전환·공급망 자립 목표를 실행하는 선봉이기도 하다. 또한 국유기업은 안정성을 제공하지만, 일정한 비효율·과잉 부채·지역정부의 과잉 투자 구조 등 구조적 제약도 내포한다. 중앙 SOE(국유 기업)는 높은 자원 동원력과 정책 대응력을 보유하지만, 지방 SOE(국유기업)는 수익성·투명성 면에서 편차가 존재하며, 이러한 내부 차이는 중국식 현대화가 지속 가능한 성장 모델을 설계하는 과정에서 해결해야 할 핵심 과제로 남아 있다. 민영기업은 시장 확장과 혁신 기술의 핵심적인 역할을 수행한다. BYD·CATL·화웨이(华为)·텐센트(腾讯)·앤트그룹(蚂蚁集团) 같은 민영 빅테크 기업들은 전기차·배터리·5G(5세대 이동통신)·핀테크·디지털 서비스 등에서 세계적 경쟁력을 확보하며 중국식 현대화의 얼굴을 바꿔놓았다. NBS(국가통계국)에 따르면 민영 부문이 도시 취업의 80%, 신규 일자리의 90%, 수출의 절반 이상을 담당하고 있다. 민영기업의 창의성과 속도는 국가가 설계한 전략을 빠르게 시장에 구현하는 데 결정적 역할을 한다. 민영기업의 혁신 능력은 단순한 민간 부문의 자율성에서만 비롯된 것이 아니라, 지방정부의 인큐베이팅, 벤처투자 생태계, 디지털 특구(선전·항저우·베이징 중관춘)에서 축적된 기술·데이터·인재 기반이 결합된 결과이다. 즉, 민영기업의 혁신은 국가·지방·시장 생태계가 상호작용하는 구조 속에서 형성된다. 국유기업과 민영기업이 만들어내는 협력과 경쟁의 교차점은 특히 신에너지·전기차·반도체 같은 전략산업에서 선명하게 드러난다. 중앙 정부는 보조금·표준·충전 인프라를, 지방정부는 부지·세제·펀드를 제공하고, 민영기업은 혁신·생산·수출을 담당한다. CATL은 세계 전기차 배터리 시장 점유율 37%를 기록했고, BYD는 일본·독일·동남아로 수출을 늘리며 글로벌 기업으로 성장했다. 반대로 국유기업들은 배터리 원료·충전망·전력망 등 인프라 분야를 안정적으로 공급해 민영기업의 빠른 확장을 뒷받침한다. 이 둘이 결합한 결과, 중국은 2022년 신에너지차 판매 688만 대로 세계 1위를 기록했다. 전력·통신·AI(인공지능)·데이터 거버넌스 분야에서도 유사한 협력 구조가 나타난다. 예컨대 화웨이(华为)·앤트그룹(蚂蚁集团)·텐센트(腾讯)는 지방정부와 함께 스마트시티·데이터센터·클라우드 인프라 구축에 참여하고, 차이나모바일·차이나유니콤 같은 국유 통신기업은 네트워크·표준·보안체계를 제공한다. 이러한 조합은 중국의 디지털 전환이 민영기업 단독이 아닌 '국유—민영 혼합 생태계' 속에서 추진되고 있음을 보여준다.

　기업의 이중 구조는 중국식 현대화가 단순히 국가 주도형이라는 고정관념을 넘어, 보다 유연하고 다층적인 시스템임을 보여준다. 국가와 시장이 상호작용하며 진화하는 과정에서 기업은 전략과 혁신의 교차로에 서 있다. 국유기업은 장기적 안정성과 사회적 목표를, 민영기업은 효율과 창의성을 제공함으로써 이중 엔진을 형성한다. 이 체계는 단순히 경제 성장의 동력이 아니라 사회·정치·문화까지 연결되는 복합적 거버넌스 구조의 일부다. 하지만 이 체계는 동시에 긴장과 모순을 내포하고 있다. 국유기업이 과도하게 보호받으면 민영기업의 혁신 유인이 줄어들 수 있고, 민영기업이 지나치게 커지면 정치적 리스크 관리 차원에서 정부의 규제가 강화될 수 있다. 플랫폼 빅테크 규제, 부동산 기업 구조 조정, 반독점법 적용 강화 등은 모두 정부와 당이 이 균형을 재조정하는 과정에서 나타난 현상이다. 민영기업에 대한 당 조직 확대도 이러한 긴장 속에서 나온 조치로, 기업의 자율성과 국가의 전략적 목표 사이에서 새로운 중간 지대를 모색하는 실험으로 볼 수 있다. 당 조직 확대는 단순한 정치적 상징이 아니라, 정책 전달·노동 안정·위기 조정·데이터 관리 등 다층적 기능을 수행한다. 특히 전략 산업에서는 당 조직이 기술 안보·공급망 리스크 대응·표준화 전략과도 연계되며, 이는 중국식 현대화 모델에서 기업 지배구조가 정치·경제·전략의 접점에 놓여 있음을 보여준다.

국제비교의 관점에서 보면, 중국의 기업 구조는 미국과 유럽의 '민간 주도+정부 보조' 모델과, 우리나라·대만·일본의 '발전 국가+수출 주도' 모델의 요소를 동시에 결합한 독특한 혼합체다. 미국과 유럽이 특정 산업을 일시적으로 지원하는 타깃형 개입을 한다면, 중국은 당·정부·기업을 포괄하는 체계적 개입을 통해 산업 생태계 전체를 설계한다. 특히 공급망 자립과 데이터·표준 경쟁까지 포괄한다는 점에서, 20세기형 발전국가 모델을 넘어선 새로운 규범 실험의 성격을 지닌다. 특히 중국은 공급망 자립·데이터 국지화·표준 경쟁까지 포괄하는 전면적 전략 생태계를 구축한다는 점에서, 기술·산업·안보가 결합된 21세기형 발전국가 모델을 형성하고 있다. 이는 우리나라·일본의 20세기 발전국가 모델보다 범위가 넓고, 미국·유럽보다 국가 개입성이 강한 독특한 구조를 보여준다. 결국 기업의 역할은 중국식 현대화의 지상 실험장이다. 국유기업이 제공하는 장기적 안정성과 사회적 목표, 민영기업이 만들어내는 혁신과 속도의 결합은 지난 40여 년간 중국을 세계 2위 경제로 끌어올린 핵심 엔진이었다. 앞으로도 디지털·녹색·공급망 자립 같은 전략 분야에서 이 이중 엔진이 결정적 역할을 할 것이다. 그러나 이 구조가 국제 규범·시장 원리와 얼마나 유연하게 조화를 이루느냐가 중국식 현대화의 미래를 가를 것이다. 중국식 현대화는 단순한 경제정책이 아니라 정치·사회·문화까지 포괄하는 거대한 실험이며, 기업은 그 실험의 최전선에 서 있다.

6. 시장과 국가의 경계
―조정·통제·정책 금융

중국식 현대화의 핵심은 국가와 시장의 동거라고 말할 수 있다. 그러나 이 동거는 단순한 병존이 아니라, 상황에 따라 조정·통제·완화가 반복되는 가변적 균형의 구조이다. 국가가 지나치게 개입하면 시장의 창의성이 위축되고, 반대로 시장에 전적으로 맡기면 사회적 안정과 전략적 목표가 흔들릴 수 있다. 중국은 지난 40여 년 동안 이 균형점을 탐색해왔고, 그 과정에서 정책 금융·규제·위기 개입·데이터 통제가 결합된 독특한 제도적 경계를 만들어왔다. 가장 중요한 도구는 정책 금융이다. 중국은 금융시장을 완전히 자유화하지 않고, 전략 분야와 대규모 인프라에 대해서는 여전히 국가가 저리·장기 자금을 공급한다. 중국개발은행, 수출입은행 등 주요 정책금융기관들은 정부의 지시에 따라 반도체·신에너지·인프라·지역균형 개발에 필요한 자금을 대규모로 공급한다. 이는 자본시장의 불확실성을 완충하면서도 민간기업이 감당하기 어려운 초대형 투자 프로젝트를 가능하게 한다. 예를 들어 고속철도망 건설, 국가 전력망의 디지털 전환, 신형 인프라 사업은 민간 금융으로는 사실상 불가능한 규모이지만, 정책 금융을 통해 단기간에 집행되었다. 이러한 방식은 계획경제 시절의 도구를 현대적으로 재활용한 것이다.

시장과 국가의 경계는 또 다른 차원에서 규제와 자율성의 긴장 속에서도 드러난다. 중국 정부는 시장을 전면적으로 신뢰하기보다, 위기 상황이나 거품 위험이 감지되면 즉각 개입한다. 2015년 주식시장 폭락 당시 정부는 국유계 금융기관을 동원해 대규모 매수를 통해 시장을 안정시켰다. 2020년대에는 부동산 거품을 억제하기 위해 3가지 레드라인 정책을 도입해 부채비율 규제를 강화했고, 대형 부동산 기업의 구조조정을 직접 지휘했다. 이는 시장 메커니즘에 맡기면 단기적으로 붕괴 위험이 커질 수 있다는 인식에서 비롯된 조치다. 또한 국가의 통제는 데이터와 플랫폼 경제에서도 분명히 드러난다. 앤트그룹(蚂蚁集团)·텐센트(腾讯) 같은 빅테크 기업들이 급성장하자, 정부는 반독점 규제, 데이터보안법, 알고리즘 규제를 통해 성장 속도를 조절하고 사회적 위험을 분산하려 했다. 이는 단순한 기업 통제가 아니라, 디지털 경제와 데이터 주권을 전략 자산으로 관리하려는 장기 전략이기도 하다. 국제사회에서는 이를 혁신 억압으로 보기도 하지만, 중국 내부에서는 사회 안정·금융 안정·기술 주권 확보라는 이유로 정당화된다. 특히 2021년 시행된 DSL(데이터보안법)과 PIPL(개인정보보호법)은 데이터 이전·활용·처리 전반에 강력한 통제 체계를 구축하며, 시장 자율성보다 국가 전략적 목표를 우선하는 경향을 제도화했다는 점에서 의의가 크다.

국제 비교의 관점에서 보면, 중국의 시장·국가 경계는 미국이나 유럽의 '시장 우선+사후 규제' 모델과 뚜렷이 구별된다. 서구에서는 기업이 자유롭게 활동하고 문제가 생기면 정부가 사후 개입하는 구조라면, 중국은 처음부터 국가가 전략적 목표·리스크 범위·투자 우선순위를 설정해두고 시장을 그 안에서 움직이게 한다. 동아시아 발전국가 모델과 비교했을 때도, 중국은 시장 개입의 범위·강도·속도가 훨씬 크고, 디지털·데이터·표준 경쟁까지 포괄하는 확장성을 보여준다. 물론 이러한 구조는 양날의 검이다. 국가가 설정한 경계가 지나치게 좁아지면 기업의 자율성과 혁신이 위축되고, 외국인 투자자들은 불확실성과 불투명성을 이유로 발을 뺄 수 있다. 반대로 경계가 느슨해지면 사회 불평등·부동산 거품·금융 리스크 같은 문제가 심화될 수 있다. 따라서 중국 정부는 끊임없이 경계선을 조정하며, 시장에 활력을 주되 국가가 안전망을 쥔다는 원칙을 유지하려 한다. 특히 부동산·플랫폼·인터넷 금융 등 변동성이 큰 분야에서 조기 개입을 제도화한 점은 다른 국가와 구별되는 중요한 특징이다.

중국식 현대화의 진정한 특징은 바로 이 경계의 유연성과 탄력성이다. 상황에 따라 국가는 시장의 파트너가 되기도 하고, 감독자가 되기도 하며, 때로는 직접 참가자로 변신한다. 시장과 국가의 경계는 고정된 선이 아니라 시대와 산업, 지역과 과제에 따라 달라지는 유동적 영역이며, 바로 이 점이 중국식 현대화의 지속 가능성을 좌우한다. 이는 향후 미·중 기술 패권 경쟁, 글로벌 공급망 재편, 디지털 규범 경쟁 속에서 더욱 중요한 변수로 부상할 가능성이 크다.

7. 반독점·플랫폼 규제, 공급망 자립, 전략 산업(반도체·전기차·신에너지)

중국식 현대화의 또 하나의 핵심 축은 거대 기업·전략 산업·공급망을 국가 전략과 연계하는 능력이다. 국가와 시장이 교차하는 지점에서 거대한 플랫폼 기업과 전략 산업이 빠르게 성장했고, 정부와 당은 이를 관리·재편해 장기 전략에 맞추려 했다. 이런 과정에서 반독점·플랫폼 규제와 공급망 자립은 단순한 정책이 아니라 국가 안보·사회 안정·산업 전환이 얽힌 종합 전략으로 발전했다.

2010년대 중후반 앤트그룹(蚂蚁集团)·텐센트(腾讯)·메이투안·디디추싱(滴滴出行) 등 플랫폼 기업들은 중국 내 서비스·금융·데이터를 지배하며 국가보다 큰 기업으로 성장했다. 그러나 2020년 이후 당과 정부는 이들 빅테크를 겨냥해 전례 없는 강도의 규제를 시행했다. 앤트그룹(蚂蚁集团) IPO(기업공개) 중단, 디디추싱(滴滴出行) 앱스토어 퇴출, 메이투안의 반독점 벌금 부과 등은 대표적인 사례다. 정부는 플랫폼 경제의 무질서한 팽창을 막고 데이터·알고리즘의 공공성을 확보하겠다는 명분을 내세웠다. 본질적으로는 금융 안정·데이터 안보·사회적 리스크 관리라는 국가 전략적 그 정책의 기저에 자리하고 있었다는 점이 중요하다. 아래 그래프는 이러한 규제 조치가 2020년 이후 얼마나 급격히 강화되었는지를 보여준다. 연도별 플랫폼 규제 집행 건수가 2015년 이후 꾸준히 증가해 2021~2022년에 정점을 찍으며, 중국 정부가 플랫폼 산업 전반을 재편하는 과정을 시각적으로 드러낸다.

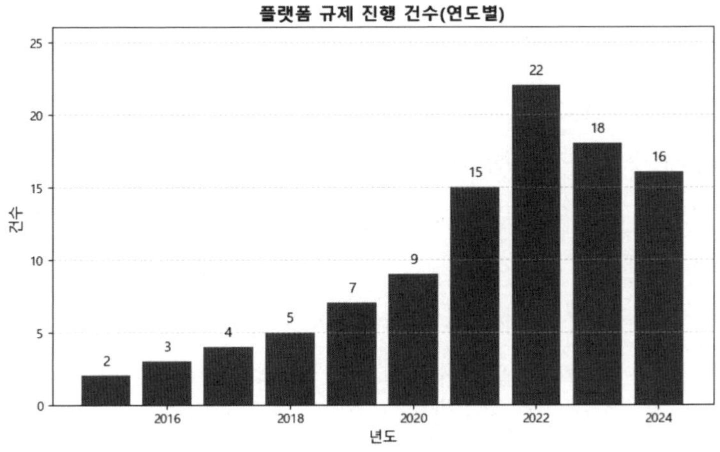

이러한 규제는 단기적으로 기업 가치와 해외투자 심리를 위축시켰지만, 장기적으로는 산업 생태계의 균형과 재편을 통해 전략산업으로의 자원 이동을 촉진하는 기능을 했다. 앤트그룹(蚂蚁集团)·텐센트(腾讯) 등은 이후 클라우드·AI(인공지능)·공급망 관리·산업용 소프트웨어 같은 국가 전략 분야에 집중 투자를 확대했고, 빅테크 기업의 사회공헌·중소기업 지원·농촌 디지털화 프로젝트도 늘어났다. 이런 흐름은 국가 전략과 민간 혁신의 일체화라는 중국식 현대화의 방향성을 잘 보여준다.

공급망 자립은 중국식 현대화의 생존 전략이자 국제질서 속에서의 힘의 원천이다. 미·중 갈등과 서구의 디리스킹(위험 축소) 움직임은 중국이 핵심 부품·소재·기술을 외부에 의존하는 구조를 전략적 리스크로 인식하게 만들었다. 반도체는 그 대표적 사례다. 미국이 CHIPS법(반도체·과학법)과 수출통제를 통해 첨단 반도체 장비와 설계 소프트웨어를 차단하자, 중국은 반도체 굴기를 내걸고 국산화를 가속했다. SMIC·화훙반도체 같은 파운드리 기업과 YMTC 같은 메모리 기업은 대규모 국가 펀드와 정책금융의 지원을 받았다. 2014년 출범한 국가반도체산업투자펀드는 1·2·3차 펀드를 합쳐 3,000억 위안 이상이 투입되었다.

신에너지·전기차 분야는 공급망 자립의 성공 사례로 꼽힌다. 중국은 리튬·니켈·코발트 등 배터리 핵심 광물의 글로벌 채굴·가공·재활용 체인을 선점하고, CATL·BYD 등 민간 기업이 배터리 셀·팩·관리 시스템까지 통합해 세계 시장을 장악했다. 동시에 국유기업과 지방 정부가 충전망·전력망·표준화 인프라를 제공해 민간 기업의 확장을 뒷받침했다. 이런 구조는 단순히 경제적 경쟁력을 넘어 에너지 전환·기후 변화 대응·지정학적 자율성을 동시에 달성하려는 국가 전략의 일환이었다.

국제 비교에서 보면, 미국·유럽도 최근 산업 보조금과 공급망 전략을 강화하고 있지만, 중국의 특징은 국가 개입의 체계성과 속도에 있다. 서구가 민간 주도의 혁신을 전제로 특정 산업에 선별적 개입을 한다면, 중국은 당·정부·기업이 합동으로 산업 생태계 전체를 재설계하고, 전략 산업의 표준·인프라·금융·R&D를 한꺼번에 묶어 움직인다. 이러한 접근은 개발도상국들에게 매력적인 대안 모델로 비치지만, 동시에 투명성 부족과 국제 규범 위반 논란을 불러일으키기도 한다. 아래 그래프는 이러한 전략산업 중심 성장 모델이 실제 생산·투자 지표에서 어떻게 나타나고 있는지를 예시적으로 보여준다. 전기차(NEV) 판매, 배터리 생산, 태양광 설치 등 핵심 전략산업의 성장이 2020년 이후 급격히 가속

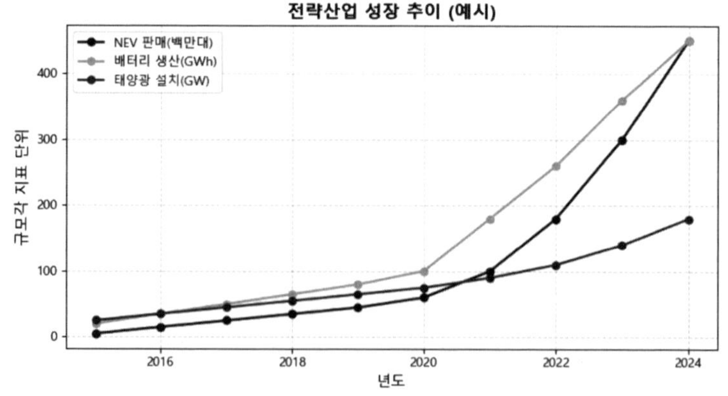

화되며, 중국식 산업정책이 '계획-금융-시장'의 통합적 방식으로 작동하고 있음을 시각적으로 확인할 수 있다.

이처럼 반독점·플랫폼 규제와 공급망 자립, 전략산업 육성은 서로 분리된 정책이 아니라 국가전략·산업정책·사회안정이 결합된 종합체계다. 이 체계는 중국식 현대화가 단순히 성장률을 높이는 것이 아니라 경제 안보·기술 주권·국제 표준 경쟁을 동시에 겨냥한다는 사실을 보여준다. 그러나 이런 모델이 얼마나 지속 가능할지는 국제 환경과 국내 혁신 역량의 변화에 따라 달라질 수 있다. 특히 WTO(세계무역기구)·투자심사·데이터 이동·환경·노동 규범 등에서 글로벌 스탠더드와 충돌이 커질수록, 중국식 모델의 조정과 적응 능력이 시험대에 오를 것이다.

8. 법·제도적 기반과 리스크

중국식 현대화를 떠받치는 마지막 축은 단단한 법·제도적 기반이다. 흔히 사람들은 중국은 법보다 정치가 우위에 있다고 인식하지만, 실제로 지난 40여 년간 중국은 시장화와 국제화의 압력을 받으며 법과 제도를 광범위하게 정비하고 현대화해 왔다. 개혁개방 초기의 중국은 사실상 법 없는 경제에 가까웠다. 시장 메커니즘이 빠르게 도입되는 와중에도 사유재산 보호, 계약 집행, 투자자 권리 등 제도적 기반이 미약해 외자기업과 민영기업 모두 불안정한 환경에서 운영해 왔다. 1980~90년대 초반까지만 해도 규칙보다 꽌시(关系)가 더 강하게 작동했다는 인식이 지배적이었고, 법보다 당과 정부의 행정 결정이 우위에 있었다. 그러나 1990년대 후반부터 WTO(세계무역기구) 가입을 앞두고 규칙 없는 성장은 한계에 부딪혔다. 중국 정부는 1993년 「시장경제 건설에 관한 결의」에서 법에 의한 국가통치(依法治國)를 천명했고, 1999년 헌법에 법에 의한 국가통치 조항을 삽입했다. 2001년 WTO(세계무역기구) 가입과 동시에 1,000건이 넘는 법률·행정규칙을 개정·폐지하며 국제 기준에 맞추었다. 그 결과 중국은 관계경제에서 규칙경제로 서서히 이동했고, 민간과 외국인 투자자의 신뢰를 얻는 기반을 다질 수 있었다.

2000년대 이후 이 변화는 더욱 가속화되었다. 「지적재산권법」, 「환경보호법」, 「노동계약법」, 회사법이 잇따라 강화되었고, 특히 2021년 시행된 「민법전(중국 최초의 통합 민법전)」은 사유재산권·계약·개인권을 포괄적으로 규정하며 중국 경제의 헌법으로 불리고 있다. 디지털경제와 관련된 법·제도도 신속하게 등장했다. 2017년 「사이버보안법」, 2021년 「DSL(데이터보안법)」과 「PIPL(개인정보보호법)」은 디지털 법치라는 새로운 영역을 열었다. 이 법들은 국가가 기술·데이터·인프라를 전략자산으로 인식하고 규율하기 시작했음을 보여준다.

법과 제도의 강화는 기업 활동의 예측 가능성을 높이고 외자유치를 촉진하는 직접적 효과를 가져왔다. 실제로 세계은행의 사업하기 용이성 지수에서 중국은 2014년 96위에서 2020년 31위로 크게 상승했다. 상하이와 선전의 자유무역시험구는 투자자 보호, 상업분쟁 해결, 지재권 보호를 실험하는 플랫폼이 되었고, 선전과 하이난 자유무역항은 투자자와 스타트업이 규제 샌드박스를 활용하도록 했다. 외국인 투자자와 글로벌 기업들은 중국이 여전히 불투명한 측면이 있지만, 과거보다 훨씬 더 명문화된 규칙을 갖추고 있다는 평가를 내놓는다. 그러나 법과 제도적 기반이 강화되는 동시에 새로운 리스크도 나타났다. 첫째, 법에 의한 국가통치(依法治國)가 법의 지배(rule of law)와 동일하지 않다는 점이다. 중국 당국은 법에 따른 국가통치를 강조하지만, 이는 서구식 권력분립과 사법 독립을 의미하지 않는다. 법은 당과 국가의 정책 목표를 실현하는 도구 또는 수단으로 기능하며, 정책 변화가 있을 때

법과 규제도 빠르게 개정되고 해석된다. 대표적으로 환경보호·산업정책·데이터 규제 분야에서 수년 단위로 개정이 반복되는 사례가 많다. 이런 점은 정책의 민첩성을 높이지만, 기업에는 불확실성을 낳는다. 둘째, 디지털경제와 관련된 규제 강화가 기업의 혁신 의사결정을 실질적으로 제약할 수 있다. 2020년 이후 강화된 「DSL(데이터보안법)」과 「PIPL(개인정보보호법)」은 외자기업의 데이터 이전·클라우드 서비스 운영에 큰 영향을 미쳤다. 다국적 기업은 중국에서 수집한 데이터를 본사로 이전할 때 추가 심사·허가 절차를 거쳐야 하며, 클라우드 서비스를 합작회사 형태로만 운영할 수 있다. 이는 데이터 주권을 강화한다는 내부 논리와 디지털 보호주의라는 외부의 비판이 동시에 제기되는 지점이다. 셋째, 국제 규범과의 충돌이다. WTO(세계무역기구) 보조금 규정, 투자심사, 데이터 이동 규제, 기술표준 등에서 갈등과 협상이 일어나고 있다. 특히 데이터 주권과 개인정보 보호, 클라우드·AI(인공지능) 규제에서 중국식 모델은 서구식 자유주의 규범과 상충하기도 한다. EU의 GDPR(일반개인정보보호규정)과 중국의 PIPL(개인정보보호법)은 개인정보 처리·이전·동의 요건에서 큰 차이를 보이고, 미국의 AI(인공지능) 규제·클라우드 규제와도 충돌한다. 이런 차이는 다국적 기업에게 '중국 내 데이터는 중국에 머물러야 한다'는 규칙을 강제하며, 글로벌 서비스 모델을 분리·조정하도록 만든다. 그 결과 글로벌 공급망은 물리적 생산뿐 아니라 데이터·알고리즘 차원에서도 분리되는 방향으로 움직이고 있다. 넷째, 지방정부와 중앙정부 간의 규제 격차도 리스크 요인이다. 중앙이 제시한 법과 제도를 지방이 어떻게 집행하느냐에 따라 기업의 실제 환경은 크게 달라진다. 일부 지방정부는 중앙의 규제를 유연하게 적용해 기업에 혜택을 주지만, 다른 지방은 엄격하게 집행해 기업 활동을 위축시키기도 한다. 이는 중국 경제의 유연성이자 동시에 불확실성이기도 하다. 이를테면 상하이 FTZ(자유무역지대)는 외국인

투자 네거티브 리스트를 선도적으로 완화했지만, 내륙 지역은 여전히 보수적인 집행을 고수해 동일한 규정이 다른 결과를 낳는다. 다섯째, 법과 제도적 기반이 강화될수록 정치와 법의 경계가 다시 논쟁이 된다. 기업의 인수합병, 해외 상장, 데이터 이전 같은 민감한 활동은 점점 더 국가 안보·사회 안정이라는 이름으로 규제된다. 이는 시장 논리와 법치주의가 만나는 접점에서 새로운 긴장을 만들어낸다. 최근 몇 년간 다수의 IPO가 국가안보 심사를 이유로 지연되거나 취소되었고, 해외투자·합작·기술 이전도 더 엄격한 허가 절차를 거치게 되었다. 앤트그룹(蚂蚁集团)의 금융 자회사 앤트그룹(蚂蚁集团) 상장 중단 사례가 대표적이다. 중국 증권감독관리위원회(CSRC)는 금융안정과 데이터보안을 이유로 IPO를 막았는데, 이는 법과 규제의 유연성이 정치적 우선순위에 종속될 수 있다는 점을 보여준다. 여섯째, 최근 중국은 안전과 리스크 관리를 국가발전 전략의 핵심 축으로 격상시키며, 국가안보법과 반간첩법의 개정, 데이터 국외 이전 통제 강화 등을 통해 규제의 범위를 경제·기술·사회 전반으로 확대하고 있다. 이러한 변화는 규제 체계의 전면적 안전화를 의미하지만, 동시에 외국기업과 투자자에게는 규제 환경의 예측 난이도를 더욱 높이는 요인이 되고 있다. 특히 2023~2024년 개정된 반간첩법은 기업의 정보 수집·시장조사 활동과 충돌할 소지가 있어 글로벌 기업의 준법 부담을 크게 증가시켰다.

이 모든 것은 중국식 현대화가 단순한 경제정책이 아니라 법과 제도라는 토대를 기반으로 하고 있음을 보여준다. 그러나 동시에 그 법과 제도가 국가전략과 정치목표에 종속될 때 나타나는 리스크를 함께 안고 있다. 개발도상국과 신흥국들은 중국의 법치 강화가 규칙 기반의 경제발전으로 비친다. 반면 서구 국가들은 정치가 법 위에 있다는 점을 우려한다. 이 상반된 시각 속에서 중국은 '정치적 통합＋법적 제도화'라는 양날의 검을 쥐고 현대화를 추진하고 있다.

결국 중국식 현대화에서 법과 제도적 기반은 안정성과 유연성이라는 두 축을 동시에 제공한다. 투자자 보호와 시장 예측 가능성을 높이면서도, 필요하면 빠르게 법과 규제를 바꾸어 국가전략을 관철할 수 있다. 이러한 이중성이야말로 중국식 국가자본주의의 가장 큰 특징 중 하나이자, 국제 질서·규범 경쟁에서 향후 핵심적인 논쟁 지점이 될 것이다.

9. 법치 담론과 투자·경쟁·데이터 규율의 충돌 지점

중국식 현대화를 이해하려면 반드시 법치라는 개념을 살펴야 한다. 시진핑 정부는 2014년 제18기 4중전회에서 법에 의한 국가통치(依法治國)를 국가 전략으로 공식화했고, 이를 전면적 법치국가 건설의 핵심 구호로 제시했다. 그러나 이 법치는 서구가 말하는 법의 지배(rule of law)와는 다르다. 중국식 법치는 국가 권력 위에 법이 놓이는 것이 아니라, 국가 권력을 강화하는 도구적 수단으로서 법이 존재한다는 전제에서 출발한다. 따라서 외부 세계에서는 중국의 법치 담론이 법을 통한 정치이자 법에 의한 통치라는 이중적 의미를 동시에 갖는다고 평가한다.

이 법치 담론은 투자·경쟁·데이터 규율이라는 핵심 영역에서 가장 선명하게 드러난다. 2019년 「외국인투자법」 제정은 외자기업의 권리와 의무를 명문화하고, 네거티브 리스트 방식을 통해 시장 진입 규제를 간소화했다. 이 법은 한편으로는 중국이 시장을 더 개방하고 투자 환경을 개선한다는 신호로 읽혔다. 그러나 다른 한편으로는 국가 안보 심사 제도, 산업정책, 데이터 보안 규정과 결합해 외자기업의 활동을 통제하는 이중 구조를 만들었다. 상하이 자유무역시험구와 하이난 자유무역항에서는 외자기업이 지분 참여·합작·신규사업을 보다 자유롭게 추진할 수 있지만, 동시에 중대 데이터가 포함된 프로젝트나 전략산업 분야에 대해서는 국가 안보 심사를 통과해야 한다. EUCCC(중국유럽상공회의소)는 중국이 한편으로는 개방을 말하면서도, 다른 한편으로는 안보·데이터·산업정책을 이유로 규제를 강화한다고 지적한다. 또한 네거티브 리스트의 항목 수가 2013년 190여 개에서 2021년 33개로 줄어들며 시장 개방 폭이 확대되었지만, 국가안보 심사 강화와 병행되면서 개방과 통제의 동시적 강화라는 이중적 양상이 더욱 두드러졌다는 점이 추가적으로 고려될 필요가 있다.

경쟁 영역에서도 새로운 도전이 나타났다. 2008년 시행된 「반독점법」은 2022년 전면 개정돼 플랫폼 기업·국유기업·외자기업 모두에 적용되는 강력한 규제가 되었다. 표면적으로는 기업의 시장지배력을 억제하고 공정경쟁을 촉진하기 위한 조치지만, 동시에 전략산업을 국가가 조정하고 관리하는 수단으로 활용된다는 점에서 긴장과 논란이 존재한다. 앤트그룹(蚂蚁集团), 텐센트(腾讯), 디디추싱(滴滴出行) 등 민영 빅테크 기업들은 과징금·IPO 연기·사업구조 재편 등 강도 높은 제재를 받았다. 특히 메이투안에 부과된 34억 위안 규모의 과징금은 플랫폼 규제 강화의 대표적 사례로 지적된다. 정부는 이를 공정경쟁을 위한 조치라고 설명하지만, 국제사회에서는 정치·사회적 통제와 산업정책 조정이라는 두 가지 목표가 결합된 것 아니냐는 분석이 나온다. 국유기업도 반독점법의 대상이지만, 실제 집행에서 민영·외자기업에 더 엄격하게 적용된다는 비판도 존재한다. 실제로 국유기업에 대한 실질적 제재 사례는 상대적으로 극히 드물다는 점이 국제 연구기관에서도 반복적으로 제기되고 있다.

법치 담론의 가장 역동적인 실험장은 데이터 규율이다. 2017년 「사이버보안법」을 시작으로, 2021년 「데이터보안법」과 「개인정보보호법」

이 잇따라 시행됐다. 이 법들은 데이터의 수집·저장·이전·활용에 대해 세계에서 가장 엄격한 규정을 담고 있다. 특히 국가안보나 공공이익과 관련된 데이터는 해외 이전이 사실상 불가능하다. 이 규제는 데이터 주권을 강화한다는 내부 논리와 디지털 보호주의라는 외부 비판을 동시에 받는다. 클라우드 서비스, 빅데이터, AI(인공지능) 기업들은 이 규제에 따라 데이터 센터를 중국 내에 두고 별도의 운영 체계를 만들어야 한다. 글로벌 기업에게는 중국 내 데이터는 중국에 머물러야 한다는 원칙이 사실상 강제된다. 또한 고위험·핵심 데이터의 범주가 국가 안보, 중요 정보 인프라, 금융·보건·인구 데이터 등 광범위하게 규정되면서 규제의 적용 범위가 더욱 확대되고 있다.

이러한 법치 담론과 규율은 국제 규범과도 심각한 긴장을 낳는다. EU의 GDPR(일반개인정보보호규정)과 중국의 PIPL(개인정보보호법)은 개인정보 처리·이전·동의 절차에서 큰 차이를 보이며, 미국의 CLOUD Act(미국 클라우드 접근법) 및 AI(인공지능) 관련 규제는 중국의 데이터 법제와 정면으로 충돌한다. 특히 CLOUD Act(미국 클라우드 접근법)가 미국 기업이 보유한 해외 서버의 데이터에도 사법 절차를 거쳐 접근할 수 있는 구조라는 점에서 중국의 데이터주권 모델과 직접적인 법적 충돌을 낳는다. WTO(세계무역기구) 전자상거래 규범과의 부합성도 쟁점이다. 유럽 기업들은 중국에서 수집한 데이터를 본사로 이전하기 위해 추가 심사·허가 절차를 거쳐야 하고, 미국 클라우드 기업들은 중국 내 합작회사를 통해서만 서비스를 운영할 수 있다. 이로 인해 글로벌 공급망은 물리적 생산뿐 아니라 데이터·알고리즘 차원에서도 분리되는 방향으로 움직이고 있다. 최근 국제 보고서에서는 이러한 흐름을 디지털 공급망의 분절화로 규정하고 있으며, 이는 기술·데이터·표준 중심의 글로벌 경쟁을 더욱 가속하는 요인으로 평가된다.

아래 표는 중국·EU·미국 간 데이터 규율의 주요 차이를 정리한 것이다. 중국은 국가안보와 데이터 주권을 고려한 내부 통제형 규제를, EU는 개인정보권 중심의 권리 보장형 규제를, 미국은 분산적이면서 시장 접근 중심의 규제를 채택하고 있다. 표는 '데이터 이전 규제-개인 정보 보호-클라우드 서비스'라는 세 가지 축에서 세 지역의 제도적 차이를 비교한 것이다.

[데이터 규율 비교표]

	구분	중국	EU	미국
0	데이터 이전 규제	중요 데이터 해외 이전 제한	GDPR 준수 시 이전 허용	CLOUD Act로 접근 가능
1	개인정보 보호	PIPL(개인 정보 보호법) 중심, 국가안보 고려	GDPR(강력한 동의·권리 보장)	부분별 분산된 규제
2	클라우드 서비스	중국 내 서버 필수	EU 내 서버 권장	글로벌 클라우드 허용

법치 담론은 단순한 경제 규율을 넘어 정치·사회적 통제와도 결합된다. 중국 정부는 법을 통해 인터넷 콘텐츠 검열, 플랫폼 알고리즘 규제, 온라인 여론 관리 등을 정당화한다. 인터넷 정보 서비스 알고리즘 추천 관리 규정 같은 세부 규칙은 플랫폼 기업의 정보 유통·광고·추천 시스템까지 규율한다. 이런 규제는 공공질서·청소년 보호·사회적 안정이라는 명분을 내세우지만, 동시에 표현의 자유·프라이버시·기업 자율성에 대한 제약으로 이어진다. 특히 2022년 시행된 인터넷 정보 서비스 알고리즘 규정은 알고리즘 추천·노출·광고까지 포괄적으로 규제하며, 플랫폼의 운영 방식 전반을 국가가 관리하는 체계를 제도화했다. 그럼에도 중국 내부에서는 이러한 법치 강화가 예측 가능성을 높이고 국가의 장기 전략을 안정적으로 추진하는 수단이라는 긍정적 평가도 존재한다. 정치가 곧 법이 되는 것이 아니라 정치가 법의 언어로 번역되는 것이라는 주장이다. 개발도상국과 신흥국들은 이를 규칙 기반의 발전으

로 인식하며, 서구가 강조하는 법의 지배와는 다른 법을 통한 통치 모델에 관심을 보인다. 실제로 아프리카와 동남아 국가들의 일부 정부 관계자들은 중국식 데이터 규범을 참고해 자국의 법제를 설계하기도 한다. 예컨대 인도네시아·태국·에티오피아 등은 중국식 데이터 로컬라이제이션 제도를 벤치마킹해 국내 규제를 설계하고 있다는 평가도 제기된다. 결국 중국식 법치 담론은 투자·경쟁·데이터 규율이라는 세 영역에서 국가전략을 관철하는 핵심 도구이자, 동시에 국제 규범과 충돌을 발생시키는 긴장의 지점이다. 중국은 법과 제도를 통해 현대화를 추진하면서도, 그 법이 국제적 호환성을 갖도록 해야 하는 과제를 안고 있다. 이는 단순한 국내 문제를 넘어 글로벌 디지털 거버넌스, 무역·투자 규범, 인권·프라이버시 표준에까지 영향을 미친다. 앞으로 이 충돌 지점을 어떻게 관리하느냐가 중국식 현대화의 지속 가능성과 국제 질서에서의 입지를 좌우할 것이다. 따라서 중국식 법치 모델은 안정성과 유연성이라는 두 축을 어떻게 조율하느냐에 따라 향후 국제 규범 경쟁에서의 영향력이 결정될 가능성이 크다.

10. 맺음말
─중국식 사회주의와 국가 주도 경제의 함의

중국식 현대화의 첫 번째 엔진을 살펴본 결과, 우리는 분명한 사실 하나를 확인할 수 있다. 오늘날 중국의 경제·사회·정치 시스템은 단순한 국가 주도형 경제나 시장경제라는 틀로 설명하기 어려운 혼합형 체제이며, 그 중심에는 '당-정부-기업 삼각동력'이라는 독특한 구조가 자리 잡고 있다. 이 구조는 지난 40여 년 동안 개혁개방을 통해 형성되었고, 국유기업과 민영기업의 상호보완, 국가전략과 시장 메커니즘의 결합을 통해 고도성장을 견인했다. 그러나 동시에 이 구조는 규범적·정치적·경제적 도전을 내포하며, 앞으로의 중국식 현대화의 성패를 좌우하는 열쇠가 될 것이다.

앞서 서술한 내용을 종합하면, 중국식 현대화는 세 가지 핵심적 특징을 보여준다. 첫째, 국가 전략과 시장의 결합이다. 서구 국가들이 보조금이나 특정 산업 지원 같은 한시적 개입에 그치는 데 비해, 중국은 산업정책·금융·표준·데이터까지 포괄하는 체계적 개입을 한다. 이는 단기적 효율성보다는 중장기적 안정과 공급망 자립, 전략적 기술 확보에 초점을 맞춘 것이다. 둘째, 정치와 경제의 통합이다. 당의 지도가 기업 지배구조 속으로 깊숙이 스며들며, 전략·정책·자금·감독이 하나의 생태계를 형성한다. 셋째, 법과 제도적 기반의 확립과 변형 가능성이다. 법치와 규범을 강화해 예측 가능성을 높이면서도, 정책 변화에 따라 법·규제를 신속히 조정할 수 있는 구조적 유연성을 유지한다. 이러한 특징들은 긍정과 우려를 동시에 낳는다. 긍정적인 측면에서 보면, 위기 대응능력과 전략적 집중력을 통해 인프라 확충·신기술 확보·빈곤 퇴치 등에서 눈에 띄는 성과를 거둘 수 있었다. 중국이 신에너지차, 배터리, 5G(5세대 이동통신), AI(인공지능), 양자기술 같은 미래 산업에서 두각을 나타내는 데에는 이런 삼각동력 모델이 큰 역할을 했다. 또한 법과 제도의 강화는 외국인 투자자와 민영기업에게 일정 수준의 예측 가능성을 제공해 규칙 없는 성장의 혼란을 줄였다. 그러나 우려도 크다. 가장 대표적 쟁점은 국제 규범과의 충돌이다. WTO(세계무역기구) 보조금 규정, 데이터 이동 규제, 국제표준화기구(ISO·IEC·ITU)를 중심으로 한 기술·산업 표준 경쟁, 투자 심사 등에서 갈등이 빈번하게 나타난다. EU의 GDPR(일반개인정보보호규정), 미국의 AI 규제와 CLOUD Act(클라우드 접근법) 기준, 일본의 APPI(개인정보보호법) 등과 중국의 디지털 법제는 정면 충돌보다는 상호 비호환성이 크고, 병렬적 규제 체제로 인해 조정 비용이 매우 크다는 점에서 긴장이 발생한다. 글로벌 기업들은 PIPL(개인정보보호법)·DSL(데이터보안법)에서 요구하는 '중국 내 데이터 현지 저장' 규칙에 맞춰 별도의 시스템을 운영해야 한다. 이는 디지털 영역에서의 탈세계화와 디지털 공급망의 분절화(디지털 디커플링) 현상을 가속한다. 내부적으로도 정치와 법의 경계가 논쟁의 대상이다. 중국의 법에 의한 국가통치(依法治國)는 서구식 법의 지배(rule of law)와 달리 당과 국가 권력의 정당성을 강화하는 도구로 활용된다. 이는 시장경제의 예측 가능성을 높이면서도, 동시에 정치적 우선순위에 따라 규제가 급변할 수 있는 위험을 내포한다. 빅테크 기업에 대한 대규모 벌금과 IPO(기업공개) 중단 사례는 이러한 긴장을 단적으로 보여준다.

또한 국제 표준 경쟁은 중국식 현대화가 국제 질서 속에서 수행하는 구조적 전략으로 자리 잡고 있으며, 중국표준 2035와 3GPP(3세대 파트너십 프로젝트)·ISO(국제표준화기구)·IEC(국제전기기술위원회) 활동이 이러한 전략의 제도적 기반을 제공한다. 중국표준 2035는 5G·스마트 제조·전기차·AI(인공지능) 등 핵심 분야에서 중국식 기술 기준을 글로벌 표준으로 확장하려는 장기 프로젝트로, 산업정책·기술혁신·국가전략이 결합된 체계적 시도로 평가된다. 이는 단순한 기술 경쟁이 아니라 국제 규범의 주도권을 둘러싼 장기적 협력과 경쟁의 장을 형성한다.

디지털 법제 영역에서도 중국·EU·미국의 규제 체계는 충돌이라기보다 병렬적·비호환적 구조를 이루고 있다. 중국은 데이터 주권과 안보 중심 모델을, EU는 개인정보권 중심의 권리 보장형 모델을, 미국은 시장 접근 중심과 분산형 모델을 채택하며, 글로벌 기업은 동일 서비스에 대해 세 지역에서 서로 다른 운영체계를 구축해야 하는 상황이 되었다. 이러한 병렬화는 데이터·알고리즘·클라우드까지 포함한 디지털 공급망의 분절화를 가속하며, 글로벌 가치사슬 재편의 핵심 요인으로 작용하고 있다. 이러한 구조적 긴장은 중국식 현대화의 미래 시나리오를 결정지을 것이다. 하나의 시나리오는 '내부적 안정 + 외부적 조율'이다. 중국이 법과 제도를 국제 규범과 점진적으로 조화시키고, 데이터·투자·표준 경쟁에서도 협력과 타협을 모색한다면, 중국식 국가자본주의는 글로벌 경제에 안정적인 축으로 자리 잡을 수 있다. 또 다른 시나리오는 '내부적 통합 + 외부적 충돌'이다. 국가안보와 정치안정을 우선시하는 규제가 더욱 강화되어 외자기업과 글로벌 공급망이 중국에서 부분적으로 이탈하는 경로다. 핵심적으로 중국식 현대화는 단순한 경제발전 전략이 아니라 국가 전략·법제·문화 자신감·국제 규범 경쟁이 결합된 총체적 실험이다. 당-정부-기업의 삼각동력과 법과 제도적 기반, 그리고 법치 담론의 충돌 지점까지 이 모든 요소가 상호작용하며 단일한 통합 생태계를 구성한다. 중국식 사회주의와 국가 주도 경제 모델은 현대 중국을 움직이는 엔진이자 동시에 국제 질서의 새로운 시험대다. 이것이 세계에 어떤 파장을 미칠지, 중국은 어떤 방향으로 이 실험을 조율할지, 그리고 국제사회는 이에 어떻게 대응할지가 향후 10년 이상 글로벌 정치경제의 가장 중요한 변수 중 하나가 될 것이다.

제2장

사회 통제와 안정
—첨단기술 · 디지털 거버넌스

1. 들어가는 이야기
—기술이 통치의 언어가 되다

중국식 현대화의 또 다른 축은 경제성장의 이면에서 사회의 안정과 통제를 제도화하는 과정에 있다. 경제 발전이 한 단계 도약할 때마다 사회의 복잡성과 다양성은 함께 확대되었고, 국가가 유지해야 할 질서의 구조 또한 급격히 변했으며, 수억 명의 인구가 농촌에서 도시로 이동하고 새로운 중산층이 형성되며 인터넷과 스마트폰이 일상 속 깊이 스며들자 사회의 움직임은 어느 누구도 완전히 예측할 수 없는 거대한 네트워크의 형태로 바뀌었다. 이러한 변화 속에서 통치란 더 이상 행정조직의 효율이나 정책 결정의 속도만으로 정의될 수 없게 되었으며, 국가의 안정은 점점 더 정보와 데이터의 흐름을 얼마나 신속하고 정확하게 관리할 수 있는가에 의해 결정되기 시작했다. 다시 말해 권력의 무게 중심이 제도에서 기술로, 인력에서 데이터로, 관료의 통제에서 알고리즘의 계산으로 이동한 것이다. 다만 이러한 전환은 2010년대 중반 이후 AI(인공지능)·빅데이터 기반 행정 시스템이 본격적으로 적용되면서 가속화되었고, 그 이전 시기는 데이터 기반 의사결정의 비중이 점진적으로 확대된 단계였다는 점에서 기술이 본격적으로 작동하기 시작한 시점과 차이가 존재한다.

1990년대 말 전자정부의 초기 단계에서만 해도 중국의 디지털화는 행정 서비스 개선과 부패 방지를 위한 보조수단 정도에 머물렀으나, 2010년대 들어 스마트폰 보급과 온라인 플랫폼의 확산이 폭발적으로 진행되면서 국가는 사회의 대다수 활동이 데이터화되는 현상을 통치의 기회로 인식하기 시작했다. 또한 데이터는 단순한 정보가 아니라 사회를 재구성하는 핵심 자원이었으며, 사람들의 이동·거래·소비·여론·감정까지 모두 수치로 변환되어 실시간으로 측정 가능한 자원이 되었다. 국가는 그 흐름을 감시하고 분석하며 관리할 수 있는 새로운 통치 언어를 손에 넣었고, 인공지능·빅데이터·사물인터넷·클라우드 등 첨단기술은 단순히 산업혁신의 수단이 아니라 통치 구조 전반을 재조직하는 핵심 도구로 작동하며, 기술의 도입이 아니라 통치의 재구성이 이루어진 것이다. 이러한 기술적 전환은 단지 효율의 문제가 아니라 정당성의 문제이기도 했다. 중국은 경제성장을 통해 사회적 지지를 확보해왔지만, 성장 속도가 둔화되고 사회 갈등이 심화될수록 통치는 다른 근거를 필요로 했다. 그 해답으로 제시된 것이 바로 안정과 효율이었다. 국가가 시민에게 제공하는 것은 자유가 아니라 안전이며, 참여가 아니라 질서였다. 기술은 이 약속을 실현하는 가장 강력한 도구로 활용되었다. 인공지능과 알고리즘은 복잡한 사회 문제를 계산 가능한 데이터로 환원시켰고, 정책 결정은 과학적·객관적·중립적 형태를 띠게 되었다. 이는 중국 정부가 '데이터 기반 과학적 행정'이라는 서사를 통해 정당화한 것이다. 물론 이러한 과정이 가치 판단이나 정치적 우선순의를 완전히 제거했다기보다는, 그것을 기술적 합리성의 언어로 재구성한 것에 가깝다. 통치의 논리가 기술의 논리로 변환되면서 권력은 감시가 아닌 관리, 통제가 아닌 예측의 언어로 표현되었다. 다만 이러한 전환은 감시 기능이 소멸했다는 뜻이 아니라, 관리와 예측의 형태로 재배치된 것이라는 점에서 학술적 논쟁이 지속되고 있다. 이는 단순한 통치 방식의 변화가 아니라 통치 담론 자체의 진화라고 할 수 있다. 여기서는 이러한 변화의 본질을 중심에 둔다. 중국이 어떻게 기술을 통치의 언어로 전환했는지, 그리고 그 언어가 효율과 안정이라는 국가 목표를 구체화하는 수단으로 기능하게 된 과정을 보여준다. 행정과 도시관리, 치안과 공공서비스, 데이터 규제와 사회신용 등 주요 영역에서 기술은 제도보다 빠르게, 정치보다 깊게 침투했다. 그 결과 디지털 거버넌스는 국가 역량을 강화하는 동시에 시민의 행동을 미세하게 조정하는 체계로 발전했다. 스마트시티, 사회신용, 데이터 보안, 개인정보 보호, 알고리즘 규제, 여론 관리 등은 서로 분리된 정책이 아니라 하나의 통합된 통치 메커니즘으로 작동한다. 이로써 중국식 현대화는 산업 발전을 넘어 통치의 기술화로 확장되었고, 기술은 더 이상 중립적 수단이 아니라 권력의 매개이자 구성 요소로 자리 잡아 통치 전반의 재구조화를 촉발하는 인프라적 권력으로 기능하게 되었다. 이 과정을 통해 우리는 기술적 통치가 단순한 감시 체계나 효율성 논리를 넘어, 새로운 형태의 사회 계약으로 작동하고 있음을 확인하게 된다. 시민들은 데이터를 제공하는 대가로 안전과 편의를 얻고, 국가는 그 데이터를 활용해 질서와 예측 가능성을 확보한다. 이 과정에서 감시는 불편이 아니라 보호로, 규제는 억압이 아니라 공공의 이익으로 재정의된다. 이는 정부가 공식 담론에서 제시하는 방식이다. 그러나 실제 시민의 경험과 국제적 평가는 다르다. 감시와 규제의 양면성이 지속적으로 제기되고 있다는 점이 동시에 존재한다. 그 안에서 자유는 완전히 소멸하지 않지만 안정이 허용하는 범위 안에서만 존재하며, 기술은 이제 통치의 언어로, 데이터는 권력의 화폐로, 알고리즘은 국가의 시선으로 기능한다. 이것이 바로 중국식 현대화의 새로운 단계인 기술이 통치의 언어가 되는 시대의 서막이다.

2. 디지털 행정과 스마트 거버넌스

21세기 초 중국은 고도성장·도시화·정보화가 동시에 폭발적으로 진행되는 과정에서 행정 효율성과 사회 관리 능력의 한계를 분명히 마주했다. 중앙과 지방의 관료 체계가 여전히 인력·서류 중심 구조에 머무른 사이, 사회의 복잡성은 행정 속도를 압도하기 시작했다.

농촌에서 도시로의 대규모 인구 이동도 사상 최대 규모로 증가했다. 대도시 권역에는 수억 명의 인구가 밀집하면서 교통·환경·치안·위생·주거·교육·소비·여론 등 모든 영역에서 이전과는 다른 형태의 통치 기술이 요구되었다. 정부는 이러한 난제를 단순한 절차 개선이나 조직 개편으로 해결할 수 없다고 판단했고, 이는 통치 능력의 위기이자 체제 정당성에 대한 근본적 질문으로 인식되었다. 이에 따라 중국 정부는 행정의 기민성과 사회적 예측 가능성을 동시에 끌어올릴 수 있는 새로운 거버넌스의 언어를 모색하기 시작했다. 그 해법의 첫 단계로 제시된 것이 전자정부였다. 2000년대 초 '금(金)자 프로젝트'를 통해 정부 인터넷(上网), 세무, 통관 등 핵심 기능을 온라인화하면서 데이터 표준화와 업무 연계의 토대가 구축되었다.

주룽지(朱鎔基)시기의 효율·절감 기조는 후진타오(胡錦濤) 정부를 거치며 정부 정보화라는 이름으로 제도화되었고, 시진핑정부 출범 이후에는 데이터가 권력의 감각기관이자 정책의 연산 토대라는 사고가 공공 부문 전반에 확산되면서 한층 진화한 형태의 스마트 거버넌스로 수렴되었다. 이로써 기술은 단순한 효율의 수단을 넘어, 통치의 언어이자 권력의 형식으로 자리 잡았다. 기술은 정책의 정당성, 행정의 합리성, 시민의 체감 효용을 하나의 계산 가능한 체계로 묶어내는 메타 인프라가 되었고, 평안중국(平安中国)·디지털 정부(数字政府)·사회 거버넌스 현대화(社会治理现代化)와 같은 국가 담론은 행정·치안·공공서비스를 관통하는 공통 어휘로 정착했다.

아래 도식은 중앙의 국가데이터국(国家数据局)이 데이터 전략과 기준을 총괄하고, 지방의 빅데이터관리국(大数据局)이 부문 간 연동과 현장 운영을 담당하는 구조가, 동부에서 생성된 데이터를 서부의 대규모 데이터센터에서 처리하는 '동수서산(东数西算)' 프로젝트를 통해 구축된 연산망과 이것이 어떻게 연계되는지를 시각적으로 보여주는 것이다. 즉, 데이터 행정 체계와 국가급 연산 인프라가 별도로 작동하는 것이 아니라 하나의 통합된 디지털 통치 인프라로 연결되어, 정책 결정·도시 운영·공공서비스의 전 과정에서 실시간 분석과 조정이 가능한 구조임을 설명하려는 목적을 가진 도식이다. 여기에 더해 국가데이터국의 표준 제정 기능과 동수서산(东数西算)이 제공하는 국가급 연산 자원은 단순한 기술적 분업이 아니라, 데이터권·연산권·행정권을 하나의 통합 체계로 집중시키는 국가적 구조라는 점에서 중요한 의미를 가진다.

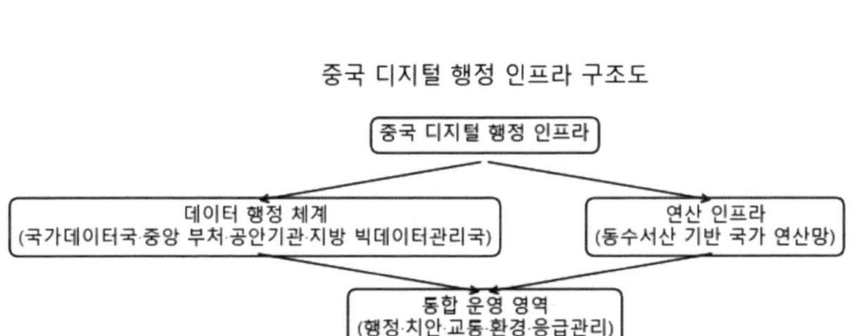

중국 디지털 행정 인프라 구조도

2010년대 중반 이후 중국의 행정체계는 급격한 디지털 전환을 경험했다. 각 부처와 공안기관, 지방자치단체는 데이터를 핵심 행정 자원으로 인식하며 정보 시스템을 수직·수평으로 통합하기 시작했다. 중앙 차원에서는 2023년 국무원 기구 개편을 통해 데이터 전략을 총괄하는 국가데이터국(国家数据局)이 신설되었다. 이 기관은 데이터의 수집·정제·개방·교류·보안 등 전 주기를 관장한다. 지방에서는 빅데이터관리국(大数据局)이 신설되어 부문 간 데이터 연동과 인공지능 기반 행정 처리 체계를 제도화하고 있다. 전국적 차원에서는 데이터센터 집적지 구축, 국가 클라우드 거버넌스, 5G·위성통신·엣지컴퓨팅 접속망 확충 등 대규모 인프라 투자가 동시에 진행되었다. 또한 에너지·입지·네트워크 비용의 비대칭을 교정하고, 동부의 데이터 처리 수요를 서부의 연산 자원과 연결하기 위한 동수서산(东数西算) 프로젝트가 2022년부터 단계적으로 추진되었다. 그 결과 복수의 국가급 컴퓨팅 허브와 거점이 기능을 분담하는 국가적 연산망이 구축되었다. 이 연산망 구축으로 행정·치안·교통·환경·응급 관리가 하나의 네트워크로 통합되었고, AI(인공지능)와 클라우드가 이를 실시간으로 연결하는 체계가 만들어졌다. 이에 따라 데이터는 부처 간 칸막이를 낮추는 윤활유이자, 상이한 권한 구조를 관통하는 공통 언어로 기능하게 되었다. 그 결과 정책 형성의 근거는 점차 인간의 직관과 경험에서 벗어나 예측 모델의 출력과 상관구조의 해석으로 이동했다. 사회적 사건의 분류 또한 발생 후 처리 중심에서 발생 전 관리 중심으로 재규정되었다. 가장 대표적인 사례로 거론되는 항저우(杭州)의 '시티 브레인(City Brain)' 프로젝트는 앤트그룹(蚂蚁集团)과의 협력 아래 도시 전역의 교통·에너지·치안 데이터를 AI가 실시간으로 분석하는 체계를 구축했다. 이를 통해 신호 체계를 자동으로 조정하고 응급차량 이동 경로를 최적화함으로써, 정적 계획이 아닌 동적 조정에 기반한 도시 운영을 구현했다. 선전(深圳)은 텐센트(腾

讯)와 함께 '위시티(WeCity)'를 운영하며 교통·환경·의료·교육·행정 서비스를 하나의 플랫폼에서 통합 관리하고 있다. 이 플랫폼은 도시의 사소한 불편부터 대규모 이벤트의 리스크까지 동일한 데이터 논리로 처리하는 체계를 만들어냈다. 충칭(重庆)은 클라우드 기반 방재 시스템을 도입해 홍수·산사태·지진 등 자연재해를 사전 예측하고 대응 속도를 단축시켰다. 이를 통해 재난 관리의 패러다임을 사후 복구에서 사전 예방으로 전환시켰다. 구이양(贵阳)은 국가 빅데이터 시험구로 지정되며 행정·상업·금융 데이터를 통합 관리하는 대규모 데이터 허브로 변모했다. 이 과정은 중서부 도시가 단순한 정책 수혜자가 아니라 데이터 경제의 매개 거점으로 부상할 수 있음을 보여주는 사례가 되었다. 이 일련의 실험들은 정책 결정의 근거를 인간의 직관에서 데이터의 예측성으로 전환하는 과정이자, 도시를 '센서-연산-조정'으로 이어지는 살아 있는 생태로 이해하는 시각의 제도화로 이어졌다. 나아가 교통 혼잡, 오염 확산, 전염병 동학, 범죄 발생, 온라인 여론의 급등락까지도 하나의 위험 스펙트럼으로 묶어 사전 탐지와 확률적 억제의 대상으로 간주하도록 만들었다. 이들 사례는 서로 다른 도시의 개별 실험처럼 보이지만, 실제로는 '민간 기술 — 공공 데이터 — 중앙 플랫폼' 구조가 반복되는 동일한 패턴이며, 지방 실험이 중앙 표준과 결합해 국가 단일 체계로 수렴하는 중국식 디지털 통치의 구조적 특징을 잘 보여준다.

스마트 거버넌스의 핵심은 예측과 효율로 요약된다. 그러나 이 두 단어는 행정의 사전성·정밀성·가시성을 동시에 의미한다. 사회의 사건은 더 이상 발생 이후의 처리 대상이 아니라, 사전에 감지되고 관리되어야 할 위험으로 정의되기 시작했다. 정부는 인공지능과 빅데이터를 활용해 사회의 흐름을 감시하기보다 분석하고, 통제하기보다 조정한다는 논리를 내세웠다. 하지만 감시와 분석, 통제와 조정 사이의 경계는 실제 행정 과정에서 매우 얇고 유동적이다. 효율과 안정이라는 명분 아래 사회 전체가 거대한 알고리즘적 감시 체계 안으로 편입되는 방향으로 수렴하는 것 역시 분명한 사실이다. 이때 '정확성'이 '정당성'을 대체하는 순간, 데이터의 객관성이 권력의 도덕성을 보완하거나 심지어 대체하는 역전이 일어나기 쉽다. 따라서 설명 가능한 알고리즘, 편향 통제, 사후 구제 절차의 제도화 없이는 기술적 합리성이 정치적 정당성으로 환전되는 과정이 지속가능하지 않다는 역설이 함께 부상한다.

중국 정부는 이러한 전환을 사회 거버넌스의 현대화(社会治理現代化)로 규정하고, 이를 2013년 이후 제기된 국가 거버넌스 체계와 거버넌스 능력의 현대화 담론과 직접적으로 연결하였다. 이 과정에서 거버넌스의 디지털화는 단순한 행정 절차 개선이 아니라, 통치 전 과정을 기술적으로 재구성하는 종합적 프로젝트로 확장되었다. 이러한 구상 아래에서 국가의 행정 능력은 더 이상 공무원의 경험이나 재량에 의해 결정되지 않는다. 대신 데이터 처리 능력, 알고리즘 설계 역량, 모델의 예측 정밀도가 핵심 능력으로 제시되었다. 정치적 정당성 역시 정책의 정확성과 속도, 그리고 국민이 체감하는 결과의 신뢰성에서 도출된다는 인식이 공식화되었다. 그에 따라 기술적 합리성이 곧 정치적 정당성으로 전환되는 상징적 사건들이 제도 내부에서 축적되기 시작했다. 이 과정 속에서 데이터는 권력의 새로운 감각기관이자 자원 배분의 기준으로 자리 잡게 되었다. 예컨대 보조금·복지·도시계획·치안과 같은 핵심 정책 영역에서는 위험 점수와 사회적 취약성 지표가 정책 우선순위를 재배열하는 기준으로 활용되며, 데이터 기반 통치 논리가 실제 제도 운영의 중심에 깊이 파고들었다. 아래 도식은 특히 중앙정부가 데이터 표준·보안·클라우드 거버넌스의 기준을 설계하고, 민간 빅테크 기업이 알고리즘·플랫폼·센서·연산 기술을 제공하여 공공 프로젝트를 실제로 운영하는 구조가 어떻게 결합되는지를 시각적으로 제시한 것이다. 다시 말해, 국가는 통치 구조를 설계하고 기업은 기술 인프라를 구축하는 이중 구조가 공공서비스·도시관리·치안·행정 효율화 전반을 하나의 통합된 거버넌스 체계로 연결시키는 과정을 설명하려는 목적의 도식이다.

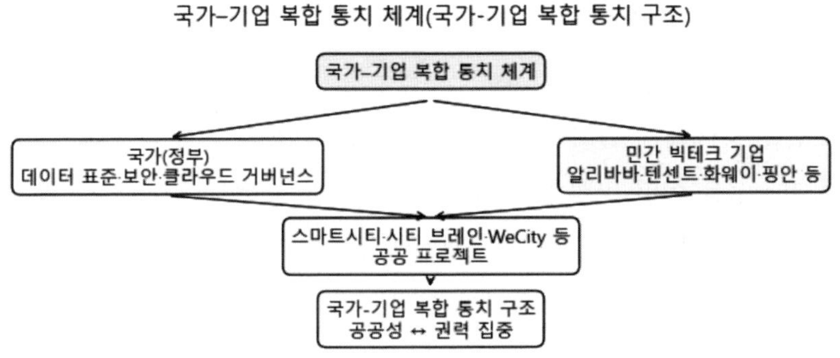

그 전환의 중심에는 민간 IT기업의 제도적 편입이라는 결정적 변화가 자리하고 있다. 앤트그룹(蚂蚁集团)·텐센트(腾讯)·화웨이(华为)·핑안과 같은 거대 기술기업은 단순한 기술 공급자를 넘어, 정부의 정책 집행 파트너로서 통치 체계 안으로 직접 참여했다. 국가는 데이터 표준, 네트워크 보안, 클라우드 거버넌스의 운영 원칙을 제시하고, 조달·평가를 포함한 제도적 틀을 마련했다. 반면 기업은 알고리즘과 플랫폼, 센서·단말기, AIOps(인공지능 기반 IT 운영 자동화), 데이터 레이크 등 기술 스택 전반을 제공하는 역할을 수행했다. 이로써 국가와 기업 간에는 상호의존적 구조가 형성되었다. 공공데이터 공유 협정, 산학연 협력, 정부조달 프로그램, 규제 샌드박스 등을 통해 공공-민간 데이터의 흐름이 제도화되자, 결과적으로 '국가-기업 복합 통치 체계'라고 부를 수 있는 새로운 구조가 만들어지게 되었다. 이 구조 속에서 정부는 민간의 혁신 속도를 활용해 행정 효율성을 높일 수 있었고, 기업은 국가 규모의 실증 환경과 데이터 접근권을 확보함으로써 기술적 우위를 공고히 했다. 이 결합은 한편으로는 공공성 강화로 이어지기도 하지만, 다른 한편으로는 권력의 집중으로 귀결될 위험도 내포하고 있다. 특히 민간이 보유한 대규모 행동·거래 데이터가 국가 시스템에 접속하는 순간, 기업의 상업적 이익과 국가의 정치적 통제가 결합하는 새로운 권력 복합체가 형성된다. 따라서 핵심 쟁점은 경쟁·투명성·책임·감시 사이의 균형을 어떻게 설계할 것인가이다. 즉 플랫폼의 공공성, 중립성, 감사 가능성을 어떤 방식으로 제도화할 것인가가 향후 거버넌스 논의의 중심 과제로 부상하고 있다. 이 과정에서 국가와 기업이 동일한 데이터 생태계 안에서 운영되기 시작하면 데이터 접근권·알고리즘 소유권·모델의 공공성 등 새로운 위험이 발생하며, 이는 공공성·시장경쟁·프라이버시 보호 사이에서 완전히 새로운 조정 메커니즘을 요구하는 구조적 도전으로 이어진다.

스마트 거버넌스는 동시에 지방정부 간 경쟁의 장으로도 기능하게 되었다. 각 지방정부는 스마트시티 시범도시로 지정되기 위해 자체 데이터센터를 설립하고, 첨단 기업과의 협력 프로젝트를 적극적으로 추진했다. 이 과정에서 교통·환경·건강·산업 데이터를 통합한 대시보드를 일종의 '전시'처럼 가동하며, 성과를 수치화·시각화하는 경쟁이 확산되었다. 이러한 경쟁은 지역의 디지털 역량을 끌어올리는 긍정적 효과를 가져왔다. 그러나 동시에 중앙정부의 기술 표준과 통합 플랫폼에 대한 종속성을 강화하는 부작용도 나타났다. 지방에서 생성된 모든 데이터가 결국 중앙의 국가 플랫폼으로 집적되면서, 중앙-지방 관계는 기존의 명령-집행 중심의 수직적 구조뿐 아니라 데이터 흐름의 수직적 구조로 재편되기 시작했다. 그 결과 통제 방식은 지시나 서면 결재를 통한 직접적 방식에서 벗어나, 기술 인프라의 설계와 연산 규칙을 통한 간접적 통제로 전환되었다. 중앙정부는 코드와 표준을 매개로 지방의 정책 공간을 제한하고, 지방정부는 성과지표를 통해 중앙의 신뢰를 얻는 성과 정치의 회로가 한층 강화되었다. 이는 곧 '지방 실험 → 중앙 승인 → 국가적 확산'이라는 중국 특유의 디지털 정책 확산 메커니즘이 더욱 강화되었음을 의미하며, 중앙–지방 관계가 제도뿐 아니라 기술 인프라와 데이터 흐름을 매개로 재편되고 있음을 보여준다.

　이러한 기술적 통치의 철학적 배경은 서구의 자유주의적 통치성과 뚜렷한 차이를 보인다. 서구가 개인의 권리와 사회의 자율성을 강조하며, 갈등·비판·참여를 통해 질서를 갱신하는 모델을 미덕으로 삼아왔다면, 중국은 질서 있는 발전과 공공 안전을 우선한다. 권리의 행사 역시 공동체의 안정이라는 조건 속에서 조정 가능한 변수로 이해되며, 효율과 안정이 권리보다 앞선다는 규범적 전제가 공유된다. 이러한 전제 위에서 중국은 자유를 사회적 책임의 틀 안에서 허용된 것으로 해석하며, 기술 통치의 윤리적 기반을 구축해 왔다. 이는 푸코가 말한 감시 사회의 고전적 도식을 노골적 물리력 대신 데이터·예측·조정·유도 장치로 재구성한 버전이라 할 수 있다. 국가는 시민을 억압하는 존재라기보다 사회적 혼란을 방지하고 예측 가능한 질서를 유지하는 조정자로 묘사된다. "안전이 최대의 공공재"라는 구호는 일상 행정의 정당화 언어로 채택되며, 이러한 언어는 감시의 불편과 규제의 부담을 공동체를 위한 책임으로 번역하는 문화적 회로를 형성한다. 그러나 이러한 논리는 동시에 근본적인 질문을 제기한다. 효율과 통제, 안정과 자유는 어디까지 공존할 수 있는가? 디지털 행정이 시민의 편의와 공공서비스의 질을 높인 것은 분명하지만, 그 과정에서 개인의 자율성과 프라이버시가 지속적으로 제약되고 있는 것은 아닌가? 데이터가 행정의 근간이 되는 순간, 개인은 자신이 생산한 정보의 주체가 아니라 통치 시스템의 입력값으로 전환되는 것은 아닌가 하는 문제도 제기된다. 표정과 이동, 소비와 발언, 심지어 감정의 변화까지 데이터화되어 국가의 예측 알고리즘 속에 편입될 때, 기술은 물리적 폭력 없이 감시를 수행하게 된다. 통제는 자발적 동의의 형태로 내면화되며, 효율은 통제의 언어로, 안정은 감시의 정당화로 변환되는 심리적·문화적 전환이 발생할 위험이 있다. 결국 이러한 의문은 다섯 가지 제도적 기둥—설명 가능한 알고리즘, 편향 점검, 이의제기 채널, 사후 구제 절차, 감사 가능한 데이터 거버넌스—없이는 해소되기 어렵다. 이 다섯 기둥이 제도화되지 않는다면, 기술적 합리성은 곧바로 정치적 불신의 원천으로 치환될 위험이 상존한다.

중국 내부에서도 이러한 구조에 대한 비판은 분명 존재한다. 일부 법학자와 IT 윤리 전문가들은 데이터 거버넌스의 불균형과 정보 권력의 집중을 우려하며, PIPL(개인정보보호법)과 DSL(데이터보안법)의 실효성이 정부기관의 공공 목적 수집 예외에 의해 잠식될 위험을 지적한다. 또한 알고리즘 편향과 통계적 차별이 사회적 약자에게 불리하게 작동할 수 있다는 점을 경고하고, 데이터의 결함 또는 맥락 상실이 개인의 사회적 기회에 장기적 음영을 드리울 수 있다는 사례도 제기되고 있다. 그러나 정부는 이러한 우려를 국가안보와 사회안정을 위한 불가피한 선택으로 설명한다. 국제사회가 중국의 모델을 디지털 권위주의로 비판하는 상황에서도, 다수의 개발도상국이 중국식 모델을 비용 대비 효율이 높은 행정 혁신의 모델로 모방하고자 하는 현실 역시 부정할 수 없다. 이러한 흐름은 기술 통치가 규범과 성과, 권리와 안정 사이에서 각기 다른 균형점을 선택하게 됨을 보여준다. 따라서 중국식 스마트 거버넌스의 수용성은 단지 정치체제의 산물이 아니라, 성과정당성·위험분배·편익의 체감이라는 현실적 요인의 결합임을 시사한다. 결국 스마트 거버넌스는 기술적 진보를 넘어 통치 방식의 변화를 상징한다. 이는 보이는 권력에서 보이지 않는 기술적·계산적 권력으로의 전환이며, 정치의 중심이 인간의 재량에서 알고리즘의 계산으로 이동하는 과정이다. 이 전환 속에서 데이터는 새로운 법처럼 작동하고, 알고리즘은 새로운 관료제가 된다. 행정의 합리성은 기술적 효율성으로 대체되고, 감시는 관리의 일상적 형태로 제도화된다. 이 흐름 속에서 중국식 현대화는 경제 성장뿐 아니라 통치의 기술화라는 또 하나의 축을 완성해 가고 있다.

국가는 더 이상 거리의 경찰이나 당 간부의 지시만으로 움직이지 않는다. 보이지 않는 코드와 표준, 프로토콜과 모델 파라미터의 질서 속에서 작동하는 기술적 통치의 국가 형태로 진화하고 있다. 그러나 이 전환이 영구적 균형을 자동 보장하는 것은 아니다. 데이터의 질과 보안, 해킹과 오남용의 위험, 지역 간 디지털 격차, 행정 자동화에 따른 책임성 약화, 민간 플랫폼의 영향력과 공공성 간의 긴장, 그리고 국제 규범과의 충돌이 야기하는 무역·외교 리스크 등은 지속적으로 관리해야 할 과제다. 따라서 권리와 효율, 혁신과 안전, 투명성과 보안을 상황에 따라 조정하는 제도적 클러치, 즉 조정의 기술이 향후 정당성의 핵심 조건이 된다. 이 조정에 실패할 경우 기술은 정당성을 잃고, 성공할 경우 기술은 정당성을 재생산하게 된다. 요컨대 스마트 거버넌스는 중국식 현대화의 중요한 구성요소이자, 통치 철학과 권력 구조를 재편하는 정치적 실험이다. 효율이 통제의 새로운 이름으로, 기술이 정당성의 원천으로 기능하는 동시에 앞으로의 쟁점은 이 체제가 얼마나 다양한 표정, 곧 비판과 창의, 자율과 다양성의 공간을 실제로 유지할 수 있는가에 달려 있다.

3. 사회신용·데이터 규범의 작동

스마트 거버넌스의 심장부에는 '신뢰'라는 개념이 놓여 있다. 그러나 이 신뢰는 인간적 관계나 윤리적 미덕의 차원이라기보다, 측정·기록·평가·보상·제재로 이어지는 절차적 연쇄 속에서 수량화된 신뢰, 즉 '신뢰의 데이터화'로 이해된다. 신뢰의 결핍을 도덕적 훈계나 자율 규범으로 메우기보다, 행정의 입력값과 시장의 신호로 환원하여 행동을 조정하는 체계로 작동한다는 점에서 더욱 그러하다.

중국의 사회신용체계(社会信用体系)는 이러한 개념의 제도적 구현이다. 이 체계는 분절된 행정 영역을 횡단하는 공통의 '계산 언어'를 제공함으로써, 누가 협력적 시민이며 어떤 기업이 신뢰 가능한 파트너인가를 사건 이전 단계에서 판단할 수 있도록 설계되어 있다. 동시에 시장과 사회의 행위자들에게 예측 가능한 인센티브 구조—좋은 행동에는 낮은 마찰과 높은 접근성, 나쁜 행동에는 높은 비용과 낮은 접근성—를 배분하는 거대한 신호 장치로 기능한다.

2014년 국무원이 「사회신용체계 구축 요강」을 발표한 이후, 신용정보의 수집·공개·연합제재를 묶는 정책 패키지는 중앙과 지방, 행정과 사법, 공공과 민간을 잇는 다층 네트워크로 확장되었다. 여기에는 크레딧 차이나(Credit China) 포털, 국가공공신용정보센터, 부처·지방의 공공신용 플랫폼, 법원의 실행불이행(失信被执行人) 명단(일명 라오라이), 각 부처의 블랙리스트(중대 위반)·레드리스트(우수) 등이 상호 연동되는 인프라가 포함된다. 중요한 사실은, 국제적 오해와 달리 단일한 전국 통합 개인 점수 체계는 존재하지 않는다는 점이다. 실제 운영 방식은 분야별 명단, 기관별 규정 준수 이력, 기업 단위의 통합 식별체계(통일사회신용코드, 统一社会信用代码)가 교차하는 구조에 가깝다.

이 점이 국제적 오해를 바로잡는 핵심이다. 그럼에도 '점수'라는 은유가 대중적으로 강하게 유통된 이유는 명확하다. 행정상의 편익과 불이익이 데이터 기반으로 자동 배분되는 경험, 즉 입찰·조달·금융·허가·감독 과정에서 마찰이 낮아지거나 높아지는 체감이 개인과 기업 모두에게 실질적인 차이를 만들어냈기 때문이다. 이는 곧 신뢰를 수학적 언어로 환원하려는 시도이며, 도덕적 평가의 모호함을 수치적 합리성으로 대체하려는 통치 의지를 반영한다. 한 개인이 세금을 제때 납부하고 계약을 성실히 이행하며, 반복적 위반이 없고 온라인상에서 허위·유해 정보 유포에 해당하는 행태를 자제하며, 지역사회 활동에 일정 수준 참여하는 경우 각종 명단·이력·평판 데이터는 긍정적 기록으로 축적된다. 그 결과 금융·행정·이동·고용 등 여러 영역에서 낮은 마찰을 경험하게 된다.

반대로 법원의 집행 명령을 지속적으로 불이행하거나, 사기성 거래·허위 광고·환경·안전·위생 분야의 중대한 위반을 반복할 경우 상황은 달라진다. 해당 부문의 블랙리스트 등재와 연합제재 양식에 따라 공공조달 참가 제한, 경영자 자격 제한, 특정 소비 제한 등 연쇄적 비용 상승이 발생한다. 특히 고속철·항공 이용 제한과 같은 이동 제약은 전 국민 점수의 자동 산출에서 비롯된 일괄 처분이 아니다. 이는 사법 집행 단계의 불이행자 명단과 연결된 특정 카테고리의 제재에 의해 촉발되는 것으로, 제재의 관문은 단일 총점이 아니라 법원·부처별 명단과 행정절차임을 분명히 하는 것이 사실성의 핵심이다. 결과적으로 사회신용체계의 신호는 전통적 모델의 '위반 이후 징벌'에서 '위반 이전 기대치 조정'으로 통제의 시간을 앞당긴다. 통제 방식은 외적 강제에서 내적 순응으로, 처벌의 공포에서 비용·편익의 학습으로, 사후 제재에서 사전적 접근성의 차등화로 이동하게 된다. 이 구조는 개인을 넘어 기업과 단체에도 동일한 논리로 확장된다. 기업의 경우 납세 신뢰, 노동안전, 환경배출, 품질관리, 데이터보호, 공시 신뢰성 등의 항목이 종합적으로 평가된다. 이 평가에 따라 레드리스트(우수) 기업은 감독 빈도 완화, 통관·허가의 신속 처리, 금융 우대 등 다양한 보상을 받는다. 반대로 블랙리스트(중대 위반) 기업은 허가 제한, 관리 강도 상향, 입찰 제한, 경영책임자 제재 등 명확한 불이익이 부과된다. 또한 '연합 제재/연합 인센티브' 각서(부처 간 양해각서)를 통해 한 부문의 위반이 다른 부문의 제약으로 연쇄되는 구조가 제도화되었다. 이 메커니즘 속에서 기업은 준법 비용을 장기적 거래비용 절감으로 환산할 수 있는 합리적 선택으로 받아들이게 된다. 여기에 신용 회복(복구) 절차—시정, 공시, 유예, 제재 기간 경과, 행정소송, 행정재심—가 병행되어 행정자동화의 경직성을 완화하려는 장치도 마련되어 있다. 그러나 지역별 집행 표준의 차이, 데이터 품질의 편차, 신용 해지 요건의 불균형 등은 여전히 현장의 주요 쟁점으로 남아 있다.

이 제도의 작동을 뒷받침하는 기반은 기술만이 아니다. 그 배후에는 더욱 정교화된 법제도가 자리한다. 2021년 「데이터보안법(数据安全法)」은 데이터를 산업 자원이자 국가안보의 핵심 요소로 규정하고, 수집·저장·처리·이전의 전 과정을 안보 프레임에 포섭하였다. 이 법은 중요 데이터·핵심 데이터에 대한 등급 보호, 위험평가, 감사 의무를 부과하며, 특히 국외 이전을 보안성 평가·표준계약·보안인증을 통한 제한적 통로로만 허용함으로써 데이터 주권의 실효적 통제를 제도화했다. 같은 해 시행된 「PIPL(개인정보보호법)」은 동의 원칙, 목적 제한, 최소 수집, 정확성, 보관기간 제한, 개인 권리(열람·정정·삭제·이동), 민감정보의 강화된 보호 등 GDPR(일반개인정보보호규정)의 기본 구조를 상당 부분 준용하였다. 그러나 국가안보·공공이익·행정 집행 등 광범위한 예외 규정을 유지함으로써 공공부문에 폭넓은 접근권을 인정하는 이중 구조를 형성한 점이 가장 중요한 차이다. 2022년 「인터넷 정보 서비스 알고리즘 규정」은 추천·검색·광고·랭킹 알고리즘을 신고·관리 대상으로 편입하고, 사용자 권리 고지, 옵트아웃, '바닐라(비개인화)' 추천 제공, 중독·차별 방지 의무를 부과하였다. 이를 통해 여론의 코드에 대한 간접 통치가 제도적 통로를 갖추게 되었다. 이어 2022년 발표되어 2023년 8월 시행된 딥합성(생성·합성) 서비스 규정 및 생성형 AI 서비스 잠정조치는 합성표지, 허위정보 방지, 모델 훈련 데이터의 합법성, 인격권 침해 방지 등을 요구함으로써 모델-콘텐츠-플랫폼을 아우르는 삼중 통제 고리를 보완하였다. 이 일련의 규범군은 표면적으로 데이터 보호와 시장 질서 유지를 표방한다. 그러나 실제로는 데이터를 통한 통치의 합법성을 부여하고 집행의 자동화를 촉진하는 법-기술의 쌍둥이 구조를 이루고 있다.

이 쌍둥이 구조 안에서 핵심은 법에 의한 통제의 자동화이다. 규정의 텍스트가 담당하던 판단은 점차 모델의 파라미터·업무 규칙·리스크 점수로 이전되고 있다. 위법·위반의 탐지는 이상치 탐지와 패턴 매칭 등 인공지능 기반 절차가 수행하며, 행정 통지·경고·제한 조치의 발부 역시 전자화된 절차 체계로 처리된다. 점수·명단·이력은 개인과 기업의 거래 조건과 접근 권한을 재정의하는 새로운 신분 지대로 기능한다. 이 과정에서 시민의 데이터는 권리의 대상인 동시에 관리의 객체가 된다. 높은 위험 점수가 부여된 거래에 대한 강화된 본인인증·모니터링 등 사전적 가시성 관리를 통해 개입 지점은 더 이른 단계로 이동한다. 통제는 개별 사건의 단속이 아니라, 확률과 패턴의 언어로 분산·상시화된다. 그러나 설명가능성, 시정 가능성, 이의제기 경로, 감사 가능성이 제도적으로 충분히 보장되지 않는다면 문제가 발생한다. 자동화된 합법성은 반드시 정당한 집행을 보장하지 않기 때문에, 이러한 위험은 구조적으로 누적될 수 있다. 그럼에도 이 제도를 단순히 감시 장치로만 환원하기는 어렵다. 정부가 사회신용을 사기 억제, 거래 투명성 제고, 행정 민원 처리의 신속화, 불량 상거래 관행의 구조적 축소 등 신뢰 기반 사회의 토대로 제시하고 있기 때문이다. 시민이 민원 대기시간 단축, 소액금융 접근성 개선, 범죄·안전사고 예방과 같은 체감 가능한 편익을 반복적으로 경험할 때, 규범 순응은 비용−편익 계산을 통해 생활 세계로 자연스럽게 스며든다.

공직사회 내부에서도 변화가 관찰된다. 데이터 기반 평정과 책임 추적이 도입되면서 업무는 '감(感)'이 아니라 기록과 지표를 중심으로 정렬되고, 부서 간 협업의 예측 가능성이 높아지는 등 내부 신뢰의 복원 효과가 나타나고 있다. 그러나 이러한 효율의 체감이 통제의 미시작동을 상쇄하는 정당화로 작용할 때, 바로 그 지점에서 법적·윤리적 안전장치의 세밀함이 정당성의 핵심 조건이 된다. 효율이 통제를 덮어버리는 순간, 제도적 정당성은 쉽게 훼손될 수 있기 때문이다. 동시에 이 제도에는 분명한 비판적 논점도 존재한다. 중국 내 법학자·윤리학자·정보정책 연구자들은 평판의 기술화가 불신의 제도화로 귀결될 가능성을 지적한다. 그들이 집중하는 문제는 여러 가지다. 데이터 품질과 수집 맥락의 왜곡, 라벨링 오류, 교차식별(데이터셋 결합으로 인한 과도한 추론)의 위험, 지역·부처별 기준 불일치가 낳는 결과의 불균형 등이 그 핵심이다.

또한 알고리즘 편향과 통계적 차별이 사회적 약자에게 누적적 손실을 초래할 수 있으며, 블랙리스트의 낙인이 장기적 신용 경로 봉쇄로 이어질 수 있다는 지적도 제기된다. 공공과 민간 데이터 결합이 기능적 효율을 높이는 동시에 데이터 독점과 권력 집중을 심화시킬 수 있다는 점도 주요 우려 사항이다. 이 때문에 연구자들은 투명성·책임성·구제 가능성이라는 세 가지 원칙을 제도 운영의 필수 조건으로 요구한다. 이에 대응하여 일부 지방정부는 신용 회복 창구의 표준화를 추진하고, 사전 고지, 경청 절차, 자동 제재의 유예, 정정 신청 기한의 통일 등 미시적 보완책을 도입하고 있다.그러나 이러한 제도 간편화가 곧바로 권리 보호의 실효성으로 연결되지는 않는다는 회의도 여전히 공존한다.

국제적 차원에서 보면, 유럽연합의 GDPR(일반개인정보보호규정)이 개인 프라이버시·데이터 자결권을 상위 원칙으로 삼아 '위험 기반 접근 +강한 집행' 모델을 구축한 반면, 중국의 데이터 법제는 국가안보·공공 질서·산업정책과 결합한 주권 기반 데이터 통치의 색채가 강하며, 이로 인해 중국·EU·미국의 규범은 충돌이 아니라 병렬적·비호환적 구조로 발전하고, 글로벌 기업은 동일 서비스를 세 지역에서 각각 다른 데이 터·클라우드·알고리즘 운영체계로 구축해야 하는 디지털 공급망 분절 화 현상이 가속되고 있다.

사회신용체계의 사회적 수용성은 중국식 통치가 전제하는 기본 원리 와 깊게 연결된다. 이 원리는 개인의 권리가 국가의 안정이라는 조건 아래 인정되고, 자유는 사회적 조화와 공공질서의 범위에서 정의되며, 안정의 정치 속에서 통제는 억압이 아니라 질서의 수단으로 해석되고, 시민은 감시의 대상이 아니라 안정의 파트너로 상정된다는 관점을 포 함한다. 이러한 전제 아래에서 시민과 국가는 일종의 심리적 사회계약 을 형성한다. 국가는 질서·보호·효율을 약속하고, 시민은 일정 수준의 데이터 제공과 규범 준수를 수용하며, 그 대가로 낮은 사회적 마찰과 예측 가능한 일상을 얻는다. 이 상호 기대는 반복적 경험을 통해 강화 된다. 그 결과 사회신용체계는 제도 텍스트, 행정 절차, 플랫폼 알고리 즘, 문화 서사가 동시에 작동하는 통치의 언어가 된다. 다시 말해, 신뢰 의 경제와 윤리를 생활의 상식으로 만드는 메타 장치로 기능한다. 이 장치의 정당성은 네 가지 축인 데이터의 정확성, 집행의 공정성, 구제 의 실효성, 운영의 투명성이 균형 있게 작동할 때 유지된다. 어느 한 축 이라도 이완될 경우, '신뢰의 복원' 프로젝트는 곧바로 불신의 제도화 로 전환될 위험을 내포한다.

사회신용체계는 궁극적으로 기술이 제도화된 신뢰, 동시에 신뢰가 내면화된 통제로 이해될 수 있다. 국가는 도덕을 코드화하고 규율을 점수화하며 정치를 알고리즘으로 번역하는 방식을 통해, 외형적 폭력 없이 통치의 침투력을 확대한다. 이 과정에서 시민은 강제되지 않는 듯 보이지만, 실제로는 데이터 속에서 계산·예측·관리되는 존재로 재구성된다. 통치는 더 부드럽지만 더 넓게 작동하고, 자유의 경계는 노골적 금지의 벽이 아니라 가시성 관리·노출 빈도·접근성 차등에 의해 미세하게 조정되는 새로운 사회적 구성물로 형성된다. 바로 이 지점에서 21세기 통치의 새로운 언어, 즉 효율과 안정의 언어로 번역된 신뢰의 수학이 완성된다. 그러나 이 언어가 장기적으로 설득력을 유지하기 위해서는 몇 가지 제도적 조건이 필요하다.

4. 안정 담론과 사회적 수용성

중국의 통치 담론에서 안정은 단순한 정책 가치에 그치지 않는다. 그것은 국가 정체성과 체제 정당성의 핵심 원천으로 작동한다. 이러한 안정의 언어는 근대 국가 형성 이후 축적된 정치적 학습, 개혁개방 시기 사회경제적 변동의 경험, 그리고 유교적 질서관의 현대적 전유가 중첩되는 지점에서 구축되었다. 그 결과 안정은 더 이상 혼란이 없는 상태를 의미하지 않는다. 오히려 예측 가능성과 조정 가능성, 그리고 장기 계획을 가능하게 만드는 시간적 평탄화의 기술로 이해된다. 이러한 이해가 디지털 전환과 결합하면서 안정은 점차 데이터와 알고리즘의 언어로 번역·제도화되었다.

국가는 사회의 감정과 행동의 파동을 사전에 감지하고 미세하게 조정할 수 있는 통치 인프라를 구축하며, 안정의 원리는 시민 일상 속에 부드럽지만 전면적으로 스며드는 통제의 형식—서비스로 제시되고 편익으로 체감되는 통제—으로 구현된다. 이 과정에서 '안정 유지'라는 행정적 표어는 거시적 성장과 미시적 질서가 교차하는 접점에서 통치의 표준 운영 절차로 자리 잡게 된다. 이러한 안정-데이터 결합 방식은 중국 정부가 공식적으로 추진하는 사회 거버넌스의 현대화(社会治理現代化)의 핵심 축과 직결되며, 안정의 기술적 구현이 국가 거버넌스 개혁의 표준으로 제도화되고 있다는 점을 명확히 보여준다.

중국에서 안정 담론이 지배적 표상으로 굳어지는 과정에는 역사적 기억, 경제적 성과, 미디어·교육을 통한 감정의 정치가 촘촘히 얽혀 있다. 혼란은 약탈·빈곤·외세 개입으로 귀결된다는 서사는 19세기 말 이래 반복적으로 재생산되어 왔다. 공화국 수립 직전의 장기간 내전과 대중운동의 경험, 그리고 문화대혁명의 교훈은 제도적 혼란이 초래하는 사회적 비용을 집단적 기억 속에 깊이 각인시켰다.

개혁개방기의 고도성장과 빈곤 탈출, 대규모 인프라 확충은 '안정 → 투자 → 고용 → 생활 개선'이라는 경험적 연쇄를 대중에게 제공했다. 이러한 성과 정당성은 절차의 정합성보다 결과에 대한 신뢰가 더 중요하다는 사회적 감각을 강화했고, 정책 정당성을 절차적 토론이 아니라 체감 효용으로 측정하는 경향을 공고히 했다. 동시에 교과서·방송·온라인 플랫폼은 조화(和), 질서(序), 공동부유(共同富裕) 같은 어휘를 윤리적 표상으로 내면화시키며, 갈등과 비판의 언어 일부를 공동체적 책임과 공공선의 어휘로 대체하는 정서적 회로를 형성했다. 이 회로가 디지털 거버넌스의 서비스적 효익—예컨대 치안·교통, 재난 대응, 의료 접근성, 민원·복지의 간소화—과 결합할 때, 시민은 감시와 규제의 제약을 통과 비용으로 상쇄하며 질서로부터 얻는 생활적 정당성을 획득하게 된다. 안정은 이때 경찰력의 가시적 배치가 아니라 플랫폼 응답 속도, 민원 처리 기한, 위험 알림의 정확도처럼 측정 가능한 지표로 재현된다. 이러한 특징은 학술적으로 결과 정당성 논의와 연결되며, 중국식 안정 담론이 성과 기반의 통치 정당성을 어떻게 제도화하는지를 설명하는 중요한 개념 틀을 제공한다. 이러한 맥락에서 안정은 더 이상 현재의 평온을 수호하는 수동적 목표가 아니다. 안정은 미래의 예측 가능성을 확보하는 시간 정치로 기능하며, 국가는 중장기 계획과 단계별 로드맵을 제시하고, 사회는 현재의 제약을 더 큰 번영을 위한 합리적 비용이라는 내러티브로 수용한다. 정책 역시 사건 이후의 대응보다 사건 이전의 예방을 지향하는 사전성의 행정으로 재편된다.

데이터화된 사회에서 위험의 개념도 변화한다. 위험은 더 이상 외부의 적대나 내부의 범죄에 한정되지 않고, 여론의 급등락, 금융시장의 변동성, 감염병의 확산, 공간의 밀집도와 같은 미시적 지표의 불안정성이 새로운 위험으로 정의된다. 이로써 안정은 도덕적 가치임과 동시에 통계적 관리의 대상이 된다. 통치는 규범의 강제가 아니라 확률의 조정으로 구현된다. 경보 임계치의 설정, 노출 빈도의 조절, 접근 권한의 차등과 같은 방식이 그것이다. 이 과정에서 그리드형 관리(网格化治理) 등 지역 단위의 미시 통치 아키텍처가 위험의 분산·완충 장치로 편입되며, 행정의 반응 시간을 구조적으로 단축시키는 효과를 낳는다. 안정 담론은 동시에 보호의 언어로 번역된다. 감시는 폭력이 아니라 보호의 장치로, 규제는 억압이 아니라 공공재를 제공하는 메커니즘으로 해석되고, 절차의 간소화는 권리의 축소가 아니라 사회적 거래비용의 절감으로 제시된다. 이러한 논리 속에서 시민은 감시의 대상이자 감시의 수혜자로 위치 지워진다. 예를 들어 실종자 조기 발견, 실시간 재난 알림, 교통 흐름의 최적화 같은 서비스는 감시 기술이 제공하는 편익으로 설명된다. 국가는 통제의 주체이면서 동시에 위험으로부터 공동체를 보호하는 안전 관리자로 표상된다.

이에 따라 국가와 시민은 적대적 관계라기보다 상호 의존적 심리적 계약을 형성하게 되고, 이 계약은 법전의 조문이 아니라 생활세계에서 체감되는 경험을 통해 지속적으로 갱신된다. 이 과정에서 개인의 권리는 절대적 개념이 아니라 조건부 개념으로 재정의된다. 자유 역시 공동체 안정이라는 조건 속에서 조정 가능한 변수로 자리 잡으며, 권리 담론의 일부는 책임과 조화의 윤리로 전환된다. "안전이 최대의 공공재"라는 문구는 구호를 넘어, 일상 행정의 핵심 정당화 논리로 작동한다. 그러나 안정의 윤리가 자동적으로 사회적 합의를 보장하는 것은 아니다. 세대·계층·지역·산업별로 안정의 의미는 다르게 체험되고, 대도시 중산층에게 안정은 자산 가치의 보전과 일상적 편의의 향상, 교육·의료 접근성의 유지와 직결되어 높은 효용을 지니는 반면, 플랫폼 노동자·농민공·과잉교육·과소고용의 위험에 노출된 청년층에게 안정은 규칙의 예측 가능성보다 기회의 부족과 감시의 부담으로 인식될 수 있다. 서부나 동북부 등 일부 지역에서는 디지털 인프라의 편차가 안정의 혜택을 비대칭적으로 만들며, 민간 창업 생태계에서는 규제 불확실성과 데이터 이전 제한이 혁신 속도를 둔화시키는 불만으로 번역되기도 한다. 아래 도표는 이러한 안정 인식의 불균형이 지역적·사회경제적 조건에 따라 어떻게 달라지는지를 시각적으로 보여준다. 대도시에서는 공공안전과 생활 편의의 지속성을 중시하는 안전 우선 인식이 강하게 나타나지만, 지방 중소도시와 농촌에서는 감시 부담과 기회 접근성의 불균형이 상대적으로 더 민감하게 인식된다. 이러한 차이는 안정 담론이 사회 전체에 균질하게 작동하지 않는다는 점을 드러내며, 지역·계층·산업별로 서로 다른 안정의 사회적 수용성을 형성한다. 또한 이 도표는 안정 담론이 디지털 편익의 체감도·감시 부담·지역별 기회 구조에 따라 실제로 상이한 방식으로 해석되고 있음을 보여주며, 안정의 기술적 실천이 계층·지역·산업의 분절 구조와 교차하여 복합적 수용 양상을 만들어냄을 시각적으로 확인하게 한다.

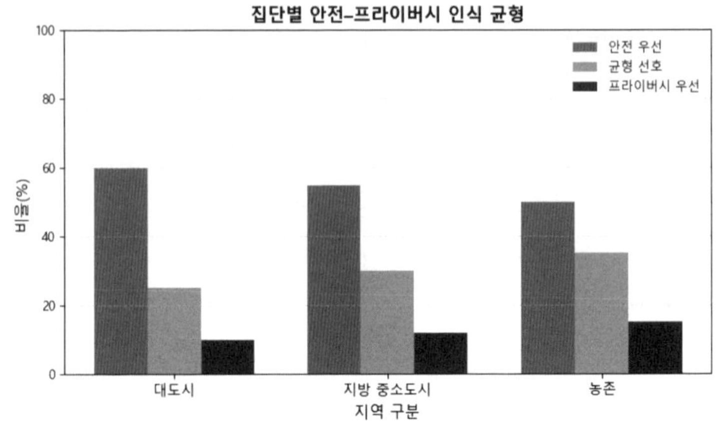

　안정 담론은 동시에 미디어 생태계와 알고리즘 기반 여론 운영과 결합해 새로운 가시성의 정치를 형성한다. 불확실성을 유발하거나 사회적 감정의 파동을 증폭시키는 콘텐츠는 노출 빈도와 도달 범위가 구조적으로 제한된다. 반대로 건설적이고 적정한 비판은 추천·랭킹을 통해 상대적으로 격려된다. 그러나 체제에 대한 급진적 문제 제기나 조직화된 비판은 명시적으로 금지되지 않더라도 가시성의 저하를 통해 주변화된다. 결과적으로 표현의 자유는 법률상 인정되지만, 실제 효과성에서는 관리된 노출의 경계를 넘기 어렵다. 이용자 또한 발화의 비용과 위험을 감지하며 자기검열을 내면화한다. 플랫폼은 커뮤니티 규범과 법적 의무를 근거로 콘텐츠 분류·삭제·연동 차단을 수행하고, 국가는 플랫폼의 준칙을 감독·지도하는 방식으로 여론의 흐름을 간접 조율한다. 그 결과 공론장은 침묵하지는 않지만, 다성적 난립보다는 조정된 합의의 언어로 수렴되는 경향이 강화된다. 이러한 환경은 단기적 안정에 기여하지만, 장기적으로는 혁신과 제도적 학습에 필요한 비판적 다양성의 공간을 축소할 위험을 내포한다. 그럼에도 안정 담론은 위로부터의 단선적 서사만으로 유지되지는 않는다. 지역 공동체 단위에서 형성되는 상호 보호와 상호 책임의 생활 규범―아파트 단지의 출입·안전 관리, 마을 단위의 환경·재난 감시, 학교·병원의 안전 교육과 정보 공유 ― 이 시민의 일상 속 실천으로 누적되면서, 안정은 시민적 책임의 정서로 강화된다. 이 과정은 안정이 권력이 외부에서 부과하는 명령이 아니라, "우리의 질서를 우리가 지킨다"는 상호 의무의 감각으로 전환되는 효과를 낳는다. 감시 장치는 상호 돌봄의 언어로 재기술되고, 규제 절차는 상호 신뢰의 근거로 재해석된다. 결과적으로 안정은 국가-시민 간의 수직적 구도뿐 아니라, 시민-시민 간의 수평적 윤리로도 순환하게 된다. 이러한 수평성은 위험 소통과 대응에 대한 신뢰를 보강하며, 디지털 거버넌스의 기술적 효율과 결합해 사회적 회복탄력성의 기반을 형성한다.

한편 안정이 최상위 가치로 고정될 때 나타나는 역설도 분명하다. 변화의 동력이 위험으로, 비판의 언어가 불안정으로 범주화되는 순간 사회는 문제 의식을 온전히 발화하기 어려워진다. 그 결과 구조적 부조화는 해결되지 않은 채 관성적으로 지연되거나 외면될 수 있다. 혁신 역시 안정의 틀을 벗어나지 않으려는 안전지향적 기획으로 수렴하면서 위험 감수의 의지가 약화된다. 창업·학술·예술·시민사회 영역에서 새로운 관념이나 급진적 실험은 제도적·문화적 저항을 만나 속도가 늦춰진다. 데이터 기반 예측·조정이 조직 내부의 책임을 모델 탓으로 전가하는 책임의 탈개인화를 유발할 가능성도 존재한다. 이 경우 제도는 결함을 근본적으로 수정하기보다 파라미터를 미세하게 조정하는 방향으로 편향되며, 통치의 문제 해결 능력은 정태화될 수 있다. 무엇보다 안정 프레임이 불확실성을 공동으로 인식하는 방식이 아니라 불확실성을 은폐하는 기제로 작동할 때, 신뢰의 기반은 장기적 구조가 아니라 단기 성과에 과도하게 의존하게 된다. 이와 관련해 중국 학계 내부에서는 안정 편향이 혁신 생태계의 동력을 약화시키는 부작용을 낳는다는 비판적 연구도 축적되고 있으며, 안정 담론의 지속가능성을 위해서는 이러한 구조적 비용을 직시해야 한다는 논의도 함께 제기되고 있다.

따라서 해법은 안정과 자유를 이분법적으로 배치하는 것이 아니라 안정의 기술을 개방형 안정으로 전환하는 데 있고, 개방형 안정이란 위험을 제거하는 안정이 아니라 위험을 관리하며 학습하는 안정—위험의 존재를 투명하게 공동 인식하고, 데이터·규칙·알고리즘의 기준을 가능한 범위에서 설명 가능하게 만들며, 오판과 오분류를 되돌릴 수 있는 구제 절차와 피드백 경로를 제도화하여, 예측 가능한 규칙 속에서도 창의와 비판이 안전하게 발화될 수 있는 완충 공간을 보장하는 형태—을 의미한다. 이러한 완충이 있어야 시민은 불확실성 대응 역량을 확보하고, 국가는 안정의 정당성을 성공의 결과뿐 아니라 학습과 수정의 과정으로부터도 획득할 수 있으며, 안정의 정치는 비로소 생명력을 유지하게 된다. 실무적으로는 여론 가시성 관리 기준의 문서화·공개, 휴먼 인더 루프가 포함된 자동집행 절차, 디지털 격차 보정 정책(공공 와이파이·요금 보조·문해력 교육), 데이터 생애주기 공시·옵트아웃 경로 제공 등의 조치가 그 구체적 구현 수단으로 연결될 수 있다.

국제 비교의 시각에서 보면 중국의 안정 담론은 유럽연합의 권리 중심 데이터 규범이나 북미의 시장 혁신 중심 디지털 거버넌스와 다른 기준점을 설정하고, 국가안보와 공공질서를 최상위 원칙으로 두는 선택은 도시화·치안·공공서비스 수요가 큰 개발도상국들과 실용적으로 공명하여 정책 이식의 매력도를 높이는 반면, 권리의 제도화와 시민 참여의 심화를 중시하는 서구 경로는 절차의 민주성과 권리 후견을 통해 정당성을 확보하며, 양자는 각자의 사회경제적 조건 속에서 안정과 자유의 균형을 달리 설계하여 그 차이가 디지털 표준·데이터 이전·알고리즘 규율의 국제 규범 경쟁으로 확장된다.

또한 각국 시민은 상이한 안정의 사회계약 아래 일상을 영위하게 되며, 이 맥락에서 중국식 안정 담론을 읽는 일은 중국의 특수성 설명에 그치지 않고 21세기 디지털 주권의 정치경제를 이해하는 일로 직결된다. 특히 중국이 디지털 실크로드를 통해 데이터 인프라·스마트시티·감시 기술을 해외로 확장하면서 안정 담론은 국제 디지털 표준·통신 인프라·데이터 규범 경쟁의 주요 변수로 부상하고 있으며, 이는 EU·미국과의 규범적 간극을 더 분명하게 드러내는 배경이 된다. 결국 중국의 안정 담론은 정치적 통제와 기술적 효율, 사회적 수용성이 서로를 강화하는 삼중 구조로 구성되고, 국가는 위험을 재정의하고 기술은 위험을 계산하며 시민은 위험을 감내하는 대신 예측 가능한 질서를 얻고, 법은 이러한 교환을 절차로 제도화하고 미디어와 교육은 그것을 윤리로 내면화하여 안정은 체제 정당성의 언어이자 일상생활의 습관으로 공존하게 된다. 또한 디지털 거버넌스는 그 안정에 속도·정밀도·시각을 부여해 감시는 보호로, 규제는 공공재로 번역되며, 반대편에서 자유와 다양성은 소멸하지 않되 안정이 허용한 범위 안에서 재배치되고 균형은 고정선이 아니라 위기의 강도·사회 정서·제도 학습 능력에 따라 진동하는 동적 조정의 궤적을 그리게 되며, 장기 지속 가능성을 위해서는 안정이 결과의 이름이기만 해서는 안 되고 조정의 기술로서 열린 학습의 과정이어야 하며 오류를 인정·수정할 제도적 용량, 불확실성을 공유·분산할 사회적 연대, 데이터와 알고리즘의 권위를 설명과 합의의 언어로 낮출 문화적 성숙이 함께 자라야 한다. 그리하여 시민은 보호받는 존재이면서 책임 있는 행위자, 국가는 조정자이면서 심판받는 기관, 기술은 통치 수단이면서 검증 대상이라는 역할로 자리 잡을 때 안정은 혁신과 자유의 적이 아니라 그 조건으로 재정의 되고, 중국식 현대화의 다음 국면은 안정과 개방이 상호 잠식이 아니라 공진(共振)하도록 설계된 새로운 사회계약의 실험으로 이동할 수 있을 것이다.

5. 치안·공공재 제공과 프라이버시·표현의 자유 간의 균형

중국식 현대화의 또 다른 축은 공공안전과 시민의 권리 사이에서 어떤 균형을 설정할 것인가의 문제이며, 중국 정부는 '안전이 최대의 공공재(安全是最大的公共产品)'라는 원칙 아래 국가와 사회의 안정을 모든 정책의 최우선 가치로 배치해 왔고, 이 원칙은 구호가 아니라 체제 정당성의 핵심 논리로 기능하여 발전은 안정 속에서만 가능하다는 도식을 경제적 논리이자 정치적 교리로 굳히며, 테러리즘·범죄·자연재해·전염병·사이버 보안 등 복합적 위험 요소를 선제적으로 통제하기 위한 기술적 장치와 제도적 시스템을 국가 역량의 중심부로 끌어올렸다. 이러한 구조 속에서 치안과 공공재, 그리고 프라이버시·표현의 자유가 상호 충돌하면서도 상호 조정되는 특유의 균형 메커니즘이 출현하게 된다.

오늘의 중국 도시들은 세계적으로도 손꼽히는 조밀한 영상·센서 인프라를 갖추고 있고, 거리와 골목·지하철역과 상점·주거 단지와 학교·물류 거점과 교차로에 이르는 다층적 관제망이 전국적 수준으로 상호 연동되며, 일명 톈왕(天网)으로 불리는 도시권 영상 플랫폼과 농촌·읍면 단위의 쉐량(雪亮) 프로젝트가 서로를 보완해 공안부·교통·응급·도시관리 부문이 공유하는 실시간 데이터 허브를 통해 사건의 감지·식별·추적·대응이 연쇄적으로 자동화되는 구조가 제도화된다. 이러한 구조는 단순한 감시 체계가 아니라 범죄 예방과 도시 운영, 재난 대응과 공공서비스 제공이 결합된 스마트 치안 인프라로 설명되며, 당국은 실종자 신속 추적, 혼잡 구간의 동적 신호 조정, 화재·침수·산사태 경보의 조기 발령 같은 가시적 효익을 성과 지표로 제시함으로써 감시를 보호의 기술로 번역하고 시민의 체감 편익을 통해 정당성을 축적한다. 예를 들어 코로나19 시기에 운영된 건강코드(健康码) 시스템은 감염 위험 분류·동선 파악·시설 출입 관리가 실시간으로 결합된 대표적 사례로,

'스마트 치안+공공보건' 모델의 작동 방식을 선명하게 보여준다.

정부의 관점에서 이 인프라는 공공의 선을 실현하기 위한 필수 조건이고, 개인의 자유는 집단의 안전을 위협하지 않는 한도에서만 보장된다는 위험 우선의 규범이 정책 설계의 전제가 되며, 그 결과 프라이버시와 표현의 자유는 절대적 권리가 아니라 안정적 발전을 위한 조건부 권리로 해석되고, 데이터 수집·결합·분석은 사회 관리의 과학화와 행정 효율의 제고를 위한 기술적 기반으로 정당화되며, 시진핑 정부 이후 강조된 디지털 거버넌스는 통제 장치라기보다 시민에게 제공되는 서비스의 일환으로 설명되어, 범죄율의 하락·출퇴근 시간의 단축·응급 구조의 신속화 같은 체감 개선이 누적될수록 감시·규제의 불편은 질서로부터 얻는 편익에 의해 상쇄되고, 국가는 감시를 보호의 언어로, 규제를 공공이익의 언어로 번역하여 통제의 정당성을 더욱 공고히 한다. 그러나 기술적 효율의 그늘에는 언제나 딜레마가 동반되며, 감시의 확장은 필연적으로 프라이버시의 축소를 수반하고, 디지털 신분 확인·실명제·전자결제·출입 게이트 안면인식·위치 기반 이동 기록이 결합 될수록 개인의 일상은 시·공간적으로 추적 가능해지고, 편의의 증대와 함께 익명성의 후퇴·자율성의 협소화가 동시에 진행된다는 인식이 사회 곳곳에서 서서히 축적된다.

표현의 자유 영역은 이러한 긴장을 가장 민감하게 드러내는 장이며, 인터넷이 중국 사회의 핵심 공론장으로 자리 잡으면서 동시에 가장 정교하게 관리되는 영역이 된 것도 이 때문이다. 실명제·플랫폼의 사전·사후 심사, 불법·유해 정보 분류 체계, 여론 상황(輿情) 모니터링 시스템과 같은 제도가 사회 안정과 질서 유지를 명분으로 제도화되었고, 플랫폼의 추천·검색·광고 알고리즘은 가시성의 관리라는 보이지 않는 방식으로 여론의 흐름을 조정하며, 국가와 플랫폼의 결합은 물리적 검열보다 노출 빈도·검색 순위·연결 구조를 다루는 미세 조정으로 표현의 범위를 재배치한다. 이때 표현은 삭제되지 않더라도 보이지 않게 제한되고, 금지 대신 희소화와 비가시화가 작동하여 이용자들은 발화 비용과 위험을 체감하며 자기검열을 내면화하고, 결국 권력의 작동은 외형적 억압보다 일상적 관리의 언어로 스며드는 경향을 띠게 된다. 동시에 시민의 다수는 감시나 검열을 적극 지지한다고 명시하지 않으면서도, 일정 수준의 통제가 공공안전과 사회 질서 유지에 필요하다는 실용적 인식을 공유하고, 정치적 비판보다 생활 안전·편의를 우선하는 분위기 속에서 표현의 자유는 도덕적 절제와 사회적 책임의 언어로 재규정되며, 국가는 안전한 사회를 함께 만든다는 서사를 통해 감시를 시민 의무로, 규제를 공동선의 실천으로 전환시키고, 프라이버시는 권리라기보다 신뢰의 대상—국가가 보호를 약속하고 시민이 선의를 신뢰하는—으로 의미가 이동한다.

중국식 데이터 법제는 프라이버시를 원칙적으로 보호하면서도 국가안보·공공이익 등의 광범위한 예외를 병렬 배치함으로써, 권리를 절대적 권리가 아니라 조건적 권리로 재구성하는 특징을 지닌다. 법제도 차원에서 보면, 중국은 프라이버시를 명시적으로 부정하지 않으며 「사이버보안법」·「데이터보안법」·「개인정보보호법」 등으로 개인 정보 권리의 틀을 갖추고, 최소 수집·목적 제한·보관 기간 제한·열람·정정·삭제·동의 철회 등 원칙을 규정하지만, 동시에 국가안보·공공 이익·행정 효율과 같은 광범위한 예외가 병렬되어 공공부문 접근권을 넓게 인정하고, 사법적 독립 심사보다는 행정적 감독·평가·자체 점검이 중심이 되는 집행 구조 탓에 권리 보장의 실효성과 구제 절차의 신뢰성이 제한되는 측면이 있다. 이로 인해 중국식 법치는 법의 지배(rule of law)보다는 법에 의한 통제(rule by law)에 가깝다는 평가를 낳고, 법은 권력을 구속하기보다는 통제의 범위를 명문화함으로써 예측 가능성과 합리성을 부여하는 역할을 더 크게 수행한다. 다만 이러한 구조가 곧바로 권리의 무력화를 의미하는 것은 아니며, 데이터 침해·오용 사건에 대한 처벌 강화, 플랫폼의 알고리즘 공시·신고 창구 마련, 데이터 국외 이전 보안 평가 같은 절차적 장치가 점차 보완되고, 지방정부 차원에서 개인 정보 영향평가(PIA) 도입이나 민원·행정심판·행정소송 등 제도적 경로를 통한 권리 구제의 실험이 병행되는 등, 법의 언어 속에서도 균형의 재조정 시도가 진행되고 있다는 점 또한 함께 보아야 한다.

그럼에도 균형의 핵심은 사회적 체감에 있으며, 치안·교통·재난 대응·의료·환경 관리 등 공공서비스의 효율 상승이 눈에 띄게 관찰될수록 시민은 감시에 수반되는 불편을 통과 비용으로 간주하고, 감시받지 않는 자유보다 예측 가능한 질서를 더 안정적인 가치로 받아들이는 경향이 강화되며, 특히 대도시권에서의 실시간 교통 제어·구급차 우선 경로·병상 배분 최적화·스마트 민원 처리의 속도 향상은 효율로 체감되는 안정의 정서적 기반을 제공한다. 하지만 효율이 자유를 압도하고, 안전이 다양성을 잠식할 때 사회는 점차 자기 반성의 능력을 잃을 위험에 직면하며, 감시 사회는 폭력적일 필요가 없기에 오히려 자발적 순응이라는 형태로 개인의 내면을 재구성하고, 시민은 통제를 외부 강제가 아니라 일상의 규범으로 받아들이며 스스로 감시의 주체이자 객체가 되고, 권력은 더 이상 위에서 일방적으로 작동하기보다 사회 전체의 데이터 네트워크 속에서 분산적으로 작동하고, 알고리즘과 행정 절차·평판 점수 체계·가시성 관리 규칙 속에 스며드는 방식으로 일상화된다. 이때 국가와 시민, 통제자와 피통제자의 경계는 흐려지고, 질서·효율·책임·도덕·안전이라는 긍정적 기표들이 통제의 언어로 재편되며, 감시는 두려움의 상징이 아니라 안정의 기술로 인식되고, 시민은 자유의 일부를 포기하는 대신 예측 가능한 일상을 얻고, 국가는 통제를 강화하면서 동시에 정당성을 확보하는 순환이 성립한다. 균형을 동적으로 관리하는 국가의 기술은 위기 국면에서 더욱 분명해지며, 테러 위협·대형 행사·

감염병 확산 등 고위험 시기에는 감시와 통제가 강화되고 사회 안정 담론이 확대된다. 반면에 일상 국면에서는 동일한 기술이 안전·편의·서비스의 언어로 부드럽게 재포장되어 시민 접점에서의 마찰을 줄이는 방식으로 운영되고, 그 결과 균형은 고정된 법적 기준이 아니라 위험의 강도·정치적 긴장도·사회적 수용도에 따라 조정되는 이동적 경계가 되고, 디지털 거버넌스는 바로 이 조정의 기술을 통해 지속된다. 그러나 장기 지속 가능성을 위해서는 균형의 절차와 기준이 일정 부분 명문화·투명화될 필요가 있고, 가시성 관리의 기준·알고리즘 개입의 조건·데이터 보관과 파기 기간·제3자 접근 요건 등 핵심 파라미터에 대해 설명 가능성 있는 수준의 공시와 이의제기 경로가 제도화되어야 한다. 또한 자동화 집행 전 과정에 휴먼 인 더 루프(human-in-the-loop)를 삽입해 오분류·과잉 집행을 교정할 여지를 유지하고, 지역·계층 간 디지털 격차를 줄이기 위한 공공 와이파이·요금 보조·문해력 교육 같은 보정 정책을 병행하며, 권한 집중을 완화하기 위한 감사·감독·감사보고 공개 등 책임성 장치를 병립시켜야 한다. 이러한 보완 없이는 효율의 언어로 구축된 정당성이 사건 한 번의 실패로 급속히 훼손될 수 있고, 합법적 자동화가 정당한 집행을 보증하지 못하는 신뢰의 위기에 노출될 수 있다.

EU가 2023년 이후 AI Act(인공지능법) 도입을 추진하면서 알고리즘 투명성·고위험 AI 규제의 기준을 강화함에 따라 중국식 안정·안보 중심 디지털 거버넌스와의 규범적 차이는 더욱 분명해지고 있다. 국제 비교의 관점에서 보면, 중국의 선택은 유럽연합의 권리 중심 데이터 규범이나 북미의 시장·혁신 중심 디지털 거버넌스와 다른 기준점을 확립하며, 국가안보·공공질서를 최상위 원칙으로 두는 구성은 도시화가 빠르고 치안·공공서비스 수요가 큰 개발도상국들과 실용적으로 공명하여 정책 이식의 매력도를 높이고, 반대로 권리의 제도화·시민 참여 심화를 중시하는 서구 경로는 절차의 민주성과 권리 후견을 통해 정당성을 확보하며, 양자는 각자의 사회경제적 조건 속에서 안정과 자유의 균형을 달리 설계한다. 이 차이는 표준·데이터 이전·알고리즘 규율의 국제 규범 경쟁으로 확장되어 글로벌 디지털 질서의 프레임을 재편하는 요인으로 작동하고, 각국 시민은 상이한 안정의 사회계약 하에 일상을 영위하게 된다. 따라서 중국식 균형을 분석하는 일은 중국의 특수성을 규명하는 동시에 21세기 디지털 주권의 정치경제를 이해하는 작업이기도 하다.

　종합하면, 중국식 현대화에서 치안·공공재 제공과 프라이버시·표현의 자유의 균형은 일회적 타협이 아니라 끊임없는 동적 보정이며, 국가는 위험을 재정의하고 기술은 위험을 계산하며 시민은 위험을 감내하는 대신 예측 가능한 질서를 얻고, 법은 이 교환을 절차로 제도화하고 미디어와 교육은 그것을 윤리로 내면화한다. 이 순환이 장기적으로 지속 가능하려면, 첫째 가시성 관리와 데이터 집행의 설명 가능성을 높여 시민이 이해·동의할 수 있는 정보를 제공하고, 둘째 자동화된 판단에 대한 실질적 이의제기·구제 절차를 열어 오류의 비용을 사회가 아닌 제도가 부담하게 하며, 셋째 공정성 보정을 통해 디지털 혜택·부담의 분배를 균형화하고, 넷째 외부·학제적 감사를 통해 알고리즘과 데이터 파이프라인의 편향을 주기적으로 교정하는 장치를 갖추어야 한다. 그럴 때에만 안전은 자유의 대립물이 아니라 자유가 허용되는 조건으로 재정의되고, 기술은 통치의 도구이면서도 검증의 대상이 되며, 데이터는 권력의 화폐이면서도 시민의 권리로 남을 수 있고, 중국식 현대화의 다음 국면은 안정과 개방이 상호 잠식이 아니라 공진(共振)하는 새로운 사회계약의 실험으로 확장될 수 있을 것이다.

6. 맺음말

─디지털 거버넌스와 안정의 정치적 실험

중국식 현대화의 두 번째 엔진을 살펴본 끝에서 우리는 분명한 사실 하나에 도달하게 된다. 오늘날 중국의 통치체제는 단순한 '전자정부'나 '정보화 행정'을 넘어, 데이터·플랫폼·법제·윤리의 네 축이 긴밀히 결합된 디지털 거버넌스 체제로 진화했다. 이 체제는 효율적 행정과 사회적 안정이라는 목표를 동시에 추구하며, 기술을 통치의 언어로, 안정 담론을 정당성의 자원으로 재구성하고 있다. 중국식 디지털 거버넌스는 기술에 의한 효율과 안정에 의한 정당성이 서로를 강화하는 정치적 실험의 장이다.

종합적으로 볼 때, 중국식 현대화의 디지털 거버넌스는 세 가지 핵심 특징을 갖는다. 첫째, 기술과 통치의 융합이다. 인공지능·클라우드·빅데이터·사물인터넷이 행정 시스템 속으로 통합되면서 국가는 사회의 움직임을 실시간으로 감지하고, 위험을 사전에 예측하며, 사건 이전의 통치를 본격화했다. 이는 스마트 시티, 톈왕(天网)·쉐량(雪亮) 프로젝트, 사회신용체계 등에서 구체적으로 구현된다. 둘째, 데이터와 법의 결합이다. 「사이버보안법」, 「데이터보안법」, 「개인정보보호법(PIPL)」은 개인 권리의 보호와 국가 안보의 강화를 동시에 내세우며, 법에 의한 통제(rule by law)를 통해 국가의 데이터 접근권을 제도적으로 확장한다. 법은 권력을 제한하는 방파제라기보다, 통제를 합리화하고 절차화하는 설계도 역할을 수행한다. 셋째, 안정 담론과 사회적 수용성의 제도화이다. 안전이 최대의 공공재라는 슬로건 아래 감시와 관리의 시스템은 보호의 기술로 재정의되고, 시민은 이를 불편한 통제보다는 예측 가능한 질서로 받아들인다. 이렇게 안정은 국가의 통제 논리를 시민의 일상 윤리로 전환시키며, 자발적 순응과 심리적 신뢰라는 새로운 통치 형태를 만들어낸다.

　이러한 특징들은 명확한 성과와 동시에 복합적인 딜레마를 낳는다. 긍정적으로 보자면, 디지털 거버넌스는 행정 효율을 비약적으로 높였다. 범죄 검거율 향상, 재난 대응의 신속화, 교통·의료·환경 관리의 자동화 등에서 실질적 개선이 이루어졌고, 정부 서비스의 접근성과 응답 속도 또한 향상되었다. 기술을 매개로 한 국가의 대응력은 체제 신뢰를 강화하며, 효율로서의 정당성을 안정적으로 공급한다. 그러나 부정적 측면도 뚜렷하다. 감시의 확장은 필연적으로 프라이버시의 축소를 초래하며, 디지털 행정의 자동화는 책임의 주체를 불분명하게 만든다. 표현의 자유와 공공의 안전 사이의 균형은 끊임없이 이동하고, 공론장은 점차 가시성의 관리를 중심으로 재편된다. 시민의 비판은 노골적 억압이 아니라 비노출의 방식으로 소멸되고, 자율은 점차 조정된 일상의 습관으로 대체된다. 여기에 더해, 글로벌 디지털 규범 경쟁 속에서 중국식 디지털 거버넌스가 어떤 경로로 확장되거나 제약될 것인가 또한 향후 10년의 핵심 변수로 부상하고 있다. EU의 AI Act(인공지능법)나 GDPR(일반개인정보보호규정), 미국의 시장 중심 규제 구조와 비교할 때 중국식 모델은 데이터 주권·안정 우선을 기준점으로 삼으며, 디지털 표준·데이터 이전·알고리즘 규율 영역에서 새로운 국제적 조정 비용을 발생시키고 있다. 이러한 차별성은 중국 내부의 정책 실험을 넘어, 국제 질서 형성 단계에서 디지털 거버넌스가 하나의 지정학적 도구로 활용될 수 있음을 시사한다.

　또한 디지털 거버넌스의 지속 가능성은 기술적 완성도만이 아니라 사회적 신뢰의 구조에 의해 좌우된다는 점 역시 중요하다. 감시·데이터 통제가 시민에게 보호의 언어로 받아들여지는 한편, 오판·오분류·과잉 집행에 대한 시정 경로가 충분히 작동하는지, 알고리즘·데이터 체계가 투명하게 검사되는지 여부가 장기적 정당성의 핵심 조건이 되기 때문이다. 이 문제는 사회적 수용성과 절차적 권리 보장의 관계를 재조정하는 향후 중국식 거버넌스의 중요한 시험대가 된다. 이러한 양면성은 곧 중국식 현대화의 미래 시나리오를 가른다. 하나의 시나리오는 '기술적 효율+사회적 신뢰'의 안정적 진화이다. 중국이 법적 절차의 투명성과 데이터 사용의 책임성을 강화하고, 기술 통치를 공공서비스 개선의 방향으로 조율한다면, 디지털 거버넌스는 장기적 신뢰 기반의 체제로 자리 잡을 수 있다. 또 다른 시나리오는 '통제의 심화+권리의 축소'이다. 사회안전과 정치안정을 명분으로 한 감시의 일상화가 심화되면, 시민은 점차 통치의 객체로만 남게 되고, 체제의 신뢰는 두려움과 순응에 의존하게 된다. 결국 중국식 디지털 거버넌스는 국내적 실험에 머무르지 않고, 국제 질서 속에서 디지털 권위주의 모델과 개방형 안정 모델 사이의 긴장을 스스로 조율해야 하는 이중의 과제를 안고 있다. 내부적으로는 효율성과 안정의 정치적 교환을 유지하고, 외부적으로는 데이터 이전·표준·규범 경쟁 속에서 제도적 정당성을 확보해야 한다는 의미다. 결론적으로, 디지털 거버넌스와 안정의 정치는 현대 중국을 움직이는 또 하나의 엔진이자, 21세기 세계 통치의 새로운 시험대이다. 중국은 기술과 법, 통제와 신뢰를 결합해 일종의 효율적 권위주의적 통치 구조를 보여주며, 이는 단지 중국 내부의 문제가 아니라 국제사회 전체가 직면한 새로운 거버넌스의 방향을 묻는 질문이기도 하다. 이 모델이 개방형 안정으로 진화할지, 혹은 폐쇄형 통제로 경직될지는 앞으로 10년간 중국식 현대화의 성공과 실패를 가르는 결정적 분기점이 될 것이다. 세계는 지금 중국의 이 실험을 주의 깊게 지켜보고 있다. 왜냐하면 기술로 번역된 안정, 안정으로 정당화된 기술이야말로 중국식 현대화가 세계 질서 속에서 자신을 정당화할 가장 강력하면서도 가장 위험한 언어이기 때문이다.

제3장

문화적 자신감의 부활
—중화민족주의와 중국몽(中国梦)

1. 들어가는 이야기
—정신적 현대화의 부상

중국식 현대화가 정치적 안정과 경제적 성장이라는 두 축 위에서 전개되어 왔다면, 그다음 단계의 과제는 물질적 성취의 단계에서 정신적·문화적 주체성 회복으로 나아가는 것이다. 개혁개방 이후 중국은 비약적 경제성장을 이루었으나, 그 과정에서 서구 근대의 가치체계와 제도적 모델을 수용해야 했던 경험은 깊은 문화적·가치적 불균형을 남겼고, 이는 경제적으로는 강대하지만 문화적으로는 미완의 근대성이라는 자기인식으로 귀결되었다. 이러한 문제의식 속에서 시진핑 정부는 문화적 자신감(文化自信)과 중국몽(中国梦)이라는 개념을 중심으로, 국가의 근대화 과정을 물질적 축에서 정신적 축으로 확장하는 새로운 통치 담론을 제시하였다. 특히 문화적 자신감은 노선(路线)·이론(理论)·제도(制度)·문화(文化)의 네 가지 자신감(四个自信) 체계 중 하나로 위치하며, 물질 중심의 발전에서 가치·정신 중심의 발전으로 이동하려는 시진핑 체제의 이념적 전환을 드러낸다.

　정치적 측면에서 이 전환은 단순한 문화정책의 변화가 아니라 통치 패러다임의 심층적 재구조화였다. 국가의 발전을 더 이상 국내총생산(GDP)이나 기술력의 수치로만 측정하지 않고, 전통문화의 부흥·사회적 연대의 회복·도덕질서의 강화와 같은 비물질적 요소를 국가 경쟁력의 핵심으로 재정의한 것이다. 이러한 사고의 전환은 경제성장의 정당성을 보완하고 체제의 도덕적 권위를 재확립하기 위한 시도이자, 서구 근대성의 보편적 규범에 대한 문화적 대항의 의미를 내포한다. 결국 중국식 현대화는 경제적 번영의 단계에서 문명적 부흥(文明复兴)의 단계로 진입했으며, 이때 제시된 중심 개념이 바로 중국몽(中国梦)이다. 여기서 중국몽(中国梦)은 국가적 비전의 상위 개념이며, 문화적 자신감은 이를 지탱하는 정신적 기반으로 자리매김하였다. 또한 2017년 제19차 당대회와 2022년 제20차 당대회에서 중화민족의 위대한 부흥과 중국식 현대화가 공식적으로 결합되면서, 문화적 자신감은 경제·기술 경쟁력만으로는 충족되지 않는 체제 정당성의 새로운 기반으로 제도화되었다. 중국몽(中国梦)은 중화민족의 부흥을 국가적 사명으로 제시함과 동시에, 그 목표를 국민 개인의 삶의 질과 행복의 향상이라는 구체적 실천과 결합시켰다. 이는 국가와 개인의 관계를 대립적 구조가 아닌 상호보완적 체계로 재편하는 정치적 메커니즘으로 작동하며, 국민이 자신의 일상적 노력과 꿈을 국가의 역사적 과업과 동일시하도록 유도하였다. 이 담론의 효과는 정치의 감정화(중국 학계에서는 감정정치로 개념화되며)와 국가의 일상화라는 두 방향에서 나타났다. 중국 학계에서는 감정정치(情感政治)와 정서정치(情绪政治) 두 용어가 병행해 사용되며, 시진핑 정부의 정치 언어·선전·문화정책 분석에서 핵심 개념으로 자리 잡았다. 두 용어는 모두 국가가 감정 흐름·정서 분위기·온라인 여론 패턴을 통치 자원으로 활용하는 방식이라는 점에서 동일하게 쓰인다. 최근에는 감정정치·정서정치를 포괄하는 상위 개념으로 감정 거버넌스(情感治理)라는 개념이 학계에서 부상하고 있으며, 이는 디지털 플랫폼·알고리즘·데이터 분석을 활용해 사회 감정의 흐름을 관리하려는 시진핑 시기 통치 방식의 특징을 반영한다.

국가의 이념은 감성적 언어로 번역되어 문화콘텐츠와 교육·미디어·디지털 플랫폼을 통해 확산되었고, 국민의 일상적 행위—소비·여행·학습·온라인 발언—은 국가적 정체성의 표현으로 의미화되었다. 이 과정에서 정치와 문화, 경제와 감정의 경계는 점차 흐려지며, 국가의 서사는 개인의 감정 구조 속에 내면화되었다. 특히 공공 캠페인, 애국 교육, 도시 공간의 기념 상징물 확충, 지방정부의 감정 동원 프로젝트 등이 결합하며 국가의 일상화가 구조적으로 제도화되었다. 동시에 문화적 자신감은 서구 근대의 모방이라는 수동적 근대화를 넘어, 중국이 스스로의 문명적 전통과 가치체계를 근대적 담론으로 재구성하는 적극적 시도를 의미했다. 공자·도가·법가·불교 등의 고전사상은 중국적 지혜(中国智慧)—나아가 중국의 해결책(中国方案) 담론—으로도 연결되도록 재해석되었고, 전통예술·유교윤리·중화서사 등은 국가정체성의 핵심 자원으로 재편되었다. 중국의 해결책(中国方案)이라는 용어는 2016년 G20 항저우 정상회의 이후 중국 정부가 국제 담론에서 본격적으로 사용하기 시작한 개념이다. 이후 일대일로(一带一路), 글로벌 발전 구상(GDI), 글로벌 문명 이니셔티브(GCI) 등 주요 외교 프레임에서 반복 제시되며 대외 정당성을 강화하는 핵심 표현으로 자리 잡았다. 여기서 글로벌 발전 구상(GDI)은 2021년 유엔총회에서, 글로벌 문명 이니셔티브(GCI)는 2023년에 각각 공식 제안된 것으로, 중국이 문화·발전·문명 담론을 단계적으로 국제화한 흐름을 보여준다. 이러한 재구성은 문화산업과 연결되며 새로운 형태의 국가 이미지 생산 체계를 형성했고, 영화·드라마·게임·디지털 플랫폼은 중국의 이야기를 전파하는 문화적 외교의 장으로 변모하였다. 그 결과, 문화정책과 통치담론은 상호보완적으로 작동하여, 문화의 부흥이 곧 체제의 정당성을 강화하는 경로로 기능하게 되었다. 이러한 구조적 결합은 문화의 부흥이 체제 정당성 강화와 직결되는 메커니즘이 시진핑 체제에서 제도적으로 작동하고 있음을 보여준다.

여기서는 바로 이러한 정신적 전환의 궤적을 추적한다. 첫째, 중국몽(中国梦)이 어떻게 국가의 서사로서 구성되었고 개인의 정체성 서사와 결합되어 동원력 있는 정치언어로 작동했는지를 살펴본다. 둘째, 굴욕의 세기(百年国耻)의 기억이 어떻게 민족주의적 감정과 결합되어 국가의 정당성을 감정적으로 재구성했는지를 분석한다. 셋째, 물질문명과 정신문명의 병행이라는 원칙이 문화산업·교육·디지털 공간에서 구체적 정책으로 구현되는 과정을 검토한다. 마지막으로, 문화적 자신감이 내부적으로는 정체성의 통합을 외부적으로는 소프트파워 경쟁의 새로운 형식을 형성하면서, 중국식 현대화의 제3의 축으로 자리 잡게 된 과정을 비판적으로 조망한다. 이러한 분석을 통해 우리는 중국식 현대화가 단순히 경제·제도의 모델이 아니라, 문명적 정체성과 세계질서 재편의 서사로 확장되고 있음을 확인할 수 있다.

2. 중국몽(中国梦)의 서사와 동원력

중국몽(中国梦)은 시진핑 시대 중국의 정치 담론 가운데 가장 핵심적이며 상징적인 개념으로, 단순한 구호를 넘어 국가의 비전, 사회적 통합의 언어, 개인의 감정과 정체성을 조직하는 이데올로기적 장치로 기능한다. 2012년 제18차 당대회 직후 시진핑이 중화민족의 위대한 부흥(民族复兴)을 중국몽(中国梦)의 궁극적 목표로 천명한 이후, 이 개념은 순식간에 중국 사회 전반에 침투하였다. 정치 담론과 언론 보도는 물론, 초등학교 교과서, 대학 캠퍼스, 기업 연수, 영화와 드라마, SNS(소셜 네트워킹 서비스) 콘텐츠에 이르기까지 중국몽(中国梦)은 전 국민이 공유하는 일상 언어가 되었다. 그것은 당의 통치 이념이면서 국가적 비전이고, 동시에 국민의 개인적 욕망과 감정적 동일시를 조직하는 감정정치의 핵심 축이었다. 중국몽(中国梦)은 근대 이후 중국이 꾸준히 추구해온 국가의 부강, 사회의 안정, 인민의 행복을 하나의 상징 아래 통합하며, 국가가 제시한 거시적 이상과 개인이 체험하는 미시적 욕망을 감정적으로 연결시켜주는 서사적 매개가 되었다. 다시 말해, 그것은 국가의 꿈과 개인의 꿈을 서로 반영적 관계로 묶음으로써 통치의 정당성을 경제적 성과와 감정적 동의의 결합 속에서 확보하려는 시도였다. 또한 중국몽(中国梦)은 노선(路线)·이론(理论)·제도(制度)·문화(文化)의 네 가지 자신감(四个自信) 체계와 결합되며, 국가의 발전 방향을 이념·제도·문화의 통합된 프레임 속에 배치하는 기능을 수행한다.

중국몽(中国梦)의 급속한 확산은 단순한 홍보 효과가 아니라, 당·국가 시스템이 교육·문화·미디어·디지털 플랫폼을 포함한 전사회적 전달 체계를 일체화했기 때문에 가능했다. 특히 2013년 이후 중앙선전부, 교육부, 인터넷정보판공실(CAC) 등이 공동으로 추진한 중국몽(中国梦) 교육 실천 활동은 학교·기업·온라인 커뮤니티까지 모두 포함하는 국가 주도형 감정정치의 제도화를 의미했다. 이러한 구조적 배경은 중국몽(中国梦)이 상층의 이념이 아니라 생활세계의 감정 구조로 침투할 수 있었던 조건을 설명해준다. 여기에는 청소년 중국몽(中国梦) 교육 계획, 중국몽(中国梦) 포스터·공공광고 운동, 중국몽(中国梦) 문예창작 프로젝트 등 다층적 프로그램이 포함되어, 중국몽(中国梦)이 시각·언어·문화의 모든 매체를 통해 반복적으로 주입되는 구조가 형성되었다.

이 서사의 감정적 토대는 근현대 중국이 겪은 굴욕의 세기(百年国

耻)라는 역사적 경험에 뿌리를 둔다. 19세기 중엽 아편전쟁 이후 서구 열강의 침탈과 반식민적 종속, 내전과 분열을 거치며 중국 사회는 오랜 기간 상처 입은 문명으로서의 자기 인식을 내면화하였다. 그 기억은 단순히 과거의 상처가 아니라, 오늘날까지 이어지는 집단적 정체성의 핵심 축이 되었다. 시진핑은 바로 이 기억을 정치적 자원으로 재활성화시켜, "역사의 굴욕을 잊지 말고, 위대한 부흥을 이루자(勿忘国耻, 实现复兴)"는 구호로 집약하였다. 과거의 패배는 부끄러움이 아니라 각성의 자극으로, 고통은 분열이 아니라 결속의 에너지로 전환되었다. 이러한 감정의 전환은 단순한 선전이 아니라 통치의 심리적 메커니즘이었다. 국가와 국민이 공유하는 상처의 기억은 체제의 도덕적 정당성을 강화하고, 현재의 사회적 불평등이나 정치적 긴장을 역사적 부흥의 과정으로 정당화하는 수단으로 기능했다. 이 과정에서 국가적 트라우마의 정치화가 체계적으로 활용되었다는 점도 주목할 필요가 있다. 전쟁 박물관, 기념관 재정비, 항일전쟁·근대사 교육 강화는 단순한 역사 교육이 아니라 감정의 기억을 제도화하는 장치였다. 특히 인터넷 플랫폼에서는 항전 영웅, 국가 수호 이미지, 외세 저항 서사가 반복적으로 재구성되며 젊은 세대에게 감정의 역사를 끊임없이 재생산하는 역할을 맡았다. 이는 중국몽(中国梦) 서사가 왜 세대 간 감정 격차에도 불구하고 일정한 동원력을 유지하는지를 설명해주는 중요한 요소다. 여기에는 항전승리 70주년, 국가 추모의 날 등 국가 기념일 캠페인이 디지털 콘텐츠와 결합하는 방식도 포함된다.

그러나 중국몽(中国梦)은 단순히 과거의 기억을 호출하는 데 그치지 않는다. 그것은 근대 이후 서구 중심의 문명 패러다임에 대한 대항적 서사로 자신을 구성한다. 근대화의 과정에서 서구는 보편의 자리를 점유하고, 중국은 후발 추격자로 위치 지어졌으나, 시진핑 시대의 중국몽(中国梦)은 이 서열 구조를 뒤집는다. '중국식 현대화는 인류 근대화의 새로운 길을 연다'는 선언은 더 이상 서구를 모방하지 않고, 오히려 서구의 근대성 자체를 비판하고 초월하겠다는 문명적 포부의 표현이었다. 중국식 현대화는 서구가 구축한 개인주의·자유주의·민주주의·시장경제 중심의 근대화 모델과 달리, 공동체주의, 도덕 통치, 사회적 조화, 생태 균형, 국가 주도의 발전을 보편적 대안으로 제시한다. 이러한 담론적 전환은 단지 정치경제적 자립 선언이 아니라, 문명사적 차원에서 서구적 근대성의 한계를 드러내고 중국적 문명의 부활을 주장하는 이데올로기적 행위였다. 중국몽(中国梦)은 이처럼 중국의 근대화 경험을 추격에서 대안으로, 학습에서 모범으로 전환시키는 서사적 장치로 작동했다. 또한 중국몽(中国梦)은 중국식 현대화의 외교 프레임(GDI·GSI·GCI 등)과 연결되면서, 국제 규범 경쟁에서 중국이 제시하는 대안 문명 서사의 핵심 구성 요소로 사용된다. 특히 보편성의 해체라는 시진핑 시기 중국 담론은 중국몽(中国梦)의 외연을 국제질서 논쟁과 결합시키는 작용을 했다. 중국은 국제무대에서 인권·민주주의·법치의 서구적 해석에 문제를 제기하며, 발전권·주권·안정이라는 가치가 동등한 국제 규범이어야 한다고 주장했다. 이는 중국몽(中国梦)이 단지 국내적 상징이 아니라, 글로벌 담론 경쟁 속에서 중국식 현대화의 정당성을 구축하는 외교적 언어가 되었음을 의미한다. 이때 중국몽(中国梦)의 핵심적 특징은 이념의 언어가 아니라 감정의 언어로 작동한다는 점이다. '중국몽(中国梦)은 바로 당신의 꿈이다(中国梦是你我的梦)'라는 구호는 국가와 개인의 경계를 지우며, 국민 개개인이 국가 서사의 일부로서 자신을 체험하도록 만든다. 중국몽(中国梦)은 논리나 제도의 설득이 아니라 감정적 동일시를 통해 국민의 참여를 유도한다. 영화, 드라마, 예능, 광고, 문학, 대중가요, 그리고 온라인 플랫폼의 숏폼 영상까지 모든 문화적 매체가 이 서사의 반복적 재현에 동원된다. 영웅의 부활, 가족의 화합, 노력과 헌신, 자립과 자부심 같은 모티프는 일상적으로 재생산되며, 국가의 위대함은 개인의 성공 서사 속에 스며든다. 여기서 중요한 점은 감정 동원이 콘텐츠 생태계와 결합해 알고리즘적 방식으로 작동한다는 것이다. 틱톡(TikTok, 중국 내: 抖音·Douyin), 콰이쇼우(Kuaishou) 등 플랫폼은 애국적 콘텐츠를 추천 알고리즘을 통해 구조적으로 강화하며, 긍정·감동·희생의 감정을 증폭시키는 경향을 보인다. 즉, 중국몽(中国梦)은 단지 국가가 주입하는 메시지가 아니라, 디지털 플랫폼이 감정의 흐름을 실시간으로 조율하는 감정 관리 기술을 통해 확산되는 새로운 형태의 정치·문화 메커니즘이다. 예컨대 한 청년의 창업 스토리, 농민의 귀향과 성공, 과학자의 연구 성취, 혹은 해외 유학생의 귀국 등은 모두 중국몽(中国梦)의 실현이라는 내러티브로 재해석된다. 국가의 목표와 개인의 성취는 상호 투영적 관계를 이루며, 국민의 일상적 행위—노동, 소비, 봉사, 교육, 가족 돌봄—는 곧 국가 발전의 일부로 의미화된다. 이러한 구조는 감정 동원이 단순한 선전 차원이 아니라, 플랫폼 알고리즘과 결합해 기술적 감정정치로 작동하고 있음을 보여준다.

이처럼 '개인–가정–국가'의 감정 연결 구조는 중국몽(中国梦)을 단순한 과거형 민족주의가 아니라 삶의 감정으로 경험하게 만든 핵심 요소다. 특히 온라인 커뮤니티에서 재생산되는 국산 브랜드 자부심(国潮), 애국 소비(爱国消费), 국산차 열풍 등은 경제적 선택조차 애국 감정의 실천으로 전환시키는 구조를 형성한다. 이는 중국몽(中国梦)이 경제·문화·정체성을 하나로 묶는 감정 경제의 성격을 가진다는 점을 보여준다. 이러한 감정의 정치가 체제 정당성 확보에 유효했던 이유는, 시진핑 정부가 경제 성장만으로는 사회적 결속을 유지할 수 없다는 판단 아래, 도덕적 통합과 정신적 규율을 새로운 통치 기반으로 삼았기 때문이다. 개혁개방 이후 중국은 놀라운 경제 성장을 달성했지만, 그 과정에서 소득 격차, 부패, 물질만능주의, 도덕적 해이, 가치의 혼란이 심화되었다. 시진핑 체제는 이러한 사회적 위기를 정신적 공백으로 진단하고, 중국몽(中国梦)을 통해 이를 메우려 했다. 중국몽(中国梦)은 단지 풍요를 약속하는 비전이 아니라, 그 풍요를 도덕적 질서 속에서 향유해야 한다는 윤리적 프레임을 제시했다. '물질문명과 정신문명의 병행 발전(两手抓, 两手都要硬)'이라는 구호는 바로 이러한 통치 전략을 집약한다. 국민은 경제적 성공의 주체이자 동시에 도덕적 규율의 수용자로 규정되었고, 그 결과 중국몽(中国梦)은 경제 발전의 정당화 장치이자 도덕적 자율성의 재구성 수단이 되었다. 또한 중국몽(中国梦) 담론은 정신문명 건설 정책과 결합해, 핵심가치·공공도덕·가정윤리 등을 생활 규범으로 제도화하는 방향으로 확장되었다. 특히 정신문명 건설 정책과 중국몽(中国梦)은 서로 분리된 담론이 아니라 통합된 통치 패키지로 작동했다. 공공광고와 교과서, 기업 윤리교육은 물론 농촌 마을 입구의 벽화형 홍보판에 이르기까지 핵심가치(社会主义核心价值观)가 생활 공간 전반에 내재화되면서, 중국몽(中国梦)은 경제적 번영만이 아니라 도덕적 시민성을 규범화하는 장치가 되었다. 이는 중국몽(中国梦)이 실제 정치 운영에서 단순한 구호를 넘어, 일상적 규범 체계를 설계하는 제도적 기능을 수행했음을 의미한다. 이 담론은 사회 통합의 언어로도 기능한다. 중국은 거대한 영토와 복잡한 계층 구조, 도시와 농촌, 지역 간 발전 격차가 존재하는 사회이다. 중국몽(中国梦)은 이러한 내부의 다양성을 하나의 상징 아래 묶는 감정적 매개체 역할을 한다. 도시의 중산층에게 중국몽(中国梦)은 부유함과 사회적 상승의 약속으로, 농민에게는 안정된 일자리와 가족 재결합의 희망으로, 청년층에게는 자기계발과 사회 참여의 무대로, 공무원에게는 국가의 일원으로서의 자부심으로 해석된다. 이렇게 각기 다른 꿈들이 하나의 중국몽(中国梦) 속에서 감정적으로 수렴되며, 체제는 제도적 강압이 아닌 감정적 동의의 형태로 통합을 달성한다. 국가가 국민의 감정을 설계하고 조율하는 통치 형태, 즉 감정의 관리(情感治理)가 바로 중국몽(中国梦) 담론의 내적 구조를 이룬다. 이러한 감정통치 메커니즘은 정책·콘텐츠·규범이 한 세트로 움직이는 감정 거버넌스 체계로 제도화되어, 중국몽(中国梦)의 지속적인 재생산을 가능하게 한다.

하지만 이러한 감정적 통합은 언제나 긍정적으로만 작동하는 것은 아니다. 감정의 통치가 강해질수록 제도적 논의나 비판적 공론은 주변화될 위험이 있다. 실제로 청년층의 탕핑(躺平, 드러눕기)·런(润, 이민·탈출) 트렌드는 국가가 제시하는 집단적 이상과 개인의 현실적 경험 사이의 간극을 드러낸다. 이 현상은 중국몽(中国梦)의 감정 동원이 일정 세대 또는 계층에서는 피로·냉소로 귀결될 수 있음을 보여준다. 이와 관련해 정부는 애국 소비 장려 캠페인, 청년 창업 지원, 중국 브랜드의 날 행사 등을 통해 청년층 감정 구조를 재흡수하려는 정책적 시도를 강화하고 있다. 그럼에도 이러한 감정적 통합은 필연적으로 일정한 긴장을 수반한다. 국가가 제시한 비전은 표면적으로는 포용적이지만, 실제로는 하향식 구조를 가진다. 국민은 자신의 꿈을 국가의 서사 속에서 실현한다고 믿게 되지만, 그 과정에서 자율성과 다양성은 감정적 참여의 형태로만 승인된다. 정치적 참여는 토론과 비판이 아닌 공감과 동조로 대체되고, 불협화음은 부흥의 대서사를 방해하는 요소로 간주된다. 문화 산업의 영역에서도 이러한 경향은 분명하게 나타난다. '중국 이야기를 잘 전하라(讲好中国故事)'는 정책적 지침 아래, 예술과 대중문화는 체제의 긍정적 이미지를 강화하는 역할을 수행하며, 비판적 표현이나 사회문제의 복잡한 현실은 종종 검열과 자기검열 속에서 사라진다. 문화 생산은 활발하지만, 표현의 자유는 감정적 긍정의 테두리 안에서만 허용된다. 또한 감정정치의 확장은 감정 기조의 획일화를 야기할 위험이 있다. 국가가 승인한 긍정·자부심·희생의 감정만이 공적 공간에서 반복되고, 우울·분노·불만·비판은 온라인 통제와 알고리즘 필터링을 통해 비가시화된다. 이는 사회 내부의 감정적 다양성을 약화시켜 장기적으로는 체제의 유연성을 해칠 수 있으며, 감정의 장기적 균열을 초래할 가능성도 있다. 결국 중국몽(中国梦)은 단순한 통치 이데올로기가 아니다. 그것은 중국 사회의 집단적 감정 구조를 재편한 일종의 감정체제다. 국민의 자부심, 희생, 헌신, 책임, 공포, 충성이라는 다양한 감정들이 체제에 대한 충성심으로 조직되고, 개인의 삶은 국가적 의미 속에서 재해석된다. 노동과 가족, 소비와 여가, 교육과 자녀 양육 등 일상의 모든 영역이 국가 발전의 일부로 재정의되며, 개인은 국가적 목표를 내면화한 존재로 재구성된다. 이러한 감정의 정치가 효과적으로 작동한 것은 단지 선전의 결과가 아니라, 디지털 미디어와 알고리즘이 감정의 흐름을 실시간으로 측정하고 증폭시키는 기술적 구조와 맞물려 있기 때문이다. SNS 상에서 애국 콘텐츠는 빠르게 확산되고, 비판적 목소리는 알고리즘의 비가시성 속으로 밀려난다.

이렇게 디지털 감정 거버넌스는 중국몽(中国梦)의 감정적 통합을 기술적으로 뒷받침한다. 특히 '국가-플랫폼 협력구조'는 중국몽(中国梦)의 감정체제가 지속 가능한 형태로 작동하는 핵심 요인이다. 플랫폼 기업은 규제 준수를 위해 정부의 가치 방향에 맞는 콘텐츠 유통을 강화하고, 정부는 플랫폼의 데이터·알고리즘 관리 권한을 제도적으로 확보하며 상호 보완적 관계를 형성한다. 이 구조는 중국몽(中国梦)의 감정정치가 기술적 인프라와 결합해 체계적으로 작동함을 보여준다. 특히 2021년 이후 시행된 알고리즘 규제(알고리즘 추천 관리 규정)는 디지털 플랫폼의 콘텐츠 흐름을 통제하는 제도적 기반이 되었으며, 중국몽(中国梦) 서사의 감정적 확산을 기술적으로 지원하는 장치로 작용했다. 하지만 그 감정의 동원력이 영속적일 수 있는지는 여전히 의문이다. 세대 변화와 글로벌 문화의 확산은 중국몽(中国梦) 담론에 새로운 도전을 던진다. 1990년대 이후 태어난 세대는 세계화된 인터넷 환경 속에서 자라며, 서구식 개인주의와 자율성을 익숙하게 받아들인다. 그들에게 중국몽(中国梦)은 자긍심의 언어이자 동시에 구속의 상징으로 느껴진다. 온라인에서는 "내 꿈은 국가의 꿈이 아니다"라는 냉소적 표현이 나타나고, 중국몽(中国梦) 구호는 풍자와 피로의 대상으로 소비되기도 한다. 이 현상은 중국몽(中国梦)이 더 이상 전 세대를 포괄하는 통합 서사로 작동하기 어렵다는 사실을 시사한다. 이러한 세대적 균열은 중국몽(中国梦)의 장기적 지속가능성에 대한 정책적 고민을 불러일으켰다. 최근에는 청년층을 대상으로 한 애국 소비 캠페인, 영웅 인물 재해석, 청년 문화와 중국몽(中国梦)의 접목 프로젝트 등이 추진되지만, 개인의 자아성·다양성·자율성을 중시하는 새로운 세대의 감정 구조와 충돌하는 문제도 동시에 드러난다. 이는 중국몽(中国梦)이 감정적 통합의 도구인 동시에 정책적 조율이 필요한 유동적 담론임을 의미한다. 그럼에도 불구하고, 중국몽(中国梦)은 여전히 중국식 현대화의 정신적 중심축이다. 그것은 과거의 상처를 자부심으로 전환하고, 개인의 욕망을 집단의 목표로 재조직하며, 경제적 성과를 도덕적 정당성으로 변환시키는 복합적 메커니즘이다. 그러나 그 통합의 언어 이면에는 여전히 자율과 통제, 다양성과 통일, 감정과 이성의 긴장이 공존한다. 중국몽(中国梦)의 지속가능성은 이 긴장을 억압하는 것이 아니라, 그것을 제도적으로 조율하고 감정적으로 소통할 수 있는 공간을 마련할 때에만 가능하다. 진정한 의미에서 중국몽(中国梦)이 국민의 꿈으로 자리 잡기 위해서는, 국가가 일방적으로 서사를 설계하는 구조에서 벗어나, 사회 구성원들이 스스로의 꿈을 말하고 협상할 수 있는 개방적 담론장이 마련되어야 한다. 이는 중국몽(中国梦)이 감정적 동원에만 의존할 경우 발생할 장기적 감정 피로 문제를 해결하기 위한 핵심 조건이기도 하다. 특히 지방과 계층, 세대 간 감정 구조를 고려한 다층적 서사 전략이 없다면 중국몽(中国梦)은 점차 상징적 기능만 유지한 채 실제

동원력은 약화될 가능성이 있다. 따라서 중국몽(中国梦)의 미래는 단일한 대서사보다, 다양한 사회군집이 자신의 경험을 반영해 해석할 수 있는 다원적 중국몽(中国梦)으로 확장되는 방향에서만 지속가능성을 확보할 수 있을 것이다.

['중국몽' 서사의 작동 구조(국가·개인·감정·정책의 결합)]

	구성 축	핵심 내용	대표 표현/메시지	매개 장치(플랫폼·콘텐츠)	기대 효과	내재 리스크
0	국가 목표	중화민족의 부흥, 문명적 주체성, 체제 정당성	"부흥은 불가역적", "중국의 길"	국가기념일 의례, 영웅 서사, 애국 블록버스터	상징·담론 결집	다양성 위축, 비판 흡수·무력화
1	개인 목표	생활 개선, 사회적 상승, 자아실현	"중국몽은 바로 당신의 꿈"	교육·취업·창업 서사, 성공담 콘텐츠	참여·동조 확대	'국가의 꿈'에 종속되는 개인성
2	감정 장치	자부심·연대·억울함·위기감의 조율	"굴욕을 잊지 말자", "함께강해지자"	드라마·예능·쇼룸, 온라인 캠페인	감정 동원·내면화	피로·냉소, 감정 과잉의 반작용
3	정책 연결	정신문명, 공동부유, 규범·검열, 외교 서사	"두 손 모두 단단하게", "중국 이야기 잘 하라"	핵심 가치 생활화, 외선(外宣) 체계	제도·감정 정합성	창작·표현의 위축, 국제 신뢰 격차

위 도표는 중국몽(中国梦) 서사가 어떻게 국가의 목표, 개인의 욕망, 감정의 리듬, 정책 담론을 하나의 서사 구조로 결합시키는지를 보여준다. 이러한 결합 구조는 단순한 선전 구호가 아니라, 현대 중국의 정치적 정당성과 사회적 통합을 동시에 지탱하는 감정적·상징적 메커니즘으로 작동한다. 특히 도표의 네 축(국가목표-개인목표-감정장치-정책영역)은 앞서 논의된 감정정치·기억정치·디지털 플랫폼 구조가 어떻게 한 흐름으로 연결되는지 시각적으로 요약한 구조다. 도표에서 보이듯, 중국몽(中国梦)은 국가목표(부흥) — 감정구조(자부심·희생·헌신) — 정책영역(교육·문화·미디어) — 일상 실천(노동·소비·창업)의 구조가 하나의 감정적 흐름으로 연결될 때 가장 강한 결집력을 발휘한다. 이는

중국식 현대화가 제도적 모델이기 이전에 감정 설계와 의미 생산의 체계임을 시각적으로 보여준다. 특히 정책영역은 핵심가치·공동부유·규범·외교 담론 등으로 확장되며, 감정장치와 결합해 국가 서사가 일상 콘텐츠 속으로 흡수되는 구조를 만든다. 결국 중국몽(中国梦)은 단순한 정치 구호가 아니라, 현대 중국의 내적 구조와 심리적 리듬을 드러내는 거울이다. 그것은 국가의 정당성을 유지하는 감정적 에너지이자, 동시에 그 체제가 직면한 한계와 모순을 비추는 상징이다. 부흥이라는 이름 아래 감정과 권력, 역사와 미래, 개인과 국가가 얽혀 있는 이 복합적 서사는, 단지 중국의 정치 담론을 이해하기 위한 핵심 실마리를 넘어, 21세기 권위주의적 근대화가 어떤 방식으로 국민의 감정을 통치하고, 이념을 일상화하며, 기억을 재구성하는지를 보여주는 세계적 사례로 볼 수 있다. 중국몽(中国梦)은 바로 그 감정적 통합의 성공과 균열의 과정을 동시에 품은, 현대 중국의 심층적 풍경이자 국가가 꿈을 말하는 시대의 가장 상징적인 언어다. 따라서 중국몽(中国梦)의 정치적 의미는 감정의 동원을 넘어, 국가·사회·개인의 관계가 어떻게 재구성되는지를 보여주는 규범적 프레임으로도 이해할 수 있다. 감정의 정치가 지속가능하려면 감정의 다양성을 제도적으로 인정하는 통로가 필요하며, 중국식 현대화의 성패는 이러한 감정적 균열과 긴장을 어떤 방식으로 관리·조율하느냐에 달려 있다.

3. 굴욕의 세기 극복, 민족부흥·개인행복의 결합

굴욕의 세기(百年国耻)는 근대 중국의 집단기억을 구성하는 가장 강력한 감정적 원천이자, 시진핑 시대 중국몽(中国梦) 서사의 기초가 되는 역사적 기억구조의 중심축이다. 이는 단순히 19세기 중엽 이후의 패배와 침략의 역사를 의미하는 것이 아니라, 중국 사회가 자신을 세계 속에서 인식하는 방식, 즉 수난의 기억을 통한 정체성의 재구성 그 자체를 가리킨다. 아편전쟁(1840)을 시작으로 난징조약, 열강의 조차지 체제, 태평천국과 의화단의 난, 청조의 붕괴와 신해혁명, 그리고 일본 제국주의의 침략과 중일전쟁에 이르기까지, 한 세기 넘게 이어진 굴욕의 경험은 중국인들에게 단순한 과거가 아니라 현실의 장기화된 감정 구조로 남았다. 기억은 정치의 토대라는 말처럼, 현대 중국의 정치 담론은 이 기억을 반복적으로 호출하며, 과거의 상처를 현재의 통치 정당성과 미래의 목표로 전환시켜왔다. 아래 도식은 굴욕의 세기라는 집단 경험이 어떻게 민족부흥의 국가 목표와 중국몽(中国梦)의 감정동원 체계로 재구성되는지를 단계별로 정리한 것이다. 도식의 1단계는 수난의 역사에, 2단계는 마오쩌둥·덩샤오핑·시진핑으로 이어지는 국가 부흥 서사에, 3단계는 개인의 꿈과 국가의 꿈을 결합하는 중국몽(中国梦) 감정정치에 각각 대응한다.

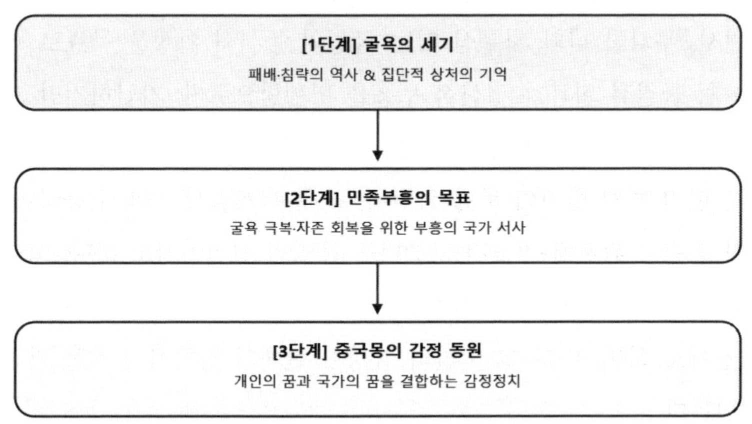

시진핑이 중국몽(中国梦)을 천명하면서 중화민족의 위대한 부흥(民族复兴)을 그 핵심어로 제시한 것은 이러한 역사적 기억의 감정적 재활성화와 직결된다. 그는 과거의 굴욕을 단순히 치유해야 할 상처로 규정하지 않고, 그것을 부흥의 동력으로 전환시킨다. 즉, 한때 굴욕당했던 민족이 다시 세계의 중심으로 돌아간다는 서사는 국민의 자존심을 회복시키는 동시에, 체제에 대한 감정적 충성을 정당화하는 언어로 작동한다. 중국의 부흥은 결코 자연스럽게 주어진 것이 아니라, 수많은 희생과 투쟁의 결과로 쟁취된 것이다라는 메시지는 개인의 노력과 국가의 재건을 동일한 서사적 공간에 배치한다. 이러한 감정의 결합 속에서 중국몽(中国梦)은 역사의 회복이자 감정의 정치화이며, 국가적 기억과 개인적 욕망을 하나의 정서적 질서로 묶는 통치의 서사로 기능한다.

중국의 근현대사는 이처럼 상처와 자부심, 실패와 복원의 이중적 구조 속에서 진행되어 왔다. 마오쩌둥의 혁명 서사는 외세의 침탈과 부패한 봉건질서로부터의 해방을 강조하며 민족의 구원을 약속했고, 덩샤오핑의 개혁개방 담론은 빈곤으로부터의 해방을 통해 실질적 부강을 실현하려 했다. 그러나 시진핑의 중국몽(中国梦)은 이 두 서사를 결합하면서, 부강한 나와 자부심 있는 국민의 동시적 완성을 목표로 삼는다. 즉, 물질적 회복과 정신적 부흥을 병행함으로써, 가난하지만 자존심 있는 나라에서 풍요롭고 존경받는 문명국가로의 전환을 표방한다. 이는 단지 경제 발전의 문제를 넘어, 근대 세계질서 속에서 중국이 더 이상 종속적 위치에 머물지 않겠다는 문명적 선언이기도 하다. 이러한 이념적 확신은 굴욕의 세기라는 기억이 아직 완전히 봉합되지 않았음을 전제로 하며, 바로 그 미완의 감정이 현재의 정치적 동원을 가능하게 만든다.

굴욕의 세기는 중국 사회에 깊은 트라우마를 남겼지만, 동시에 새로운 국가 정체성을 형성하는 토대가 되었다. 근대 이후의 중국인은 자신을 피해자로서 인식하는 동시에 복원의 사명을 부여받은 존재로 재정의되었다. '굴욕에서 부흥으로(从屈辱到复兴)'라는 정치적 서사는 단순히 과거를 반복하는 것이 아니라, 현재의 통치가 그 과거를 극복하는 과정임을 강조한다. 이때 부흥은 경제적 성취 이상의 의미를 갖는다. 그것은 도덕적 정당성, 국제적 존엄, 그리고 문화적 주체성의 회복을 포함하는 총체적 개념이다. 다시 말해, 부흥은 세계 속의 중국이 아니라 세계의 중심으로서의 중국을 회복하는 과정이며, 그 목표는 외부의 인정이 아니라 내부의 확신에 있다. 시진핑은 이를 중국식 현대화의 길로 명명하고, 서구의 근대성에 의존하지 않는 독자적 문명 노선을 제시한다. 19차·20차 당대회 보고에서도 문명적 부흥과 정신문명 건설이 중국식 현대화의 핵심 요소로 공식화되었다는 점은 이러한 흐름을 뒷받침한다.

또한 이러한 부흥 담론은 교육·문화·기념정치(기념일·국가기억 프로젝트)를 통해 제도적으로 재생산된다. 예컨대 9·18 사변 추모 의식과 난징대학살 국가추념일(12월 13일)은 굴욕의 기억을 국가적 의례로 고정시키는 대표적인 사례이며, 각지의 항일전쟁 기념관·박물관은 감정의 기억을 제도화하는 장치로 기능한다. 중국몽(中国梦)의 감정적 기반은 이처럼 제도적·상징적 공간을 통해 지속적으로 재구성된다. 이러한 서사 속에서 개인의 삶은 단순한 경제적 행위가 아니라 역사적 사명을 수행하는 과정으로 재해석된다. 학교 교육, 공영 미디어, 대중문화는 모두 개인의 노력과 국가의 운명을 연결시키는 서사를 강화한다. "나의 노력은 국가의 부흥으로 이어진다"는 메시지는 국민의 일상적 활동인 공부, 노동, 소비, 창업을 모두 애국적 실천으로 전환시킨다. 개인의 꿈은 국가의 꿈 속에서 의미를 부여받고, 행복은 단순한 사적 감정이 아니라 공적 성취로 규정된다. 이처럼 개인의 행복이 민족의 부흥과 결합될 때, 통치는 외부의 강제가 아니라 내부의 감정적 동조로 유지된다. 중국몽(中国梦)이 감정의 통치 언어라 불리는 이유가 바로 여기에 있다.

시진핑 체제의 중국몽(中国梦)은 물질적 발전을 넘어 정신적 부흥을 강조한다. 이는 단순한 도덕주의적 수사가 아니라, 체제 정당성의 새로운 축이다. 급격한 성장과 불평등이 공존하는 현실 속에서, 경제적 성취만으로는 체제의 도덕적 권위를 유지하기 어렵기 때문이다. 따라서 시진핑은 도덕적 통합을 국가의 장기 목표로 설정하고, 중국몽(中国梦)을 그 윤리적 상징으로 제시한다. 이는 경제적 번영이 곧 행복이라는 근대적 신화를 넘어, 도덕적 질서 속의 풍요를 강조하는 새로운 정치적 서사를 형성한다. "국가의 부흥은 인민의 도덕적 각성 위에서만 가능하다"는 발언은 이러한 사고를 간명하게 보여준다. 중국몽(中国梦)은 따라서 경제적 성취의 도덕화이자 정치의 감정화로 요약될 수 있다.

한편, 굴욕의 세기 서사는 중국의 대외정책과 국제정치 전략에도 깊숙이 스며들어 있다. 시진핑 정부는 "다시는 굴욕당하지 않겠다(决不再受欺侮)"는 언어를 반복하며, 국제무대에서의 자주성과 주권 수호를 강조한다. 국내 담론에서는 남중국해, 대만, 일대일로(一带一路) 등 주요 외교 이슈가 종종 굴욕 극복과 주권·부흥 서사와 결합해 설명되며, 외교적 강경함의 정당성으로 활용된다. 중국몽(中国梦)의 실현은 단지 국내의 문제만이 아니라, 중국이 세계 중심으로 복귀하는 과정으로 규정된다. 따라서 중국의 국제 전략은 굴욕의 세기 극복의 외교적 확장판이며, 그 감정적 동력은 역사적 트라우마에서 비롯된 자존심과 지위를 회복하려는 강한 의지이다. 국내적으로 이러한 서사는 강력한 동원 효과를 가져왔다. 국가 주도의 대규모 기념행사, 즉 항일전쟁 70주년 열병식, 공산당 창건 100주년, 항공모함 진수식 등은 국민에게 역사의 부활을 시각적으로 각인시켰다. 미디어는 이를 민족의 자긍심의 축제로 표현하며, 대중은 부흥의 시대를 직접 목격하는 세대라는 자부심을 공유한다. 그러나 동시에 이러한 감정의 정치가 지속 가능한 통합을 보장하는지는 불투명하다. 감정적 동원은 단기적으로 강력하지만, 장기적으로는 피로와 냉소를 불러올 수 있다. 특히 젊은 세대에게 중국몽(中国梦)은 국가의 꿈이라기보다 국가의 요구로 들리기도 한다. 경제적 불확실성, 취업난, 부동산 문제 등 현실적 불만이 누적될수록, 부흥이라는 집단 서사는 개인의 삶과 괴리되는 양상을 보인다. 일부 중국 연구자들은 이를 애국 피로 혹은 감정 동원의 한계로 개념화하며, 감정정치가 장기적 지속성을 확보하기 어렵다는 점을 지적한다. 이처럼 중국몽(中国梦)은 통합의 언어이자 동시에 긴장의 언어다. 그것은 과거의 굴욕을 기억함으로써 현재의 정당성을 강화하지만, 동시에 개인의 다양성과 비판적 상상력을 제약한다. 국가의 비전은 포용적 담론을 취하지만, 실제로는 감정의 통제와 서사의 독점을 통해 유지된다. 민족의 부흥은 모든 갈등을 덮는 최상위 어휘가 되어, 사회 내부의 불평등이나 지역 간 격차, 세대 갈등을 부차적인 문제로 만든다. 그러나 현실의 중국은 여전히 복잡하고 불평등하다. 따라서 중국몽(中国梦)의 성공은 단지 감정적 공감에 달려 있는 것이 아니라, 이러한 구조적 모순을 얼마나 제도적으로 조율할 수 있느냐에 달려 있다.

궁극적으로 중국몽(中国梦)의 핵심은 부흥의 감정 구조다. 그것은 과거의 상처를 자부심으로, 개인의 욕망을 공동체의 목표로, 경제의 성과를 도덕적 서사로 전환시키는 거대한 정서적 장치다. 그러나 그 감정의 체계가 지속 가능하려면, 그것이 억압이 아니라 공감의 언어로 작동해야 한다. 시진핑 체제 이후 중국이 직면한 과제는 바로 이 감정정치의 균형이다. 국가의 서사가 국민의 경험과 괴리되지 않도록, 부흥의 언어가 진정한 행복의 언어로 전환될 수 있도록, 사회적 대화의 공간을 확장하는 일이 중요하다. 결국 문제는 명확하다. 부흥은 누구의 꿈인가, 행복은 누구의 몫인가, 그리고 국가가 말하는 기억은 얼마나 다성적인가하는 것이다. 결국 굴욕의 세기의 극복은 단순한 역사적 복원이 아니라, 감정의 재편과 통치의 재구성을 의미한다. 그것은 국가의 자존심을 회복하는 동시에 국민의 감정을 동원하는 정치적 실험이며, 중국식 현대화의 심리적 인프라를 구축하는 과정이다. 중국몽(中国梦)은 바로 이 복합적 실험의 상징이다. 그것은 역사를 통해 미래를 정당화하는 방식, 감정을 통해 정치적 합의를 생산하는 메커니즘, 그리고 국가와 개인이 동일한 감정의 언어로 소통하도록 설계된 체제를 보여준다. 굴욕의 세기를 기억하는 한, 중국몽(中国梦)은 계속해서 현재의 정치와 사회를 움직이는 심리적 원동력으로 남을 것이다. 그러나 그 기억이 집단적 자부심을 넘어 진정한 성찰의 언어로 승화되지 않는다면, 부흥의 서사는 또 다른 형태의 굴레로 변할 수도 있다.

중국몽(中国梦)은 따라서 영광의 약속이자, 동시에 긴장의 경고다. 그것은 근대 이후 중국의 사상사 전체를 관통하는 서사적 축이며, 그 속에서 민족의 부흥과 개인의 행복은 분리될 수 없는 이중 구조로 묶여 있다. 부흥은 개인의 헌신을 요구하고, 행복은 국가의 안정 속에서만 가능하다고 규정된다. 그러나 이러한 구조가 지속되기 위해서는, 국가가 개인의 감정을 관리하는 대신, 개인이 국가의 꿈을 재해석할 수 있는 자유를 인정해야 한다. 그렇지 않다면 중국몽(中国梦)은 공동의 꿈이 아니라 공동의 의무로 변질될 위험이 있다. 결국 시진핑 시대의 중국몽(中国梦)은 굴욕의 세기라는 기억 위에서 구축된 거대한 감정의 건축물이다. 그것은 상처를 자부심으로, 과거를 미래로, 개인의 삶을 국가의 역사로 변환시키는 정치적 미학이다. 그러나 동시에 그 화려한 서사 뒤에는 여전히 해결되지 않은 질문이 남아 있다. 부흥은 누구의 꿈인가, 행복은 누구의 몫인가, 그리고 국가가 말하는 기억은 얼마나 다성적인가. 이 질문들이 끊임없이 제기되는 한, 중국몽(中国梦)은 단순한 구호가 아니라, 현대 중국이 스스로를 정의하고 성찰하는 과정 그 자체로 남을 것이다

4. 물질과 정신문명의 병행

시진핑 시대 중국식 현대화 담론에서 물질문명과 정신문명의 병행은 단순한 수사적 구호를 넘어, 체제 정당성의 양대 축이자 사회 통치의 이념적 좌표로 자리 잡았다. 덩샤오핑 이후 개혁개방의 핵심은 경제성장을 통한 물질적 풍요의 실현이었다면, 시진핑은 이 성취 위에 정신적 풍요를 중첩시키며, 발전의 질과 방향을 도덕적 언어로 재규정했다. "두 손으로 잡아야 한다(两手抓), 두 손 모두 단단해야 한다(两手都要硬)"는 그의 발언은 이중적 과제를 상징한다. 경제적 발전만으로는 사회의 분열과 가치의 공백을 메울 수 없으며, 정신적 통합 없이는 고도성장 이후 체제가 지속가능하지 않다는 인식이 형성된 것이다.. 따라서 물질과 정신의 병행은 시진핑식 발전론의 핵심이며, 중국몽(中国梦)의 실현을 위해 반드시 병행되어야 할 두 개의 문명적 기둥으로 설정되었다. 시진핑은 이를 문명형 현대화라는 용어로 설명하며, 물질문명과 정신문명의 균형을 현대 중국 발전모델의 본질적 기준으로 제시했다. 개혁개방 40여 년간 중국은 세계 역사상 유례없는 경제적 성취를 이루었다. 7억 명 이상이 빈곤에서 벗어났고, GDP(국내총생산) 규모는 세계 2위로 도약했으며, 도시화율은 1978년 17%에서 2023년 66%를 넘어섰다. 그러나 이러한 급속한 성장의 이면에는 심각한 불평등, 부패, 물질만능주의, 생태 파괴, 사회적 불신이 누적되었다. 시진핑은 이 문제

를 단순한 정책 실패가 아니라 문명의 불균형으로 진단했다. 물질문명이 정신문명보다 앞서가면 사회는 방향을 잃고, 정신문명이 물질문명을 따라가지 못하면 발전은 타락한다는 인식이 바로 그것이다. 따라서 그는 도덕의 공백을 메우는 발전을 새로운 목표로 제시했다. 이러한 관점에서 정신문명 건설은 경제정책의 부속물이 아니라, 발전의 본질적 구성요소로 격상되었다.

정신문명 건설이라는 개념은 덩샤오핑 시대에도 존재했지만, 시진핑 시대에 들어 그 범위와 강도는 전례 없이 확대되었다. 그것은 단순한 사상교육을 넘어, 문화산업, 교육, 예술, 디지털 미디어, 일상생활의 규범에 이르기까지 사회 전반을 아우르는 포괄적 프로젝트로 확장되었다. 시진핑은 문화의 자신감(文化自信)을 정신문명의 핵심으로 제시하며, 서구의 가치체계에 대한 문화적 자주성을 강조했다. 이는 단순히 전통문화의 계승을 의미하지 않는다. 중국식 가치체계를 현대적으로 재해석하고, 글로벌 문화경쟁 속에서 중국의 담론권을 확립하겠다는 전략적 목표를 내포한다. 다시 말해, 정신문명 건설은 국내적으로는 가치의 통합과 도덕적 재정립을, 국제적으로는 문화적 주체성의 확보를 의미한다.

이러한 정신문명의 국가적 구상은 다층적이다. 첫째, 내부적으로는 사회주의 핵심가치인 부강, 민주, 문명, 조화, 자유, 평등, 공정, 법치, 애국, 근면, 성실, 우애의 생활화를 목표로 한다. 이 가치는 헌법, 교육, 언론, 공공광고, 교과서, 영화, 예술 작품 등 거의 모든 영역에 스며들며, 국민의 일상적 행위양식을 규율하는 새로운 윤리 체계로 기능한다. 둘째, 경제 영역에서는 도덕적 소비, 사회적 책임, 공동부유와 같은 개념이 경제적 행위의 정당성을 규정한다. 기업은 단순히 이윤을 창출하는 주체가 아니라 사회주의 문명 건설의 협력자로 재정의되고, 부의 축적은 사회적 기여와 결합되어야 한다는 윤리적 기준이 강화된다. 공동부유는 단순한 분배정책을 넘어 경제적 부와 사회적 도덕성을 결합하려는 장기적 가치 프로젝트라는 점에서 정신문명 건설과 직결된다. 셋째, 미디어와 인터넷 공간에서는 정상적 감정 질서와 적정한 여론 생태의 구축이 강조되며, 감정의 과잉, 냉소, 혐오를 억제하고 긍정적 감정의 확산을 장려하는 감정을 둘러싼 정치적 통제가 강화된다. 아래 도표는 이러한 정신문명 건설이 물질문명과 병행하며, 각 정책 영역에서 어떻게 제도화되고 규범화되고 있는지를 체계적으로 정리한 것이다. 즉, 산업·과학기술, 복지, 문화·콘텐츠, 교육·청년 분야에서 물질적 성취뿐만이 아니라 그것을 규율하는 정신적 가치가 동시에 작동하며, 생산의 목표와 규범의 기준이 한 쌍을 이루는 구조가 시각적으로 제시된다. 각 정책 영역마다 무엇을 얼마나 생산할 것인가뿐만 아니라 어떤 가치와 규범 속에서 생산할 것인가가 짝을 이루는 구조임을 한눈에 보여주는 매트릭스이다.

[물질문명-정신문명 병행의 정책 매트릭스]

	정책 영역	물질문명 축(목표·수단)	정신문명 축(가치·규범)	결합 메커니즘	측정·평가 예시	긴장 지점
0	산업·과학기술	공급망 자립, 전략기술 투자	국가 기업·사회책임 윤리	국가 프로젝트+도덕 프레이밍	혁신지수+사회 공헌	성과주의가 윤리 담론을 대체
1	분배·복지	공동부유, 취약층 보정	연대·책임·공정의 윤리	조세·이전+핵심 가치 캠페인	지니계수+가치 인식	분배 갈등의 도덕화(정치화)
2	문화·콘텐츠	산업화·수출, IP 육성	'중국 이야기', 전통의 현대화	제작 지원+가치 심사	흥행·수출+가치 부합도	창작 자율성·검열의 충돌
3	교육·청년	역량·스킬 강화	애국·규범·공정성	교과+의례+봉사	학업·취업+시민성 지표	실용주의·개인주의와의 마찰

정신문명 건설은 이처럼 도덕과 감정, 규범과 감시의 결합으로 이루

어진 복합체이다. 시진핑은 "문화가 흥하면 나라가 흥한다(文化兴则国运兴)"고 말하며, 문화산업을 단순한 소비경제의 하위영역이 아니라 국가정체성의 핵심 구성요소로 격상시켰다. 영화, 드라마, 예능, 문학, 게임, 애니메이션 등 모든 콘텐츠 산업은 중국 이야기(中国故事)를 잘 전달해야 한다는 지침 아래, 국가 브랜드의 일부로 편입되었다. 애국 블록버스터와 홍색 서사가 흥행을 주도하고, 전통 신화를 현대적으로 각색한 콘텐츠가 해외 스트리밍 플랫폼을 통해 세계 시장으로 진출한다. 이는 중국이 문화적 자부심을 세계적 영향력으로 전환시키려는 시도이며, 물질적 성장의 결과로 축적된 자본이 문화적 영향력 확산의 자원으로 재배치되는 과정이다. 그러나 이러한 정신문명 건설이 순수한 문화진흥 정책으로만 기능하는 것은 아니다. 그것은 동시에 통치의 언어이기도 하다. 문화의 자주성은 곧 여론의 자율성과 연결되며, 따라서 국가가 문화의 방향을 제시한다는 것은 곧 여론의 경계를 설정한다는 의미를 갖는다. 정상적 가치와 사회적 긍정의 이름 아래, 예술적 비판이나 사회적 문제 제기는 때로 부정적 감정의 조장으로 간주된다. 문화 정책은 감정의 범위를 규율하는 기능을 수행하게 되고, 도덕의 재건은 곧 표현의 통제와 맞닿는다. 시진핑 정부가 문화산업 발전을 적극 장려하면서도, 동시에 온라인 플랫폼, 연예산업, 청소년 문화에 대한 규제를 강화한 것은 이러한 이중적 논리를 반영한 것이다. 청년은 나라의 미래라는 명분 아래, 건강한 문화 생태가 강조되지만, 그 기준은 언제나 국가가 정한다. 온라인 커뮤니티에서는 과도한 도덕 캠페인에 대한 풍자·밈이 등장하는 등 도덕 피로 현상이 증가하고 있다는 점도 이러한 구조의 한계를 보여준다. 정신문명의 병행은 또한 사회의 통합 장치로서 작동한다. 급격한 경제 발전이 초래한 계층 분화와 가치 갈등을 공동의 도덕이라는 언어로 봉합하려는 시도다. 공동부유는 단순한 경제 정책이 아니라, 물질적 분배와 정신적 공정성을 동시에 달성하려는 가치 프로젝트이다. 이는 성공의 정의를 재정의하며, 개인의 부를 도덕적 책임으로, 사회적 기여로 환원한다. 동시에 정신문명은 공동체 중심의 윤리를 통해 개인의 욕망을 사회적 조화의 틀 안에 재배치한다. 이렇게 경제적 불평등을 윤리적 언어로 조정하는 전략은 단기적으로는 사회적 불만을 완화하지만, 장기적으로는 개인의 자율성과 비판적 판단을 도덕적 통합의 논리 속에 흡수하는 효과를 낳는다. 물질문명과 정신문명의 병행이라는 구호는, 결국 국가가 물질적 성장 이후의 통치 방식 전환을 모색하는 과정에서 등장한 전략적 프레임이다. 경제성장이 통치의 정당성을 보장하던 시기가 지나면서, 성장의 한계와 불평등이 체제의 내부적 균열로 드러나기 시작했다. 이러한 상황에서 시진핑 정부는 정신문명을 새로운 사회적 연결고리 제시했다. 그것은 정치의 도덕화이자 경제의 윤리화이며, 동시에 사회의 감정화이다. 국민이 단순히 풍요를 향유하는 존재가 아니라, 국가가 요구하는 이상을 구현하는 도덕적 주체로 재구성될 때, 체제는 물질적 피로 대신 정신적 의미로 재정당화된다. 다시 말해, 정신문명은 통치의 언어를 감정과 윤리의 차원으로 전환하는 메커니즘이다.

이러한 흐름 속에서 물질과 정신의 병행은 외교와 국제질서의 언어로도 확장된다. 시진핑은 여러 국제연설에서 "물질문명의 발전만으로는 인류의 위기를 해결할 수 없다"고 강조하며, 중국의 발전 모델을 도덕적 문명의 대안으로 제시했다. 일대일로(一帶一路), GDI(글로벌 발전 구상), GCI(글로벌 문명 이니셔티브) 등은 모두 이러한 사고의 외교적 표현이다. 즉, 중국식 현대화는 단순히 국내총생산(GDP) 성장의 성공 사례가 아니라, 문명적 균형을 제시하는 세계적 비전으로 제시된다. 이를 통해 중국은 물질적 부강과 문화적 자부심을 동시에 수출하는 국가로 자신을 정의하며, 서구 근대가 이루지 못한 도덕적 완결성을 스스로의 정당성 근거로 내세운다. 예컨대 일대일로는 인프라 건설(물질문명)과 공동 번영 담론(정신문명)을 결합하고, GCI(글로벌 문명 이니셔티브)는 문명다원주의와 문화적 자율성을 통해 중국식 문명서사의 외연을 확장한다는 점에서 물질·정신 병행의 외교적 사례로 이해될 수 있다. 그러나 이러한 담론이 국제적으로 설득력을 갖기 위해서는 내부의 균열을 감출 수 있어야 한다. 물질과 정신의 병행이라는 이상은 현실의 중국에서 필연적으로 충돌한다. 부동산 위기, 청년실업, 지역 불균형, 소비 위축 등 경제적 난제가 심화되는 가운데, 정신문명 담론은 오히려 현실의 불만을 잠재우는 상징 언어로 기능한다. 사회의 불균형을 도덕적 결속으로 봉합하려는 시도는 한계가 명확하다. 청년 세대는 정신문명의 언어를 체제의 자기 정당화로 인식하기 시작했고, 물질적 불만이 해소되지 않은 채 윤리적 설교만 반복될 때, 도덕적 피로와 냉소가 확산된다. 즉, 정신문명의 병행은 통합의 언어이자 동시에 분열의 잠재적 원인이 된다. 그럼에도 불구하고, 시진핑 시대의 물질과 정신문명의 병행 담론은 중국식 현대화의 정신적 핵심으로 남는다. 그것은 단순한 발전 전략이 아니라, 체제의 자기 이해 방식이며, 국가와 사회의 관계를 규정하는 새로운 문명 서사다. 물질문명은 발전의 동력이고, 정신문명은 그 발전을 정당화하는 의미 체계다. 둘의 결합은 중국이 부유하지만 불안한 나라에서 풍요롭고 존엄한 문명국가로 전환하려는 욕망의 표현이다. 그러나 그 전환의 성공 여부는 경제적 성취가 아니라, 도덕적 언어가 얼마나 설득력을 얻을 수 있느냐에 달려 있다. 결국 물질과 정신의 병행은 시진핑식 통치의 도덕적 미학이다. 그것은 성장 이후의 불안을 윤리적 언어로 번역하는 정치이며, 통치의 효율성을 도덕적 정당성으로 보완하려는 실험이다. 동시에 그것은 국민의 감정을 규율하고 사회의 가치 방향을 설계하는 감정적 통치 기술이기도 하다. 중국식 현대화의 정신적 좌표는 바로 이 지점—물질적 성취와 정신적 통합의 긴장 속에서—에서 형성된다. 따라서 물질문명과 정신문명의 병행은 단순한 병렬이 아니라, 끊임없는 균형의 시도이자, 현대 중국의 가장 중요한 정치적 작동 원리라 할 수 있다.

5. 전통문화의 현대적 재해석
―디지털 문화산업의 세계화

시진핑 시대의 중국은 근대 이후 가장 적극적으로 문화의 정치화와 정치의 문화화를 동시에 추진하는 국가로 변모하였다. 경제 성장의 시대가 남긴 불균형과 피로, 물질적 풍요 속의 가치적 공백을 메우기 위해, 당은 정신문명 건설의 중심에 문화자신감(文化自信)을 두었다. 이는 단순한 문화유산 보존이나 예술 진흥 정책을 넘어, 문화 그 자체를 체제 정당성과 국가 정체성의 핵심 자원으로 재구성하려는 전략이었다. 다시 말해, 중국식 현대화의 핵심에서 볼 때 물질·정신문명의 병행이 강조된다면, 그 정신적 토대는 곧 전통문화의 현대적 재해석과 문화의 세계적 확산을 중심으로 한 문화정치적 프로젝트 속에서 구체화된다. 전통의 복원은 과거로의 회귀가 아니라 미래를 정당화하는 수단이며, 문화의 세계화는 단순한 수출이 아니라 문명 서사의 경쟁이라는 의미를 가진다. 이러한 흐름의 배경에는 중국 근·현대가 경험한 문화적 불안과 서구 중심 근대성에 대한 구조적 반발이 자리한다. 아편전쟁 이후 굴욕의 세기(百年国耻)를 거치며, 중국은 군사·경제뿐 아니라 정신·문화 영역에서도 서구의 우월성을 인정해야 했다. 제도와 과학은 배웠으나 정신은 여전히 종속적이라는 자각은 20세기 내내 중국 지식인 담론을 규정한 문제였다. 신문화운동과 5·4운동은 전통의 폐기를 주장했고, 마오쩌둥 시대의 혁명은 낡은 문화를 파괴함으로써 새 세계를 건설하고자 했다. 그러나 개혁개방 이후 경제적 부상을 경험한 중국은 다시금 자신이 잃어버렸던 정신적 주체성을 회복하려 했다. 시진핑의 문화 자신감 담론은 이러한 역사적 결핍의 반동이자, 모방의 근대를 넘어 문명적 창조의 시대를 열겠다는 국가적 선언이었다.

시진핑은 여러 연설에서 "중화 우수전통문화는 존재의 뿌리를 잊지 않게 하는 근원적 힘"이라 규정하며, "문화적 자신감이야말로 가장 근본적이고, 가장 깊고, 가장 지속적인 힘"이라고 강조했다. 이는 전통문화의 정치적 재활성화이자, 체제의 도덕적 정당화를 위한 문화적 언어이다. 중국 정부는 고전 복원과 전통예술 부흥을 국가적 과업으로 격상시켰다. 공영방송은 논어·손자병법·시경·대학 등 고전을 현대적으로 해석한 프로그램을 편성하고, 초·중등 교육과정은 전통문화 교육을 필수 과목으로 포함시켰다. 주요 관영 매체들은 '이고감금(以古鑒今, 고대의 지혜로 현대를 비춘다)'라는 구호 아래 유교·도가·법가 사상을 국가 윤리의 원천으로 재해석했다. 이 과정에서 중국의 가치, 중국의 미학, 중국의 길이라는 표현이 반복되며, 전통은 현재의 통치 질서와 미래의 국가 발전 방향을 정당화하는 언어로 기능하기 시작했다. 그러나 시진핑 시대의 문화정책은 단순한 보수적 회귀가 아니다. 그것은 전통의 현대화라는 적극적 재해석의 과정이다. 전통문화는 디지털화·산업화·서사적 재구성을 거쳐 새로운 형태의 상징 자원으로 재탄생한다. 대표적 사례가 디지털 고궁(故宮) 프로젝트이다. 자금성 박물관은 방대한 유물을 3D 스캔하여 온라인 가상관람·메타버스형 전시를 구현했다. 고궁 IP는 젊은 세대가 소비하는 일종의 생활문화가 되었고, 전통문양을 적용한 굿즈, 게임 스킨, 디자인 상품이 SNS(소셜 네트워킹 서비스)에서 유행했다. 이러한 전통의 상품화는 전통의 상업적 변형이라는 비판도 있지만, 국가 입장에서는 전통을 일상 속으로 침투시켜 정체성을 대중적으로 내면화시키는 문화정치의 전략이기도 하다.

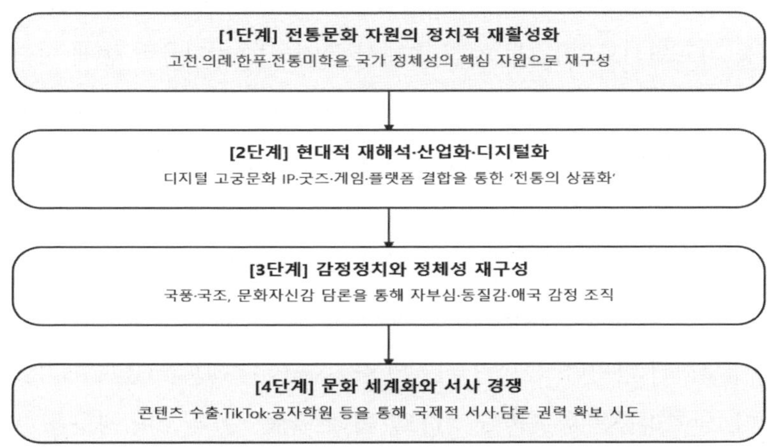

도표에서 보이듯, 시진핑 시대의 문화정책은 전통의 정치적 재활성화에서 시작해 디지털·산업화를 거쳐 감정의 동원과 세계화 전략으로 확장된다. 이러한 단계적 구조는 결국 문화가 정치적 감정의 조직화 장치로 기능하도록 만드는 과정을 보여준다. 이러한 문화정치의 핵심은 감정의 재구성이다. 전통은 과거의 지식체계가 아니라, 국민의 자부심을 형성하는 정서적 자원이 된다. 고전 문장, 전통음악, 예절, 제례문화 등은 중국인다움을 상징하며, 젊은 세대는 이를 통해 세계화 속에서도 자신만의 뿌리를 확인한다. SNS에서는 국풍(国风), 국조(国潮) 같은 태그가 유행하고, 전통문양은 의류·화장품·애니메이션 등 다양한 산업과 결합된다. 문화자신감은 교과서 문구가 아니라 감정적으로 체험되는 정체성의 언어로 정착되었다.

문화의 현대적 재해석은 '국가-시장-기술'의 삼중 결합 속에서 추진된다. 당은 문화산업의 전략산업화를 강조하며 영화·게임·문학·VR·메타버스 분야를 적극적으로 육성하고 있다. 그러나 동시에 콘텐츠 산업은 정신문명 건설의 도구로 규정되어, 적절한 가치를 전달하는 작품이 우대되고 저속한 오락물은 규제된다. 즉, 콘텐츠 산업이 시장 경쟁 논리를 따르면서도, 이념적 지침 속에서 운영되는 반자율적 통제 시스템이 형성된 것이다. 또한, 2021년 이후 시행된 연예계 정풍(整风) 규제, 2022년 인터넷정보판공실(CAC)의 알고리즘 추천 규제안 등은 디지털 생태계 전체가 국가 가치 기준에 맞게 작동하도록 하는 제도적 장치를 강화하였다. 특히 중요한 점은 디지털 기술이 전통문화·정신적 서사·국가 통제를 결합하는 매개가 되었다는 것이다. 디지털 문화강국은 단순한 정보화가 아니라, 문화와 기술의 융합을 통한 새로운 통치 패러다임이다. 알고리즘은 취향을 조정하고, 빅데이터는 문화 소비 경향을 예측하며, 인공지능은 국가 이념에 맞는 서사를 재생산한다. 이러한 기술 구조는 단순한 문화산업이 아니라 감정 인프라를 통치의 기반으로 전환하는 특징을 갖는다. SNS 플랫폼은 창작 패턴·감정 반응·유행 코드까지 분석하여 국가가 원하는 가치 정서를 보다 구조적으로 확산할 수 있는 환경을 제공한다.

한편, 이러한 문화정치의 외연은 문화의 세계화, 즉 중국식 소프트파워 확장으로 이어진다. 공자학원, 해외 문화센터, CCTV 국제채널, CGTN, TikTok(중국 내: 抖音 Douyin), 그리고 WeChat(위챗)의 해외 버전 등이 결합하여 중국의 이야기를 세계로 확산시키는 플랫폼 역할을 수행한다. 전통문화 기반 콘텐츠—예컨대 장안삼만리(长安三万里)는 2023년 흥행한 애니메이션 작품으로 당나라 시인 고선지·가도 중심의 역사서사를 재해석한 작품이며, 백사전기(白蛇传)·삼체(三体)—는 애니메이션·영화·게임의 형태로 세계 시장에 진출했다. 이는 단순한 콘텐츠 수출이 아니라, 글로벌 내러티브 경쟁 속에서 서사적 주도권을 확보하려는 전략이다. 또한, MCN(다중채널네트워크)·KOL(왕홍) 생태계 역시 국가 가치와 결합하여 해외 확산 전략의 일환으로 활용되고 있다. 그러나 중국식 문화세계화는 보편 가치보다는 문명다원주의를 강조한다. 서구가 보편주의 가치로 세계를 규범화했다면, 중국은 문명 간 평등과 조화의 미학을 내세우며 세계 문화질서의 다극화를 주장한다. 이는 곧 문화정책이 외교 전략과 결합됨을 의미하며, 중국 내부에서조차 문화전(文化战)이라는 표현이 등장하는 배경이기도 하다. 하지만 내부적으로는 긴장도 존재한다. 문화의 정치화가 심화될수록 창작의 자율성과 다양성은 위축된다. 예술은 도덕의 도구로, 콘텐츠는 이념의 수단으로 재정의되고, 좋은 예술은 올바른 가치를 전달하는 예술로 규정된다. 창작자는 국가의 이상을 반영하는 도덕적 주체로 요구받고, 예술적 실험이나 사회비판은 검열과 자기검열 속에서 제한되기 쉽다. 즉, 문화의 부흥은 동시에 표현의 위축을 수반한다. 특히 청년·엔터테인먼트 산업에 대한 고강도 규제는 창작 생태계 전반에 불확실성과 보수화를 초래했다.

그럼에도 전통문화의 현대적 재해석과 디지털 문화산업의 세계화는 시진핑 시대 중국식 현대화의 핵심 상징 중 하나로 남는다. 전통은 국가의 과거를 정당화하고, 문화산업은 그 정당성을 감정적으로 확산시키며, 디지털 기술은 감정의 흐름을 관리한다. 이 세 요소가 결합될 때 문화는 장식이 아니라 통치의 매개로 기능한다. 결국, 중국의 문화적 자신감은 정치적 감정의 구조화이다. 그것은 과거의 유산을 현재의 권력과 결합시켜, 국민의 감정·기억·소비·욕망을 하나의 정서적 질서로 조직하는 과정이다. 그러나 그 질서가 지속 가능하려면 문화가 선전 수단이 아니라 소통의 장이 되어야 하며, 정체성이 닫힌 문명이 아니라 열린 대화가 되어야 한다. 중국이 주장하는 문화강국의 진정한 실현은 전통문화의 현대적 활용뿐 아니라, 국제사회와의 상호 소통·비판적 수용·문화적 다양성 인정이 전제될 때 가능하다는 점이 점차 중국 내부 학계에서도 지적되고 있다. 중국이 진정한 의미의 문화강국이 될 수 있

을지는 전통을 어떻게 재해석하느냐보다 그 전통을 누구와 어떻게 공
유하느냐에 달려 있다.

6. 내부 결속과 대외 이미지

시진핑 시대의 중국식 현대화가 경제적 발전과 기술혁신의 궤도를
넘어 사회·문화적 차원에서 독자적 문명 정체성을 구축하려는 시도라
면, 그 핵심에는 내부 결속과 대외 이미지라는 이중 전략이 자리한다.
이 두 요소는 단순히 병렬적인 정책 과제가 아니라, 하나의 통치 논리
속에서 상호의존적으로 작동한다. 즉, 내부의 정체성과 자부심을 강화
하는 과정이 곧 외부 세계에 대한 문화적 메시지로 전환되고, 반대로
국제 무대에서의 인정과 긍정적 이미지가 다시 국내의 체제 신뢰를 보
강하는 구조를 형성한다. 국가 이미지는 외교의 수단이면서 동시에 통
치의 자원이며, 내부 결속은 정치적 안정의 장치이자 문화적 정당성의
토대이다. 중국식 현대화의 담론이 서구 근대성에 대한 대항이라는 이
념적 긴장을 내포하고 있는 만큼, 시진핑 정부는 내부적으로 단결된 중
국의 이미지를, 외부적으로는 책임 있는 대국의 이미지를 동시에 구축
하려는 복합적 프로젝트를 수행해 왔다. 앞에서 언급한 중국몽(中国
梦)·굴욕의 세기·문화적 자신감 담론은 모두 이 이중 전략 가운데 내부
결속 축을 뒷받침하는 감정 구조를 설명한 것이며, 여기서는 그 감정
구조가 대외 이미지 관리 및 외교 전략과 어떻게 맞물려 순환하는지를
한 단계 더 입체적으로 분석한다. 이 전략의 출발점은 무엇보다 정체성
의 통합에 있다. 개혁개방 이후 급속한 사회변동은 경제적 성장과 함께
가치의 다원화, 지역 간 불균형, 세대 간 인식의 격차를 심화시켰다. 시
진핑 정부는 이러한 다원성과 불균형을 안정의 위협이자 통합의 과제

로 규정했다. 이는 시진핑이 직접 "가장 큰 위험은 내부의 불안정에 있다"는 취지의 발언을 반복해 온 흐름과 맞닿아 있으나, 해당 문장 자체는 직접 인용이 아니라 정책 기조를 요약한 표현이라는 점을 명확히 할 필요가 있다. 중국의 가장 큰 위험은 내부의 분열이라는 인식 아래, 문화·교육·정치·미디어 전반에 걸쳐 중화민족 공동체 의식을 강화하는 작업이 전개되었다. 학교 교육에서는 중화민족의 이야기와 국가 부흥의 역사가 강조되고, TV 드라마와 영화에서는 다양한 소수민족과 지역이 하나의 대가족으로 묘사된다. 이러한 서사는 단순한 선전이 아니라, 감정적 동원의 장치로 기능한다. 각 개인이 자신을 거대한 공동체의 일부로 체험하게 만드는 감정적 동일화의 구조가 바로 내부 결속의 문화적 메커니즘이다. 특히 역사서사의 재편은 이러한 내부 결속의 핵심 도구다. 시진핑은 "역사로부터 배우고, 역사로 미래를 설계하라(以史为鉴, 可以知兴替)"는 구절을 반복적으로 인용하며, 국가의 미래비전과 과거의 서사를 결합시켰다. 굴욕의 세기는 여전히 기억의 중심에 위치하지만, 그 해석은 피해의 서사에서 극복과 부흥의 서사로 전환되었다. 항일전쟁, 개혁개방, 빈곤퇴치, 우주굴기, 기술 자립 등의 서사가 모두 민족의 재기라는 하나의 줄기로 엮이면서, 중국인은 과거의 상처와 현재의 성취를 하나의 감정적 연속선상에서 경험하게 된다. 이러한 역사적 감정의 재구성은 국민 개개인의 삶을 국가 서사의 일부로 포섭하며, 정치적 충성심을 감정적 자부심으로 대체하는 효과를 낳는다.

이와 동시에, 내부 결속의 감정정치는 공유된 위험 인식을 통해 강화된다. 시진핑 정부는 "위대한 부흥의 길에는 도전이 있다"는 메시지를 반복하면서, 외부 압력을 집단적 결속의 촉매로 전환했다. 미국과의 전략 경쟁, 서구의 제재, 기술 봉쇄, 이념 공격은 모두 민족의 의지를 시험하는 시련으로 서사화된다. 관영매체는 중국을 억압하려는 외부 세력과 자주적 발전을 추구하는 중국 인민의 대비 구도를 강조하며, 국가의 대응을 도덕적 투쟁의 차원으로 격상시킨다. 여기서 주목해야 할 점은, '외부 압력 → 내부 결속 강화'라는 구조가 단순한 정치적 활용을 의미하는 것이 아니라, 중국식 현대화 담론이 외부 환경을 감정적 서사 속에 재편입하는 방식이라는 점이다. 이러한 방식은 불안한 국제환경을 내부 통합의 자원으로 활용하는 정치적 심리전(心理战)이다. "서구가 우리를 인정하지 않아도 우리는 스스로를 존중해야 한다"는 담론은 자존과 결속을 동시에 자극하며, 국민의 불만을 체제 외부로 분산시킨다. 내부 결속의 또 다른 축은 감정의 규율화이다. 정치적 단결이 단순한 이념의 공유가 아니라 감정의 일치로 실현될 때, 통치는 일상 속으로 침투한다. 공공 공간의 디자인, 학교의 애국교육, 기업의 윤리교육, SNS 캠페인, 문화행사 등은 모두 긍정적 감정의 흐름을 강화하기 위한 도구로 활용된다. 예를 들어, 국경절이나 건국기념일에는 국기 게양식, 국가 합창, 애국가 챌린지가 온라인을 통해 대중운동처럼 확산되며, 이는 단순한 축제가 아니라 감정의 집단적 조정이다. 공유된 감정의 경험을 통해 국가와 국민은 서로를 확인하고, 개인의 정체성은 집단의 감정 속에서 해석된다. 이러한 감정의 일체화는 일종의 감정적 통치라 할 수 있으며, 이는 시진핑 시대의 정치문화가 지닌 중요한 특징 중 하나다. 특히 2021년 이후 교육부·민족사무위원회·선전부가 공동으로 추진한 '중화민족 공동체 의식 교육 지침' 등은 이러한 감정 규율화의 제도적 기반을 형성했다는 점에서 의미가 있다. 한편, 내부 결속의 강화와 병행하여 중국은 대외 이미지의 구축, 즉 국가 브랜드의 재디자인을 국가적 과제로 추진했다. 중국이 세계의 중심으로 복귀한다는 서사는 외부 세계의 인식 속에서도 부흥으로 해석되어야 한다는 판단에서 출발했다. 따라서 대외 이미지 전략은 단순히 선전의 문제가 아니라, 국가의 서사적 주도권을 확보하는 문제로 간주되었다. 2013년 이후 중국은 대외 담론체계(外宣体系)의 현대화를 추진하며, '중국의 이야기를 잘하라(讲好中国故事)'는 지침을 내세웠다. 이는 서구 언론의 프레임 속에서 전제적 체제나 폐쇄적 국가로 묘사되는 중국의 이미지를 스스로 교정하겠다는 의지의 표현이었다. 특히 2021년 발표된 '국제전파능력 건설 강화 의견'은 국가 차원의 대외 이미지 전략을 제도적 차원에서 정비한 대표적 문서이다.

이러한 대외 이미지 전략은 다층적으로 전개되었다. 첫째, 공식 외교 커뮤니케이션의 현대화이다. 외교부 대변인 브리핑은 이제 단순한 정보 전달이 아니라, 국가의 태도와 감정을 표현하는 무대로 변했다. 외교부의 전랑외교(战狼外交)는 그 대표적 사례다. 강경하고 감정적인 발언은 서구의 비판을 받기도 했지만, 국내에서는 국가의 존엄을 지키는 당당한 외교로 호평을 받았다. 다만 전랑외교(战狼外交)는 중국 정부가 스스로 사용하는 공식 용어가 아니라, 서구 언론과 국제 담론이 붙인 프레임이라는 점을 명확히 해야 한다. 즉, 대외 이미지 전략은 동시에 내부 결속의 연장선으로 작동했다. 외교적 언어는 국제 여론을 설득하기보다 국내 여론을 고양하는 기능을 수행하며, 국가의 강경함이 곧 민족의 자부심으로 전환된다. 둘째, 문화외교와 공공외교의 결합이다. 공자학원, 해외문화센터, 중국국제문화교류협회, CGTN(중국국제텔레비전네트워크), 신화통신 글로벌 네트워크, 틱톡 인터내셔널(TikTok International) 등은 모두 문화적 중국의 이미지를 확산시키기 위한 도구로 활용된다. 영화·음악·게임·패션·요리·무예 등 다양한 콘텐츠는 다양성을 존중하는 문명대국의 이미지를 강화하며, 서구 중심의 보편주의 담론에 대한 대안적 모델로 제시된다. 특히, 2020년대 들어 중국은 디지털 문화외교를 적극적으로 추진하며, 단순한 정보전달이 아닌 감정적 설득의 기술에 주목했다. 짧은 영상, 드라마틱한 서사, 전통문화의 시각적 재현 등은 공감을 매개로 한 외교수단으로 기능한다. 셋째, 글로벌 거버넌스 담론 속의 이미지 경쟁이다. 시진핑은 유엔,

APEC(아시아태평양경제협력체), BRICS(브릭스 협의체), G20 등의 국제무대에서 "중국은 평화적 발전을 추구하며, 세계의 공동 번영을 돕는 책임 있는 대국"이라는 메시지를 반복했다. 일대일로(一帶一路)는 단순한 경제협력 프로젝트가 아니라, 중국의 이미지를 협력적 리더로 포장하는 서사 장치다. "서로 다른 문명은 대립이 아니라 공존의 관계에 있다"는 문명다원주의 담론은 이러한 이미지 전략의 철학적 토대다. 중국은 이를 통해 패권이 아닌 조화의 문명, 강압이 아닌 상생의 리더십을 강조하며, 서구 중심 질서의 도덕적 대항점을 형성하려 한다. 그러나 이러한 대외 이미지 전략은 복합적인 한계를 내포한다. 외부 세계는 여전히 중국의 권위주의적 정치체제, 인권 문제, 표현의 자유 제한 등을 비판하며, 중국이 제시하는 대안적 문명 서사를 의심의 눈으로 본다. 동시에, 내부적으로는 외부의 비판을 내부 결속의 자원으로 활용하는 역설이 지속된다. 즉, 국제사회와의 인식 간극이 클수록, 국내에서는 오히려 우리만의 길을 지켜야 한다는 담론이 강화된다. 이러한 현상은 대외 이미지 관리가 외부 설득만이 아니라 내부 동원과 정당화에 이중적으로 기여하는 구조임을 보여준다. 이로써 외부를 대립적 존재로 설정하는 과정은 내부의 결집 동력으로 전환되고, 국제적 이미지의 균열은 오히려 국내에서 체제 정당성을 강화하는 근거로 작용한다. 중국식 현대화는 이렇게 외부의 인정보다 내부의 단결을 우선시하는 구조 속에서 유지된다.

결국, 내부 결속과 대외 이미지는 하나의 거대한 감정적 순환체계로 얽혀 있다. 내부적으로는 자부심이, 외부적으로는 존중이 목표이지만, 두 감정은 동일한 논리 즉, 중국의 부흥은 불가역적이다로 연결된다. 이러한 서사 구조 속에서 중국은 자신을 피해자의 역사에서 벗어나 문명적 주체이자 도덕적 리더로 재정의한다. 그러나 이 과정에서 나타나는 긴장은 여전히 뚜렷하다. 내부의 결속은 때로 다양성의 억압으로,

외부의 이미지 관리 노력은 때로 폐쇄적 방어로 귀결되기도 한다. 아래 도표는 중국식 현대화의 감정정치 구조가 내부 결속과 대외 이미지 관리의 상호작용 속에서 어떻게 순환적으로 작동하는지를 단계별로 정리한 것이다. 내부 정당성의 강화와 외부 인식의 관리가 동일한 감정 서사와 정치 언어로 연결되어 있다는 점에서, 중국의 감정 통치는 국가 내외를 동시에 포괄하는 메커니즘임을 보여준다. 도표의 ① 정치서사 재편 → ② 감정 조율 → ③ 플랫폼 확장 → ④ 제도화 → ⑤ 피드백 구조는 내부 비전·대외 메시지가 상호 증폭되는 순환 구조를 시각적으로 보여준다.

[내부 결속-대외 이미지 상호작용 구조도]

	단계	내부 결속 메커니즘	대외 이미지 메커니즘	연결 고리(전이 경로)	기대 효과	구조적 위험
0	정체성 재편	'공동체 의식'·역사서사 재구성	'문명국가' 프레임 확립	동일 서사를 내외로 동시 투사	서사 일관성·동원력	내·외부 인식 괴리 고착
1	감정 조율	자부심·위기감의 동시 운용	'책임 있는 대국' 표상	위기 담론→대외 책임 서사	결속·정당성 강화	위기 상시화로 피로 누적
2	플랫폼 확장	교육·문화·SNS 동학	외선(外宣)·공공외교·플랫폼	디지털 감정 확산·회로	저비용 확산·속도	검열 이미지/신뢰 손상
3	제도화	핵심가치·정신문명 제도화	규범·담론 경쟁(다극화)	정책·이미지 동시 설계	예측가능성·브랜드화	창의성 저하·국제 반발
4	피드백	국내 여론→외교 정당화	외부 평가→내부 보강	상호 강화의 순환	체제 신뢰 유지	상호 불신의 악순환 가능

그럼에도 불구하고, 시진핑 시대의 중국은 감정의 정치학을 통해 국가정체성을 재편하고, 국제무대에서의 존재방식을 새롭게 설계하고 있다. 국가의 감정을 통치의 언어로, 이미지의 설계를 외교의 기술로 사용하는 체제, 이것이 바로 현대 중국의 새로운 통치 양식이다. 내부 결속은 권력의 안정만이 아니라 감정의 일치로 유지되며, 대외 이미지는 외교의 성과뿐 아니라 국민의 자부심을 반영한다. 이러한 구조 속에서

중국식 현대화는 단순한 발전 모델이 아니라, 감정과 권력, 이미지와 정체성의 총체적 실험으로 자리 잡는다.

7. 소프트파워, 공자학원·문화외교, 내러티브 경쟁

21세기의 국제 경쟁은 더 이상 단순한 물질적 힘이나 군사적 억제력의 비교로 환원되지 않는다. 경제와 기술의 우위를 점한 국가가 반드시 문화적 영향력까지 장악하는 것은 아니며, 세계를 설득하는 능력, 다시 말해 이야기의 힘이 새로운 권력의 형태로 부상하고 있다. 시진핑 시대의 중국은 이 점을 일찍이 인식하고, 하드파워 중심의 발전을 넘어 소프트파워의 체계화를 국가전략의 한 축으로 격상시켰다. 이는 단순한 이미지 관리나 문화진흥이 아니라, 중국식 현대화가 세계사적 담론 속에서 독자적 정당성을 확보하기 위한 서사전쟁의 일환이었다. 중국은 더 이상 서구가 만든 근대화의 언어에 자신을 맞추지 않고, 스스로의 언어로 근대성과 발전, 문명과 정체성을 다시 정의하려는 문명적 실험에 착수한 것이다.

이 전략의 중심에는 문화외교의 제도화가 있다. 2000년대 이후 급속히 확산된 공자학원은 그 대표적 상징이다. 공자학원은 표면적으로는 언어교육기관이자 문화교류의 창구이지만, 실제로는 중국의 가치와 발전모델을 세계에 우호적으로 전파하는 문화정치의 전진기지로 기능했다. 중국 정부는 이를 문화의 실크로드로 묘사하며, 각국 대학과 지방정부, 문화기관과 협력해 160여 개국 이상에 네트워크를 구축했다. 언어교육과 함께 전통예술, 서예, 요리, 무술, 의학, 철학 등을 다루며 중국의 부드러운 힘을 일상적 경험으로 스며들게 하는 전략이었다. 그러나 이 시스템은 서구에서 정치적 논란을 불러왔다. 미국·호주·유럽 일부 국가에서는 공자학원을 중국 정부의 영향력 확산 도구로 간주하며, 학문적 자유와 언론의 독립성을 침해한다는 비판이 제기되었다. 이에 중국은 공자학원 본부인 한반(漢辦)을 해체하고, 2020년 교육부 직속의 중외언어교류협력센터(中外语言交流合作中心)로 조직을 재편하였으며, 명칭 다양화·운영 구조 조정 등을 통해 국제적 비판을 완화하려는 방향으로 조정하였다. 동시에 여러 서구 국가에서 공자학원 폐쇄와 이미지 재정비가 진행되면서, 공자학원의 총수는 최근 들어 정체·축소 국면에 접어들었다는 평가도 병존한다. 공자학원 이외에도, 중국은 CGTN(중국국제텔레비전네트워크), 차이나 데일리(China Daily), 신화통신 해외판, 인민일보 영어·프랑스어·아랍어 판, 글로벌 타임스(Global Times)과 같은 글로벌 미디어 네트워크를 통해 중국의 언어로 세계를 말하는 체계를 확장했다. 시진핑 정부가 제시한 대외 담론체계의 현대화(外宣体系现代化)는 바로 이러한 시도를 제도화한 구호다. 핵심은 서구의 프레임을 깨고, 세계의 언어 속에 중국의 시각을 삽입하는 것이다. 이를 위해 정부는 국제 저널리즘 교육, 미디어 전문가 양성, 다국어 뉴미디어 플랫폼 개발에 막대한 투자를 진행했고, SNS 시대에 맞춰 감정의 알고리즘을 활용한 콘텐츠 전략도 병행했다. 짧은 영상, 감성적 스토리텔링, 가족·공동체·도덕의 서사는 서구의 개인주의적 감성과 대비되는 공감형 중국서사를 생산한다. 중국은 더 이상 자신을 단순히 선전의 주체로 두지 않고, 세계인의 일상적 감정 구조 속으로 정서적 설득을 침투시키는 방식으로 소프트파워를 재구성했다. 다만 이러한 매체들이 당·국가 체계에 직접 종속된 국영 언론이라는 점에서, 서구에서는 독립 언론이 아닌 국가 선전매체로 분류되는 경우가 많다는 비판도 함께 제기된다.

이러한 흐름은 문명국가 서사의 부상과도 긴밀하게 맞닿아 있다. 중국은 스스로를 단순한 근대국가가 아닌, 5천 년의 역사적 연속성과 문화적 축적을 가진 문명국가로 규정한다. 따라서 중국의 부흥은 서구 근대 질서로의 편입이 아니라, 세계문명사 속에서의 재중심화로 이해된다. 시진핑은 "문명 간의 차이는 우열이 아니라 다양성의 표현이며, 인류는 문명의 조화 속에서 함께 번영할 수 있다"고 강조한다. 이 담론은 인권·민주주의·자유 등 서구의 보편주의 가치에 대한 상대주의적 대항 담론으로 작용하며, 중국식 가치인 조화(和), 질서(秩序), 안정(穩定), 상생(共贏)을 세계적 규범의 대안으로 제시한다. GDI(글로벌 발전 구상, 2021), GCI(글로벌 문명 이니셔티브), 일대일로(一帶一路) 등이 모두 이러한 문명국가·다원주의 서사를 공식 외교 담론으로 확장한 사례다. 중국의 길과 중국의 체제는 이렇게 문화적 자의식과 문명적 자부심 위에서 국제정치적 서사로 확장된다.

이 서사 경쟁은 문화산업 전반으로 확산되고 있다. 중국은 전통의 현대화와 디지털 문화강국을 결합한 형태로 콘텐츠 전략을 추진한다. 영화 <장진호(長津湖)>와 같은 항미원조 서사는 애국주의의 감정을 시각적으로 재현하며, 드라마 <인민의 이름으로>, <청춘의 빛(青春之光)>과 같은 청년 정치서사 작품은 부패척결·공동체의 정의를 강조하며 국가적 윤리의 정당성을 드라마화한다. 온라인 게임·애니메이션·웹소설에서는 유교적 도덕, 집단적 가치, 국가적 목표의 감정 구조가 자연스럽게 내재화된다. 이런 감정의 정치경제학은 시장을 매개로 하면서도 정치적 기능을 수행한다. 시장의 논리가 아닌, 체제의 가치가 산업의 창의성 속에 스며드는 구조가 바로 시진핑 시대의 문화산업 모델이다. 실제 작품의 제목과 내용은 시기마다 달라지지만, 부패와 불평등을 해결하는 강력한 국가, 집단을 위해 헌신하는 청년과 공직자의 모습을 강조하는 서사가 반복적으로 생산된다는 점에서 이 흐름의 방향성은 비교적 분명하다. 그러나 소프트파워의 논리는 단순히 전파가 아니라 해석의 경쟁이다. 세계가 중국을 바라보는 언어는 여전히 서구적 가치와 인식 틀에 의해 지배되고 있다. 중국은 이를 뒤집기 위해, 국제 학술·언론·정책 네트워크 속에 자국의 담론을 심으려는 장기적 전략을 구사한다. 예를 들어, 일대일로(一帶一路)는 단순한 경제협력 구상이 아니라, 공동발전이라는 윤리적 서사를 통해 중국의 글로벌 리더십을 도덕적으로 정당화하는 장치다. GCI(글로벌 문명 이니셔티브)나 GDI(글로벌 발전 구상) 등도 마찬가지다. 이는 서구의 보편주의 국제질서에 대한 중국의 다원주의적 대응이며, 나아가 국제 규범의 생산 주체로서 중국 자신을 위치시키려는 시도다. 문화외교와 외교문화가 교차하는 이 지점에서, 중국은 경제적 의존 관계를 감정적 호감과 도덕적 정당성으로 보완하려 한다. 다만 일대일로와 각종 글로벌 이니셔티브에 대해서는 부채 의존, 환경 파괴, 투명성 부족에 대한 비판도 병존하며, 개도국과 선진국 사이에서 정책 평가가 크게 갈린다는 점 역시 중국 소프트파워의 한계 요인으로 작동한다.하지만 이러한 소프트파워 전략은 근본적 모순을 안고 있다. 문화의 매력은 자발성과 개방성에서 나오지만, 중국의 문화정책은 여전히 국가 주도의 계획경제적 성격을 벗어나지 못한다. 정치가 문화를 통치의 도구로 규정하는 한, 문화의 힘은 자율적 매력이 아닌 관리된 감정으로 제한된다. 공자학원의 정치적 논란, 서구 언론의 검열 비판, 신장·홍콩 문제에 대한 국제적 여론은 중국의 소프트파워를 약화시키는 요인으로 작용한다. 또한, 국내의 표현 규제와 콘텐츠 검열은 장기적으로 문화산업의 다양성과 창의성을 제약하며, 국가 이미지의 진정성을 손상시킨다. 즉, 문화적 자신감이 체제의 자기확신으로 과잉 변질될 경우, 외부의 공감대 형성은 오히려 어려워진다. 더불어 틱톡(TikTok)과 같은 플랫폼을 둘러싼 미국·EU의 데이터 안보 규제 논쟁은 중국산 디지털 문화상품이 동시에 매력의 원천이자 의심의 대상이 되는 구조적 이중성을 드러내는 대표 사례다. 그럼에도 중국은 포기하지 않는다. 시진핑 정부는 국가 주도의 문화정책에서 점차 사회적 확산형 소프트파워로 전략을 다변화하고 있다. 국가가 직접 선전을 수행하기보다, 민간기업·유학생·해외 화교·디지털 인플루언서가 참여하는 자발적 네트워크를 통해 일상 속 공감을 조성하는 방향이다. 틱톡(TikTok), Bilibili(빌리빌리), WeChat International(위챗 인터내셔널) 등은 중국의 새로운 세대가 세계와 소통하는 디지털 무대로 자리 잡았다. 그들은 전통문화와 현대 디자인, 기술과 감정, 지역성과 세계성을 결합한 자연스러운 중국성을 구현하며, 정치적 메시지 대신 정서적 호감으로 중국의 이미지를 재구성한다. 이렇게 국가의 외교가 감정의 설계였다면, 이제는 시장과 개인이 감정의 확산을 주도하는 시대가 도래한 것이다.

결국, 시진핑 시대의 소프트파워 전략은 단순한 문화정책이나 홍보 전략이 아니라, 조지프 나이(Joseph Nye)의 소프트파워 이론과 대비되는 국가 주도형 감정·이미지 관리 모델을 구축하려는 국가적 프로젝트다. 하드파워가 영토와 자원을 확보하는 물리적 힘이라면, 소프트파워는 인식과 감정을 통제하는 상징적 힘이다. 중국은 경제적 부흥 뒤에 문화적 부흥을 병행함으로써, 세계 질서 속에서 자신이 단순한 경제 대국이 아니라 문명적 주체로 자리 잡기를 원한다. 그러나 이 과정은 여전히 미완성의 실험이다. 내부의 문화정치와 외부의 감정외교가 교차하는 경계에서, 중국은 여전히 자기서사의 설득력을 시험받고 있다. 특히 감정정치 구조가 문화외교·정체성 경쟁으로 확장되며, 내부 결속과 외부 이미지가 동일한 정서적 메커니즘에 의해 연결되는 양상을 더욱 선명하게 보여준다. 그럼에도 하나의 사실만은 분명하다. 중국식 현대화의 완성은 단지 국내총생산(GDP) 성장률이나 기술 자립의 지표로 측정되지 않는다. 그것은 세계가 중국을 어떻게 이해하느냐, 그리고 중국이 세계를 어떤 언어로 설명하느냐의 문제이다. 시진핑이 말한 "중국의 이야기를 잘하라(讲好中国故事)"는 단순한 선전 구호가 아니라, 중국식 근대화의 궁극적 과제이자 문명적 야심의 표현이다. 이 서사는 이제 국제질서의 언어 속에서, 감정·정체성·이미지의 전장으로 확장되고 있다. 그리고 바로 이 지점에서, 문화적 자신감은 하나의 정신적 힘을 넘어, 세계와 맞서는 21세기형 권력의 형식으로 변모하고 있다.

8. 맺음말
─문화적 자신감과 중국몽(中国梦)의 정치적 의미

시진핑 시대의 중국식 현대화가 단순한 경제 발전이나 제도적 안정의 문제가 아니라, 정신적 재구성의 과정으로 규정될 수 있는 이유는 문화적 자신감의 부활에 있다. 중국은 근대 이후 오랜 기간 서구 근대성의 압도적 기준 속에서 자신을 해명해야 했지만, 이제는 따라잡기의 서사를 넘어 대안적 문명 모델의 언어로 스스로를 다시 서사화하고 있다. 이러한 변환의 핵심은 중국몽(中国梦)이라는 정치적 상징을 통해, 국가의 비전과 개인의 욕망, 과거의 기억과 미래의 이상, 물질적 발전과 정신적 규율을 하나의 통합적 서사로 엮어내는 데 있다. 다시 말해, 중국식 현대화의 심층 구조는 경제의 논리가 아니라 감정과 서사의 논리 위에서 작동한다.

중국몽(中国梦)은 이념이자 감정의 체계이다. 그것은 정치적 동원을 감정의 언어로 번역함으로써, 국가와 개인의 경계를 흐리고 국가의 꿈은 곧 나의 꿈이라는 내면적 동일화를 생산한다. 이 동일화의 구조는 한편으로는 체제의 정당성을 안정시키는 효과를 가지지만, 다른 한편으로는 사유의 자율성과 사회적 다양성을 감정적 통합의 논리로 흡수하는 위험을 내포한다. 감정적 참여가 제도적 비판을 대체할 때, 공공의 공간은 활성화되지만 논쟁의 여지는 좁아진다. 따라서 중국몽(中国梦)의 정치적 의미는 통합의 언어인 동시에 규율의 언어이기도 하다. 국가가 제시하는 공동의 꿈은 시민을 결집시키는 상징으로 작동하지만, 동시에 감정의 경계를 국가가 설계하는 구조를 통해 이상적 시민성을 형성한다. 문화적 자신감은 이러한 구조의 이념적 정당화이자 미학적 포장이다. 시진핑이 강조한 "문화의 자각 없이는 국가의 부흥도 없다"는 명제는, 경제적 성취가 체제의 안정으로 직결되지 않는 시대에 등장한 새로운 통치 논리였다. 전통문화의 부흥, 도덕적 가치의 재정립, 유교적 조화와 집단적 윤리의 강조는 단순한 복고가 아니라, 근대화의 속도 속에서 발생한 가치의 공백을 메우려는 국가적 시도였다. 하지만 그 자신감은 자발적 문화의 표현이라기보다, 국가가 설계한 정체성의 프로젝트라는 점에서 여전히 긴장을 안고 있다. 문화는 생명력이 있지만, 권력이 그 생명력을 완전히 관리할 수는 없다. 자신감이라는 말이 오히려 불안의 징후처럼 들리는 이유가 여기에 있다.

시진핑 정부는 문화적 자신감을 단지 내부 정체성의 강화에 머물지 않고, 대외 이미지와 국제 서사 경쟁의 중심축으로 확장시켰다. 공자학원과 CGTN(중국국제텔레비전네트워크), 글로벌 미디어, 문화산업, 디지털 콘텐츠는 모두 하나의 거대한 서사 시스템 속에서 중국의 이야기를 세계에 전하는 장치로 작동한다. 중국의 소프트파워는 경제력의 연장선상에 있지 않다. 그것은 세계가 중국을 어떻게 이해하느냐, 그리고 중국이 스스로를 어떤 언어로 해석하느냐의 문제이다. 중국은 자신을 단순한 경제대국이 아니라 문명국가로 정의하며, 인류 보편 가치에 대한 동양적 대안을 제시하려 한다. 그러나 바로 그 지점에서 서구 중심의 근대성에 대한 대항이 새로운 보편성의 경쟁으로 전환되고, 중국식 근대화는 더 이상 국내정치의 문제가 아니라 국제질서의 서사적 문제로 비화한다. 여기에서 한 가지가 더 분명해진다. 공자학원에 대한 국제적 비판과 폐쇄 조치, 디지털 플랫폼에 대한 안보 우려 등은 중국의 문화외교가 마주한 현실적 제약이며, 이는 중국이 주장하는 문화적 자신감이 외부 세계에서는 다르게 해석될 수 있음을 보여준다. 실제로 일부 국가에서는 공자학원을 폐쇄하거나 이미지 재정비를 했지만, 다른 지역에서는 명칭·운영구조를 조정한 형태로 활동이 지속되는 등, 중국의 문화외교에 대한 국제사회의 반응은 일률적인 거부가 아니라 지역·정치 상황에 따라 크게 갈리는 양상을 보이고 있다. 즉, 내부의 자신감이 외부의 신뢰로 자동 전환되는 것은 아니며, 이 간극을 메우는 것이 중국식 현대화의 지속가능성을 좌우하는 핵심 과제가 된다.

또한, 최근 재편된 공자학원 체제가 중외언어교류협력센터 아래 다양한 지역 맞춤형 브랜드로 분화되면서, 중국의 문화외교 전략이 단일 모델에서 다층적·분산형 모델로 변화하고 있다는 점도 보완적으로 고려할 필요가 있다. 이는 중국의 소프트파워 전략이 국제적 비판을 흡수하면서도 영향력의 지속을 모색하는 조정 과정을 보여준다. 따라서 중국몽(中国梦)의 진정한 의미는 민족적 자부심이나 문화적 자신감의 표면을 넘어, 국가와 개인, 감정과 권력, 전통과 현대가 어떻게 결합되는지를 보여주는 정치적 실험에 있다. 그것은 통치의 심리학과 정치의 미학을 결합한 통합적 프로젝트이며, 경제적 근대화가 감정적 근대화로 확장되는 시진핑 시대의 가장 독특한 특징이다. 동시에 그 실험은 미완의 과정이다. 중국 내부 학계에서도 정서 거버넌스(情绪治理)·감정정치(情感政治)라는 개념을 통해 국가-사회 관계의 감정적 구조를 분석하는 연구가 확장되고 있으며, 이는 중국몽(中国梦) 담론이 단순한 정치 구호가 아닌 체계적 통치 기술로 기능하고 있음을 뒷받침한다.

해외 연구에서도 William Callahan, Peter Gries 등의 학자들이 중국몽(中国梦)을 정체성 정치와 감정의 외교라는 틀에서 분석하고 있으며, 이러한 시각은 중국몽(中国梦)이 국내·국제적 차원을 동시에 갖는 서사임을 확인해 준다. 문화적 자신감이 진정한 자신감이 되기 위해서는 다양성과 비판을 수용하는 개방적 문화생태가 필요하며, 중국몽(中国梦)이 진정한 국민의 꿈으로 작동하기 위해서는 감정적 동조를 넘어 제도적 참여의 공간이 보장되어야 한다. 이는 '감정정치−이미지정치'의 구조가 제도적 기반과 결합될 때에만 지속성을 갖는다는 점과도 직접 연결된다. 결국, 중국식 현대화의 문화적 전환은 자신감이라는 언어로 요약되나, 그 내면에는 불안과 모색, 통합과 균열, 자율과 통제의 긴장이 공존한다. 중국몽(中国梦)은 성공의 표상인 동시에, 끊임없이 협상되는 정체성의 서사이며, 그것이 바로 중국식 현대화의 정신적 원형이다. 궁극적으로 중국식 현대화의 지속 가능성은 문화적 자신감이 내부 동원의 언어에 머무르지 않고, 국제사회와의 상호이해와 상호비판을 가능하게 하는 개방적 담론으로 발전할 수 있느냐에 의해 시험받게 된다.

제2부

중국식 현대화가 국제질서에 미치는 영향

제4장

경제적 영향
―일대일로(一帶一路)와 글로벌 공급망 재편

1. 들어가는 이야기
―세계화의 분절과 중국식 경제질서의 부상

중국식 현대화가 내부적으로는 고품질 발전과 사회적 안정을 양축으로 삼아 체제의 내구성과 정당성을 공고히 해왔다면, 외부적으로는 세계경제의 구조적 전환 속에서 자국 중심의 경제 질서를 구축하려는 시도로 확장되어 왔다. 개혁개방 이후 중국은 세계화의 가장 큰 수혜자이자 가장 역동적인 참여자였다. 그러나 21세기 들어 그 질서는 균열의 조짐을 드러냈다. 2008년 금융위기, 2016년 브렉시트, 2018년 미·중 무역전쟁과 2020년 팬데믹은 세계화라는 단일한 서사가 지닌 균열을 드러냈다. 자본의 자유로운 이동은 국가 간 불평등을 심화시켰고, 글로벌 가치사슬은 정치적 고려가 앞서는 영역으로 후퇴했다. 자유무역을 정당화했던 시장 중심의 세계화는 더 이상 중립적인 질서가 아니었으며, 각국은 국가의 생존이라는 이름으로 경제를 다시 정치의 영역으로 끌어들였다. 최근 10여 년 동안 세계 교역 증가율과 글로벌 가치사슬 참여도가 둔화된 흐름은 이러한 변화가 구조적임을 보여준다. 이러한 세계화의 분절은 단순히 경제 체제의 위기가 아니라, 서구 근대가 제시해온 근대화의 보편적 규범 자체가 흔들리고 있음을 의미했다. 그동안 세계화는 서구의 제도, 가치, 경제 시스템을 인류 발전의 표준으로 전제해왔다. 하지만 21세기 들어 이 표준은 전 세계적 불평등과 지역적 불균형을 심화시켰다는 비판에 직면했다. 서구식 근대화가 생산한 풍요는 일부 지역의 번영을 낳았지만, 다른 지역에서는 종속과 취약성을 심화시켰다. 이러한 비대칭적 발전은 결국 세계화의 내적 모순을 드러냈고, 중국은 그 균열 속에서 대안적 질서를 설계하는 주체로 부상했다.

중국의 전략적 사고는 2010년대를 기점으로 근본적 전환을 맞이했다. 세계의 공장으로서의 중국은 더 이상 자족적 모델이 아니었다. 저임금·대규모 생산·수출 중심의 구조는 기술과 자본의 고도화가 진행되면서 구조적 한계에 부딪혔고, 글로벌 금융체계의 중심에 자리한 달러의 권력은 중국의 금융·통화 주권에 지속적인 제약으로 작용했다. 이런 맥락에서 "규칙을 따르는 자에서 규칙을 만드는 자로의 전환"이라는 명제는 단순한 정책적 지향이 아니라, 경제 주권의 회복과 문명적 자율성의 선언이었다. 이는 2010년대 중반 이후 중앙경제공작회의와 당대회 보고에서 반복적으로 제시된 방향성과도 일치한다. 2013년 시진핑이 카자흐스탄에서 실크로드 경제벨트를, 인도네시아에서 21세기 해상 실크로드를 제안하며 출범한 일대일로(一帶一路)는 바로 그 선언의 제도적 형식이었다. 이 프로젝트는 처음부터 경제협력의 범위를 넘어섰다. 그것은 중국이 세계와의 관계를 새롭게 재정립하려는 시도였으며, 세계화 이후의 세계화, 즉 중국식 경제질서를 구축하려는 담대한 실험이었다. 중국은 이를 공동 발전의 문명적 비전으로 정의하고, 상생과 운명공동체라는 윤리적 언어로 포장했다. 그러나 그 수사 속에는 자본·기술·규범의 새로운 중심을 구축하겠다는 실질적 의도가 내재되어 있었다. 일대일로로 참여국 수가 150개국을 넘어서고, AIIB(아시아인프라투자은행)와 실크로드기금의 누적 금융지원 규모가 확대된 점은 이러한 전략의 구체적 기반을 보여준다.

일대일로(一帶一路)가 제시한 새로운 세계화의 방향은 단순히 경제적 확장만을 의미하지 않았다. 그것은 서구가 구축한 국제경제질서를 전면적으로 대체하지 않으면서, 그 내부의 규칙과 가치의 의미를 변환시키려는 체제 내 혁명이었다. 즉, 기존의 제도를 유지한 채 그 제도를 작동시키는 언어를 바꾸는 전략이었다. 서구식 세계화가 자유·시장·민주라는 가치로 자신을 정당화했다면, 중국식 현대화는 발전·안정·조화라는 가치로 새로운 정당성을 구성했다. 이 세 단어는 중국이 세계화의 서사를 다시 쓰는 데 사용한 핵심 어휘였다. 발전은 자유의 대체 가치로, 안정은 민주주의의 대안적 가치로, 조화는 경쟁을 조절하는 가치로 제시되었다. 이 과정에서 중국은 서구의 근대화 언어를 거부하기보다 재배치하며, 보편적 가치의 중심을 서양에서 동양으로 이동시키는 담론적 작업을 수행했다.

정치경제적으로 일대일로(一帶一路)는 외교의 경제화이자 경제의 정치화였다. 중국은 인프라 건설을 외교 전략의 매개로 삼고, 금융투자를 통치 담론의 확장 도구로 전환했다. 도로와 항만, 철도와 송전망은 물질적 기반이면서 동시에 정치적 상징이었다. 그것들은 단순한 물류 네트워크가 아니라 정치적 연결망으로 기능했다. AIIB(아시아인프라투자은행)와 실크로드기금, 중국개발은행과 수출입은행은 자본의 흐름을 외교의 언어로 번역했고, 자금의 배분은 곧 영향력의 지정학적 재편을 의미했다. 이러한 경제의 정치화는 중국식 국가자본주의의 외연 확장이었을 뿐 아니라, 세계화의 이념적 지형을 재편하는 상징적 행위였다. AIIB(아시아인프라투자은행)가 100개국이 넘는 회원국을 확보하며 다자개발은행(MDB) 내 위상을 확대해온 점도 이 흐름을 뒷받침한다.

중국은 이 과정을 통해 세계화의 수혜자에서 세계화의 설계자로 이동했다. 더 이상 세계의 질서에 적응하는 존재가 아니라, 질서를 해석하고 규정하는 주체로 등장한 것이다. 중국이 자주 사용하는 표현 '백년래의 대변혁(百年未有之大变局)'은 바로 이러한 시대 인식의 압축된 언어였다. 그것은 혼란이 아니라 기회로서의 변혁, 위기이자 전환으로서의 세계질서 변화를 지시하는 표현이었다. 일대일로(一帶一路)는 그 기회의 구체적 형태였다. 경제적으로는 아시아와 아프리카, 유럽을 잇는 대규모 인프라 네트워크였고, 외교적으로는 글로벌 사우스 국가간의 협력의 정치적 플랫폼이었다. 동시에 그것은 서구식 발전 모델이 남긴 불균형과 종속의 기억에 대한 역사적 응답이었다. 중국은 "발전은 인류의 보편적 권리이며, 각국은 스스로의 발전방식을 선택할 자율성을 가진다"는 원칙을 국제담론의 중심으로 끌어올리며, 발전권을 새로운 보편 가치로 제시했다. 이는 자유나 민주주의처럼 특정 문명권이 독점할 수 없는 가치이며, 그 자체로 서구 중심 질서에 대한 규범적 도전이었다.

이러한 의미에서 일대일로(一帶一路)는 경제적 사업이자 문명적 선언이었다. 중국식 현대화는 더 이상 국내총생산(GDP)의 성장이나 산업구조의 전환으로만 설명되지 않는다. 그것은 서구 근대화가 설정한 발전의 좌표를 교정하고, 세계화의 의미 자체를 재정의하려는 문명적 근대화의 시도이다. 중국은 자본과 기술, 제도와 언어, 가치와 윤리의 영역에서 자신만의 질서를 구축하고 있으며, 그 결과 세계의 중심으로 돌아간 중국이라는 상징은 경제적 현실을 넘어 담론적 현실이 되었다. 이는 20차 당대회에서 중국식 현대화가 문명적·가치적 서사로 확장된 흐름과도 정확히 맞물린다. 요컨대, 일대일로(一帶一路)는 세계화의 종말이 아니라 그 재서사화이다. 그것은 서구적 세계화 이후의 세계화이며, 중국은 그 새로운 언어를 쓰기 시작한 첫 번째 문명이다. 중국식

경제질서는 시장과 국가, 경제와 정치, 현실과 상징이 교차하는 새로운
질서의 기제로 등장했다. 그것은 자유무역의 이름으로 구축된 경제질
서를 해체하지 않으면서도, 그 중심의 의미를 변환하는 질서 내부의 혁
명이다. 바로 이 지점에서 중국식 현대화는 단순한 국가 발전 모델이
아니라, 세계를 다시 의미화하려는 문명적 실험으로 확장된다. 이에 대
한 국제사회의 평가가 긍정과 비판으로 갈리는 이유도 바로 이 지점의
복합성 때문이다.

2. 일대일로(一帶一路)의 삼중 구조
—인프라, 금융, 디지털

일대일로(一帶一路)는 단순히 철도와 항만, 도로와 발전소를 잇는
개발 협력 사업이 아니다. 그것은 중국이 자신만의 발전 방식을 세계로
확장하려는 문명적 프로젝트이자, 체제 서사의 외연 확장이었다. 중국
은 이 프로젝트를 경제협력이나 인프라 지원의 언어로만 설명하지 않
는다. 그것은 공동 발전, 상생, 상호 연결이라는 정당화의 수사를 통해,
중국이 세계 발전의 새로운 리더이자 조정자임을 선언하는 정치적 장
면이기도 하다. 표면적으로 일대일로(一帶一路)는 교통·무역의 활성
화, 상호연결의 제고를 내세우지만, 그 내면에는 경제·정치·문화의 복
합적 권력 구조가 자리한다. 인프라, 금융, 디지털이라는 세 축은 각각
의 독립된 정책 영역이 아니라 서로 맞물려 작동하는 하나의 구조적 회
로를 구성하며, 이 회로는 단순히 교역로를 만드는 것이 아니라 질서의
언어를 재편하는 도구로 사용된다. 이 회로를 통해 중국은 자신이 축적
한 기술력, 자본력, 데이터 통제 능력을 세계의 새로운 표준으로 전환

시키려 했고, 그 결과 일대일로(一帶一路)의 삼중 구조는 단순한 경제 협력 모델이 아니라 중국식 현대화가 세계화의 언어를 재해석하고 재배치하는 가장 구체적이고, 동시에 가장 물질적인 방식이 되었다. 다시 말해, 일대일로(一帶一路)는 도로를 건설하는 사업이 아니라, 세계의 지도 위에 새로운 질서를 각인시키는 행위였다. 무엇보다 첫 번째 축인 인프라는 가장 가시적이며 동시에 상징적인 영역이었다. 중국은 개혁 개방 이후 수십 년간 건설을 통한 발전이라는 공식을 반복해 왔고, 도로·철도·전력망·공업단지를 전면적으로 확대하는 과정에서 고도성장을 실현했다. 그 내적 경험은 21세기에 이르러 외부로 투사되었다. 고속철도, 도로, 국제 물류회랑, 전력망, 송유관과 가스파이프라인, 심지어 국경 간 산업단지에 이르기까지, 이 모든 것은 단순한 경제적 연결의 수단이 아니었다. 그것은 지정학적 공간을 재조직하는 도구였다. 일대일로(一帶一路)는 육상과 해상을 동시에 아우르는 거대한 지리적 재배치 프로젝트였고, 중국은 이를 통해 기존의 무역 루트와 에너지 루트를 다시 그리려 했다. 중국-유럽 화물열차는 그 대표적 상징이다. 2011년 첫 운행 이후 중국-유럽 간 화물열차의 운행 횟수는 폭발적으로 증가했고, 연결 도시의 범위도 내륙도시까지 깊숙하게 확장되었다. 이는 단순한 물류 서비스 개선이 아니라, 유라시아 대륙을 관통하는 새로운 중국 중심 회랑을 형성한 것이다. 그 열차의 시간표는 더 이상 유럽 항만과 해상운송의 물류 리듬에 종속되지 않고, 중국 내륙의 산업도시와 서부 국경도시에서 시작하여 중앙아시아, 러시아, 동유럽을 거쳐 서유럽으로 이어지는 새로운 흐름을 만들어냈다. 다시 말해, 중국은 '중국-내륙-유라시아-유럽'이라는 새로운 축선을 실질적으로 가동함으로써 세계경제의 물류 시간을 재조정하고 있었다.

인프라의 확장은 단순한 경제 논리가 아니라 중국식 공간 정치의 물질적 구현이었다. 중앙아시아와 서아시아, 동남아시아와 남아시아, 동유럽과 지중해를 잇는 철도·항만·도로망은 서구 근대화가 구축해온 해양 중심의 세계 질서에 직접적인 균열을 가했다. 근대 세계경제의 기본 구조는 해상 물류와 해군력, 즉 항로 통제력을 기반으로 유지됐으며, 유럽-미국-대서양-인도양-말라카 해협으로 이어지는 해상 회랑이 사실상 세계질서의 동맥으로 간주되었다. 그러나 중국은 대륙 내부의 길을 재개발하고, 국경을 넘는 육상 경제회랑을 다층적으로 구축하면서, 기존 해양 중심 질서가 유일한 질서가 아니라고 선언했다. 이는 단지 도로와 철도를 하나 더 놓는 문제가 아니었다. 그것은 누가 통제 가능한 연결성을 제공할 것인가, 누구의 이동 모델이 세계 경제의 표준 모델이 될 것인가라는 질문에 대한 중국의 응답이었다. 중국은 대륙을 기반으로 한 새로운 연계성을 정치적 상상력으로 제시했고, 이것은 제국 해양 패권의 시대에 '내륙-회랑 패권'이라는 대안을 제시하는 행위이기도 했다. 이런 재배치는 결국 공간의 근대성 자체를 다시 쓴다. 길이 새로 그어지면, 지도도 다시 그려지고, 지도만 다시 그려지는 것이 아니라 세계의 권력 축이 다시 배분된다. 항만과 산업단지는 이 인프라적 야심을 해양으로 연결시키는 핵심적인 관절이었다. 스리랑카의 함반토타항, 파키스탄의 과다르항, 그리스의 피레우스항, 케냐의 몸바사항 등은 단순히 중국이 투자한 항만이 아니었다. 이 거점들은 해상 실크로드의 결절점으로 설계되었고, 그 자체로 글로벌 물류의 방향을 조정하는 스위치였다. 예컨대 피레우스항은 유럽의 남부 관문으로 기능하며, 중국에서 출발한 화물이 수에즈 운하를 경유해 곧바로 남유럽에 도달해 유럽 내륙으로 들어가는 경로를 최적화해 주었다. 즉 중국 자본과 중국 운영 능력이 유럽의 해상 물류 구조 일부를 장악하게 된 것이다. 이 과정은 단순한 항만 운영권 매입이 아니라, 유럽의 노동시장, 항만 노동조합 문제, 환경 기준, 심지어 EU(유럽연합)의 전략적 산업 인프라 통제 담론까지 건드렸다. 스리랑카 함반토타항의 경우, 부채 부담을 둘러싸고 "중국이 인프라 투자를 빌미로 전략 거점을 장악한다"는 부채 함정 외교 비판이 제기되었다. 중국은 이를 강하게 부인하며 해당 국가는 여전히 주권적 통제력을 갖고 있으며 중국은 파트너일 뿐이라고 설명했지만, 외부의 시선은 이 항만이 단순한 상업 인프라라기보다는 잠재적 거점이고, 그 거점은 곧 지정학적 레버리지라는 사실을 주목했다. 다시 말해, 인프라는 개발 협력의 언어로 포장되지만 실질적으로는 영향력의 제도화였다. 눈에 보이는 시멘트 구조물과 크레인, 철로와 탱크로리의 움직임 너머에는, 국가 간 권력 비대칭이 물질화된 하나의 질서가 있었다.

이 인프라 확장은 중국 내부의 구조적 문제와도 직접 연결되어 있었다. 2010년대 이후 중국은 부동산 의존형 성장의 둔화, 중복투자와 과잉설비 문제, 국유기업의 비효율과 지방정부 부채 문제에 직면했다. 내수만으로 흡수하기 어려운 잉여 생산능력, 특히 철강·시멘트·건설장비와 같은 대규모 중공업 중심 산업의 생산력을 그대로 두면, 그 부담은 국내 금융과 지방정부 재정에 누적될 수밖에 없었다. 일대일로(一帶一路)는 이 잉여 생산력과 인프라 전문성을 외부로 전환시키는 일종의 해소 메커니즘이었다. 즉, 중국 내부의 과잉을 주변 지역의 발전 수요와 연결시키며, 그것을 상생 발전이라는 이름으로 합리화했다. 이 과정에서 중국의 국유기업과 대형 건설기업, 에너지기업, 통신기업은 일대일로(一帶一路) 대상국에 상주하는 고정 자산과 운영 능력을 확보했고, 중국식 국유자본주의는 사실상 국경 밖으로 확장되었다. 다시 말해, 이는 단순한 수출이 아니라 국가자본주의의 국제화였다. 중국 경제의 내부 불균형을 흡수하는 동시에, 그 흡수 과정 자체를 외교자산으로 전화시키는 구조였다. 그러나 인프라의 물리적 연결만으로는 지속적 영향력을 담보할 수 없었다. 도로와 항만이 구축되었다고 해서 그 위를 흐르는 자본과 신뢰까지 자동으로 확보되는 것은 아니기 때문이다. 바로 이 지점에서 두 번째 축인 금융이 개입한다. 일대일로(一帶一路)의 금융 구조는 단순한 자금 조달 체계가 아니라, 중국식 국제금융 질서를 설계하는 시도였다. 2015년 출범한 AIIB(아시아인프라투자은행)는 상징적 분기점이었다. AIIB(아시아인프라투자은행)는 형식적으로는 다자개발은행의 형태를 취하지만, 그 운영 철학은 IMF(국제통화기금) 나 세계은행이 전제로 삼아온 규율과 달랐다. 서구의 금융질서는 대출과 지원을 조건화했다. 구조조정, 공기업 개혁, 거버넌스 투명성, 제도 개혁 같은 요구가 자금과 묶여 있었다. 즉, 자금은 곧 규율이었다. 반면 중국식 금융은 비간섭·주권존중·발전우선을 전면에 내걸었다. 명목상 이것은 파트너 국가의 자율적 발전 방향을 존중한다는 이야기이며, 정 치적·제도적 간섭을 최소화한다는 약속이다. 이는 경제적으로는 신속 한 인프라 건설을 가능하게 하고, 정치적으로는 "중국은 서구와 다르 다"라는 대안적 이미지를 강화한다.

개발도상국에게 이 조합은 매우 매력적으로 작용했다. 중국은 "우리 는 너희에게 안전한 성장의 파트너가 될 수 있다"라는 말을 금융의 언 어로 증명하려 했다. AIIB(아시아인프라투자은행)만이 아니다, 실크로 드기금, CDB(중국개발은행), EXIMBANK(중국수출입은행), 국유 상 업은행까지 포함한 일대일로(一帶一路)의 금융 네트워크는 사실상 하 나의 국가금융 생태계를 구성한다. 이들은 단독으로 움직이지 않고 상 호 연결된 구조 속에서, 대규모 인프라 프로젝트를 장기·저리로 지원한 다. 이 금융의 논리는 투자 회수율이라는 시장 논리만으로 설명되지 않 는다. 더 중요한 것은 관계의 고착화다. 중국의 금융 네트워크를 통해 건설된 항만, 전력망, 산업단지, 광물채굴권, 디지털 인프라는 물리적 시설 그 자체보다 그 시설이 맺고 있는 장기적 계약 구조, 에너지·물류 의 공급 루트, 상호 의존적 부채 구조 속에서 의미를 가진다. 다시 말해 금융은 단순히 돈을 빌려주는 행위가 아니라, 지속 가능한 상호의존 관계를 제도화하는 장치다. 그리고 그 상호의존은 정치적 신뢰로 번역된다. 중국의 자본은 단지 인프라를 지탱하는 것이 아니라, 체제 간 신뢰를 제도 속에 묶어두는 역할을 한다.

이 금융적 회로는 중국 내부의 거시경제 전략과도 정교하게 맞물린다. 중국은 쌍순환(双循环) 전략을 통해 내수와 외수를 동시에 강화하는 이중 구조를 만들었고, 일대일로(一带一路)의 금융축은 그 외부 순환의 핵심 연결고리였다. 국내에서 발생한 과잉 자본, 과잉 설비, 과잉 생산능력은 해외 인프라 프로젝트라는 형태로 흡수되며, 해외의 인프라 수요는 다시 중국의 건설·에너지·통신·철강 기업의 안정적 수주 기반이 된다. 이 흐름은 단순한 무역이 아니라, 체계적 순환이다. 자본의 대외 이동은 국내 산업의 구조적 압력을 완화하고, 해외 파트너국에 대한 경제적 관여도를 확대하며, 나아가 중국과의 협력은 안정과 성장의 경로라는 서사를 만들어낸다. 다시 말해, 서구 금융의 원리가 규범과 제도를 수출하는 메커니즘이었다면, 중국식 금융은 신뢰와 안정, 그리고 함께 발전할 권리라는 윤리적 언어를 앞세운 권력의 수출이었다. 이 권력은 무력의 형태로 강제되지 않고, 상호 이익의 약속 속에서 제도화된다.

이 두 축인 프라와 금융의 결합 위에 등장한 세 번째 축이 디지털이다. 디지털 실크로드(数字丝绸之路)는 일대일로(一带一路)가 20세기형 인프라 국가에서 21세기형 네트워크 국가로 이동하는 전환점이었다. 2015년 이후 중국은 데이터와 정보, 기술 표준을 중심으로 한 새로운 네트워크 구축을 본격화했다. 광케이블, 5G(5세대 이동통신) 기지국, 위성항법시스템(BeiDou), 클라우드 서버, 전자상거래 인프라, 스마트시티 관리 시스템, 안면인식과 교통·치안 통합관리 플랫폼에 이르기까지, 이 모든 것은 도로와 항만의 디지털적 등가물이었다. 만약 철도와 항만이 물자의 흐름을 통제하는 장치였다면, 디지털 실크로드는 정보의 흐름과 인식의 흐름을 관리하는 장치였다. 이로써 연결은 물리적 차원을 넘어 통신·결제·데이터·감시·인공지능으로 확장되었고, 중국은 세계 각지의 정보 인프라를 설계하고 운영하는 주체로 부상했다. 화웨이(华为), ZTE, 앤트그룹(蚂蚁集团), 텐센트(腾讯), 하이크비전 등 중국의 ICT(정보통신기술) 기업들은 이 과정에서 단순한 민간기업이 아니었다. 그들은 국가 전략의 수행자였고, 동시에 국가전략을 현실 세계의 기술·서비스·플랫폼으로 변환시키는 중개자였다. 예컨대 화웨이(华为)의 통신장비는 특정 국가의 네트워크 인프라 자체를 중국식 기술 플랫폼 위에 구축하도록 만들고, 앤트그룹(蚂蚁集团)와 텐센트(腾讯)의 결제 시스템과 클라우드 인프라는 해당 국가의 디지털 상거래 생태계를 사실상 중국식 플랫폼 구조 속에 통합시킨다. 하이크비전의 감시·관리 시스템은 치안과 도시관리의 효율화를 명분으로 도입되지만, 동시에 안정은 발전의 전제라는 중국식 도시 거버넌스의 철학을 하드웨어와 소프트웨어에 함께 심는다. 이러한 기술의 확산은 단순한 수출이 아니라 규범의 이식이었다. 동남아시아의 전자상거래, 아프리카의 클라우드 서비스, 중동의 스마트시티 관리시스템, 남미의 공공안전 네트워크는 점점 더 중국식 기술구조와 운영 방식에 맞춰 설계되었고, 그 내부 논리는 효율·안정·공공성이라는 이름으로 정당화되었다. 즉, 기술은 중립적이지 않았다. 기술은 정치였다. 서구의 인터넷 질서가 자유·개방·자율을 핵심 가치로 삼아왔다면, 중국식 디지털 질서는 조화·통제·공동체의 안정을 강조한다. 여기서 핵심 개념은 사이버 주권이다. 중국식 사이버 주권은 데이터가 개인의 완전한 소유물이 아니라 사회의 안전과 공공질서를 위해 관리되어야 할 자원이라는 인식에 기반한다. 인터넷은 개인적 표현의 무한한 장이 아니라, 사회 전체의 안정과 번영을 위해 조율되어야 할 공공 인프라라는 전제 위에서 이해된다. 이 철학은 더 이상 국내적 언어에 머물지 않고 외부를 향해 수출된다.

5G(5세대 이동통신) 표준, 인공지능 윤리 프레임, IoT(사물인터넷) 운영 규범, 전자상거래 인증체계와 소비자 데이터 보호 모델, 스마트시티의 통합 관리 아키텍처는 모두 효율과 안정을 최우선으로 하는 중국식 질서를 반영한다. 여기서 디지털 축이 인프라와 금융 위에 놓이는 이유는, 데이터·표준·플랫폼 경쟁이 실제로 세 축을 모두 통제하는 상위 구조로 기능하기 때문이다.

결국 인프라·금융·디지털의 삼중 구조는 일대일로(一帶一路)의 하드웨어적, 소프트웨어적, 제도적 층위를 동시에 포괄하는 통합적 시스템이었다. 이 세 축은 단순한 경제협력의 수단이 아니라, 중국식 현대화가 외부 세계 속에서 구현되는 가장 구체적 메커니즘이었다. 그리고 바로 이 결합을 통해 중국은 발전권이라는 새로운 국제 규범을 제시한다. 서구가 자유무역과 시장의 보편성을 내세워 경제질서를 설계했다면, 중국은 발전권과 안정, 상생이라는 언어로 경제질서를 재정의하고 있었다. 일대일로(一帶一路)의 삼중 구조는 따라서 단순한 경제 프로젝트가 아니라, 세계화의 새로운 문법을 다시 쓰는 과정이었다. 이때 인프라는 철도·항만·에너지망과 같은 물리적 기반, 금융은 AIIB(아시아인프라투자은행)·실크로드기금 등으로 대표되는 자본의 회로, 디지털은 5G(5세대 이동통신)·위성항법·전자상거래로 상징되는 데이터 기반 인프라를 가리키며, 세 축이 중첩될수록 중국식 세계화의 밀도와 지속성이 높아지는 구조를 형성한다. 특히 AIIB(아시아인프라투자은행)는 2024년 기준 승인 회원국 약 109개국으로 성장해, 중국식 금융 네트워크가 이미 글로벌 다자체계로 자리 잡았다는 점을 보여준다. 아래 도식은 인프라—금융—디지털 삼중 구조가 중국식 현대화의 대외 확장에서 어떻게 통합적으로 작동하는지를 보여준다. 세 축은 단순히 병렬적 영역이 아니라, 공급망·표준·데이터 경쟁의 접점에서 서로 맞물리며 중국식 글로벌 확장의 실질적 메커니즘을 형성한다. 도식에서 디지털 축이 인프라와 금융 위에 얹힌 상위 구조로 배치된 이유는, 디지털 표준 경쟁이 물리적·금융적 연결성을 모두 통제하는 전략적 우위 영역으로 간주되기 때문이다.

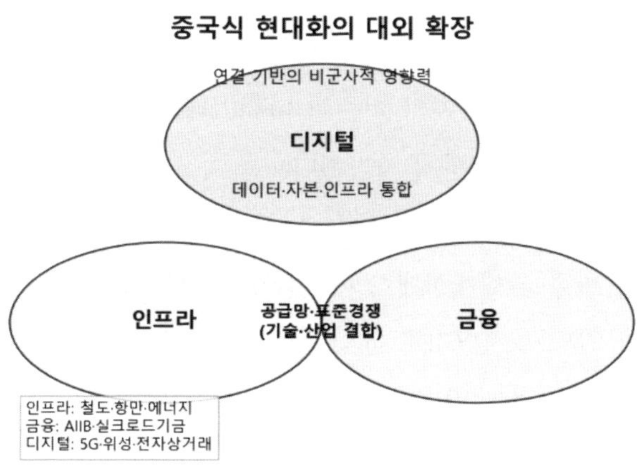

3. 공급망 재편과 쌍순환 전략

세계경제의 분절화가 가속화되면서, 중국은 더 이상 글로벌 생산체계의 하청 수준으로 머물 수 없었다. 20세기 말 이후 중국은 세계화의 가장 강력한 수혜국이었고, 특히 WTO(세계무역기구) 가입 이후 수출 주도형 성장 전략을 통해 세계의 공장이라는 지위를 확보했다. 값싼 노동력, 거대한 산업 집적지, 국가적 수준의 인프라 투자, 그리고 글로벌 기업을 위한 생산·조립 허브로서의 역할은 중국을 세계 공급망의 핵심 허브로 만들었다. 그러나 이러한 구조는 동시에 취약했다. 그 모델은 안정적이고 개방된 국제 무역 환경, 비교적 완만한 지정학적 갈등, 기술 교류의 상호성이라는 가정 위에 세워져 있었다. 이 가정은 2018년 미·중 무역전쟁 이후 사실상 붕괴하기 시작했다. 미국의 관세 부과와 기술 제재, 특히 반도체 장비·설계 소프트웨어·고성능 연산 자원에 대한 직접적 통제는 중국이 언제든 차단될 수 있다는 현실을 명확하게 드러냈다. 이어 팬데믹 이후에는 글로벌 물류 체계 자체가 마비되며 효율성보다 안전한 접근성이 더 중요한 가치로 부상했고, 러시아-우크라이나 전쟁은 에너지와 식량 공급을 지정학적 무기로 전환시켜 버렸다. 효율성은 더 이상 질서 유지의 기준이 아니었다. 그 자리를 안보와 복원력, 공급망 주권이 대신하기 시작했다.

중국은 이러한 구조변동을 단순히 외부 압력으로 받아들이지 않았다. 중국은 이 변화를 세계경제가 다극화되는 과도기이자 서구 주도의 글로벌화가 균열되는 전환기로 해석했고, 그 균열을 자국의 주도권 확대의 계기로 전환하려 했다. 세계경제의 탈동조화는 곧 중국식 체제자립을 강화할 수 있는 역사적 계기였고, 외부 충격 속에서 내부 순환을 강화하고 내부 축적을 통해 외부 질서를 재편하는 전략이 필요했다. 이 전략이 바로 쌍순환(雙循環)이었다. 쌍순환은 경제운용 방식의 조정이 아니라 경제체제 자체의 재구성, 더 정확하게는 중국식 현대화의 경제철학으로 등장했다. 쌍순환은 하나의 회로를 교체하는 개념이 아니라 두 개의 회로를 동시에 활성화하는 구도였다. 첫 번째 회로는 내수를 기반으로 한 자생적 성장엔진, 즉 국내대순환(内循环)이고, 두 번째 회로는 국제 교류를 통해 외적 확장성을 유지하고 재조정하는 국제대순환(外循环)이다. 중국은 이 두 회로를 병렬적으로 두는 것이 아니라 상호 증폭되도록 배치했다. 시진핑 정부는 이를 "국내를 주체로 하고, 국내와 국제가 상호 촉진하는 발전 구도"로 명명했다. 이 표현은 중요한 전환을 내포한다. 중국은 더 이상 세계시장에 투입되는 하나의 거대한 생산요소가 아니라, 세계경제의 규칙을 다시 설계하는 조정자라는 자기인식을 대외적으로 드러내기 시작했다. 다시 말해, 쌍순환은 경제전술이 아니라 주권의 언어이고, 중국이 스스로를 단순한 제조 대국이 아니라 질서 설계자로 위치시키는 담론적 선언이었다. 아래 도식은 쌍순환(雙循環)이 단순한 내수 진작이 아니라, 국내대순환과 국제대순환이 상호 피드백을 이루는 체계적 구조임을 보여준다. 내부 순환은 자립·기술·거버넌스를 기반으로, 외부 순환은 인프라·금융·표준 수출을 매개로 결합하며, 두 축이 함께 중국식 현대화의 경제 주권 구조를 형성한다. 이 도식은 특히 중국 내부의 구조개혁(내부대순환)과 일대일로(一帶一路)·RCEP(역내포괄적경제동반자협정) 등 대외 전략(외부대순환)이 하나의 회로 안에서 어떻게 상호 보완적 관계를 이루는지를 시각적으로 압축한다.

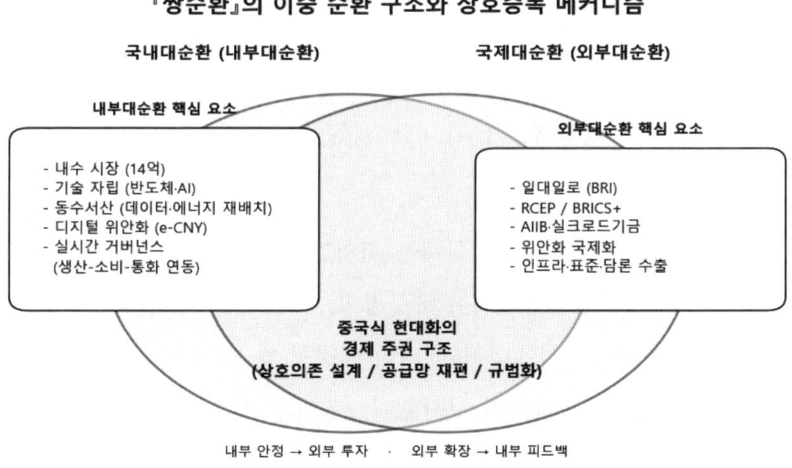

내순환의 본질은 자립경제라는 오래된 구호가 아니다. 오히려 그것은 자립과 개방을 이분법적으로 나누지 않고, 생산과 소비, 분배와 혁신을 하나의 폐쇄적이고도 유기적인 내부 생태계로 결합시키려는 시도, 다시 말해 자율적 순환의 체제화였다. 이 체제화의 목표는 간단하다. 외부 수요의 충격, 예컨대 특정 국가의 제재, 국제 운송의 마비, 원자재 가격 급등으로 인해 국가 경제 전체가 흔들리지 않도록 하는 것이다. 중국은 이를 위해 내부 시장의 세계시장화, 즉 자국 내부에 하나의 독립된 초대형 수요 메커니즘을 구축하려 했다. 이 발상의 전제는 중국이 단순히 14억 인구의 대시장이 아니라, 실제로 기존 세계시장에 대응 가능한 크기와 밀도를 가진 자체 완결형 수요 구조를 만들 수 있다는 자신감이다. 도시화는 이 구조를 떠받치는 기초였다. 농촌 인구가 도시 소비 주체로 편입되면서 내수의 절대 규모가 확대되고, 의료·교육·주거·문화·디지털 서비스 등 생활형 소비 영역이 산업화·제도화되었다. 중산층의 확대는 소비의 질적 전환을 동반하며, 국가 주도의 균형 발전 전략(서부개발, 동북진흥, 동수서산 등)은 단일한 해안선 중심 성장 모델을 다극 성장 축으로 바꾸었다. 그 결과 내순환은 단순한 내수 진작책이 아니라, 체제의 정치경제적 자율성을 떠받치는 구조 기반으로 기능하게 되었다. 중국은 더 이상 수출이 줄면 성장도 줄어드는 경제가 아니라, 구조적으로 내부에서 성장을 유지·조정·관리할 수 있는 경제로 전환하려 했다.

이 새로운 내부 순환의 핵심에는 과학기술 자립이라는 명제가 있다. 중국은 반도체, AI(인공지능), 로봇공학, 정밀 공작기계, 항공우주, 바이오·의료, 신소재, 신에너지(배터리·태양광 등)와 같은 전략 분야를 국가적 주권 문제로 다루기 시작했다. 예전의 기술 굴기(崛起)가 성장의 가속화와 산업 고도화의 문제였다면, 쌍순환에서의 기술은 체제 생존성의 문제다. 중국제조 2025가 생산 능력의 업그레이드를 상징했다면, 쌍순환은 기술, 자본, 데이터, 정책이 하나의 패키지로 묶여 작동하는 회로를 의미한다. 다시 말해, 이제 기술혁신은 시장경쟁의 결과물이 아니라 국가안보의 조건이 되었다. "발전이 곧 안보다(發展即安全)"라는 슬로건은 바로 이 인식을 구체화한 표현이다. 기술은 성장 수단이 아니라 안보의 기반이며, 산업은 수출 품목이 아니라 주권의 장치이다. 그리고 이 전환은 국내 산업정책을 정당화하는 언어일 뿐 아니라, 대외적으로도 중국은 기술 종속의 지위로 돌아가지 않을 것이라는 선언이다.

내순환은 동시에 공간적 재편을 요구했다. 동부 연해 지역의 첨단 제조업과 금융·물류 허브, 그리고 서부 내륙의 에너지·데이터·토지 자원을 일체화하는 동수서산(東數西算)은 그 상징적 실천이었다. 이는 단순히 데이터센터를 값싼 전력을 따라 서부로 분산하는 기술 행정이 아니라, 국가 전체를 하나의 정보-에너지 순환망으로 묶는 주권형 인프라 구축이었다. 데이터는 새로운 석유이자 새로운 통치 수단이며, 전력은 새로운 혈류다. 데이터의 흐름과 에너지의 흐름이 겹쳐질 때 국토 자체는 거대한 사이버-물리 복합체로 전환된다. 여기에 디지털 위안화(e-CNY)가 결합한다. 디지털 위안화는 결제 수단 이상의 의미를 갖는다. 그것은 곧 경제의 실시간 계측 장치이자, 중앙은행과 산업, 가계와 공급망을 하나의 시야 안에 두는 국가적 관리 인터페이스다. 중앙은행은 통화를 발행하는 기관이자 실시간 데이터를 수집하고 정책 신호를 즉각적으로 되돌려보내는 조율자가 된다. 개인의 소비 행태, 기업의 거래 흐름, 지역별 투자 편차는 더 이상 사후적으로 파악되는 통계가 아니라, 곧바로 개입 가능한 정책 변수로 전환된다. 이 구조는 중국식 거버넌스가 데이터 기반 통제와 시장 효율성의 유지를 단절시키지 않고 결합시키는 방식을 실험하고 있다는 점에서 의미가 있다. 다시 말해 내순환은 단지 국산품 사용하자의 문제가 아니라, 경제-데이터-통화-통치가 하나의 회로로 결합된 거버넌스 실험장이다.

외순환은 흔히 오해되듯 문을 닫고 안으로만 돌린다는 의미가 아니다. 오히려 그것은 폐쇄의 반대편에 있다. 외순환은 무제한 개방이 아니라, 선별적 개방이며, 이는 단순히 문을 여는 문제가 아니라 어떻게 관계를 설계할 것인가의 문제다. 외순환의 목적은 더 이상 세계시장에 단순히 편입되는 것이 아니다. 그것은 세계와의 관계를 재조정하여 중국 중심의 상호의존 구조를 만드는 것이다. 기존의 자유무역 질서는 규범을 일방적으로 수출하는 방식, 즉 특정 가치와 제도와 정책조건을 부과하는 구조로 작동해왔다. 중국은 이를 편향된 글로벌화라고 비판하며, 상호 교환, 상호 존중, 공동 발전이라는 언어로 새로운 개방의 형식을 제시한다. 표면적으로는 대등함을 약속하는 듯하지만, 실상은 누구의 규범이 기준이 되는가를 다시 묻는 과정이다. 일대일로(一帶一路) 구상, RCEP(역내포괄적경제동반자협정), 브릭스 플러스(BRICS+), AIIB(아시아인프라투자은행), FOCAC(중국-아프리카 협력포럼) 등은 모두 이러한 외순환 전략의 제도적 구체화다. 중국은 이 다층적 네트워크를 통해 인프라·금융·기술·표준·담론을 동시에 수출하며, 개방의 주도권을 제도 속에 내재시킨다. 예컨대 RCEP(역내포괄적경제동반자협정)은 관세 인하 이상의 의미를 가진다. 그것은 역내 공급망의 인증, 데이터의 국경 간 이동, 전자상거래 규제의 기준에서 중국을 포함한 역내 국가들의 현실주의적 접근을 제도화한다. 동시에 AIIB(아시아인프라투자은행)와 실크로드기금은 달러 기반 금융 질서의 조건부 지원을 우회하며, 위안화를 국제 결제 통화로 끌어올리는 실험장이 된다. AIIB(아시아인프라투자은행)는 여전히 달러화 표시 대출과 기존 다자 개발은행과의 공동 금융을 활용하지만, 의사결정 구조에서 신흥국의 비중을 높이고 조건부 개혁 요구를 상대적으로 완화함으로써 기존 체제와 차별성을 확보하려 한다. 외순환은 단순한 참여가 아니라, 중국식 규범이 타국의 제도에 스며드는 장치다. 다시 말해, 외순환은 교역 확대가 아니라 규범의 재배치를 지향한다.

이 외순환의 금융축은 특히 일대일로(一帶一路)와 직접적으로 맞물려 작동한다. 해외 인프라 투자, 발전소·항만·철도·산업단지 건설, 디지털 통신망 구축은 단순한 공사 수주가 아니다. 그것은 중국 내부의 과잉 산업과 축적된 자본을 외부로 흡수시키는 조절 장치이자, 동시에 중국식 금융 모델을 현지에 제도화하는 경로다. 중국개발은행(CDB), 수출입은행(EXIMBANK), 실크로드기금, AIIB(아시아인프라투자은행)는 별개의 기관이 아니라, 마치 한 몸처럼 움직이는 금융 생태계다. 이들은 장기·저리 자금을 공급하고, 이를 통해 기간산업·물류·에너지·행정체계까지 중국과 결합시킨다. 서구의 금융이 IMF(국제통화기금)와 세계은행을 통해 재정 투명성, 구조조정, 민영화를 조건으로 내세웠다면, 중국식 금융은 비간섭, 주권존중, 발전우선을 표방한다. 이것은 개발도상국에게 매력적이다. 그들은 감시 없이 인프라를 확충할 수 있고, 중국은 조건 없는 지원을 통해 정치적 신뢰와 접근권을 확보한다. 실제 운영에서는 담보 설정과 상환 능력 평가 등 상업적 조건이 여전히 존재하지만, 거버넌스 개혁이나 인권·민주주의 개선을 대출 조건으로 요구하지 않는다는 점에서 서구식 공여 방식과 구분된다. 다시 말해, 중국식 금융은 자본보다 신뢰의 설계이며, 외순환은 경제협력을 가장한 정치적 유대성의 제도화다. 중국은 경제를 매개로 영향력을 제도화하면서, 강제를 상호이익의 언어로 번역한다. 이 외순환의 구조 위에는 디지털 네트워크가 겹쳐진다. 2015년 이후 전개된 디지털 실크로드는 중국식 세계화의 최신 버전이었다. 광케이블, 5G 기지국, 위성항법시스템(BeiDou), 전자상거래 인프라, 클라우드 서버, 공공보안 플랫폼, 스마트시티 관리 시스템은 단순한 기술 수출이 아니다. 그것은 데이터 주권의 공간적 확장, 즉 중국식 정보 질서를 외부의 행정·경제·도시 구조에 내재시키는 과정이다. 화웨이(华为), ZTE, 앤트그룹(蚂蚁集团), 텐센트(腾讯), 하이크비전 등은 민간기업의 외양을 띠지만, 실제로는 국가 전략을 기술·플랫폼·서비스로 물질화하는 매개체였다. 이들은 각국의 통신·결제·감시·물류 인프라를 패키지로 구축하며, 단순한 장비 사용을 넘어 중국식 운영 체계를 내면화하게 만든다. 기술의 확산은 규범의 확산이며, 데이터 인프라의 구축은 권력의 내재화다. 이는 하드웨어의 수출이 아니라 통치 기술의 이식이자, 디지털 차원의 제도 동맹화다.

서구식 디지털 질서가 자유·개방·자율을 강조해왔다면, 중국식 디지털 질서는 조화·통제·공공성을 내세운다. 이는 문화적 차이가 아니라 정치철학의 차이다. 중국식 관점에서 데이터는 개인의 절대적 자산이 아니라, 사회 안정과 공공 복지를 위한 전략 자원이다. 인터넷은 해방의 공간이 아니라, 통치의 기반이다. 이러한 인식은 사이버 주권으로 공식화되었고, 중국은 이를 외부로 수출한다. 5G 표준, AI 윤리, IoT 규칙, 스마트시티 안전관리, 전자상거래 규범, 디지털 신원 체계 등은 중국식 통치 철학을 반영하며 확산되고 있다. 그 결과 각국의 데이터는 연결되지만, 그 허브는 중국식 아키텍처에 의존하게 된다. 디지털 실크로드는 정보의 연결이 아니라 인식의 설계다. 누가 표준을 제공하느냐는 곧 누가 정상성을 정의하느냐의 문제이며, 이는 규범 권력의 문제다.

쌍순환은 이 세 축, 즉 내적 자립, 외적 개방, 디지털 통합을 유기적으로 엮으며 하나의 체계로 정교화되었다. 인프라는 공간을 조직하고, 금융은 관계를 제도화하며, 디지털은 인식을 조정한다. 인프라는 거리를 재설계하고, 금융은 신뢰를 계약화하며, 디지털은 통제를 합리화한다. 도로 위의 화물열차, 항만의 컨테이너, 국경을 건너는 결제 흐름, 위성항법 체계를 따라 움직이는 물류 좌표, 도시 인프라에 축적된 데이터는 모두 같은 회로 안에서 의미를 부여받는다. 협력과 상생의 언어가 전면에 내세워지지만, 그 아래에는 공급망 재편과 규범 경쟁, 권력의 네트워크화가 놓여 있다. 쌍순환은 단순한 경제정책이 아니라 중국식 세계화의 작동 원리였다. 그것은 체제의 안정과 영향력 확대를 동시에 추구하는 문명적 장치였으며, 발전·안보·질서를 하나의 유기체로 통합하는 인식 구조의 제도화였다. 서구 제국이 총탄과 함대를 통해 질서를 구축했다면, 중국은 인프라·금융·디지털을 통해 비군사적 권력의 질서를 짜나간다. 이 질서는 강제를 전면화하지 않는다. 대신 상호의존을 약속하고, 발전의 기회를 제공하며, 안정의 협력을 제안한다. 지배는 상생의 언어로 번역된다. 그러나 이 번역은 권력의 해체가 아니라, 권력의 미세한 침투다. 누구의 도로를 통해 물자가 이동하는가, 누구의 통신망을 통해 정보가 흐르는가, 누구의 통화로 부채가 관리되는가, 누구의 표준으로 데이터가 저장되는가, 그것이 곧 지배의 형식이 된다.

21세기형 패권은 더 이상 식민지 개척이나 군사 주둔의 형태로 드러나지 않는다. 대신 연결의 구조, 규범의 정당성, 기술의 필수성이라는 이름으로 일상 속에 매몰된다. 이 연결의 제국 속에서 중국식 현대화는 더 이상 '중국은 성장했다'라는 내부 서사에 머무르지 않는다. 그것은 '세계는 이제 중국의 언어로 정렬되고 있는가'라는 외부 질문을 향해 나아간다. 다시 말해, 중국식 현대화는 국가 발전 모델의 자화상에서 벗어나, 세계를 다시 의미화하고 재배열하는 문명적 서사로 스스로를 완성하고 있다. 아래 도표는 20세기 패권 질서(지배의 형식)와 21세기 중국식 현대화가 주도하는 연결 질서(연결의 형식)를 비교한 것이다. 군사력·안보 중심의 위계적 구조에서 인프라·기술·디지털 규범이 주도하는 네트워크형 구조로의 전환이, 중국식 현대화의 대외 확장을 상징한다.

[20세기 '지배형식'과 21세기 '연결의 형식']

	구분	20세기 패권의 형식 (지배)	21세기 패권의 형식 (연결)
0	핵심 수단	군사력·점령·식민·봉쇄	인프라·공급망·금융·디지털 규범
1	제도 구조	일방적 규칙·안보 블록	상호의존 설계·다극 규범
2	공간 논리	중심 → 주변 (위계)	네트워크형 연결 (상호)
3	정당화 담론	문명·민주주의 수출	상생·공동발전·문명 다양성
4	대표 기제	달러·나토·브레튼우즈	일대일로·AIIB·BRICS+

이 비교는 지배에서 연결로의 이동이 단순한 수단 변화가 아니라, 규범 생산의 주체와 정당화 언어가 바뀌는 과정임을 보여주며, 중국이 스스로를 새로운 규범 제공자로 상정하고 있다는 점을 드러낸다.

4. 녹색 일대일로(一帶一路)와 지속가능성의 담론

일대일로(一帶一路)가 초기에는 인프라 건설과 자본의 확산, 그리고 디지털 네트워크의 구축을 중심으로 전개되었다면, 2020년대 이후 그 담론의 중심은 점차 녹색과 지속가능성으로 이동하였다. 이러한 변화는 단순한 수사적 조정이 아니라, 중국식 현대화가 국제적 정당성을 재구성하기 위한 전략적 담론 변형의 결과였다. 즉, 성장 중심의 개발 서사를 책임 중심의 윤리 서사로 전환함으로써, 중국은 자신이 주도하는 세계화 모델을 도덕적·환경적 가치의 언어로 정당화하려 시도했다. 이는 '성장은 곧 책임이다'라는 새로운 정의를 통해, 국가 발전의 정당성을 지속가능성의 개념 속에 녹여내려는 시도였다. 그러나 이러한 전환은 이상주의적 진화라기보다, 기존 세계화의 구조적 피로에 대응하기 위한 체계적 재설계였다. 서구 주도의 경제 세계화가 불평등·탄소집약·금융 불안정이라는 부작용을 남긴 자리에서, 중국은 새로운 언어를 통해 탈서구적 세계화의 도덕적 토대를 구축하려 한 것이다. 녹색은 이 과정에서 전략적 언어가 되었다. 그것은 단지 환경의 문제가 아니라, 경제와 규범, 기술과 윤리를 동시에 묶는 총합 프레임이었다. 중국은 녹색 일대일로를 통해 개발협력의 언어를 재정의했다. 과거 서구의 공적개발원조(ODA)가 원조와 제재의 이중논리 속에서 작동했다면, 중국의 접근은 책임을 공유하는 발전 파트너십이라는 수사를 사용했다.

그러나 실상 이 언어는 협력과 의존이 맞물린 복합구조였다. 즉, 지속 가능성이라는 단어가 상호의존을 정당화하고, 기술·데이터·금융을 통해 구축되는 새로운 비가시적 종속 체계를 윤리의 언어로 덮어버리는 기능을 수행한 것이다.

팬데믹 이후 글로벌 공급망이 흔들리고, 러시아-우크라이나 전쟁이 에너지 전환의 필요성을 극대화하면서, 녹색은 세계적 생존 전략으로 부상했다. 효율성 중심의 세계화는 위기를 낳았고, 각국은 탈탄소·에너지안보·친환경산업을 재정책화했다. 이 시기 중국은 스스로를 기후위기 시대의 설계자로 규정하며, 새로운 글로벌 거버넌스의 중심으로 이동하려 했다. 기존 일대일로(一帶一路)가 자본의 인프라를 구축했다면, 녹색 일대일로는 도덕의 인프라를 설계하려는 시도였다. 그러나 이 윤리적 언어는 순수한 가치의 표명이라기보다, 권력의 재형태화였다. 서구의 규범이 무너진 자리에, 중국은 도덕의 언어로 권력의 정당성을 다시 세웠다. 2018년 헌법 개정에서 생태문명(生态文明)을 국가 이념으로 명시한 것은 중국식 근대화의 가치체계 전환을 보여주는 사건이었다. 이 개념은 전통적 유교·도가 사상 속 인간과 자연의 조화(天人合一)를 사회주의 계획경제의 합리성과 결합시킨 문명형 국가이념이었다. 2060년 탄소중립 목표는 그 철학을 외교전략으로 외연화한 것이며, 이로써 중국은 기후정책의 체제화를 세계에 시도했다. 2021년 시진핑의 유엔총회 발언한 "해외 석탄발전소 신규 건설 중단"은 단순한 환경정책 선언이 아니라, 국제 규범의 해석권을 탈서구화하려는 정치적 제스처였다. 중국은 서구의 탄소 제국주의 담론을 비판하며, "감축만이 정의가 아니다, 발전도 정의다"라는 새로운 규범을 제시했다. 그러나 아이러니하게도 같은 시기 중국은 국내 석탄 생산량을 확대했고, 일부 일대일로(一帶一路) 국가에서 환경영향평가(EIA)가 부실하게 진행되었다. 따라서 녹색 일대일로는 실천보다 선언이 앞서 있었고, 윤리적 언어의 과잉이 현실적 이행의 부족을 덮는 구조를 드러냈다.

서구의 ESG(환경·사회·지배구조) 담론은 투자와 제재의 수단이 되었고, 이는 비서구 국가들로부터 윤리의 금융화라는 비판을 받았다. 이에 대응하여 중국은 녹색 발전을 발전권과 환경권의 병행을 강조하는 프레임으로 재정의했다. 이때 발전권은 단순한 경제개념이 아니라 주권의 확장된 형태로 제시되었다. 서구가 기후협약을 통해 제3세계의 산업화 여지를 제한한다고 비판하면서, 중국은 포용적 녹색성장을 발전의 권리이자 생존의 권리로 주장했다. 그러나 이 접근 역시 정치경제적 계산과 분리될 수 없었다. 중국의 녹색 담론은 글로벌 사우스 국가 간의 협력의 언어로 포장되었지만, 결과적으로는 자국 산업(태양광, 배터리, 송전망)의 수출 확대를 위한 수단이기도 했다.

녹색 일대일로의 구체적 작동은 기술·산업·데이터의 다층 구조로 이루어진다. 중국은 태양광, 풍력, 수력, 전기차, 송전망 등에서 독보적 생산능력을 확보하며, 이를 통해 에너지 인프라−데이터−금융을 결합한 복합 플랫폼을 수출하고 있다. 파키스탄의 대표적 녹색 일대일로 사례는 바하왈푸르 콰이드에아잠 태양광단지(Quaid−e−Azam Solar Park)로, 국제 문헌에서 가장 널리 언급되는 프로젝트다. 케냐에서는 가리사(Garissa) 태양광 발전소와 투르카나 호수 풍력 프로젝트가 대표적 사례로 꼽힌다. 인도네시아의 니켈 채굴·배터리 프로젝트 등은 단순한 개발 지원이 아니라, 중국식 녹색산업 체인의 외연 확장이었다. 이러한 프로젝트는 에너지 관리 시스템, 스마트 전력망, 금융결제 인프라를 함께 결합하며, '기후 기술−데이터−통화'의 삼중 연결 구조를 형성했다. 그러나 이러한 기술 수출은 참여국의 자립을 촉진하는 동시에, 장기적 의존을 심화시켰다. 기술 표준, 소프트웨어, 부품공급이 모두 중국 중심으로 설계되어 있기 때문이다. 결국 녹색 상호의존은 새로운 형태의 경제적 종속성을 내포하고 있었다.

금융 차원에서도 중국은 녹색 전환의 제도화를 추진했다. 2015년 녹색채권 지원 프로젝트 카탈로그는 중국 인민은행(PBOC)이 주도해 마련한 국내 기준이며, AIIB(아시아인프라투자은행)는 독자적 환경·사회 프레임워크와 자체 그린본드 기준을 운영하면서 중국 인민은행(PBOC) 체계와의 상호호환성을 일부 모색하는 방식으로 연계한다. 이 제도는 서구의 EU 택소노미를 모델로 삼되, 각국의 개발수준에 따라 기준을 차등 적용한다는 점에서 유연한 규범을 내세웠다. 이는 개도국에게 탄소 감축보다 성장과 환경의 균형을 우선하는 현실적 대안으로 작용했다. 동시에 위안화 기반의 녹색채권 발행은 통화 국제화와 녹색금융의 결합을 시도하며, 지속가능성을 금융 헤게모니 구축의 매개로 활용했다. 그러나 그 이면에는 정치적 통제와 정보 비대칭성이 남아 있었다. 중국의 녹색금융은 제도화되었지만, 서구식 ESG(환경·사회·지배구조)의 투명성 기준에는 미치지 못했고, 정책적 임의성이 여전히 강했다.

중국은 또한 "공동의 미래를 위한 녹색 실크로드(共建绿色丝绸之路)"라는 구호 아래, 국제 규범 질서의 재편을 시도했다. 유엔 지속가능발전목표(SDGs)와의 정합성을 강조하면서, 다원적 기후거버넌스라는 병렬 질서를 제시했다. 이는 서구의 기후 정의 담론이 가진 도덕적 위계에 대한 도전이기도 했다. 2021년 쿤밍에서 열린 제15차 생물다양성협약 당사국총회(COP15)에서 생태문명이 공식 외교 용어로 채택된 것은 그 상징적 장면이다. 많은 개도국이 이 개념을 서구식 감축 프레임의 현실적 대안으로 받아들였고, 특히 아프리카와 동남아는 이를 기후 정의가 아니라 기후 실천의 언어로 인식했다. 그러나 서구는 이를 환경의 정치화로 규정하며, 녹색 일대일로를 윤리의 얼굴을 한 영향력 확장이라 비판했다. 유럽연합은 탄소국경조정제도(CBAM)를 통해 대응했고, 미국은 인도·태평양 경제프레임워크(IPEF) 안에 청정에너지

협력체계를 별도로 설계했다. 즉, 녹색 일대일로는 국제정치의 새로운 경쟁 지대를 형성한 것이다. 그럼에도 중국은 지속가능성을 환경의 차원을 넘어선 문명적 서사로 격상시켰다. 그것은 "누가 세계의 도덕을 설계할 것인가"라는 근본적 질문으로 이어졌다. 중국식 생태문명은 서구 근대의 인본주의를 비판하며, 인간과 자연, 발전과 안정, 주권과 책임의 관계를 다시 묻는다. 인간 중심적 발전 대신 조화로운 공존을 제시함으로써, 중국은 근대 문명 자체의 규범적 기반에 도전한다. 그러나 이 담론이 국가주도의 정치언어로 관리될 경우, 조화가 통제로 변하는 위험도 존재한다. 자연과 인간의 조화를 말하면서, 실제로는 국가와 사회, 중심과 주변의 조화를 강제하는 새로운 이데올로기가 될 수 있기 때문이다. 결국 녹색 일대일로는 기후 위기의 시대에 '누가 세계의 지속가능성을 설계할 것인가'라는 질문에 대한 중국의 응답이다. 그것은 단순한 탄소 감축 프로젝트가 아니라, 자본과 기술, 가치와 규범을 결합하여 지속가능성을 새로운 패권의 언어로 번역하려는 시도다. 중국식 현대화는 인프라·금융·디지털의 물질적 회로 위에 윤리의 형식을 덧씌워, 물질적 연결을 넘어 가치적 지배의 질서를 완성하려 한다. 그러나 그 윤리의 언어가 세계의 공통 가치로 작동할지, 혹은 또 다른 형태의 문명적 위계로 남을지는 아직은 미정이다. 다시 말해, 녹색 일대일로는 윤리적 권력의 확장인 동시에 윤리의 권력화이며, 책임의 시대라는 이름으로 진행되는 새로운 패권의 재서사화다. 이로써 지배의 형식에서 연결의 형식을 거쳐 이제는 윤리의 형식으로, 중국식 현대화는 단순한 발전 모델이 아니라, 세계 질서의 도덕적 정당성을 재설계하는 문명적 실험으로 완성된다. 녹색 일대일로는 더 이상 환경 프로젝트가 아니다. 그것은 21세기 국제질서의 도덕적 아키텍처를 구축하려는 거대한 시도이며, "누가 인류의 미래를 정의할 것인가"라는 근본적 질문에 대한 중국의 체계적 응답이다.

5. 이중성의 구조
─발전과 의존, 협력과 통제

녹색 일대일로가 중국식 현대화의 윤리적 정당화를 상징한다면, 그 이면에는 언제나 이중성의 구조가 자리한다. 그것은 발전과 의존, 협력과 통제라는 두 축의 긴장 위에서 작동한다. 중국은 스스로를 상호이익의 설계자, 공동번영의 파트너, 발전권을 존중하는 협력자로 제시한다. 이 담론은 서구 근대가 남긴 불평등한 국제질서를 교정하고, 개발도상국에게 보다 공정한 성장 모델을 제공하겠다는 약속의 언어로 들린다. 그러나 그 상호이익은 언제나 비대칭적 상호의존을 전제한다. 즉, 상호의존이긴 하나 대등한 상호의존은 아니다.

녹색 협력은 자율적 파트너십의 언어로 포장되지만, 그 실질은 기술, 데이터, 금융, 채권, 규범, 표준으로 구성된 복합 회로 속에서 구조화된 종속 관계에 가깝다. 여기에는 단순한 거래 관계나 프로젝트 단위의 협력이 아니라, 시간적으로 지속되고 제도적으로 고착되는 의존의 형식이 포함된다. 이런 식의 의존은 군사력이나 식민지 행정처럼 노골적인 강압의 형태를 띠지 않기 때문에 더욱 눈에 띄지 않는다. 오히려 협력으로, 지속가능성으로, 녹색 전환 지원으로 번역된 채 일상화된다. 바로 그 점에서 중국식 세계화의 근본적 역설이 드러난다. 중국은 서구가 만든 '중심-주변 체제'를 넘어서는 새로운 질서를 약속하지만, 실제로 그 약속은 다른 언어를 통해 유사한 '중심-주변 구조'를 재구축할 위험을 내포한다. 다시 말해 탈서구적 질서라는 표어가 그대로 중국을 중심으로 한 재배열로 귀결되는 것이다. 중국이 말하는 새로운 다극성은 실제로는 새로운 중심성을 의미할 수도 있다.

중국의 일대일로(一帶一路) 구상이 출발부터 도덕적 언어를 강하게 띠고 있었다는 사실은 우연이 아니다. 일대일로(一帶一路)는 경제협력 프로그램이자 지정학 프로젝트이지만, 동시에 일종의 도덕 서사였다. 덩샤오핑이 내세운 "발전이야말로 굳건한 이치다(发展才是硬道理)"라는 구호는 단순한 경제성장의 선언이 아니라, 서구 자유주의 인권담론에 대한 체계적 반박이었다. 이 문장은 "서구가 인권을 말할 자격이 있는 것은 부유하기 때문이지, 가난한 나라에게 그 기준을 강요할 권리는 없다"라는 메시지를 응축해 전달한다. 다시 말해 중국은 인권을 추상적 권리의 문제가 아니라 물질적 조건의 문제로, 절차적 자유의 문제가 아니라 생활수준의 문제로 재정의했다. 이 전환은 국제 규범의 차원에서는 급진적이었다. 왜냐하면 그것은 서구가 보편이라고 부르는 것을 특정 지역의 역사적 산물이라고 되돌려 부르는 행위였기 때문이다. 그러나 바로 여기서 첫 번째 균열이 발생한다. 발전이 곧 정의라면, 누가 그 발전을 설계하고 집행할 권리를 갖는가? 발전의 속도, 우선순위, 방식, 수혜자, 비용 분담을 결정하는 권력은 누구에게 있는가? 발전의 주체가 인민인지, 아니면 국가인지, 혹은 지도부인지가 애매한 상태에서 '발전=정의'라는 언어는 쉽게 '국가 주도의 발전=국가 주도의 정의'로 귀결된다. 즉, 정의가 보편적 기준이 아니라 우리가 정하는 정의로 바뀌는 것이다.

녹색 일대일로는 이 지점을 한 단계 더 강하게 추진한다. 발전은 이제 더 이상 단순한 물질적 성취의 문제가 아니라, 윤리의 문제가 된다. 중국은 발전을 인권의 실천이라고만 말하지 않고, 친환경적 발전을 책임의 실천이라고 말한다. 즉 "우리는 단지 경제를 도운 것이 아니라, 지속가능성과 기후 정의까지 도왔다"라고 주장할 수 있는 언어적 위치로 이동한다. 이 이동은 매우 중요하다. 왜냐하면 이것은 중국이 경제협력국을 지원하는 행위 자체를 도덕적으로 정당화하는 동시에, 비판을 선제적으로 무력화하는 효과를 내기 때문이다. "우리는 석탄 대신 태양광을 설치한다. 이건 착한 일이다. 착한 일을 하는데 왜 비판하나?"라는 구조다. 하지만 문제는 여기서도 동일하게 반복된다. 그 책임의 기준은 누가 설정하는가? 그 녹색 전환의 기술은 누구의 공급망에 묶여 있는가? 그 프로젝트의 데이터와 운영권은 누구의 서버와 계약에 연결되는가? 즉, 책임은 보편적 윤리의 이름으로 등장하지만 실제로는 국가 주도의 도덕적 명령으로 기능하게 된다. 우리가 해주는 방식이 곧 책임 있는 방식이라는 구조가 형성되면서, 발전은 해방의 언어에서 다시 관리의 언어로 전환된다. 표면적으로는 자립과 역량 구축을 돕는 것처럼 보이지만, 동시에 그 자립과 역량 구축의 경로 자체가 중국식 기술·중국식 관리·중국식 금융에 귀속되는 구조가 된다.

이중성은 기술의 분야에서 가장 뚜렷하게 드러난다. 중국은 녹색 인프라를 단순한 에너지 설비나 산업 설비로 보지 않는다. 태양광 패널과 배터리, 전기차 충전 인프라, 스마트 전력망, 초고압 송전망, 지역별 수요와 공급 균형을 자동조정하는 전력 관리 소프트웨어, 그 전력망을 모니터링하는 데이터 센터, 그 데이터를 해석하는 인공지능, 그 인공지능을 운영하는 클라우드까지, 이 모든 것은 하나의 통제 가능한 생태계다. 이 생태계는 표면적으로는 청정에너지의 이전, 탄소 감축 역량의 확산, 에너지 빈곤의 완화라는 선의의 얼굴을 하고 있다. 실제로도 그 효과가 없는 것은 아니다. 전력 접근성이 낮았던 지역에서 안정적 공급이 가능해지고, 디젤 발전에 의존하던 지역이 태양광과 배터리로 전환되는 것은 분명 물질적 개선이다. 그래서 이 인프라는 현지 발전이라는 말과 결합해 매우 강력한 설득력을 갖는다. 하지만 그 구조를 자세히 들여다보면, 운영체계와 핵심 분석 서버, 유지보수 의존성, 부품의 교체주기, 소프트웨어 업데이트 권한, 보안 패치 권한 등이 중국 본토나 중국 기업의 통제 하에 놓이는 경우가 많다. 즉, 에너지 자립의 외형 아래 데이터 종속의 구조가 자리 잡고 있다. 이건 단순히 장비를 수입했기 때문에 어쩔 수 없다는 수준의 문제가 아니다. 전력 데이터는 곧 국가의 산업지도, 인프라 취약성, 생산 규모, 소비 패턴, 계절별 수요곡선, 즉 거버넌스의 내부 구조를 드러내는 전략적 정보다. 그것이 외부 기업(더 정확히 말하면 외부 국가에 가까운 기업)의 클라우드, 외부 표준, 외부 업데이트 주기에 묶인다는 것은 에너지 주권과 디지털 주권이 동시에 외부와 연결되는 것을 의미한다.

중국식 용어로 표현하자면 이것은 서로의 데이터가 신뢰를 통해 연결되는 상호 안보 구조이고, 서구식 비판의 언어로 표현하자면 이는 환경의 이름으로 구축된 디지털 영토다. 이 둘은 서로 다른 해석처럼 보이지만 사실은 같은 장면을 다른 각도에서 기술하고 있을 뿐이다. 중국은 여기에 표준을 결합시킨다. 표준은 사실상 법보다 강력한 규율이다. 전력망이 어떤 통신 프로토콜을 사용할지, 각종 센서가 어떤 형식의 데이터를 어떤 주기로 수집해 어떤 방식으로 중앙 서버에 보고할지를 누가 정의하느냐는 곧 누가 시스템의 언어를 장악하느냐의 문제다. 일대일로(一帶一路)는 전통적으로 철도 표준과 항만 운영 표준, 건설 자재 표준을 통해 중국식 산업 생태계를 수출했지만, 녹색 일대일로 단계에서는 이 표준 경쟁의 대상이 에너지 운영 소프트웨어, 스마트시티 교통 관리, 환경 모니터링 네트워크, 재난 감시 AI 등으로 확장되었다. 즉, 물리적 표준(철도의 규격)에서 정보적 표준(데이터의 형식)으로 중심축이 이동했다. 그 결과 협력 관계는 동시에 규범 관계가 된다. 한 번 중국식 표준으로 구축된 관리 체계는 쉽게 다른 표준으로 갈아탈 수 없다. 표준은 곧 귀속이다. 귀속은 곧 의존이다. 의존은 곧 통제 가능성이다. 이것이 기술 차원에서의 이중성이다.

중국은 이러한 기술적 귀속 구조에 금융을 결합시킨다. 금융은 일대일로(一帶一路)의 가장 안정적이면서도 가장 보이지 않는 지배 메커니즘이다. 중국은 인민은행과 AIIB(아시아인프라투자은행)를 중심으로 녹색채권, 녹색금융 기준을 제도화하며, 이를 통해 우리는 ESG(환경·사회·지배구조)보다 더 현실적이며 덜 강압적인 국제적 파트너라는 메시지를 외부에 제시한다. 여기서 중국은 서구형 ESG(환경·사회·지배구조) 금융을 비판한다. 서구식 ESG(환경·사회·지배구조)는 감축 의무, 투명성 보고, 규제 준수, 환경영향평가 등 일련의 조건을 전제로 하기 때문에, 개도국의 입장에서는 돈은 빌려주지만 대신 당신의 경제 구조도 바꿔라라는 압력처럼 느껴진다.

중국은 그 지점에서 자신을 차별화한다. "우리는 너희의 발전 단계를 고려한다. 우리는 네가 아직 석탄을 완전히 버리지 못했다는 것을 알고 있다. 우리는 완벽을 요구하지 않는다. 우리는 이행 가능한 수준에서부터 너희를 끌어올리겠다." 이 서사는 매우 효과적이다. 왜냐하면 그것은 서구의 윤리(기후정의)를 강요로 재해석하고, 중국의 자금과 인프라를 동반자적 지원으로 재해석하기 때문이다. 다시 말해 중국은 자신을 처벌 없이 성장할 수 있게 해주는 파트너로 자리매김한다. 그러나 이 유연성은 곧 다른 형태의 경직성을 낳는다. AIIB(아시아인프라투자은행)가 강조하는 상황 맞춤형 원칙, 즉 각국의 조건에 맞춘 환경 기준은 표면적으로는 포용적이지만, 실질적으로는 모든 프로젝트에 대한 최종 판정권을 중앙의 재량(중국이 주도권을 가진 금융·정책 기관)에 부여하는 장치이기도 하다. 규율은 약해지지만, 재량은 강화된다. 표준은 완화되지만, 승인권은 집중된다. 그래서 녹색금융은 규율의 완화가 아니라 규율의 국유화다. 이것은 중요한 포인트다. 서구식 ESG(환경·사회·지배구조)가 규율을 외부(국제규범)의 이름으로 강제했다면, 중국식 녹색금융은 규율을 내부(우리의 관계, 우리의 신뢰)의 이름으로 협상한다. 어느 쪽이 더 유연해 보이는가? 당연히 중국식이다. 그러나 어느 쪽이 더 정치적으로 장악하기 쉬운가? 역시 중국식이다. 즉, '우리는 덜 간섭한다'라는 메시지 자체가 일종의 간섭 방식이 되는 역설이 발생한다. 여기에 통화가 개입한다. 중국은 위안화 기반 녹색채권을 통해 지속가능성의 언어를 통화의 국제화 전략에 접속시킨다. 즉, 지속가능성은 더 이상 환경 문제에만 머물지 않고 금융거래의 언어, 결제 시스템의 언어, 부채 관리의 언어가 된다. 위안화로 빌리고, 위안화로 결제하고, 위안화로 상환하는 구조가 만들어질수록, 참여국은 달러 체계로부터 상대적으로 거리를 둘 수 있다. 중국은 이것을 탈달러 의존의 기회라고 부르고, 서구는 이를 위안화 블록 편입이라 부른다. 명칭은 다르지만 구조는 같다. 다시 말해 녹색금융은 단순히 '돈+환경'이 아니라 '통화+질서'다. 지속가능성은 그 자체로 윤리적 신호이자 금융 인프라의 진입 경로가 된다. 중국식 표현으로는 도덕적 통화질서이고, 서구식 표현으로는 윤리의 언어를 통해 산업·금융 체계를 재배열하는 통화 전략이다. 두 언어는 달라도 내용은 동일하다. 협력으로 설명되는 이 질서는 실제로는 통화와 부채, 지급결제망, 신용위험 관리, 프로젝트 담보, 법적 분쟁 조정권까지 중국식 틀 안에 묶는 질서다.

　이중성은 공간의 문제만이 아니라 시간의 문제이기도 하다. 중국은 "우리는 단기 지원이 아니라 장기적 동반자 관계를 구축한다"고 강조한다. 그러나 바로 그 장기성은 의존의 장기화를 의미할 수 있다. 대부분의 일대일로(一帶一路) 기반 인프라·에너지·디지털 프로젝트는 20년, 25년, 30년에 이르는 운영·관리 계약을 전제로 한다. 여기에는 설비만 있는 것이 아니라 운영 소프트웨어의 라이선스, 정기 유지보수, 부품 교체 주기, 보안 업데이트 관리, 데이터 분석 인력 훈련까지 포함된다. 즉, 기술 의존은 계약 기간 전체에 걸쳐 반복적으로 재생산된다. 이것은 단순한 수입이 아니라 구조 편입이다. 초기에 제시된 서사는 "우리가 너희의 자립을 돕겠다"이지만, 10년이 지난 뒤 남는 것은 "너희의 핵심 인프라 운영 체계는 우리의 갱신 주기 없이는 멈춘다"라는 사실일 수도 있다.

협력의 약속은 시간이 흐를수록 통제의 내면화로 바뀐다. "미래를 함께 나눈다"는 말은 시간이 지날수록 "너희의 미래 관리 구조 안에는 우리가 필수적으로 존재한다"로 의미가 이동한다. 즉, 동반자 관계의 영속성은 상호존중의 완충지대이기도 하지만, 동시에 구조적 종속의 고착 메커니즘이기도 하다. 이중성은 구체적 사례에서 더욱 선명하게 드러난다. 예를 들어 케냐의 가리사(Garissa) 태양광 발전소는 중국 수출입은행의 자금과 중국 기업의 시공으로 건설된 동아프리카 주요 그리드 연계 태양광 설비 가운데 하나로 약 5만~7만 가구에 전력을 공급할 수 있는 녹색 협력의 대표 사례로 홍보되었다. 전력 접근성이 낮았던 북동부 지역의 전력 사정을 개선한 것은 분명한 성과지만, 동시에 발전소의 건설·운영, 핵심 기자재의 교체와 유지보수, 관련 소프트웨어 업그레이드가 장기간 중국 기업의 기술·서비스에 의존하는 구조를 낳았다. 즉, 탄소배출 감축과 에너지 빈곤 완화라는 긍정적 효과와 더불어, 전력·데이터 인프라의 핵심 부분이 특정 국가의 기술 스택과 금융 조건에 묶이는 의존 관계가 동시에 형성된 것이다.

파키스탄의 중국-파키스탄 경제회랑(CPEC) 역시 비슷한 양가성을 보여준다. 초기 경제회랑(CPEC) 에너지 프로젝트 상당수는 석탄 발전을 중심으로 설계되었고, 이는 파키스탄의 탄소배출 증가와 지역 대기오염 악화에 대한 우려를 낳았다. 국제사회와 현지 시민사회가 환경 부담을 비판하자, 중국과 파키스탄은 2020년대 들어 재생에너지 비중을 확대하고 녹색 경제회랑(CPEC)을 내세우며 전략을 수정했다. 공식 담론에서는 석탄에서 태양광·풍력으로의 전환이 강조되지만, 실제로는 이미 건설된 석탄발전소의 장기 운영 계약과 대규모 부채, 전력요금 구조가 그대로 남아 있다. 다시 말해, 표면적으로는 녹색 전환이 진행되고 있지만, 그 전환을 가능하게 한 재정·기술·표준 체계는 여전히 중국 중심 회로에 깊게 편입된 상태다. 이 사례는 녹색이 동시에 이미지 관리의 수단이자 기존 의존 구조를 유지·조정하는 장치로 기능할 수 있음을 잘 보여준다. 이처럼 구체적 사례에서 드러나는 녹색 협력의 양가성은, 중국이 제시하는 발전·책임·상생의 언어가 실제 현장에서 어떻게 구조적 권력 관계와 결합하는지를 입체적으로 보여주는 지표이기도 하다.

이 구조 속에서 중국식 세계화는 서구적 세계화와 전혀 다른 언어를 말한다. 중국은 제국, 패권, 개입, 인권 압박 같은 단어를 쓰지 않는다. 대신 상생, 조화, 공동번영, 녹색 전환, 인류 운명공동체라는 단어를 쓴다. 그러나 언어가 다르다고 해서 효과가 완전히 다른 것은 아니다.

서구 근대의 세계화가 군사력과 금융력으로 질서를 강제했다면, 중국식 세계화는 인프라와 기술, 데이터의 흐름을 통해 질서를 내면화시킨다. 서구의 방식이 밖에서 강제로 조정하는 것이었다면, 중국의 방식은 안으로 들어가 구조 자체의 일부가 되는 것이다. 어느 쪽이 더 폭력적으로 보이는가? 전자가 그렇다. 어느 쪽이 더 오래 지속될 수 있는가? 후자가 그렇다. 강제의 시대에서 설득의 시대로 이동했지만, 통제의 본질은 사라지지 않는다. 녹색 일대일로의 도덕적 언어는 전통적 패권의 노골적 강압성을 은폐하고, 규범적 헤게모니의 형식으로 권력을 윤리화한다. 다시 말해, "우리는 너를 억압하지 않는다"라는 말 자체가 이미 관계의 위계를 정당화하는 장치가 되어버린다. 이것이 중국식 현대화의 핵심적인 통치 미학이다. 폭력 대신 설득, 제재 대신 상생, 군사 대신 인프라, 강요 대신 지속가능성. 그러나 매개는 달라졌어도 조율권은 여전히 중심에 집중된다.

국제사회는 이중성에 대해 단일하게 반응하지 않는다. 다수의 남반구 국가는 녹색 일대일로를 서구식 감축 규율에 대한 현실적 대안으로 받아들인다. 서구는 "너는 탄소를 줄여야 한다"고 말하면서 돈과 시장 접근을 조건부로 쥐여준다. 중국은 "너는 탄소를 줄여야 한다. 그런데 그 과정에서 경제성장도 동시에 해야 한다. 그걸 우리가 같이 해보자"

고 말한다. 전자는 규율을 먼저 말하고 지원을 나중에 말한다. 후자는 지원을 먼저 말하고 규율을 나중에 말한다. 이 순서만으로도 협력의 감각은 완전히 달라진다. 그래서 많은 개도국 정부, 특히 에너지 인프라가 미완성 상태이거나 외부 차관 의존도가 높은 정부에게 중국식 구성은 절박하게 들린다. 이것이 중국이 스스로를 발전권을 인정하는 파트너로 제시할 수 있는 이유다.

반면 서구의 시각은 다르다. 서구는 이를 도덕의 이름을 빌린 영향력 확장으로 본다. 유럽연합은 지속가능성의 언어로 위장된 영향력 외교라고 표현하고, 미국은 지속가능한 종속 모델이라고 규정한다. 또 일부 연구자들과 시민사회 단체는 이를 녹색 식민주의 혹은 디지털 종속형 환경협력으로 명명하면서, 군사적 점령이나 강제채무 대신 데이터·기술·운영체계에 기반한 새로운 의존 구조가 만들어지고 있다고 경고한다. 그 비판의 핵심은 이제 채무는 단순히 돈의 문제가 아니라 시스템의 문제라는 점이다. 한 번 깔아놓은 전력망 운영 알고리즘, 안면인식 기반 스마트시티 감시체계, 국가 데이터백업 클라우드, 국경 감시 레이더―위성 연계 등은 "돌려주겠다"고 말해도 되돌리기 어려운 종류의 인프라다. 폐쇄할 수도 없고, 치환 비용은 천문학적이다. 흥미로운 것은 서구의 이러한 비판이 또 다른 역설을 낳는다는 점이다. 서구가 중국식 접근을 도덕을 도구화한 영향력 행사라고 비판하는 순간, 중국은 그 비판을 다시 활용한다. 중국은 "우리가 비판받는 이유는 우리가 약해서가 아니라 우리가 부상했기 때문이다"라는 반서사를 구성한다. 즉, 외부의 비판은 통제의 증거가 아니라 정당성의 증거로 전화된다. "우리가 새로운 질서를 만들고 있기 때문에 기존 질서의 수혜자들이 우리를 공격한다"라는 프레임이 작동한다. 이 재해석 전략은 중국식 현대화의 자기 이미지를 더욱 강화시킨다. 왜냐하면 이 서사는 단지 외교적 방어가 아니라 문명적 선언이기 때문이다. 우리는 너희 질서의 종속적 위치에 있는 것이 아니다. 우리는 우리의 질서를 갖는다. 비판은 관계의 위계를 폭로하려 하지만, 그 폭로가 다시 권력의 자부심으로 재가공되는 순간, 비판은 제어력을 상실한다. 결과적으로 양자 간의 규범 경쟁은 '누가 더 옳은가라'는 도덕 논쟁에서 '누가 도덕을 정의할 권리가 있는가'라는 문명적 권위 경쟁으로 확장된다.

결국 이중성의 구조는 중국식 현대화가 세계 질서의 새로운 중심으로 이동하는 과정에서 필연적으로 발생하는 긴장이다. 중국은 자신을 포용적 발전의 주체이자, 발전권의 수호자이자, 지속가능한 미래의 동반자로 묘사한다. 그러나 그 발전은 특정한 질서와 표준을 전제로 하는 발전이며, 그 포용은 특정한 구조에 편입될 것을 요구하는 포용이다.

협력은 실제로 물질적 개선과 인프라 구축, 전력 안정화, 금융 접근성 확대 등 가시적 이득을 낳는다. 이것은 부정할 수 없다. 동시에 그 협력은 자율성을 부분적으로 제한하고, 의사결정의 범위를 축소하고, 장기적인 운영 구조를 타국의 기술·데이터·금융 아키텍처에 의존하도록 만든다. 즉, 협력은 연대를 낳지만, 연대는 다시 통제를 위한 조건으로 재편된다. 녹색 일대일로의 본질은 환경 그 자체라기보다는 지속가능성이라는 언어를 매개로 한 권력의 안정적 재생산 구조라고 말할 수밖에 없다. 이때 지속가능성은 더 이상 기후 위기 대응이나 생태 전환의 실무적 표어가 아니다. 그것은 국제 질서를 정당화하기 위한 새로운 도덕 언어이자, 주도권을 유지하기 위한 설계 언어다. 따라서 중국식 현대화의 진정한 과제는 단순히 이중성을 해소하는 데 있지 않다. 이 이중성은 사라질 수 있는 종류의 모순이 아니라, 처음부터 이 체제를 움직이게 만드는 동력 그 자체이기 때문이다.

중국식 세계화가 스스로를 대안적 모델로 주장하려면, 이러한 이중성을 외부의 비판이나 서구와의 경쟁 탓으로 돌리는 수준을 넘어서, 체제 내부가 자각적으로 분석·토론하고 조정해야 할 구조적 과제로 받아들이는 것이 필수적이다. 이 체제의 과제는 오히려 이 긴장을 스스로 인식하고 조율할 수 있는 문명적 성찰 능력을 갖추는 데 있다. 발전은 해방이다. 그러나 그 해방은 언제나 또 다른 종속의 가능성을 동반한다. 협력은 평등의 언어로 말해지지만, 그 평등은 언제나 특정한 통제 조건 위에서만 작동한다. 녹색 일대일로가 진정한 전환인지, 아니면 새로운 우회형 패권의 구축인지는, 그 구조의 내부에서 스스로 그 질문을 할 수 있는가에 달려 있다. 만약 이 질문 자체가 억압되거나 불가능해진다면, 즉 "우리는 상생한다"는 언어 그 자체가 더 이상 검증될 수 없는 신념으로 굳어버린다면, 그 순간 녹색 일대일로는 문명적 전환의 실험이 아니라 또 하나의 제국적 서사, 그것도 지배 없는 지배, 협력으로 포장된 통제를 핵심 방식으로 삼는 제국적 서사로 퇴행하게 된다.

중국식 현대화는 스스로를 서구식 패권의 대안으로 자임하지만, 그 내부에는 여전히 기술과 금융을 통한 구조적 예속, 데이터 기반의 장기 관리, 윤리 언어를 통한 자기 정당화, 비판의 역전유를 통한 면책이라는 메커니즘이 작동한다. 세계가 점점 더 중국의 언어, 즉 상생, 조화, 공동번영, 녹색 전환, 운명공동체 로 정렬되고 있는 지금, 중국식 현대화의 성패는 결국 그 언어가 설득과 관리의 언어에서 멈출 것인지, 아니면 진짜로 상호 비대칭성을 인정하고도 공존할 수 있는 문명 간 대화의 언어로 진화할 수 있을지에 달려 있다. 다시 말해, 질문은 이렇게 바뀐다. 중국은 세계와 함께 성장하려 하는가, 아니면 세계를 자신의 궤도에 편입시키려 하는가. 그리고 세계는 그 미세한 차이를 식별할 준비가 되어 있는가.

6. 맺음말
―세계화의 재구성, 질서의 경계에서

중국식 현대화의 외부 전략은 단순한 확장의 서사가 아니다. 그것은 세계화의 구조 자체를 다시 설계하려는 시도이며, 동시에 그 구조 속에서 스스로의 생존 조건을 확보하려는 자기방어의 서사다. 중국은 세계 속으로 들어가되, 그 세계의 언어를 다시 쓰려 한다. 일대일로(一帶一路)와 디지털 실크로드, 녹색 투자와 위안화 결제망, 공급망 재편과 표준 경쟁은 모두 이중적 전략의 변형된 형태이다. 그것은 세계화의 수혜자로 남지 않으려는 의지이자, 새로운 규칙을 제시하는 행위다.

중국식 세계화는 더 이상 수출 중심이나 시장 확대의 문제가 아니다. 그것은 질서의 재배치, 즉 누가 규범을 만들고, 누가 그 규범을 해석할 권리를 가지는가의 문제다. 중국은 서구가 구축한 자유무역의 언어를 그대로 사용하지 않는다. 대신 개방 속의 자율, 경쟁 속의 조화, 성장 속의 안정이라는 새로운 번역어를 만들어낸다. 이 언어는 시장의 논리를 부정하지 않으면서도, 그 위에 국가의 전략적 판단을 중첩하는 방식으로 작동한다. 그 결과, 세계화는 완전히 해체되지 않지만, 더 이상 동일한 세계화도 아니다. 이러한 재구성은 단순한 경제 전략이 아니라 문명적 서사의 전환이다. 중국식 현대화는 발전의 윤리와 통제의 기술, 자율의 서사와 의존의 구조를 동시에 안고 있다. 세계를 향해 열리지만, 그 열림은 언제나 선택적이고 조건적이다. 협력의 언어로 말하지만, 그 협력은 구조적 비대칭 위에서 성립한다. 바로 이 점에서 중국식 세계화는 열림의 전략이자 중심의 재배치다. 그것은 탈서구적 세계화를 지향하면서도, 새로운 '중심―주변 체계'를 재구축할 위험을 함께 안고 있다.

중국의 외부 전략은 결국 세계화를 조율 가능한 질서로 재정의하려는 시도다. 공급망의 다극화, 금융의 지역화, 데이터 주권의 확립, 기술 표준의 자립, 이 모든 요소들은 세계의 복잡성을 관리하려는 통제의 언어로 변한다. 이 통제는 명시적 패권이 아니라, 인프라·규범·데이터를 통해 구축되는 비가시적 중심성이다. 세계는 더 이상 하나의 중심을 갖지 않지만, 각 중심은 여전히 자신이 중심이기를 멈추지 않는다. 결국 중국식 현대화의 외부 전략은 세계화의 대안이 아니라 세계화의 재편이다. 그 핵심은 대립이 아니라 재배치, 거부가 아니라 재설계다. 중국은 기존의 질서를 완전히 거부하지 않는다. 오히려 그 틀을 유지하면서, 그 안의 논리를 바꾸어 놓는다. 자유무역은 여전히 유효하지만, 그 자유는 국가적 판단의 범위 안에서만 보장된다. 개방은 여전히 강조되지만, 그 개방은 언제나 선택적이고 단계적이다.

이러한 이중성은 비판의 대상이기도 하지만, 동시에 현대 국제질서가 실제로 작동하는 방식이기도 하다. 중국식 현대화는 이 현실을 가장 노골적으로 드러내는 모델이다. 그것은 규범적 이상이 아니라, 생존의 논리에서 출발한다. 다만 그 생존이 새로운 의존으로 변하지 않으려면, 스스로의 힘을 세계의 균형으로 환원할 수 있는 성찰이 필요하다. 발전의 속도보다 중요한 것은, 그 발전이 어떤 구조를 만들어내는가이다.

일대일로(一帶一路)의 길 위에서 중국은 더 이상 단일한 행위자가 아니다. 그것은 수많은 국가와 기업, 제도와 기술, 자금과 데이터가 얽힌 복합적 생태계다. 이 생태계의 지속 가능성은 힘의 균형이 아니라, 의미의 균형에 달려 있다. 세계가 중국의 언어로 재편될 때, 그 언어가 공존의 언어로 남을 수 있을지, 아니면 통제의 언어로 굳어질지는 아직 결정되지 않았다.

따라서 중국식 현대화의 외부 전략은 끝이 아니라 과정이다. 그것은 여전히 진행 중인 실험이며, 그 결과는 열려 있다. 세계화의 재편이 다극적 공존으로 향할지, 중심의 재귀로 귀결될지는, 이 체제가 스스로에게 던지는 마지막 질문에 달려 있다. "우리는 세계를 다시 설계하려 하는가, 아니면 세계와 함께 새로이 설계하려 하는가." 그리고 이 질문은 미·중 전략 경쟁과 국제질서 재편의 논의로 이어진다. 경제·기술·규범 차원에서 전개된 중국식 세계화의 실험이 군사·안보·동맹 구조와 어떤 방식으로 맞물리는지를 살펴보는 일은, 중국식 현대화가 궁극적으로 어떤 세계를 지향하는지 이해하는 데 필수적인 다음 단계가 될 것이다. 그 질문이 남아 있는 한, 중국식 현대화는 아직 완결되지 않은 이야기다.

제5장

지정학적 영향
―남중국해 · 대만 · 주변국 관계

1. 들어가는 이야기
―해양 질서의 재편과 지정학의 귀환

중국식 현대화가 내부적으로는 정치적 안정과 사회적 통합, 그리고 고품질 발전을 통해 체제의 지속 가능성을 강화해왔다면, 그 외부적 차원에서는 해양과 주변 공간에서의 영향력 확장을 통해 질서의 외연을 넓혀왔다. 20세기 후반 이후의 발전이 산업과 경제의 구조 전환을 통해 체제의 내구성을 다지는 과정이었다면, 21세기의 중국은 더 이상 경제적 부상이라는 단일한 서사로 설명될 수 없다. 그것은 국경과 해양, 전략적 공간의 재정의를 통해 자국의 발전과 세계 질서의 구조를 동시에 다시 쓰는 과정으로 진화해왔다. 해양 강국이라는 국가 전략은 단순한 국방정책의 부속이 아니라, 근대 이후 상실된 주권의 복권과 세계 속 자율적 주체로의 복귀를 상징하는 정치적 언어였다. 중국식 현대화가 경제적 부흥을 넘어 문명적 부활을 지향하는 한, 해양은 그 서사의 외연이자 주권의 물리적 상징으로 자리한다. 해양 강국의 기조는 국방 분야의 하위 정책이 아니라, 근대 이후 상실로 인식된 주권과 주체성의 복권을 강조하는 국가적 담론으로 정착했다. 바다는 더 이상 단순한 교역 경로가 아니라 주권·안보·발전이 교차하는 정책 공간으로 재정의되며, 항만·해상로·디지털 인프라가 결합된 경제와 안보의 복합 네트워크로 기능한다. 동시에, 미국과 동맹국은 항행의 자유, Quad(4자 안보대화), AUKUS(미국·영국·호주 안보 파트너십) 등 틀을 통해 기존 해양 규범의 지속 가능성을 강조한다. 이처럼 해양 질서는 중국 대 미국의 이분법을 넘어 다층적 협상 구도로 전환되는 중이다.

근대 세계에서 바다는 언제나 힘의 분포를 결정하는 공간이었다. 영국의 제해권과 미국의 해양 패권은 근대 이후 국제질서의 골격을 이루었고, 자유무역과 항행의 자유라는 언어는 사실상 서구적 해양 질서의 규범을 정당화하는 수사였다. 그러나 20세기 말 이후 이 체제의 균열이 점차 드러나면서, 바다는 더 이상 서구의 독점적 공간으로 남지 않게 되었다. 중국은 대륙과 해양을 잇는 이중 구조의 전략을 통해, 근대적 해양 패권 질서 속에서 자신만의 공간적 정체성을 회복하려 했다. 대륙적 내향성과 해양적 개방성을 동시에 유지하는 이러한 구조는 단순한 군사·경제 전략의 문제를 넘어, 세계 공간에 대한 철학적 재배치의 시도였다. 그 결과 중국의 발전은 점차 내부의 성장이 아니라 공간의 확장으로 정의되기 시작했다.

남중국해의 항행권과 대만해협의 안정성, 인도·태평양 전략의 확산은 모두 이 새로운 공간 질서가 작동하는 현장이다. 2010년대 이후 일대일로가 육상에서 해상으로 확장되면서, 중국은 경제적 연결과 안보적 존재감을 병행하는 복합적 전략을 구사하기 시작했다. 항만과 해상로, 통신케이블과 에너지 루트는 단순한 인프라의 네트워크가 아니라, 주권과 발전이 교차하는 지정학적 신경망으로 전환되었다. 남중국해의 섬들은 물리적 영토이자 담론의 상징이 되었고, 그 위에 세워진 활주로와 방공시설은 단순한 방어선이 아니라 주권의 시각화로 작동했다. 중국은 해양권익 수호를 국가 발전의 필수 조건으로 제시하면서, 해양을 단순한 경제적 자원의 장이 아니라 문명적 자율성의 공간으로 재구성했다. 반면 미국과 서구는 이를 국제법적 질서에 대한 도전으로 규정하며, 항행의 자유 작전을 통해 기존 해양질서의 정당성을 재강화했다. 이 충돌은 단순한 군사적 경쟁이 아니라, 서구적 법과 비서구적 주권 개념의 근본적 충돌이었다. 남중국해 문제의 본질은 지도 위의 선이 아니라, 근대 국제법이 구성한 열린 바다 개념의 해체에 있다. 중국은 9단선(九段线)이라는 자의적 경계를 통해 서구가 설정한 해양 공공재 개념에 도전하고, 역사적 권리라는 새로운 법적 논리를 제시했다. 여기서 주권은 영토적 권리가 아니라 역사적 기억의 복권이자, 발전의 지속을 위한 제도적 정당성으로 재정의된다. 중국식 현대화는 법의 형식을 유지한 채 그 의미를 다른 방향으로 돌리는 방식으로 작동한다. 법은 중립적 규칙이 아니라 권력의 언어이며, 규범의 보편성은 해석의 주체에 따라 달라진다. 이로써 국제법은 단일한 기준이 아닌, 해석의 정치학으로 변모하고, 해양 질서는 그 해석의 장에서 재편된다. 그 결과 해양의 자유는 더 이상 당연한 것으로 여겨지던 전제일 수 없게 되었고, 각국은 자유와 주권 사이의 새로운 균형점을 모색하기 시작했다.

대만은 이 새로운 균형의 또 다른 축이다. 그것은 단순한 분쟁의 대상이 아니라, 지정학·경제·기술이 교차하는 체제 경계선의 상징적 공간이다. 이러한 맥락에서 하나의 중국 원칙은 단순한 외교적 슬로건이 아니라, 국가 정체성의 근본 원리이자 현대화의 완결을 상징하는 문명적 언어다. 대만 문제는 중국에게 영토가 아니라 시간의 문제이며, 근대 분단의 기억을 역사적 정상 상태로 되돌리는 과정이다. 동시에 대만은 반도체·AI(인공지능)·통신장비 등 글로벌 공급망의 핵심 노드로서, 기술주권의 문제와 안보 담론이 교차하는 현대적 지정학의 핵심 교차점이기도 하다. 미국의 기술 봉쇄와 동맹 강화, 중국의 기술 자립과 통일 서사는 이 공간에서 맞물리며, 안보와 산업, 법과 기술의 경계를 흐릿하게 만든다. 이러한 복합적 구조 속에서 대만해협은 근대적 분단의 기억을 넘어, 세계 질서의 구조적 변환이 시험되는 지점으로 부상하고 있다.

한편 주변국들의 전략은 그 어느 때보다 복합적이고 유동적이다. 우리나라와 일본은 한미일 안보협력을 강화하면서도, 중국과의 경제 연결을 단절하지 않는 이중 전략을 구사하고 있다. 이는 단순한 실용주의의 표현이 아니라, 세계화의 분절 속에서 살아남기 위한 구조적 적응의 결과이다. 두 국가는 미국의 기술과 안보 체제 안에서 제도적 연대를 유지하면서도, 중국의 시장과 공급망에 대한 의존을 현실적으로 관리해야 하는 이중적 공간의 행위자로 존재한다. ASEAN(동남아시아국가연합)은 이보다 다른 차원의 자율성을 추구한다. 동남아 각국은 미·중 간 대립 구도에서 비동맹적 중립을 전략적으로 활용하며, 균형적 자율성을 외교의 핵심 원칙으로 삼고 있다. 이러한 행위는 힘의 균형을 넘어, 동아시아가 하나의 단일 질서가 아니라 다층적 질서의 병존 체계로 이행하고 있음을 보여준다. 이러한 ASEAN(동남아시아국가연합)의 균형 전략은 비간섭 원칙과 합의제에 기반하며, 이를 통해 어느 한 강대국의 전략에 종속되지 않는 집단적 자율성을 유지하고 지역 다자주의의 중심성을 확보하려는 제도적 구조를 형성한다. 결국 21세기 동아시아의 해양 질서는 '열린 바다'라는 근대적 이상이 현실의 경계로 되돌아오는 장면이다. 국가들은 다시금 바다를 주권의 연장선으로, 경제를 안보의 범위 안에, 규범을 전략의 도구로 인식하기 시작했다. 중국식 현대화는 바로 그 회귀의 중심에서, 서구적 근대화가 설정한 보편의 언어를 변환하고, 세계의 질서를 다시 의미화하려는 문명적 실험으로 작동하고 있다. 남중국해의 항로, 대만해협의 긴장, 우리나라·일본·ASEAN(동남아시아국가연합)의 복합적 대응은 모두 하나의 방향으로 수렴한다. 세계 질서의 언어를 다시 쓰려는 중국의 시도, 그리고 그 시도 속에서 드러나는 근대와 탈근대, 서구와 비서구의 새로운 경계. 바다는 더 이상 단순한 물리적 공간이 아니라, 문명과 권력이 교차하는 상징적 무대이며, 중국식 현대화는 그 위에서 자신만의 근대를 구성하고 있다.

2. 해양 질서와 안보 프레임
―핵심이익과 국제법 사이의 긴장

중국식 현대화가 내륙의 산업화와 사회 안정 위에서 체제의 내구성을 다져왔다면, 그 외연은 해양으로 확장되었다. 해양 강국이라는 구호는 단순한 전략적 수사나 국방 분야의 개혁 의지를 표현하는 행정적 언어가 아니라, 근대 이후 상실된 공간적 주체성의 복원을 요구하는 정체성 선언으로 작동한다. 대륙 중심의 발전국가가 해양으로 시선을 돌린다는 것은 곧 국경 내부에서의 성장 논리를 넘어 국가 정체성 자체의 지리적 배치를 재구성하겠다는 뜻이었다. 내륙의 산업화가 국가의 성장을 의미했다면, 해양으로의 팽창은 국가의 완결을 의미했다. 이 말은 곧, 영토라는 선과 주권이라는 문장이 결합한 국경의 개념이 더 이상 육지에서만 성립하지 않는다는 뜻이기도 하다. 해양은 더 이상 외부로 열려 있는 주변부가 아니라, 국가 내부의 연장으로 흡수된 내면화된 외부가 되었고, 그곳에서 발전·안보·질서라는 서로 다른 언어가 하나의 서사로 묶이기 시작했다. 이 지점에서 중국식 현대화는 단순한 경제성장의 서사가 아니라, 국가 공간을 다시 짜는 문명적 재배치 프로젝트라는 성격을 분명히 드러낸다.

　1990년대 이후 중국이 글로벌 공급망에 깊숙이 편입되면서 에너지·원자재·해상 교통로 의존도가 높아지자, 해양을 체제의 혈관으로 묘사하는 담론이 강화되었다. 이 맥락에서 해양권익 보호는 핵심이익 범주로 상향되며, 주권·안보·발전을 결합한 비양보 영역으로 규정되기 시작했다. 동시에 미국과 동맹국은 항행의 자유 작전, Quad(4자 안보대화), AUKUS(미국·영국·호주 안보 파트너십) 등의 틀을 통해 기존 해양 규범의 지속 가능성과 관행적 질서를 재확인하려 했고, 해양 질서는 중국 대 미국의 이분법을 넘어 다층적 협상 구도로 전환되고 있다. 근대 중국에게 해양은 개방의 상징이 아니었다. 그것은 상실과 굴욕, 그리고 타자의 지배가 시각적으로 드러나는 장소였다. 아편전쟁에서 시작된 일련의 불평등조약은 바다를 통해 들어왔고, 난징조약 이후의 통상항 개방과 조차지, 상하이와 톈진 등지의 조계지는 국제도시가 아니라 주권의 결손지대였다. 홍콩의 조차와 반환 이전의 지위는 단일 지역의 문제가 아니라, 중국 근대사가 무엇을 잃어버린 역사로 기억하는가를 보여주는 가장 농축된 상징이었다. 바다는 국가 발전의 출구가 아니라, 주권의 침식 통로였고, 국제법은 보편의 이름으로 침투를 정당화하는 장치처럼 작용했다. 다시 말해, 중국 근대사에서의 해양은 교역의 장이 아니라 규칙이 외부에서 강제로 들이닥치는 통로였고, 국제법은 상호 합의의 제도가 아니라 힘이 법으로 위장해 자신을 정당화하는 언어였다. 이때 형성된 기억은 단순한 역사적 감정으로 남은 것이 아니라, 오늘날 주권, 핵심이익, 권익 보호라는 현재진행형의 전략 언어로 직접적으로 전이된다. 중국식 현대화의 대외 전략이 해양을 단순한 경제 루트가 아니라 문명적·역사적 복권의 대상이라고 부르는 이유가 여기에 있다.

　1990년대 이후 세계화는 중국에게 두 가지 상반된 효과를 동시에 남겼다. 하나는 경제성장과 산업 고도화에 필요한 에너지·자원·시장 접근을 가능하게 했다는 점이다. 다른 하나는 그 성장의 핵심고리 상당 부분이 해상 교통로, 원자재 수입, 글로벌 해양 물류 구조에 묶여버렸다는 점이다. 특히 말라카 해협을 거쳐 유입되는 원유 비중이 수입 원유의 절대다수를 차지하게 되면서, 말라카 해협의 병목은 경제 문제가 아니라 체제의 생존과 직결된 안보 문제가 되었다. 이 순간 해양은 단순한 외교·경협의 장이 아니라 체제의 혈관으로 재정의되었다. 이 재정의는 즉시 언어의 변화를 불러왔다. 해양권익 보호라는 비교적 온건한 표현은 곧바로 핵심이익으로 격상되었고, 이는 영해 문제나 어업권 분쟁차원이 아니라 국가의 발전 경로와 체제 안정성, 영토 보전이 결합된비양보 영역을 의미하게 되었다. 핵심이익은 협상의 항목이 아니라 전제였다. 말하자면 해양은 더 이상 정책의 문제나 경제의 변수로 취급되지 않고, 국가가 국가일 수 있게 하는 조건 자체로 편입되었다. 시진핑체제 이후 해양 강국 건설이 국가 발전 전략의 핵심 항목으로 명문화된것도, 이와 같은 전환의 제도화된 표현이라 할 수 있다. 그 순간부터 해양은 외부가 아니라 중국식 현대화의 내부가 되었다.

남중국해는 이 전환의 가장 집약된 공간이다. 중국은 역사적 권리를근거로 9단선(九段线)을 주장하며 남중국해의 대부분을 관리 범위 안에 두려 한다. 이 선은 지리적 표시가 아니라, 일종의 서사적 경계다. 즉 "이 수역은 자원의 보고이며, 우리의 생존 기반이며, 우리의 역사적기억이며, 우리의 주권적 자의식이 회복되는 장소다"라는 선언에 가깝다. 이 주장에 동의하지 않는 주변국들, 특히 필리핀·베트남·말레이시아 등은 UNCLOS(유엔해양법협약)의 조항을 근거로 자신들의 배타적경제수역을 주장한다. 여기서 충돌하는 것은 어디까지가 누구의 바다인가라는 경계 분쟁이 아니다. 충돌하는 것은 국제법은 누구의 언어인가, 법은 누구의 역사 위에서 정당화되는가라는, 규범적 정당성에 대한서로 다른 역사 인식과 세계관이다. 2016년 PCA(상설중재재판소)는필리핀의 주장을 상당 부분 받아들였고, 중국의 9단선 주장을 합법적 근거로 인정하지 않았다. 그러나 중국은 이 판결을 무효로 규정하며, 주권은 국제법 위에 존재한다는 원칙을 전면에 세웠다. 이것은 국제법을 거부한다가 아니라 국제법의 보편성이라는 이름으로 서구가 제시해온 해양 규범은 본질적으로 서구의 역사적 힘의 산물이며, 따라서 절대 중립적일 수 없다는 식의 반론이다. 중국식 현대화의 외교 언어에서 법은 합의된 중립 규칙이라기보다, 힘의 언어이자 문명의 자기정의 장치다. 이 지점에서 중국은 법의 중립성을 하나의 정치적 연출로 간주하고, 그 대안으로 발전권과 공정이라는 용어를 내세운다. 이것은 기존 해양질서가 항행의 자유라는 추상적 명분을 통해 사실상 강대국의 해상에서의 영향력 행사 능력을 제도화해온 과정을 비판하면서, 법의 초점을 자유로운 항행에서 생존 가능한 발전으로 전환시키려는 시도이기도 하다. 다시 말해, 중국은 법 자체를 부정하지 않고 법의 중심 질문을 바꾸려는 것이다. 누가 자유를 보장받아야 하는가?에서 누가 발전할 권리를 보장받아야 하는가? 이러한 규범의 재구성은 곧 공간의 재구성으로 전이되었다. 2010년대 이후 중국은 남중국해의 암초를 인공섬으로 확장하고, 항만· 활주로· 방공체계를 포함한 준군사 인프라를 갖추었다. 이 인공섬은 단순한 군사기지가 아니었다. 그것은 지도 속 추상적 선을 눈으로 확인 가능한 실체로 전환시키는, 주권의 물질화된 기호였다. 중국은 기록과 서류로가 아니라 구조물과 기반시설로, 즉 문장 대신 지형으로 말하기 시작했다. 이 장면에서 해양은 더 이상 비어 있는 수역이 아니며, 실효적 점유와 존재의 시각화로 구성된 준영토 공간이다.

미국은 여기에 항행의 자유 작전을 통해 대응했다. 항모전단의 전개와 연합훈련, 공중과 해상 감시 활동은 미국이 스스로를 해양 공공재의 최종 보증자로 위치시키는 행위이고, 동시에 중국을 기존 질서를 교란하는 특이행위자로 지정하려는 시도다. 그러나 이 대립은 냉전기의 양극 대치와는 다르다. 현재의 해양은 둘로 쪼개진 블록이 아니라, 끊임없이 교섭되고 조정되는 중층적 접촉면으로 구성되어 있다. 중국은 무력적 충돌 프레임을 전면화하는 대신, 충돌 가능한 경쟁이 아니라 조정 가능한 경쟁이라는 표현에 가까운 구조를 선호한다. 이것은 단순히 유화 제스처가 아니라, 질서 안에서의 경쟁자로 자신을 자리매김하려는 전략이다. 즉 파괴자가 아니라 재해석자로 등장하는 것이다. 이 지점에서 ASEAN(동남아시아국가연합)이 가지는 의미가 커진다. 중국과 ASEAN(동남아시아국가연합)은 COC(남중국해 행동규범)를 협상 중이며, 이 규범은 분쟁 억제 장치일 뿐 아니라, 누가 합리적 행위자인가를 외교적으로 인증받는 절차이기도 하다. COC(남중국해 행동규범)을 통해 중국은 스스로를 일방적 위협이 아니라 협상 가능한 파트너로 제시하는 동시에, 역내 국가들과의 직접 협상을 통해 미국이 주장하는 규칙 기반 질서의 보편성을 상대화한다. 하지만 이 협상은 감시와 집행 주체, 법적 구속력, 해석권의 귀속 문제에서 쉽게 멈춘다. 그 이유는 개별 도서나 해역의 주인이 누구인가의 문제가 아니라, 해양을 공공재로 정의할 것인가 주권 공간으로 정의할 것인가, 다시 말해 바다가 누구의 언어로 규정될 것인가라는 더 근본적인 층위가 부딪히기 때문이다.

중국의 해양 전략은 주권·안보·법이라는 세 개의 축으로 이루어진다. 첫째, 주권의 축은 근대적 분할 이후 상실된 국가 정체성의 회복을 표상한다. 이 주권은 단지 오늘의 영토를 지키는 것이 아니라, 역사적 상실을 제도 속으로 되돌리는 과정이다. 역사적 권리라는 언어는 기억을 권리로 번역하고, 기억을 제도화하며, 제도화된 기억을 다시 국제적 명분으로 되파는 복합적 장치다. 둘째, 안보의 축은 경제적 생존의 논리와 결합한다. 해양 통제는 곧 무역과 에너지의 안정적 유통이며, 이 루트는 해양 실크로드라는 이름으로 경제 구상의 일부처럼 보이지만 실제로는 체제의 안정성과 직결된 전략 인프라다. 즉 항로는 시장 통로이자 정권 생존 통로다. 셋째, 법의 축은 규범을 둘러싼 해석 투쟁이다. 중국식 현대화는 법을 규칙으로 보지 않고, 규칙의 해석 권한을 둘러싼 지속적 협상의 장으로 본다. 발전권과 공정은 개인의 권리 언어가 아니라 국가의 존속과 자율성의 언어이며, 이는 서구가 보편이라고 불러온 가치들을 특정 문명의 경험으로 되돌리는 효과를 낳는다. 이 세 축이 동시에 작동할 때, 해양은 경제 영역도, 군사 영역도, 외교 영역도 아닌, 세 층위가 겹쳐지는 문명적 교차지대가 된다. 바다는 더 이상 주변이 아니라, 중국식 현대화가 스스로를 세계 질서 속에 재현하고 정당화하는 가장 가시적 무대가 된다.

아래 도식은 중국의 해양 전략이 주권·안보·법의 세 축을 중심으로 어떻게 상호 결합하며, 해양 질서의 정당화 구조를 형성하는지를 보여준다. 세 축은 각각 역사적 명분, 경제적 루트, 규범적 정당성을 담당하며, 이들이 합쳐져 중국식 현대화의 해양 전략을 구성한다.

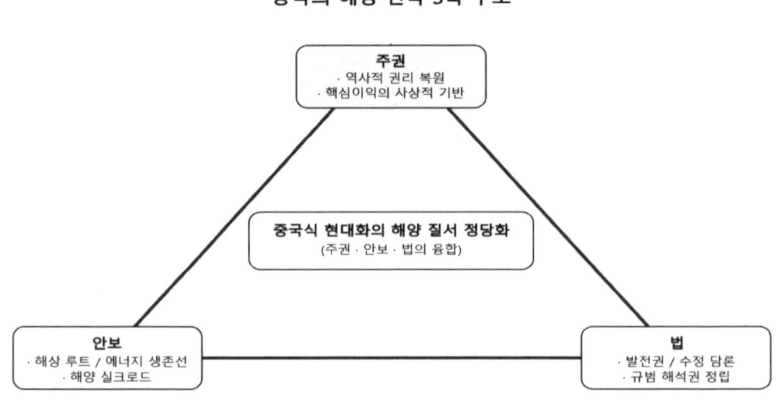

여기서 세 축의 결합이라는 구조는 단순한 병렬 구성이 아니라, 중국이 해양 질서를 인식하는 방식의 위계적 통합을 의미한다. 주권은 전략적 최상위의 원칙으로, 안보는 주권을 실질적으로 유지하기 위한 운용 논리로, 법은 그 운용을 국제 규범 속에서 정당화하는 외교적 언어로 작동한다. 즉, 세 축은 상호 독립된 기능이 아니라, 주권의 목표 아래 안보가 배치되고, 그 안보의 정당화를 위해 법이 사용되는 순차적 구조를 가진다. 이 구조적 위계는 도식 내부의 삼각형 배치와도 정확히 대응한다.

이 구조를 떠받치는 정신적 토대가 바로 핵심이익 개념이다. 중국에서 핵심이익은 어느 부처의 정책 목록이 아니라, 국가 정체성의 경계를 표시하는 사상적 좌표다. 주권, 안보, 발전은 이 좌표 안에서 결합되며, 이는 곧 불가양, 즉 양보 불가능한 지대로 명명된다. 남중국해 도서의 귀속 문제, 대만 해협의 지위, 전략 해상로의 통제력은 단순한 외교 카드가 아니다. 그것들은 모두 체제의 존속 가능성과 직결된 문제로 재해석된다. 이 재해석은 외부를 향한 신호인 동시에 내부를 향한 메시지이기도 하다. 대외적으로는 '양보할 수 없는 주권의 선'을 천명함으로써 협상의 레드라인을 명확히 하고, 대내적으로는 "우리는 근대의 상실을 더 이상 반복하지 않겠다"는 정통성의 근거를 제공한다. 즉 핵심이익은 바깥을 향한 전략언어이자 안쪽을 향한 통치 언어다. 여기서 남중국해의 인공섬은 군사기지가 아닌 체제 정당성의 시각적 상징물로도 기능한다. 제도화된 주권은 법률 조항이나 외교 성명만으로 완성되지 않는다. 제도화된 주권은 사람들의 눈앞에 존재하는 것으로, 즉 구체적 장소와 인공적으로 조성된 토지와 깃발과 시설로 등장할 때 비로소 체감된다. 중국은 해양에서 바로 그 작업을 수행하고 있다. 해양은 기억의 장소이자 통치의 무대가 된다.

이 구조가 역내에 미치는 파장은 단순히 미·중 간의 힘의 문제로 환원되지 않는다. 미국은 인도·태평양 전략을 통해 해양동맹을 재편하고 있으며, Quad(4자 안보대화), AUKUS(미국·영국·호주 안보 파트너십)를 통해 해양 감시, 정보 공유, 잠재적 억지력의 네트워크를 구축하려 한다. 이는 규칙 기반 질서라는 수사로 제시되지만, 실제로는 서구 해양질서의 지속 가능성을 방어하기 위한 봉쇄적 구도에 가깝다. 중국은 이러한 구도를 해양 공공재의 수호라는 도덕적 언어가 아니라 질서 유지라는 이름의 편향된 관리자 모델로 비판하며, 우리는 파괴자가 아니라 해석자라는 입장을 반복적으로 제시한다. 이 사이에서 우리나라와 일본은 안보 측면에서는 미국과의 제도적 결속을 강화하면서도, 경제 구조에서는 중국과의 상호의존을 쉽게 끊지 못하는 이중 전략의 행위자로 남는다. 이들은 안보와 기술은 미국, 공급망과 시장에서는 중국이라는 이중 배치를 통해, 사실상 하나의 질서가 아니라 두 개의 상이한 질서에 동시에 속해 있는 상태를 제도화하고 있다. ASEAN(동남아시아국가연합)은 이와 다른 방식으로 움직인다. 동남아 각국은 노골적 편승 대신 균형적 자율성을 외교의 원칙으로 삼고, 특정 진영으로 포섭되기를 거부하면서 동시에 중국의 경제력과 미국의 안보 프레임을 모두 활용 가능한 자원으로 관리하려 한다. 인도는 또 다른 변수를 형성한다. 인도는 인도양을 핵심 무대로 삼아 전략적 자율성이라는 오래된 원칙을 재확인하며, 서구 안보축에 완전히 편입되지 않은 채 중국을 견제하는 별도의 자율축을 구축하려 한다. 이처럼 해양 질서는 더 이상 중국 대 미국의 이분법적 구도로 설명되지 않고, 다중의 국가들이 각자의 생존 전략과 체제 논리를 투영하는 다층적 협상 구조로 변해간다. 남중국해는 그래서 단순한 분쟁지역이 아니라, 이 다층적 질서가 겹쳐지며 자기 자신을 드러내는 투명한 단면으로 작동한다.

　　결국 해양 질서는 이제 힘의 경쟁을 넘어 의미의 경쟁으로 진입했다. 국제법의 문장은 여전히 동일하지만, 그 문장을 누가 낭독할 권리를 갖는지, 그 문장을 어떤 역사 위에서 정당화할 것인지가 문제의 핵심이 되었다. 항행의 자유와 주권의 경계는 더 이상 서로를 부정하는 슬로건이 아니라, 어느 쪽의 언어가 보편으로 등재될 것인가를 둘러싼 두 개의 가치 언어다. 발전의 권리와 질서의 안정, 협력과 통제, 평화와 주권은 양립 불가능한 대립적 개념구도가 아니라, 중국식 현대화가 세계에 제시하는 새로운 조합의 어휘다. 해양은 이 어휘들이 실험되고 검증되는 장이며, 그 장은 국가 간 충돌의 장일 뿐 아니라, 문명 간 정당성 경쟁의 장이기도 하다. 중국은 그 장 위에서 근대 이후 서구가 사실상 표준으로 이전해온 법과 규범의 언어를 다시 쓰려 하고, 그 다시 쓰기의 정당성을 "우리는 우리 생존의 토대를 스스로 규정할 권리가 있다"라는 명제에서 끌어온다. 이것은 단순한 패권 추구가 아니라, 보편의 의미 자체에 대한 개입이며, 근대라는 시대가 구성해온 세계의 문법을 다시 배열하려는 시도다. 바다는 더 이상 단순한 경계가 아니다. 그것은 질서가 언어를 얻는 자리이며, 언어가 현실이 되는 자리이고, 중국식 현대화는 그 자리에서 스스로를 하나의 질서이자 하나의 문명적 서사로 제시하고 있다.

3. 대만을 둘러싼 전략 환경
─분단의 연속성과 통일서사의 정치화

중국식 현대화의 외연에서 대만 문제는 단순한 영토 분쟁이나 민족 통일의 과제가 아니라, 국가 정체성과 체제 정당성이 교차하는 정치적 핵심축으로 기능한다. 대만은 근대 중국의 분단 기억이 응축된 공간이자, 국가 주권의 완결성과 체제의 정통성이 동시에 투사되는 상징적 무대이다. 다시 말해 대만은 중국이 어디까지인가라는 지리적 질문이자, 중국은 어떤 국가인가라는 존재론적 질문에 동시에 답하도록 요구받는 장소다. 시진핑 체제에서 중화민족의 위대한 부흥(民族复兴)이라는 서사는 경제성장이나 산업 고도화, 과학기술 자립 같은 내부 발전지표만으로는 완결되지 않는다. 그 서사가 구체적 형상을 갖는 순간은 "분단된 역사를 회복한다"는 선언이 국가적 필연으로 제시될 때이며, 바로 그 지점에서 대만 문제는 체제의 미래를 말하는 언어가 아니라 체제의 현재를 정당화하는 언어가 된다. 평화통일과 무력불포기라는 두 방향은 상호 모순이라기보다, 이 서사를 실현 가능한 국가적 의무로 전환시키는 이중적 장치다. 즉 대만 문제는 단순히 군사적·외교적 사안이 아니라, 중국식 현대화가 스스로의 역사적 시간을 어떻게 마무리할 것인가를 묻는 문명적 서사의 일부이며, "우리는 아직 끝나지 않았다"라는 국가적 자기 서사의 핵심 무대다.

중국의 대만 인식은 근대 분단 경험과 결합된 국가의 미완 서사와 맞물려 있다. 1979년 이후 하나의 중국은 외교 교리이자 역사 인식의 프레임으로 기능해 왔으며, 덩샤오핑 시기의 평화통일·일국양제(一国两制) 구상은 점진적 수렴을 강조했다. 시진핑 시기에는 이 서사가 '국가 완결성·문명 복권'과 결합하며 정체성 담론의 중심으로 부상했다. 동시에 무력 사용 불포기 원칙은 2005년 반분열국가법(反分裂国家法)에 의해 법제화되었다. 반분열국가법(反分裂国家法)은 중국이 대만 문제를 단순한 정책 또는 장기적 목표가 아니라, 헌법적 성격을 가진 국가 의무로 상향시킨 장치로 평가된다. 이는 통일을 선택지가 아니라 법률이 예정한 국가의 책무로 규정한다는 점에서, 이후 군사훈련·외교전·내부 선전의 정당성을 제공하는 핵심 근거가 된다.

대만을 둘러싼 중국의 전략적 인식은 근대 분단의 기억에서 출발한다. 19세기 말 청일전쟁의 패배와 함께 대만이 일본에 할양된 사건은 단순한 영토의 상실이 아니었다. 그것은 한국가의 주권이 국제 질서 속에서 타자의 조정에 의해 분리·양도될 수 있었다는 경험, 다시 말해 주권이라는 것이 실체가 아니라 협상의 대상이 될 수 있음을 강제로 학습한 순간이었다. 이 경험은 이후의 중국 정치 담론에서 굴욕의 역사로 압축되었고, 대만은 그 굴욕의 첫 번째 상징으로 남았다. 이때 형성된 인식은 단순한 피해 의식으로 남지 않고, 국가의 미완이라는 지속적 서사로 전환되었다. 이후 국공내전의 종결과 함께 양안이 분리되자, 하나의 중국 원칙은 외교적 문장이라는 차원을 넘어 근대 분단을 임시적이고 비정상적인 상태로 규정하는 역사 인식의 틀이 되었다. 이 인식에서 대만은 잃어버린 영토가 아니라 돌아와야 정상인 일부가 된다. 다시 말해 대만은 중국 내부의 입장에서 볼 때 이미 내적인 존재이며, 지금의 분리는 과도기적 현상일 뿐이라는 식의 역사적 서사가 구성된다. 이 역사적 서사는 중요하다. 왜냐하면 여기서 통일은 새로운 상태를 만들어내는 것이 아니라, 원래 상태로의 복귀이자 정상화 절차로 위치하기 때문이다. 즉 통일은 미래지향적 프로젝트가 아니라 지연된 정상의 회복으로 재정의된다.

덩샤오핑 시대의 평화통일·일국양제(一国兩制) 구상은 이러한 서사에 경제적·제도적 유연성을 부여한 실용주의적 절충이었다. 덩샤오핑은 대만을 이념적 대립의 전선이라기보다, 제도 간 차이를 관리 가능한 형태로 봉합해나가는 협상 공간으로 설계했고, 자본과 사람과 담론의 이동을 통해 서서히 같은 생활권으로 편입되는 과정을 상정했다. 이 모델은 통일을 즉각적 사건으로 보지 않고 충분히 관리 가능한 거리의 공존을 전제로 한 장기적 접근으로 보았다. 그러나 시진핑 시대의 통일 담론은 이 실용적 지연 구조를 더 이상 충분한 것으로 보지 않는다. 여기서 통일은 더 이상 협상의 산물이라기보다, 체제의 완결성과 문명의 복권을 동시에 겨냥한 사명으로 자리 잡는다. 대만 문제는 반드시 해결되어야 하고, 조국의 완전통일은 반드시 실현되어야 한다"는 선언은 단순한 전략목표가 아니라, 중화민족의 근대사 전체를 하나의 완결된 역사적 흐름으로 마무리하려는 상징적 순간을 국가 수준에서 제도화하려는 시도다. 이 언어 속에서 통일은 정책이 아니라 역사이며, 선택이 아니라 당위다. 이때 통일의 지연은 자연스러운 현상 유지가 아니라, 굴욕의 연장, 정상 상태의 지연, 국가의 자기완결이 미뤄지는 비정상으로 규정된다. 다시 말해 현상 유지는 서구의 담론에서 안정을 위한 유지지만, 중국의 국가 서사에서는 불완전한 상태의 지속, 즉 정상성의 침해가 계속되고 있다는 의미로 읽힌다. 같은 단어가 구조적으로 다른 윤리적 지위를 갖는다.

덩샤오핑이 구상한 일국양제(一国两制)는 홍콩·마카오 모델과 대만 모델이 구조적으로 동일하다는 의미가 아니었다. 당시 중국 지도부는 대만에 대해 홍콩보다 훨씬 높은 수준의 자치권, 군대 유지, 행정 체계의 독자성 등을 허용할 수 있다는 신호를 반복적으로 보냈다. 이는 중국이 초기에는 통일을 제도 경쟁의 승리를 통해 점진적으로 달성할 수 있다고 보고 있었음을 보여준다. 그러나 시진핑 시대 이후 이 구상은 현실적 효력을 잃었고, 홍콩 국가보안법 이후 대만 사회에서 일국양제(一国两制)에 대한 신뢰는 급격하게 붕괴했다. 이 변화는 중국 내부에서도 통일 방정식을 더욱 정통성·안보 중심의 구조로 재편하도록 촉진했다.

이 차이를 이해해야만 대만 문제의 현재적 구조, 특히 전개 구조가 보인다. 중국의 시각에서 통일은 언젠가 할 수도 있는 일이 아니라 아직 마무리하지 못한 일이기 때문에, 통일은 미래의 선택이 아니라 연기된 과거다. 이 독특한 전개 구성은 대만 문제를 협상 가능한 사안이 아니라 본질적 사안으로 끌어올리며, 국내적으로는 체제 결속의 언어, 대외적으로는 행위의 정당화를 위한 기초 논리가 된다. 이로부터 대만은 단순히 외부전략의 대상이 아니라 내부통치의 자원으로도 기능하게 된다. 중국에서 대만 문제는 대외 안보 이슈이자 동시에 대내 정통성의 근거다. 다시 말해 대만은 밖과의 충돌을 관리하는 문제이자, 안을 수렴시키는 장치다. 국가가 "우리는 결코 포기하지 않는다"고 말할 수 있는 대상이자, 그 말을 통해 국가 내부의 결속을 재확인하는 매개이다. 대만은 국경 밖에 있는 사안이지만, 대만 문제를 둘러싼 서사는 국내 정치의 핵심 축으로 연결된다.

이런 이유로 대만 문제는 더 이상 단순한 지역 분쟁으로 다뤄지지 않는다. 21세기 이후 미·중 경쟁이 구조화되면서 대만은 전략적 완충지대라기보다 체제 간 경계선으로 재정의되었다. 이곳은 군사력, 기술, 외교 질서, 가치 언어가 서로 겹쳐지는 시험대다. 미국은 1979년 대만관계법과 이후 제시된 6개 보장(Six Assurances)을 통해 사실상의 안보 지원 구조를 제도화했고, 대만을 인도·태평양 전략의 전진 거점이자 인도·태평양 패권 경쟁의 시험대로 올려놓았다. 이 구조 안에서 대만은 단지 방어해야 할 민주주의 파트너로 묘사되지 않는다. 미국의 언어에서 대만은 인도·태평양의 안정과 번영을 지키는 핵심 요소, 즉 해상 교통로와 공급망의 안정성을 담보하는 핵심 지점로 정의되며, 이는 곧 경제 질서와 안보 질서를 분리할 수 없게 만드는 장치로 작동한다. 다시 말해 미국은 대만을 군사 동맹국으로 부를 수는 없지만, 경제안보와 기술안보의 허브로 부름으로써 사실상의 준동맹 지위를 부여한다. 최근 우리나라, 미국, 일본, 대만을 묶는 이른바 Chip4(반도체 공급망 협의체) 구상은 반도체 공급망을 사실상 안보 프레임으로 편입시키며, 기술의 이동을 동맹 구조의 일부로 재정의하려는 시도로 읽힌다. 이 과정에서 대만의 반도체 역량은 산업 인프라가 아니라 질서 유지 장치가 된다.

이에 대응하여 중국은 하나의 중국 원칙을 단지 외교적 입장이 아니라 국제법적 규범의 기초로 천명하며, 대만의 국가적 공간을 축소시키는 외교전을 지속적으로 전개해왔다. 1990년대 30여 개국이었던 대만의 수교국은 현재 12개국 수준으로 줄었고, 중국은 이를 단순한 외교적 고립이 아니라 주권 복원의 외교적 과정이라고 호명한다. 즉 외교적 압박은 국제사회에서 대만의 공식적 주체성을 제거하는 동시에, 중국 내부에서는 "우리는 이미 정상성을 되찾아오고 있다"라는 인식을 강화하는 장치다. 다시 보면, 외교, 군사, 법은 분리된 영역이 아니라 서로를 정당화해주는 유기적 체계이다. 외교적으로 대만의 공간을 줄이고, 군사적으로 통제 능력을 가시적으로 드러내고, 법적으로 그 과정을 불가역적인 국가 의무로 확정하는 절차는 서로의 정당성을 강화하며 맞물려 작동한다.

군사적 압박은 그 자체가 정치적 언어다. 대만해협 주변에서 반복적으로 이루어지는 항모전단 전개, 미사일 시험, 전투기의 ADIZ(방공식별구역) 진입은 단순한 무력시위라기보다 정상 상태의 명시적으로 드러내는 것이다. 즉 중국은 자신이 상정한 정상 상태를 물리적으로 재현해 보여주면서, 그 상태가 아직 제도적으로 승인되지 않았더라도 이미 사실로 존재하고 있다고 주장한다. 전투기의 비행 경로와 함정의 회전 각도, 미사일 고도와 낙하 지점은 모두 전략적 의미를 갖는다. 그것은 "우리의 주권은 협상의 대상이 아니라 현재진행형이다"라는 메시지이며, 동시에 내부를 향해서는 "국가 서사는 되돌릴 수 없는 궤도 위에 있다"라는 안심의 언어다. 이런 군사행동은 언어의 시각화이자 행동의 문장화다. 중국은 총구로 말한다기보다, 행동의 패턴 자체를 하나의 공식적 발언으로 제도화한다. 이는 즉각적 충돌로 이어지지 않으면서도 주권의 존재감을 드러낼 수 있는 방식이다. 다시 말해 군사력은 전쟁을 개시하는 도구라기보다는 전쟁 이전 단계에서 "우리는 여기 있고, 이 상태가 당연하다"라고 말하게 해주는 도구가 된다. 여기에 법이 개입한다. 2005년 제정된 반분열국가법(反分裂国家法)은 무력행사의 조건을 법으로 명문화했다. 이 법이 하는 일은 단순하다. 통일을 정치적 목표가 아니라 헌법적 의무로 전환하는 것이다. 법은 정치의 정당성을 보증하고, 정치는 무력의 불가피성을 설명하고, 무력은 다시 법적 합법성을 확인하는 구조가 만들어진다. 이 순환 구조는 중국식 현대화가 강조해 온 법치와 투쟁의 병존, 개혁과 통제의 병렬이라는 내적 리듬과 정확히 맞아떨어진다. 이것은 중국식 법치가 서구적 자유주의 법치와 다르게 작동한다는 것을 보여준다. 중국식 법치는 통제의 합법화 장치이자 정통성의 형식화 장치이며, 대만 문제는 그 법치 구조를 가장 정제된 형태로 드러낸다. 즉 무력은 곧바로 불법이 되지 않고, 오히려 법에 의해 예정된 가능성으로 존재하게 된다. 이 상태에서 통일은 국가가 '할 수도 있는 일'이 아니라, '해야만 하는 일'의 범주로 옮겨간다. 의무화된 미래는 곧 현재의 정당성이 된다. 기술·산업의 차원에서 대만은 완전히 다른 방식으로 다시 핵심적 위치를 차지한다. 반도체 산업은 이미 군사력 이상의 전략 자산으로 간주된다. 세계 반도체 생산 역량의 상당 비중을 차지하는 TSMC는 첨단 공정의 절대 다수를 대만 내에서 운용하고 있고, 이는 실제로 미·중 경쟁의 가장 민감한 교차점이 된다. 미국은 TSMC 등 핵심 생산능력을 미 본토와 동맹권 안으로 끌어들이려 하며, 공급망을 우방 연계형 안보 자산으로 재구성하려 한다. 여기서 대만의 반도체는 단순한 산업 인프라가 아니라 자유 세계의 전략적 자산이라는 언어로 불린다.

반면 중국은 이를 정반대의 언어로 번역한다. 중국은 반도체 굴기(半导体崛起)를 단순한 기술 자립이 아니라 생존의 문제, 나아가 체제의 존엄과 직결된 문제로 정의한다. 중국제조 2025, 중국표준 2035, 디지털 실크로드 같은 국가 전략은 산업정책이자 안보전략이고, 동시에 문명적 자율성의 선언이다. 그 안에서 대만은 더 이상 단순한 외부 협력 파트너도, 단순한 이웃도 아니다. 대만은 '누가 미래 기술의 표준을 작성할 것인가'라는 싸움의 교차점이 된다. 즉 대만은 기술의 조달 지이면서, 규범 투쟁의 현장이다. 기술 통제는 산업 경쟁력을 넘어 체제 자율성으로 번역되고, 공정의 물리적 위치는 단순한 생산기지의 문제가 아니라 '주권이 어디까지 공간적으로 확장되는가'의 문제로 재해석된다. 이처럼 기술 경쟁은 체제 경쟁의 경제적 얼굴이며, 대만은 그 얼굴에 새겨진 윤곽선이다.

이 모든 구조를 통합적으로 보면 시진핑 체제의 대만 전략은 평화통일과 무력 사용 불포기라는 두 명제를 병렬적으로 유지한다. 바깥에서 보면 두 문장은 모순이지만, 내부의 리듬에서는 하나의 연속이다. 중국식 현대화는 오래전부터 안정과 투쟁, 개방과 주권, 성장과 통제라는 서로 다른 논리를 동시에 유지해왔다. 대만 문제에 투사된 이 구조는 다음과 같이 읽힌다. 평화통일은 이념이 아니라 과정, 무력불포기는 목표가 아니라 원칙이다. 평화통일은 "우리는 아직도 협상을 열어두고 있고, 우리는 합리적 행위자다"라는 대외 언어이고, 무력불포기는 "하지만 그 협상이 끝내 닫히더라도 우리는 물러서지 않는다"라는 대내 언어다. 둘은 서로 상쇄되지 않는다. 오히려 둘이 동시에 존재하기 때문에 체제는 스스로를 유연하지만 단호한 주체로 묘사할 수 있다. 이 점에서 대만 전략은 즉각적 통일을 추구하는 전광석화식 흡수 통일 모델과도 다르고, 무기한 현상 유지를 사실상 상수로 받아들이는 모델과도 다르다. 그것은 지속적 과정 속에서 이미 방향은 결정된 상태라는 구조다. 통일은 특정한 날짜의 사건이라기보다, 방향성 그 자체로 제시된다. 방향이 곧 정당성이고, 정당성이 곧 현재의 통치 기반이 된다.

여기서 중국식 현대화의 리듬인 성장·안정·통제의 병행은 대만 전략에서도 동일하게 작동한다. 중국은 자신이 현상 변경 세력이 아니라 장기적 역사 정상화 프로젝트의 수행자라는 이미지를 구축하려 한다. 이는 대만 전략이 단순한 영토 통합이 아니라, 중국식 근대화의 정당성을 외교·군사·기술·법적 차원에서 동시 구성하는 총체적 프로젝트임을 의미한다. 따라서 대만 문제는 중국식 현대화의 외부 확장 경로가 아니라 내부 정체성 구조의 외연적 표현으로 이해해야 한다.

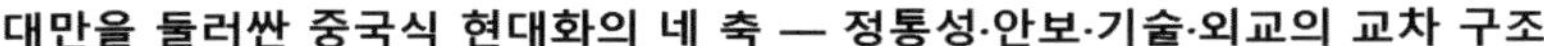

대만을 둘러싼 중국식 현대화의 네 축 — 정통성·안보·기술·외교의 교차 구조

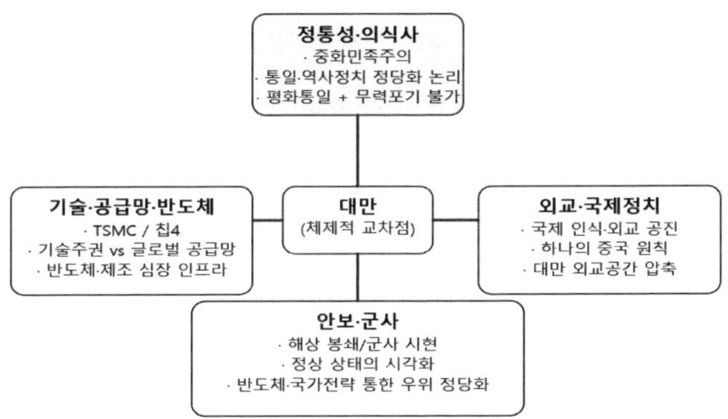

위 도식은 시진핑 체제의 대만 전략이 단순한 통일 정책이 아니라, 중국식 현대화의 정통성·안보·기술·외교 네 영역이 교차하는 체제적 구조임을 보여준다. 상단의 정통성 축은 중화민족 부흥과 체제 정당성의 서사를, 좌측의 안보 축은 군사적 억제와 안정 유지의 원칙을 나타낸다. 하단의 기술 축은 반도체·공급망을 중심으로 한 전략 산업의 자립을, 우측의 외교 축은 국제 규범 속 중국의 존재론적 지위를 시각화한다. 이러한 네 축은 각각 독립된 전략 영역이 아니라, '평화통일—무력불포기'라는 병행 명제 아래 상호작용하는 복합 구조로 작동한다. 따라서 대만은 중국식 현대화의 핵심 모순이자 통합의 축, 즉 국가 정당성과 전략 경쟁이 만나는 교차 지점으로 이해될 수 있다.

결국 대만 문제는 중국식 현대화의 경제적·정치적·문명적 차원이 중첩되는 지점이다. 대만은 근대의 분단과 사회주의 체제의 정통성, 민족 부흥의 목표, 기술 질서의 재편, 그리고 글로벌 규범 경쟁의 전선이 한데 겹쳐진 장소이다. 그만큼 대만은 영토의 문제만이 아니다. 그것은 중국이 근대 국제질서 속에서 반복적으로 자신을 타자화된 존재, 주권의 불완전한 주체로 취급당해온 기억을 전환시키고, "우리는 더 이상 설명되는 존재가 아니라 서술하는 존재다"라고 말하려는 시도의 핵심 지점이다. 통일은 그래서 단지 행정구역의 통합이 아니라, 중국이 스스로의 언어로 세계를 다시 설명하겠다는 선언으로 이해된다. 이 과정에서 대만해협은 단순한 지정학적 경계선이 아니라, 중국이 세계 질서 속에서 근대의 문법을 다시 형성하려는 정치적 무대이자 문명적 실험의 현장으로 부상한다.

해협은 군사적 충돌 가능성의 공간이기도 하지만, 동시에 해석권을 둘러싼 경쟁의 공간이다. 누가 정상 상태라는 단어를 정의할 권리를 갖는가, 누가 현상 유지라는 말을 안정으로 부를 권리를 갖는가, 누가 통일을 침략이 아닌 복원으로 규정할 수 있는가. 이 질문이 곧 중국의 질문이다. 이 미완의 상태는 불안정이 아니다. 오히려 그것은 동력이다. 완결을 지향하면서도 끝나지 않는 상태, 즉 "아직 이루어지지 않았지만 이미 정당하다"고 선언하는 구조 자체가 체제의 에너지가 된다. 대만 문제는 중국 내부의 시각에서 볼 때, 국가 정체성의 반복적 재확인 의식이자, 국제 질서와의 해석 경쟁이 매일 갱신되는 전장이다. 통일이 실현되지 않은 상태는 실패가 아니라, 국가가 여전히 싸우고 있다는 증거이자, 여전히 서사를 주장하고 있다는 증거로 전환된다. 다시 말해 미완성 자체가 정당성의 일부가 된다. 이 지점에서 대만은 단지 '언제 통일할 것인가'의 문제가 아니라, '우리는 누구인가'라는 질문 그 자체로 재부상한다. 결국 대만 문제는 근대적 주권의 완결을 향한 중국의 오랜 시간과 문명적 욕망이 교차하는 지점에서, 중국식 현대화의 핵심 질문인 '근대의 언어를 바꾸지 않고서 우리는 근대를 극복할 수 있는가'를 끊임없이 되살리고 있다.

4. 규범 경쟁과 국제법 질서의 변환
─보편의 재서사화

중국식 현대화가 세계 질서 속에서 스스로의 정당성을 확립해 가는 과정에서 가장 근본적이면서도 조용한 변곡점은 법과 규범의 문제였다. 그것은 군사력이나 경제력과 같은 외형적 힘의 확대보다 훨씬 더 심층적인 차원, 즉 세계가 작동하는 의미 체계의 구조를 바꾸려는 시도였다. 이 지점에서 중국은 단순히 더 강한 국가로 보이길 원하는 것이 아니라, '무엇이 정당한가'를 다시 묻는 국가로 자신을 재위치시키려 한다. 서구 근대화가 구축한 국제법 질서는 오랫동안 보편성이라는 이름으로 자신을 정당화해왔지만, 그 보편은 실제로는 특정한 역사적 맥락 즉, 제국주의의 팽창과 근대국가의 자기서사를 보편으로 둔갑시킨 것이었다. 국제법은 언제나 모든 국가에게 동일하게 작동하는 규칙처럼 설명되었지만, 실제로는 제도화된 힘의 비대칭을 은폐한 언어였다. 국제법은 문명화된 주체와 미개한 타자를 구분하는 제도적 장치였고, 보편은 문명적 위계의 다른 이름이었다. 19세기 서구의 조약 체계, 해양 통상권, 치외법권, 국제중재제도는 모두 보편의 법이라는 명분 아래 제국적 질서를 정당화한 구조였다. 제국은 자신을 문명으로, 타자를 위험으로 규정했고, 법은 그 위계를 합리화해 주었다. 따라서 근대 국제법의 중립성은 실상 제국의 언어를 법으로 번역한 것에 불과했다. 중국이 이 구조를 역사적 불균형이 제도적 중립으로 위장된 상태라고 비판하는 것은 새로운 일이 아니지만, 중요한 것은 이제 그 비판이 외교적 항의가 아니라 국가 전략의 핵심 축으로 승격되었다는 점이다. 중국식 현대화는 이러한 질서에 정면으로 반기를 들지 않았다. 중국은 기존 규칙의 기반 자체를 뒤엎는 급진적 전복자로 자기를 연출하지 않는다. 오히려 서구식 규칙을 파괴하기보다, 그 규칙을 지탱하는 가치의 방향을 바꾸는 전략을 채택한다. 다시 말해 제도 밖의 혁명이 아니라 제도 내부에서의 전환을 선택한다. 국제법의 절차와 형식을 존중하면서 그 내부의 의미를 서서히 변화시키는 것, 이것이 중국식 법질서 전략의 본질이었다.

중국은 국제법의 형식과 절차를 전면 부정하지 않고, 그 안의 가치 중심(개인 자유·시장 규율 → 발전권·집단 안정·문명 조화)을 재배치하려는 경향을 보인다. 이를 보편의 재서사화라 부를 수 있다. 보편 개념을 폐기하지 않되, 그 내용(누구의 보편인가)을 교체하는 방식이다. 인권 영역에서는 생존권과 발전권을, 디지털 거버넌스에서는 데이터 주권을, 환경에서는 생태문명과 2060 탄소중립을 전면화한다. 여기에 더해, 중국 정부는 1991년 발표한 「인권 백서」를 시작점으로 생존권과 발전권 중심의 인권관을 공식화했으며, 이는 이후 유엔 인권이사회에서 중국이 주도한 인권의 집단적 성격 관련 결의안의 기준점이 되었다는 점에서 역사적 연속성을 갖는다. 아래 도식은 이러한 보편의 전환을 시각적으로 보여준다. 도식은 서구 근대 국제법의 보편서사에서 출발해, 중국식 법과 규범 서사를 거쳐, 다원적 규범 질서로 이어지는 의미 이동의 과정을 단계적으로 정리한 것이다. 도식의 왼쪽 상자는 서구 근대 국제법 서사를, 가운데 상자는 중국식 법가형 서사를, 오른쪽 상자는 다원적 규범 질서를 각각 나타낸다. 왼쪽에서는 개인 자유·시장 규율·법의 형식성을 중심으로 한 단일한 보편이 전제되고, 가운데에서는 발전권과 집단 안정, 주권 중심성이 강조되며, 오른쪽에서는 복수의 문명이 공존하는 다중적 보편이 목표로 제시된다. 다시 말해, 도식은 보편의 해체가 아니라, 보편의 의미를 하나에서 여러 개의 축으로 분산시키는 과정을 단계적으로 도식화한 것이다.

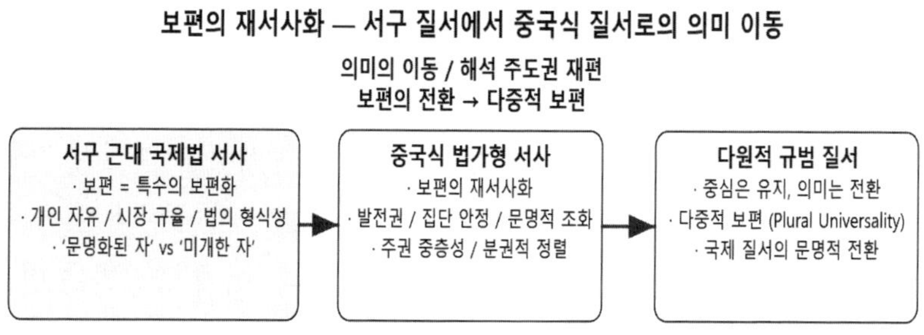

위 도식은 이러한 의미 이동을 서구의 단일 보편 개념에서 중국식 규범 담론, 그리고 다원적 규범 질서로 이어지는 흐름 속에서 시각적으로 정리한 것이다. 이는 중국이 기존 국제 규범의 틀을 해체하기보다 그 의미를 재배치하며 보편성의 해석 주도권을 재구성하는 과정을 보여준다. 이 전략은 외형상 국제 규범 준수라는 언어와 충돌하지 않는다. 그래서 거부가 아니라 해석을 통해 주도권을 가져오는 방식이며, 이 해석의 정치가 사실상 새로운 경쟁의 무대다. 제도를 부정하지 않고, 제도가 작동하는 언어를 교체함으로써, 외형상 충돌 없이 질서의 중심을 이동시키는 방식이다. 이는 체제 내부에서 일어나는 의미의 혁명이라 할 수 있다. 즉 기존 회의장·기구·합의문·조약 틀을 그대로 유지한 채, 그 틀 안에서 합법적으로 정상이라고 인정되는 의미를 바꿔나간다. 중국은 서구가 만든 규칙의 언어를 그대로 사용하되, 그 문장 속에 자신만의 문명적 세계관을 주입한다. 평화, 안정, 협력, 책임과 같은 단어는 더 이상 서구 진영이 독점하는 단어가 아니다. 같은 단어를 쓰되,

그 단어가 의미하는 누구의 평화인가, 누구를 위한 안정인가를 바꾸는 것이다. 이러한 접근은 겉으로는 법의 준수처럼 보이지만, 실질적으로는 법의 해석 주도권을 둘러싼 경쟁이었다. 다시 말해 중국은 규칙을 어기지 않으면서도 규칙을 다시 쓴다.

시진핑 시대의 중국은 국제법을 단순히 조약과 규정의 집합으로 보지 않는다. 그것은 문명 간 정치철학의 충돌이자, 정의와 발전의 균형을 둘러싼 가치 경쟁의 장이다. 즉 국제법은 기술적 합의가 아니라, 문명이 자기 자신을 설명하는 방식이다. 서구의 국제법이 개인의 자유, 시장의 규율, 권리의 중립성을 핵심 가치로 삼는다면, 중국의 법 담론은 발전권, 집단적 안정, 문명적 조화를 강조한다. 이때 발전권은 단순한 경제성장이 아니라, 개별 국가가 자신의 제도·자원·가치에 기반해 발전 경로를 스스로 설계할 주권적 권리로 정의된다. 집단적 안정은 사회적 혼란의 예방을 정당화하는 언어이면서, 동시에 급격한 체제 불안을 초래하지 않는 방식의 점진적 변화를 책임 있는 변동으로 규정하려는 시도다. 문명적 조화는 경쟁과 힘의 균형이 곧 질서라는 서구식 현실주의의 전통과도 다르다. 중국은 국제 관계를 승자와 패자 사이의 힘의 분배가 아니라, 장기적으로 공존 가능한 구조의 조정으로 묘사하려 한다. 중국이 내세우는 공정한 국제질서는 단지 서구의 자유주의 질서에 대한 단순한 반발이 아니다. 그것은 보편을 다시 해석하려는 시도다. 즉 '누구의 보편인가'라는 질문을 통해, 국제법의 중립적 외피 아래 감춰진 문명적 편향을 드러내려 하는 것이다. 이때 법은 단순히 통제의 기술이 아니라 문명의 언어이며, 규범은 억압의 수단이 아니라 질서의 미학적 표현이다. 이 말은 곧, 서구가 법을 통해 세계를 구조화해왔다면, 중국은 이제 법을 통해 세계의 언어를 재배열하려 한다는 뜻이다.

중국의 법치론에서 법과 도덕은 분리되지 않는다. 서구 법사상에서 법은 권력을 억제하고 개인을 보호하는 최소 공통 규칙으로 정의되는 경향이 있지만, 중국식 서술에서 법은 사회를 유지하고 공동체의 지속 가능성을 보장하는 윤리적 구조이다. 법은 권력을 제약하는 절차가 아니라, 국가와 사회의 조화를 유지하기 위한 도덕적 형식이다. 여기서 조화는 단순한 화해나 타협이 아니라, 충돌과 균열이 체제의 존립 자체를 위협하지 않는 방식으로 관리되는 상태를 의미한다. 따라서 법치는 곧 덕치이며, 법의 권위는 제도에서가 아니라 문명적 정당성에서 비롯된다. 이 구조에서 합법은 단순히 절차를 충족한 상태가 아니라, 역사적으로 정당화 가능한 상태, 사회적으로 수용 가능한 상태이기도 하다. 시진핑은 여러 연설에서 법치는 단지 통치의 도구가 아니라 문명의 표현이며, 사회주의 법치는 중국 특색의 문명적 법치라고 반복해 왔다. 이 표현은 법을 서구적 합리성의 산물이 아니라, 문명적 정체성을 반영하는 윤리적 구조로 이해한다는 점을 분명히 한다. 이러한 인식은 공자의 예(禮) 개념, 즉 질서를 가능하게 하는 규범적 행위 양식과, 한비자의 국가 질서론, 즉 통치의 안정성 확보, 그리고 마르크스주의 법철학의 계승이라는 세 층이 겹쳐진 것이다. 다시 말해 중국식 법질서는 근대 서구가 강조한 개인주의적 법 개념을 넘어, 공동체적 윤리와 역사적 정체성을 법의 핵심 원리로 재도입한다. 법은 개인의 권리 총합이 아니라 문명 공동체의 존속성이라는 관점이 여기서 도출된다. 특히 2014년 제4차 전면법치국가 건설회의(全面依法治国)가 이러한 전환을 제도적으로 공식화한 계기로 평가된다는 점에서, 중국식 법치의 노선은 명확한 제도적 분기점을 갖는다.

이러한 관점의 전환은 중국식 현대화의 정치적·철학적 구조와 긴밀히 연결된다. 시진핑의 법치국가 구상은 단순히 법제도를 강화하는 것이 아니라, 법을 체제의 도덕적 정당성을 표현하는 언어로 만드는 데 있다. 다시 말해 국가가 "나는 정당하다"라고 말하는 방식이 곧 법이라는 것이다. 즉, 법은 통제의 수단이 아니라 존재의 언어이다. 법은 정권의 자기표현인 동시에 문명의 자기서사다. 이러한 인식 속에서 국제법 또한 서구가 구축한 가치체계의 표현일 뿐이며, 그것을 재서사화하는 것은 곧 문명 주체로서의 자율성을 회복하는 과정이다. 중국식 현대화 가 국제법을 둘러싼 경쟁을 단순한 외교정책이 아니라 문명적 발언권 확보로 묘사하는 이유가 여기에 있다. "우리는 단지 시장과 안보를 원 하지 않는다. 우리는 세계가 어떤 언어로 자신을 정의할지를 함께 결정 할 권리가 있다." 이 메시지가 반복적으로 부각된다.

중국의 규범 전략은 국제 차원에서도 확장되었다. 인권, 데이터, 환 경, 무역, 사이버 안보 등 다수 영역에서 중국은 서구 중심의 규범 구조 를 재정의하려 했다. 여기서 중요한 점은 중국이 각 영역에서 "우리도 규칙이 있다"라고 말하는 데서 멈추지 않고, "그 규칙이 더 정당하다"라 는 언어로 나아간다는 것이다. 인권 담론에서는 생존권과 발전권이야 말로 인권의 핵심이라고 주장하며, 자유권 중심의 서구 인권 개념을 발 전의 불균형을 은폐하고 구조적으로 종속을 재생산해온 언어로 비판했 다. 즉, 굶주림·질병·빈곤이 해소되지 않은 상태에서의 표현의 자유는 실질적 해방이 아니며, 발전을 방해하는 자유는 자유가 아니라 특권이 라는 주장이다. 디지털 영역에서는 데이터 주권이라는 개념을 제시하 며, 정보 흐름을 개인의 권리 문제가 아닌 국가의 안보와 사회의 안정 성 문제로 재규정했다. 데이터 국경의 통제는 검열의 언어가 아니라 주 권의 언어로 다시 해석된다. "데이터는 인민의 자산이며, 그 자산은 국 가의 안전을 통해 보호되어야 한다"라는 구도가 만들어진다. 이는 '서 구식 프라이버시 vs 권력 감시'의 이분법과 다른 좌표계를 세운다. 또 한 중국은 2020년 글로벌데이터안보이니셔티브(GDSI)를 제안하여 사 이버·데이터 규범에서 서구 중심의 표준을 견제하는 별도의 규범틀을 국제사회에 제시했다.환경 정책 역시 마찬가지다. 중국은 2060년 탄소 중립 목표를 인류 공동의 도덕적 책무로 제시하며, 기후문제를 단순한 기술·산업 조정 문제가 아니라, 문명적 책임으로 끌어올렸다. 생태문명이라는 개념은 환경 규범을 성장의 제약이 아니라 지속 가능한 번영의 조건으로 재정의하는 언어다. 이는 기존의 글로벌 환경 거버넌스가 사실상 선진국의 산업 구조를 유지한 채 개발도상국의 배출을 억제하는 방식으로 작동해왔다는 비판을 전제로하며, 발전할 권리와 지속 가능성의 권리를 동시에 새 보편 기준으로 올리려는 시도로 읽힌다. 즉, 기후 규범도 결국 누가 얼마만큼의 발전을 더 가질 수 있는가?라는 질문과 결합해 버린다. 최근 중국이 글로벌녹색발전파트너십과 아시아와 아프리카 지역에서의 청정에너지 개발 금융을 확대하는 이유도 이러한 규범적 재해석과 연결된다.

이러한 움직임은 규범의 대체가 아니라 규범의 다원화를 의미한다. 중국은 보편을 해체하지 않고, 그 의미를 다양화하는 전략을 취한다. 즉 '보편은 하나여야 한다'가 아니라 '보편은 합의될 수 있다'라는 방식으로, 보편의 내용 자체를 협상의 산물로 다시 배치한다. 이는 문명마다 다른 합리성이라는 전제를 통해 국제법의 유일한 중심을 다원적 축으로 재편하려는 시도다. 다시 말해 서구의 보편적 규범이 유일한 기준이 아니라, 각 문명이 자신만의 질서와 윤리를 통해 공동의 규범 공간을 구성해야 한다는 논리다. 중국은 이 다원적 구조 속에서 자신을 규범의 수용자가 아니라 해석자이자 설계자로 등장시키려 한다. 여기서 "우리는 대안이다"가 아니라 "우리는 또 하나의 보편이다"라는 식의 언어 전환이 이루어진다. 특히 글로벌개발이니셔티브(GDI)는 중국이 스스로를 지역적 특수성이 아닌 또 하나의 보편을 구성할 수 있는 문명적 주체로 자리매김하려는 대표적 시도라는 점에서 규범 경쟁의 외연을 크게 확장시켰다. 국제기구와 다자체제에서 중국의 발언은 명분의 언어가 아니라 전환의 언어다. 중국은 유엔총회, BRICS(브릭스 협의체), G77(77개국 그룹), AIIB(아시아인프라투자은행), 상하이협력기구

(SCO) 등에서 자유·민주·시장이라는 서구 근대의 삼중 좌표에 대응하는 발전·안정·조화의 문명적 좌표를 반복적으로 제시한다. 발전은 자유의 대체재로서 집단적 생존의 정당성을, 안정은 민주주의의 대안으로서 제도적 일관성과 사회적 예측 가능성을, 조화는 경쟁을 넘어선 상호의존을 의미한다. 이 세 좌표는 단순한 가치의 나열이 아니라, 국가 운영의 정당성 기준을 바꾸는 작업이다. 특히 중국이 반복적으로 사용하는 공동번영, 상호존중, 상생과 같은 어휘는 단순한 외교 수사가 아니라, 국제제도 안에 중국식 도덕어휘를 끼워 넣는 방식이다. 이런 어휘가 유엔 결의문, 정상회의 공동성명, 다자기구의 합의문 등에 반복적으로 등장할수록, 해당 어휘는 중국 입장에서 합의된 표현으로 지위를 전환한다. 다시 말해, 단어가 남는다. 단어가 남는다는 것은 곧 해석의 틀이 남는다는 뜻이다. 이것이 규범의 관성이 형성되는 방식이다. 담론은 반복될수록 제도화되고, 제도화된 언어는 곧 현실을 판단하는 기준이 된다.

서구가 구축한 국제법의 보편성은 사실상 특수의 보편화였다. 중국은 이를 정면에서 부정하지 않고 내부에서 서사적 치환을 시도한다. 법의 근거를 유지하면서, 그 법이 작동하는 가치의 방향을 교체하는 것이다. 중국이 유엔 무대에서 강조하는 주권 평등은 형식적 권리의 문제가 아니라 문명적 자결권의 선언이다. 즉 "우리는 우리 방식으로 발전할 권리가 있다"라는 명제다. 이 명제는 단순히 내정 불간섭의 주장으로 축소되지 않는다. 그보다는 "각 문명은 자신에게 적합한 제도와 가치구조를 스스로 정립할 권리가 있다"는, 제도적 다원주의의 주장으로 기능한다. WTO(세계무역기구) 개혁 논의에서 중국은 공정 경쟁을 절대 기준으로 삼는 대신 포용적 발전을 전면에 내세우며, 발전 단계별 차등 원칙을 규범화하려 한다. 이는 동일한 규칙은 동일한 조건을 전제할 때에만 공정하다는 논리다. IMF(국제통화기금) 개혁에서도 중국은 경제적 안정성보다 발전권의 균형을 강조하며, 글로벌 금융안정 구조가 기존의 부를 가진 자들의 부를 지키는 안전망이 되어서는 안 된다고 주장한다. 이는 국제금융질서 역시 중립적 기술이 아니라 역사적으로 편향된 분배구조의 반영이라는 전제를 깔고 있다. 말하자면 중국은 세계경제 규칙의 핵심 질문을 '시스템은 잘 작동하는가'에서 '누구를 위해 작동하는가'로 이끌어간다. 그 이동 자체가 규범 투쟁이다. 이와 같은 관점에서 중국은 탈동조화(de-risking)를 표방하는 서구 담론을 발전권 침해로 규정하며 반박하고, 글로벌 사우스 국가들과의 연대를 강화하는 방식으로 규범적 지지 기반을 폭넓게 구축하고 있다.

결국 이러한 규범적 이동은 법의 탈중립화라는 형태로 나타난다. 법은 더 이상 권력으로부터 독립된 규칙이 아니라, 문명과 권력이 함께 만들어내는 정치적 산물이다. 여기서 "법은 중립이어야 한다"라는 서구식 이상은 "법은 반드시 중립적인 척해 왔다"라는 중국식 해석으로 치환된다. 법은 통제의 장치이자 의미의 장치이며, 따라서 누가 법을 해석하느냐가 세계 질서의 주도권을 결정한다. 이 말은 곧, 국제질서의 핵심 경쟁이 점점 '누가 더 많은 군함을 갖고 있는가'에서 '누가 정상을 정의하는가'로 이동하고 있다는 것이다. 중국은 법의 형식을 그대로 유지하면서 그 의미를 재구성함으로써, 보편의 언어를 빌려 특수의 세계관을 주입하고 있다. 이로써 서구적 법치는 해체되지 않지만, 그 내부의 중립성은 점차 침식되고 있다. 법은 절차의 기술에서 존재의 언어로 이동하고, 규범은 질서의 표현에서 문명적 자의식의 상징으로 변모한다. 다시 말하면, 국제법은 더 이상 균형을 유지하는 도구가 아니라 문명이 자신을 증명하는 무대가 되어간다.

중국식 현대화가 지향하는 규범 질서는 파괴적 혁명이 아니라 서사의 재배치이다. 그것은 기존의 국제질서를 유지하면서 그 속의 가치 체계를 수정하고, 법과 도덕, 권력의 관계를 새롭게 정의하는 문명적 실험이다. 중국은 국제법의 형식을 존중하면서 그 정신을 바꾸는 전략을 통해, 제도적 충돌 없이 세계의 의미를 다시 써 내려가고 있다. 그 과정은 즉각적인 승리나 패배의 언어로 포착되지 않는다. 오히려 그것은 '시간을 통해 세계를 설득한다'라는 방식이다. 군사적 충돌이나 경제제재보다 훨씬 느리지만, 더 깊은 차원에서 질서의 언어를 재편하는 방식이다. 중국식 현대화의 대외 전략은, 외형적으로는 협력과 다자주의를 말하면서도, 그 다자주의의 어휘를 재배치함으로써 자신에게 유리한 문명적 어휘장을 구축한다. 다시 말해, 질서 바깥에서 새 질서를 외치는 것이 아니라, 질서 안에 남아 그 의미를 틀어 조정하는 것이다. 결국 이 과정은 문명 간의 경쟁이자 의미의 경쟁이다.

서구가 구축한 국제법의 보편성은 여전히 제도적 우위를 유지하고 있지만, 그 중심은 더 이상 단일하지 않다. 국제법의 해석권, 규범 언어의 기원, 제도화된 용어의 정당성은 더 이상 서구만이 독점하지 않는다. 중국은 서구의 언어를 빌려 그 안에서 다른 문명의 리듬을 작동시키고 있다. 그것은 총성이 없는 혁명이며, 법과 규범의 문장 속에서 벌어지는 서사의 전쟁이다. 이 전쟁은 국경의 충돌이 아닌, 개념의 충돌이다. 법의 해석권을 둘러싼 이 조용한 투쟁은 근대 이후 세계가 공유해온 보편의 문법을 다시 쓰는 새로운 형태의 정치적 창조다. 중국식 현대화는 바로 그 전쟁의 또 다른 이름이다. 그것은 법과 질서를 무너뜨리는 것이 아니라, 그 내부의 의미를 재편함으로써 세계의 문법 자체를 다시 재구성하는 조용한 문명 혁명이다. 그리고 이 혁명은 단발적 사건이 아니라, 계속되는 서사다. 이는 한 번의 선언이 아니라 축적된 해석의 결과이며, 협약 문구와 다자회의의 공동성명 속에, 그리고 보편이라는 단어가 더 이상 한 곳만을 가리키지 않는다는 사실 속에 남는다.

5. 맺음말
ㅡ지정학과 문명의 교차선

　중국식 현대화가 제시하는 지정학적 서사는 단순한 세력 확장의 담론이 아니라, 근대적 공간 질서에 대한 문명적 재서사화이다. 그것은 바다와 섬, 경계와 규범이라는 물리적 단위를 통해 근대 국제질서의 기초를 이루었던 영토·주권·법의 개념을 다시 쓰는 과정이자, 세계를 구성해온 언어 자체를 재편하려는 시도이다. 남중국해에서의 주권 담론, 대만을 둘러싼 통일 서사, 그리고 국제법의 재해석은 각각의 분리된 현상이 아니라 하나의 긴 사유의 연속선 위에 놓여 있다. 중국은 더 이상 질서의 수용자가 아니라, 질서의 의미를 재정의하는 서사적 주체로 등장했으며, 그 서사의 동력은 군사력이나 경제력보다 무엇이 정당한가를 다시 묻는 언어의 힘에 있다.

　지정학적 경쟁의 표면에는 군함과 미사일, 동맹과 제재가 있지만, 그 이면에는 세계를 어떤 기준으로 설명할 것인가에 대한 철학의 충돌이 존재한다. 서구 근대 질서는 개인의 자유, 시장의 규율, 법의 중립을 보편 가치로 전제해왔다면, 중국식 현대화가 제시하는 질서는 발전, 안정, 조화를 핵심 좌표로 삼는다. 전자가 분절된 개인과 경쟁의 질서를 통해 세계를 구성했다면, 후자는 유기적 공동체와 균형의 질서를 통해 세계의 지속 가능성을 설명한다. 이 두 좌표계의 차이는 단순히 제도나 체제의 차이가 아니라, '세계는 본래 무엇으로 이루어져야 하는가'라는 문명적 질문으로 이어진다. 중국은 해양과 대만, 그리고 규범의 장에서 그 질문을 실험하고 있으며, 그 실험의 결과는 때로 갈등으로, 때로 협력의 언어로 나타난다. 이 모순적 공존의 리듬이 바로 중국식 현대화가 구현하는 지정학의 리듬이며, 이는 공존 가능한 경쟁이라는 역설적 형태로 요약될 수 있다.

중국의 지정학은 스스로를 확장의 논리로 설명하지 않는다. 그것은 복원의 논리, 즉 잃어버린 주권의 복권, 역사적 중심성의 회복, 문명적 주체성의 재구축이라는 언어를 사용한다. 그러나 이 복원은 과거로의 단순한 회귀가 아니라, 세계 질서의 언어 자체를 새로 쓰려는 창조적 재구성이다. 중국은 과거의 제국적 위치로 돌아가려는 것이 아니라, 근대 이후 서구가 독점해온 보편의 개념을 다시 쓰려 한다. 남중국해에서의 주권 주장, 대만을 둘러싼 통일 서사, 국제법의 해석 전환은 모두 그 시도의 서로 다른 측면이다. 바다, 섬, 법, 문장은 모두 한 방향을 가리킨다. 그 방향은 '세계의 규칙은 누가 정의하는가', 그리고 '그 정의 행위는 누구의 문명어에 기반하고 있는가'라는 질문이다. 이 흐름은 필연적으로 다극화의 심화를 낳는다. 미국과 서구는 기존 규범 질서의 우위를 유지하려 하고, 중국은 그 질서의 언어를 재구성하면서 새로운 정당성을 축적하려 한다. 우리나라와 일본은 안보에서는 미국과의 제도적 결속을 강화하는 동시에, 경제·공급망 구조에서는 중국과의 상호의존을 단절하지 않는 이중 전략을 제도화하고 있다. 이들은 안보와 기술 영역에서는 미국, 제조와 시장 영역에서는 중국이라는 이중 배치를 통해 단일한 진영이 아닌 복수의 질서에 동시적으로 속하는 방식을 국가 전략으로 공식화한다. 예컨대 우리나라의 K-칩스법과 일본의 경제안보장추진법은 미국과의 기술 협력을 강화하면서도, 반도체·배터리 공급망에서 중국 시장 의존을 완전히 끊지 않는 양면 전략의 대표적 사례로 평가된다.

ASEAN(동남아시아국가연합)은 또 다른 형태의 자율성을 추구한다. 동남아 국가들은 특정 진영으로의 포섭을 거부하며 균형적 자율성을 외교의 원칙으로 삼고, 중국의 경제력과 미국의 안보 프레임을 모두 선택적으로 활용 가능한 자원으로 다룬다. 특히 베트남·인도네시아·말레이시아는 중국과의 경제협력을 유지하면서도 남중국해 문제에서 일정 수준의 견제를 유지하는 반면, 캄보디아·라오스는 중국과의 결속을 전략적으로 강화하는 등 ASEAN(동남아시아국가연합) 내부에서도 상이한 리듬이 존재한다. 이러한 내부 분화는 아세안이 단일 블록이 아니라 다층적이며 가변적 네트워크라는 점을 보여준다. 또한 최근 인도 역시 전략적 자율성을 유지하며, 미국 중심의 인도·태평양 구도 안에서 완전히 편입되지 않은 채 중국과의 경쟁·협력을 병행하는 제3의 축으로 작동하고 있다. 인도는 Quad(4자 안보대화) 참여, 러시아산 무기 의존 유지, 중국과의 국경 갈등 관리 등을 동시에 수행하며 어떠한 단일 질서에도 종속되지 않는 다층 전략을 전개하고 있다. 인도의 부상은 아시아 지역 질서를 이분법적으로 설명하는 기존 미·중 구조를 더욱 약화시키며, 다층적·비동기적 질서가 가속되는 구조적 변화를 보여준다.

결국 21세기 중국의 지정학은 영토의 확대라기보다 의미의 확장으로 귀결된다. 바다는 더 이상 단순한 경계선이 아니며, 대만은 단순한 분쟁지대가 아니다. 이들은 모두 근대의 언어가 해체되고, 새로운 세계의 문법이 작성되는 현장으로 작동한다. 중국식 현대화는 그 현장에서 '누가 세계를 정의하는가', 그리고 '어떤 언어로 세계를 말할 것인가'라는 질문에 대한 하나의 응답을 제시하고 있다. 지정학은 더 이상 힘의 경쟁만이 아니라 의미의 경쟁이다. 그리고 바로 그 의미 투쟁의 중심부에서, 중국식 현대화는 단순한 국가 발전 모델이 아니라 하나의 문명 서사로 자신을 제시하고 있다.

제6장

규범적 영향
―인권·민주주의, 그리고 대안 규범

1. 들어가는 이야기
―규범 경쟁과 가치 질서의 다극화

21세기 국제질서는 점차 힘의 경쟁에서 규범의 경쟁으로 이동하고 있다. 냉전 이후 세계는 군사력과 경제력이 국제질서의 핵심 동력으로 작동하던 시대를 지나, 이제 그 중심축이 '누가 세계의 규범을 정의하고 해석할 권리를 갖는가'라는 문제로 옮겨가고 있다.이러한 변화 속에서 중국식 현대화가 세계 질서에 미치는 영향은 단순히 경제적 부상이나 기술적 확장만으로는 설명될 수 없다. 그것은 세계가 어떠한 원칙과 가치 위에서 운영되어야 하는지를 둘러싼 규범적 질서의 재편이라는 더 깊은 층위에서 전개되고 있다. 중국은 자국의 근대화 경험을 토대로 서구가 독점해 온 인권·민주주의·법치의 보편 담론을 재해석하며, 근대화의 다른 길을 제시하려 하고 있다. 이러한 전환은 단지 가치의 충돌이 아니라, 보편성과 다양성, 단극과 다극의 경계를 새롭게 설정하려는 시도로서, 국제규범 경쟁의 시대적 전환을 상징한다.

서구의 근대화는 자유주의적 가치, 개인의 권리, 권력분립, 그리고 시장경제라는 일련의 제도적 논리를 통해 인류 보편의 발전 모델을 제시해 왔다. 그러나 중국은 이 보편주의가 특정한 역사적 경험과 문화적 토대 위에서 형성된 서구 문명 내부의 산물이라는 점을 강조한다. 중국의 시각에서 근대화는 하나의 경로가 아니라 여러 경로의 집합, 다시 말해 각국의 역사·사회·문화적 맥락에 따라 다양하게 실현될 수 있는 상대적 과정이다. 이러한 관점에서 인권은 개인의 자유와 권리 이전에 집단의 생존과 발전의 조건으로, 민주주의는 형식적 절차보다 정책의 효율성과 사회적 안정의 결과로, 법치는 권력분립의 장치가 아니라 국가질서 유지와 사회통합의 제도적 수단으로 재해석된다. 이와 같은 설명은 중국식 현대화가 서구 규범을 전면 부정하는 것이 아니라, 보편 개념의 구성 원리를 다른 가치축으로 재구성하려는 시도임을 보여준다. 이 같은 관점의 전환은 단순히 사상적 논쟁이 아니라, 중국식 현대화가 국내적으로 정치적 안정과 체제의 정당성을 유지하는 데 기여하고, 국제적으로는 서구의 규범 패권에 대응할 수 있는 대안적 가치 언어를 형성하는 기초가 된다. 특히 서구 보편주의의 선택성과 역사적 편향에 대한 문제 제기는 중국이 제시하는 규범 담론의 핵심 논거로 기능하며, 규범 경쟁이 단순한 가치 논쟁이 아니라 권위의 재배치를 둘러싼 정치적 과정임을 드러낸다.

이와 같은 규범 담론의 확장은 중국식 현대화가 단순히 경제 발전 모델이 아니라, 정치·사회·문화가 결합된 총체적 체제 서사임을 보여준다. 국내적으로 중국은 공동부유와 사회적 안정을 중심으로, 경제적 성취를 정치적 정당성으로 전환시키는 데 주력해 왔다. 이러한 내적 정당성은 국제무대에서 주권 존중, 내정 불간섭, 발전의 권리라는 외교적 담론으로 변환되어, 기존 서구 중심 질서에 대한 제도적 대안을 제시한다. 다시 말해, 중국식 현대화의 규범은 내부 통치의 원리와 외교적 언어가 상호 반영되는 구조적 통합체로서 작동한다. 이는 경제적 성취와 정치적 안정이 결합되어 중국 모델을 구성하고, 이를 통해 국제사회에서 새로운 문명서사로 확장되는 과정을 가능하게 한다. 이 지점에서 중국식 현대화는 경제 성장의 성공 사례가 아니라, 규범·정치·문화가 결합된 복합적 체제 모델이라는 점이 확인된다. 중국이 제시하는 대안적 규범체계는 단순한 반서구적 대응이 아니다. 오히려 그것은 보편적 가치의 상대화를 통해 국제질서 속에서 문화적 다양성과 제도적 자율성을 제도화하려는 시도로 볼 수 있다. 이러한 시도는 서구 근대성의 단일한 발전서사가 가진 제도적 배타성을 해체하고, 각국이 자국의 조건에 맞는 발전방식을 선택할 수 있는 규범적 다원주의의 기반을 마련한다. 즉 중국식 현대화는 보편성의 해체가 아니라 보편성의 재서사화를 통해, 서로 다른 문명과 제도가 공존할 수 있는 구조적 여지를 넓히려 한다. 이 과정에서 중국식 현대화는 경제와 안보의 층위 위에 규범의 층을 더하며, 국제질서의 재구성을 견인하는 새로운 담론 권력을 확보해 나가고 있다. 이른바 문명형 국가라는 자의식은 단지 문화적 자부심을 넘어, 서구의 근대화를 보편 규범으로 전제해 온 기존 패러다임을 전면적으로 재검토하게 만든다. 결국 21세기 국제질서의 변화를 관통하는 핵심은, 규범의 권력화라 할 수 있다. 중국식 현대화는 자국의 발전 경험을 통해, 국제규범이 서구의 이념이나 제도에서 비롯된 것이 아니라, 각 문명의 역사적 경험과 사회적 맥락 속에서 다양하게 구성될 수 있음을 보여준다. 이때 규범의 권력화란, 규범을 설정·해석·운영하는 권위가 단일 중심에서 복수 중심으로 이동하는 구조 변화를 의미하며, 중국식 현대화는 이 전환의 주요 행위자로 부상한다. 이러한 흐름 속에서 국제정치의 중심은 점차 힘의 균형에서 규범의 균형으로 이동하고 있다. 국제규범은 더 이상 단일한 체계로 수렴되지 않으며, 각국은 자신이 속한 문화적 맥락에 따라 규범을 해석하고 적용하는 규범적 자율성을 요구하기 시작했다. 이는 결과적으로 다극적 권력구조와 병행되는 가치·규범의 다극화라는 새로운 세계질서의 조건을 만들어내고 있다. 여기서는 이러한 변화를 세 가지 축을 중심으로 분석한다. 첫째, 중국이 제시하는 주권과 발전권을 중심으로 한 새로운 규범 언어가 어떻게 형성되고 정당화되는지를 살펴본다. 둘째, 국제법과 제도의 운영에서 벌어지고 있는 해석 경쟁의 구체적 양상을 검토하며, 중국이 제도 내부에서 영향력을 확장하는 전략을 분석한다. 셋째, 이러한 규범 경쟁이 궁극적으로 글로벌 가치질서의 다극화와 규범적 재편으로 어떻게 이어지는지를 조망한다. 이를 통해 중국식 현대화가 경제적 모델을 넘어 국제규범의 생산자이자 해석자로 부상하는 과정을 보여주며, 그 함의와 한계를 균형적으로 살펴본다.

2. 주권과 발전권을 중심으로 한 새로운 규범 언어
―발전의 권리와 제도적 자율성의 정당화

　중국식 현대화가 구축하려는 규범 질서의 근간은 주권과 발전권이라는 두 개의 기둥 위에 세워져 있다. 이 두 개념은 단순히 외교적 수사나 방어적 언어의 차원을 넘어, 근대 이후 중국이 겪어온 국가 재건과 제도 변혁의 경험을 압축한 핵심적인 정치철학이자, 국제질서에 대한 대안적 해석의 틀로 작동한다. 서구 근대의 발전담론이 인권·민주주의·법치와 같은 보편적 가치 위에서 국제규범을 설계해왔다면, 중국은 외세의 간섭과 체제의 종속, 그리고 국가적 재기 과정을 거치며, 발전의 권리와 제도의 자율성을 근대화의 본질적 권리로 제시하게 되었다. 이러한 인식은 단순히 서구 규범에 대한 반발이 아니라, 세계체제 내 주변부에서 중심부로 이동해온 중국의 역사적 경험이 응축된 결과이자, 근대화의 정당성을 누가 발전 경로를 선택하고 해석할 권리를 갖는가라는 주권적 질문으로 재정의하는 관점의 변화로 이해된다. 즉, 중국에게 근대화란 보편적 모델의 모방이 아니라, 자국의 문명적 전통과 사회적 조건 속에서 제도와 발전의 방향을 스스로 결정할 수 있는 정치적 주체성의 구현이며, 이 주체성이야말로 대외적으로는 규범 경쟁의 자산, 대내적으로는 통치 정당성의 토대가 된다는 점에서 오늘날 중국식 현대화의 핵심을 이룬다.

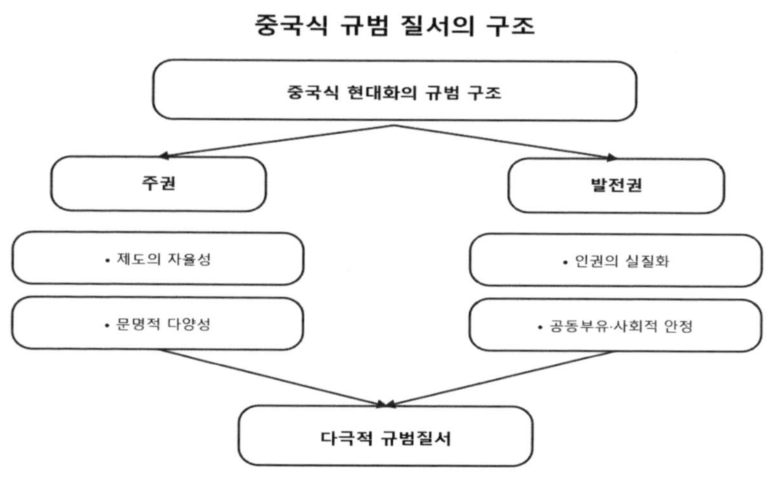

이러한 설명은 제시된 도식에서 나타난 규범 구조와 정확히 대응된다. 주권은 제도의 자율성과 문명적 다양성을 보호하는 내부 규범의 토대이며, 이는 서구식 보편주의에 대한 일방적 수용이 아니라 자국의 제도적 선택권을 확보하려는 역사적 요구에서 출발한다. 반면 발전권은 인권의 실질적 보장과 사회적 안정이라는 외부 규범의 가치로 연결되며, 경제·사회 발전을 권리의 실체적 내용으로 해석하는 중국식 인권관의 핵심 축을 이룬다. 도식에서 두 축이 다극적 규범질서로 수렴하는 구조는 중국식 현대화가 단일한 규범 모델을 확산시키기보다는 다양한 문명과 발전 경로가 공존하는 질서를 지향한다는 근본 방향성을 시각적으로 보여준다. 특히 최근 유엔 인권이사회(UNHRC)에서 중국이 주도한 인권의 공동 발전 결의가 다수 개발도상국의 지지를 받았다는 사실은, 주권·발전권 중심의 규범 언어가 단순한 담론이 아니라 실제 국제 규범의 장에서 영향력을 확대하고 있음을 보여준다.

주권 개념은 이러한 규범 구조 속에서 근본적이고도 상징적인 위치를 차지한다. 전통적인 국제법의 문맥에서 주권은 영토, 국민, 통치권의 경계를 지키는 형식적 권리로 이해되어 왔지만, 중국의 주권 개념은 이보다 훨씬 확장된 의미를 지닌다. 그것은 외부의 간섭이나 가치판단으로부터 독립하여, 자국의 역사적 조건과 정치적 필요에 따라 발전의 방향을 결정할 수 있는 제도적 주체성의 표현이자, 국가가 스스로의 제도적 존재 방식을 선택할 수 있는 근거이며, 더 나아가 문명적 차원의 다양성을 보전하기 위한 방패로서 작동한다. 이 점에서 '주권은 곧 제도의 자율성'이라는 명제가 중국적 현실에서 실제 규범 문장으로 기능한다.

제20차 당 대회 보고서에서 제시된 "각국의 현대화는 보편적 모델이 아니라 각자의 조건에 맞는 길을 따라야 한다"는 문구는 이러한 원리를 공식화한 대표 사례이며, 이는 서구식 민주주의의 보편성 담론에 대한 제도적 반론이자, 국제질서 운영의 기준을 다원화하려는 의지의 표현으로 해석된다. 최근 중국이 데이터 국외이전 규제, 핵심정보기반시설 보호, 디지털 주권을 강화하는 입법(PIPL·DSL 등)을 추진하는 것도, 주권을 단순한 외교 원칙이 아니라 제도적 선택권을 보호하는 규범적 장치로 확장·구체화한 사례로 이해된다. 아래 도표는 서구 근대의 보편주의 담론과 중국식 현대화 담론이 어떠한 규범적 가치 차이를 보이는

지를 비교한 것이다. 서구는 인권·민주주의·법치를 핵심 가치로 하는 보편 규범 확산을 추구해온 반면, 중국은 주권·발전권·제도 자율성을 중심으로 한 다극적 규범 공존을 지향한다.

[서구와 중국의 규범 언어 비교 – 근대화 담론의 상이한 가치구조]

	구분	서구 근대화 담론	중국식 현대화 담론
0	핵심 가치	인권·민주주의·법치	주권·발전권·제도 자율성
1	인권 개념	개인 중심, 절차적 권리	집단 중심, 실질적 권리
2	발전 목표	자유의 확대	안정·조화·공동부유
3	규범 확산 방식	보편주의적 수출	다극적 공존·비간섭

따라서 중국이 강조하는 주권은 단지 국가이익을 방어하기 위한 현실정치적 언어가 아니라, 규범의 해석 권위를 분산시키고 제도적 선택의 범위를 넓히는 사상적 인프라로 기능한다. 이러한 주권관은 중국 근대사의 경험적 기억과 맞물려 있다. 19세기 중엽 아편전쟁 이후 불평등조약 체제 속에서 중국은 정치적 자율성과 제도적 독립을 동시에 상실했으며, 근대화 논의는 외부가 설정한 규범의 틀 안에서 진행될 수밖에 없었다. 이 기억은 '주권=제도적 자율성 회복'이라는 오늘날의 규범 언어를 형성하는 핵심적 배경이 되었다. 서구의 근대화가 개인의 자유를 국가 권력으로부터 분리시키는 과정으로 전개되었다면, 중국의 근대는 외세의 권력으로부터 국가의 자율성을 복원하는 과정으로 전개되었고, 그 결과 주권 회복이 곧 제도 회복이라는 등식이 사회적 공감대로 굳어졌다. 이에 따라 20세기 후반 개혁개방은 단지 경제의 개방이 아니라, 외부의 규범적 위계 속에서 자율적 제도를 재구성하려는 시도

였고, 이러한 역사적 배경은 오늘날 중국이 국제무대에서 자국의 길(中国道路)을 반복적으로 강조하는 사상적 기반이 된다. 이 맥락에서 중국식 현대화는 서구 중심의 근대성에 대한 감정적 반대가 아니라, 주권의 실질적 회복을 통해 제도의 다양성을 제도화하려는 장기 기획으로 이해되며, 주권의 범주 자체가 영토 보전과 국제법상의 권능을 넘어 문명적 자율성의 유지와 확장으로 이동한다. 그러나 중국식 주권 담론이 곧바로 규범적 합의로 수렴하는 것은 아니다. 비간섭과 상호존중이라는 원칙이 국제적 인권 기준과 충돌하는 지점에서 서구와의 해석 갈등이 발생하고, 외교 현장에서는 보편적 가치와 문화적 특수성 사이의 긴장이 반복적으로 드러난다. 중국식 현대화의 관점에서 이러한 갈등은 특정 가치의 우위를 확정하는 문제가 아니라, 서로 상이한 역사·문명적 조건이 공존하는 체제에서 해석 권위를 어떻게 공정하게 조정할 것인가의 문제로 재정의된다. 이때 주권은 타자에 대한 배타적 방어 장치가 아니라, 상호 인정의 전제이며, 제도 간 교차와 상호 학습을 통한 점진적 조정의 장을 여는 기본조건으로 이해된다.

발전권은 이러한 주권 담론을 구체적이고 실천적인 차원에서 뒷받침한다. 발전권은 1986년 유엔 총회가 「발전권 선언」을 채택하면서 국제 규범으로 제시되었고, 1993년 비엔나 세계인권회의가 이를 보편적이고 불가양한 인권으로 재확인한 이후 중국은 이 개념을 자국의 인권 담론에 적극적으로 통합해 왔다. 시진핑 시대에 이르러 인권은 더 나은 삶을 누릴 권리로 재해석되며 경제성장, 공공서비스, 환경 개선, 사회 안전망 확충이 인권 실현의 실질적 지표로 제시된다. 이러한 접근은 절차적 민주주의보다 실질적 복지, 개인의 자유보다 집단의 안정과 사회의 지속가능성을 중시하는 중국식 인권모델의 철학적 기반을 형성하며, 결과적으로 발전의 문제를 국가정책의 성과지표이자 정당성의 원천으로 결합시키는 효과를 낳는다.

다시 말해 발전권은 경제적 성취를 윤리적 가치로 번역하는 언어이자, 국내 통치와 대외 담론을 연결하는 매개 개념이 된다. 특히 최근 중국이 빈곤퇴치 성과를 국제 개발협력의 규범적 모델로 제시하며 발전 없는 인권은 실질적 인권이 아니라는 논리를 강화한 것도 이러한 흐름을 뒷받침한다. 발전권은 대외정책에서도 분명한 규범적 언어로 기능한다. 중국은 일대일로(一帶一路) 구상과 글로벌 발전 이니셔티브를 통해 발전의 권리를 공유하는 국제협력체제를 구축하려 하며, 이 협력 모델을 비간섭과 상호 이익의 원칙으로 뒷받침한다. 서구의 개발원조가 인권·민주주의·거버넌스 개혁 등 정치적 조건을 전제하는 조건부 접근 방식을 취해온 데 비해, 중국식 접근은 각국이 자국의 체제와 정책 목표에 따라 발전 전략을 설계할 자율성을 인정한다는 점에서 규범적 차별성을 드러낸다. 아프리카·동남아시아·중앙아시아 국가들과의 협력에서 인프라, 에너지, 디지털 전환, 보건·교육 프로젝트가 정치적 전제 없는 발전권 실현의 사례로 제시되며, 여기서 발전은 경제협력의 산물이 아니라 인권의 확장된 형태로 정의된다. 다만 일부 국가에서 일대일로 사업이 부채 부담·환경 영향 논쟁을 불러왔다는 점은, 발전권 중심 모델이 실제 운용 과정에서 투명성·지속가능성 문제와 결합할 수 있음을 보여주는 사례로 지적된다. 중국은 이에 대해 위험평가 강화와 협의 구조 개선을 병행하고 있으며, 발전권의 실질적 실현을 위해 거버넌스 개선의 필요성을 인정하는 방향으로 조정하고 있다.

발전권 담론은 국내적 차원에서도 통치 서사와 긴밀히 연결되어 있다. 빈곤퇴치 성과, 교육·의료 접근성의 확대, 주거와 환경의 개선은 모두 인권 실현의 지표로 제시되고, 이러한 성과는 '인민중심 발전사상(以人民为中心的发展思想)'의 실천이라는 서사로 묶인다. 더 나아가 공동부유 비전은 발전권의 집단적 확장을 의미하는데, 이는 단지 소득 분배의 공정성 강화를 넘어 사회적 이동성, 지역 간 균형, 디지털 포용

등 구조적 차원의 형평을 포함하는 포괄적 번영으로의 이행을 지향한다. 이 과정에서 발전권은 정책목표인 동시에 규범목표가 되고, 결과적으로 중국은 국내외를 가로지르는 '규범—정책'의 일치성을 통해 통치 서사와 대외 서사를 결속시킨다. 그렇다고 해서 발전권 중심의 규범 언어가 모든 쟁점을 해소하는 만능열쇠라는 뜻은 아니다. 서구의 자유주의 전통에서 볼 때, 발전권의 강조가 정치적 권리와 언론·결사의 자유 같은 시민적 권리가 우선순위에서 밀릴 위험이 있다는 비판이 제기될 수 있으며, 대규모 인프라 투자 과정에서의 부채 지속가능성, 환경·사회 영향, 투명성 문제 역시 국제적 논쟁의 대상이 되어왔다.

중국식 현대화 담론은 이에 대해 발전 단계의 차이와 국가별 조건의 다양성, 그리고 상호이익과 비간섭 원칙을 근거로 대응하며, 제도적 조율과 위험관리의 필요성을 인정하는 동시에 발전의 실질성과 속도를 핵심적 가치로 다시 강조한다. 이때 중요한 것은 발전권이 자유권을 대체하는 것이 아니라, 발전 없는 자유가 공허할 수 있고 자유 없는 발전도 지속되기 어렵다는 상호의존의 논리를 통해, 서로 다른 권리들의 시간적·단계적 조정을 시도한다는 점이다. 이러한 조정 논리는 국제무대에서 규범 충돌을 관리하는 실용적 프레임으로 제시되며, 규범 경쟁을 제로섬이 아닌 점진적 조화의 과정으로 전환시키려는 방향과 부합한다. 무엇보다도 주권과 발전권을 중심으로 한 규범 언어는 국제규범의 생산과 해석을 둘러싼 권위의 구조 변화를 촉진한다. 과거 국제규범의 언어가 특정 지역과 문명의 경험을 보편으로 일반화하는 방식으로 확산되었다면, 오늘날 중국식 현대화는 서로 상이한 역사와 제도를 가진 행위자들이 각자의 조건에서 규범을 공동 생산하고 상호 해석하는 방식을 지향한다. 이때 주권은 다원적 규범 생산의 전제이며, 발전권은 그 다원성이 공허한 선언에 머물지 않도록 하는 실질적 기준으로 작동한다. 다시 말해, 규범의 보편성은 하나의 모델을 복제하는 통일성에서가 아니라, 서로 다른 모델이 공존 가능한 최소 규칙을 합의하는 절차적 보편성으로 재구성된다. 최근 글로벌 사우스 국가들이 UN 무대에서 국가별 발전 방향의 다양성을 반복적으로 지지한 것도 이러한 절차적 보편성의 확산을 보여주는 장면이다.

결국 주권과 발전권을 중심으로 한 중국의 규범 언어는 서구식 인권 담론과 정면으로 충돌하는 언어라기보다, 근대화의 다양성과 제도적 자율성을 제도화하려는 장기적 시도라고 할 수 있다. 이 담론은 모든 국가가 동일한 가치체계로 수렴되는 단일 근대화 모델을 거부하고, 각자의 문명적 토대와 사회적 조건에 맞는 발전방식을 선택할 수 있는 다극적 규범 질서의 정당성을 확립한다. 다시 말해, 중국식 현대화는 경제적 성취의 서사를 넘어, 국제규범의 언어를 재작성하는 정치적 과정이며, 그 과정에서 주권의 자율성과 발전의 권리는 규범의 생산과 해석을 둘러싼 권위의 구조 변화를 촉진한다. 서구 보편주의가 설계한 가치 위계가 균열되는 현 시점에서 중국은 새로운 규범 구조를 제시함으로써 21세기 국제질서의 가치 중심을 재편하고, 이는 앞으로 국제법 해석, 제도 운영, 인권 규범 논의 등에서 하나의 경쟁 기준으로 작동할 것이다.

결과적으로 세계는 점차 발전의 자율성을 존중하는 다극적 규범 체계로 재구성될 가능성을 열게 되며, 중국식 현대화는 단순한 국가 발전의 모델이 아니라, 근대화의 규범 언어 자체를 다시 쓰는 거대한 실험으로 이해될 수 있다. 이 실험이 성공적으로 제도화될 경우 규범 경쟁은 상호 인정과 조정을 통해 공존 가능한 균형으로 수렴할 수 있고, 반대로 조정이 실패할 경우 규범의 분절화와 상호불신이 국제협력의 비용을 높이는 결과를 낳을 수 있다는 점에서, 향후 과제는 다원적 규범의 운영 기술을 축적하는 데 있다고 할 것이다.

3. 국제법과 국제제도의 해석 경쟁
―규범적 해석과 제도적 영향력의 확대

중국식 현대화가 국제규범 질서에 미치는 영향은 단지 경제적 또는 제도적 차원에 머물지 않는다. 그것은 국제법과 제도의 해석 권위를 둘러싼 해석 경쟁으로 나타나며, 중국이 세계질서 속에서 자신만의 규범 언어를 확립해 가는 과정의 핵심이다. 중국은 기존의 국제규범 체제를 전면적으로 부정하거나 대체하려는 것이 아니라, 그 틀 안에서 새로운 해석과 적용의 방향을 제시함으로써 영향력을 확대하려 한다. 다시 말해, 기존 제도의 언어를 유지하되 그 의미의 중심을 이동시키는 방식이다. 이러한 접근은 대결보다는 제도 안에서의 규범 경쟁을 지향하며, 국제규범의 정당성이 특정 문명권에 독점되어서는 안 된다는 중국식 현대화의 사상적 기반을 반영한다. 여기서 중요한 점은 규범의 표면을 바꾸는 것이 아니라, 규범이 작동하는 전제와 우선순위를 뒤집어 놓는 방식으로 해석의 지형을 재배치한다는 것이다. 그 결과 국제규범은 동일한 텍스트를 유지하면서도, 적용의 맥락과 결과에 있어 전혀 다른 양상을 만들어 낸다.

이러한 전략적 선택은 중국이 기존 질서를 정면으로 붕괴시키는 비용과 위험을 감수하기보다, 제도의 내부 규칙을 활용하여 점진적으로 규범의 방향성을 수정함으로써 자신에게 유리한 구조적 여건을 축적해 나가려는 장기적 계산의 산물이기도 하다. 이러한 규범 재해석의 흐름은 단순한 외교 담론이 아니라, 중국이 국제 규범 질서 속에서 자신에게 유리한 해석의 주도권을 확보해 가는 점진적 과정으로 볼 수 있다. 아래 도식은 이러한 과정을 단계별로 정리한 것이다. 도식에서 보듯이, 중국은 기존 제도의 언어를 부정하기보다 그 의미를 재구성하고, 적용 영역을 확장하며, 제도적 병행화를 통해 다극적 규범 공존 구조를 구축해 간다.

중국의 규범 해석 전략은 단절이 아니라 '재해석–확장–병행화'라는 누적적 단계 구조로 작동하며, 기존 규범 질서를 정면으로 부정하지 않으면서도 의미 중심을 서서히 이동시키는 전략적 특징을 갖는다. 이를 통해 중국은 신흥국이 규범 생산과 적용 과정에 참여할 여지를 제도적으로 확장시키며, 다극적 규범 체제를 정당화한다.

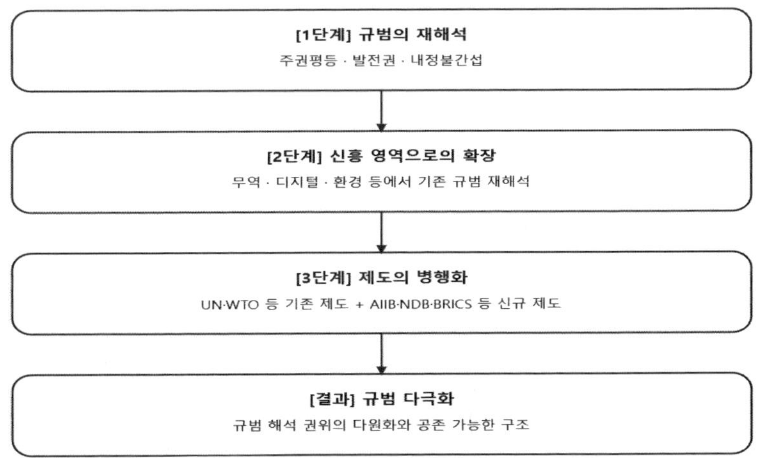

중국의 국제법 인식은 근본적으로 주권 평등, 내정불간섭, 발전권의 보편성이라는 세 가지 원칙 위에 세워져 있다. 이는 서구가 인권·민주주의·시장경제를 중심으로 보편적 가치를 구축해 온 역사적 과정과 명확히 대비된다. 중국은 국제법이 근대 서구의 경험 위에 형성된 규범 체계라는 점을 강조하면서, 각국의 정치·경제적 발전 단계와 문화적 배경이 서로 상이한 현실을 충분히 고려하지 않은 채 특정 문명권의 경험이 세계 보편으로 일반화되었다고 본다. 따라서 동일한 규범이 전 세계에 일률적으로 적용되어서는 안 되며, 보편성은 다양성의 틀 속에서 재해석되어야 한다는 입장을 취한다. 이러한 시각은 규제보다 조화, 통일보다 공존을 중시하는 중국식 법철학의 근간이 되며, 국제규범을 상호 타협과 조정의 결과로 이해하는 현실주의적·다원주의적 관점을 결합한다. 특히 보편적 인권 개념에 대해 중국은 그것이 서구 근대의 역사적 궤적, 즉 개인주의·자유시장·의회민주주의의 결합을 전제하고 있다는 점을 지적하며, 인권의 내용과 우선순위는 각 사회의 역사·문화·발전단계에 따라 달라질 수 있다고 주장한다. 각국은 자국의 현실과 사회적 조건에 맞게 인권과 법치를 해석할 권리를 가진다고 보며, 이를 국제법의 새로운 작동 원리로 격상시키려 한다. 이러한 논리는 2018년 중국이 주도해 UNHRC(유엔 인권이사회)에서 채택된 「인권 분야에서의 상호 호혜적 협력 촉진 결의」에서 구체화되었다. 이 결의는 인권·발전·안보·평등·환경·복지 등 다양한 가치 요소를 포괄하면서, 인류운명공동체 구상을 명시적으로 언급한다. 중국은 이를 통해 보편적 인권에서 공동발전으로, 그리고 서구적 기준에서 다문명적 공존으로 국제규범의 방향을 전환하려 한다. 2018년 결의 이후, UN 문건에서 대화와 협력이라는 언어가 증가했고, 중국이 제출하는 인권 의제의 처리 가능성도 높아졌다. 이는 규범 해석이 단순한 외교 수사가 아니라 제도적 운영의 관성으로 전환되기 시작했음을 보여주는 초기 사례로 평가된다. 요컨대 중국의 문제 제기는 규범 자체에 대한 전면 부정이 아니라, 누가 규범의 의미를 해석하고 어떤 역사적 경험을 보편의 기준으로 삼을 권위를 갖는가라는 상위 규범의 차원에서 제기되며, 바로 이 지점에서 중국식 현대화의 규범 전략이 본격적으로 작동한다.

이러한 규범 해석의 전환은 경제, 기술, 디지털, 환경 등 신흥 영역에서도 구체적으로 나타난다. 중국은 WTO(세계무역기구) 체제에서 자유무역보다 공정한 발전기회를 강조하며, 자유화의 원리를 발전단계별 균형의 시각에서 재해석해 왔다. 이는 시장 개방 그 자체보다 산업의 성장 단계, 고용 안정, 사회적 통합의 요구를 함께 고려해야 한다는 논리로, 자유를 책임 있는 개방으로 재정의하려는 시도이다. 중국은 개발도상국 지위를 근거로 보조금, 국유기업, 기술이전, 환경규제 등 다양한 분야에서 정책 자율성을 방어하며, 이를 단순한 보호주의가 아니라 역사적 불균형을 시정하는 발전의 형평성으로 정당화한다. 이 과정에서 중국은 WTO(세계무역기구) 분쟁해결기구 절차를 적극 활용해 자국의 해석을 반복적으로 제출하고, 다수 개발도상국과의 연대를 통해 규범 해석의 우위를 점하려 한다. 이러한 경제 규범의 재해석은 국제무역질서의 핵심 원리를 효율성에서 형평과 안정으로 이동시키며, 세계경제의 가치 축을 다극화한다. 즉 과거의 '규범 = 개방·자유'라는 단선적 등식을, '규범 = 단계·형평·안정·발전권'이라는 복합적 원리로 치환함으로써, 개방의 속도와 범위를 각국이 스스로 조정할 수 있는 규범 공간을 열어 놓는 것이다. 디지털 거버넌스 영역에서도 중국은 서구의 디지털 자유주의와 상이한 해석의 틀을 체계적으로 제시한다. DSL(데이터보안법)과 PIPL(개인정보보호법)은 단순한 국내 규제체계를 넘어, 글로벌 데이터 흐름을 둘러싼 규범 해석의 전선을 바꾸는 제도적 기반이 되었다.

중국은 데이터를 개인과 시장의 자원이 아니라, 국가 안보와 사회 안정, 산업 경쟁력의 핵심 인프라로 정의하며, 데이터 주권이라는 개념을 국제규범의 언어로 끌어올린다. 중국의 데이터 주권 원칙은 단지 통제 강화가 아니라, 클라우드 인프라, 반도체 공급망, AI 학습 데이터 관리 등 기술안보 전략과 직결된다. 플랫폼 규제(알고리즘 심사, 데이터 국외이전 제한) 역시 디지털 산업 경쟁력 강화와 정보 질서 안정화를 동시에 추구하는 구조적 선택으로, 규범 해석이 산업정책의 정당성 근거로 기능함을 보여준다.

자유로운 데이터 이동과 기업의 자율적 활용을 절대적 원칙으로 보는 서구의 입장과 달리, 중국은 국가가 데이터의 수집·저장·이전·활용에 대한 최종 관리권을 가져야 하며, 이는 안보와 발전권을 보호하기 위한 당연한 조치라고 주장한다. 이러한 인식은 단지 통제를 강화하겠다는 선언이 아니라, 디지털 시대의 규범 중심을 개인의 자유에서 공동체의 안전과 체제의 안정으로 재배치하는 규범적 선택이다. 나아가 인공지능, 클라우드, 플랫폼 산업에서도 중국은 알고리즘 투명성이나 표현의 자유보다 사회적 책임, 정보 질서, 여론 안정의 필요성을 전면에 내세우며, 기술의 윤리 못지않게 기술의 질서를 강조한다. 이와 같은 전환은 디지털 영역에서 규범의 중심이 권리와 자유의 담론에만 머물지 않고, 안보·발전·사회 통합의 요구와 결합하는 새로운 규범 지형을 형성하고 있음을 보여준다.

환경과 기후 거버넌스의 영역에서도 중국은 기존의 규범 언어를 자기식으로 재구성한다. 파리협정 이후 중국은 CBDR(공동의 그러나 차별적 책임) 원칙을 단순한 책임 분담의 기술적 규정이 아니라, 발전 단계별 환경권과 발전권을 함께 고려해야 한다는 정치적 원칙으로 확장하였다. 선진국이 오랜 기간 누적해 온 탄소 배출의 책임을 인정하는 동시에, 개발도상국의 산업화 과정에서 발생하는 배출은 일정 기간 불가피한 것으로 간주하고, 이를 줄이기 위한 재원·기술 지원이 함께 수반되어야 한다는 입장을 견지한다. 중국은 2060 탄소중립 목표를 환경정책이 아니라 국가 발전 전략의 일부로 규정하며, 에너지 구조 전환과 녹색 기술 육성을 통해 새로운 성장 동력을 창출하는 계기로 활용하고자 한다. 녹색 일대일로 구상 역시, 전통적 인프라 투자에 환경 기준과 녹색 금융을 결합함으로써, 기후정의와 발전권을 연계하는 새로운 국제규범을 구현하려는 시도이다. 이 과정에서 규범은 온실가스 감축을 강제하는 억제의 언어에서, 발전과 환경을 동시에 추구하는 전환과 포용의 언어로 재구성된다. 중국은 이를 근거로 각국이 자국의 에너지 구조와 산업 단계에 맞추어 녹색 전환의 경로와 속도를 자율적으로 설계할 권리가 있음을 강조하며, 기후 거버넌스의 규범 중심을 다시 한 번 다원화한다. CBDR(공동의 그러나 차별적 책임) 원칙 확장은 중국이 기후금융·기술이전·탄소시장 규범 협상에서 협상력을 강화하는 근거로 기능해 왔으며, 다수의 개발도상국이 기후 의무의 차별적 구조를 지지하도록 만드는 외교적 기반이 되었다. 이는 기후 거버넌스를 의무가 아니라 조정 가능한 정치 공간으로 재구성하는 전략적 의미를 가진다.

이와 같은 해석 경쟁은 국제법의 기성 텍스트에 대한 주석 작업을 넘어, 해석의 주체를 누구로 설정할 것인가를 둘러싼 제도적 경쟁으로 확장된다. 중국은 UN, WTO(세계무역기구), IMF(국제통화기금), 세계은행 등 기존 기구에서 의사결정 참여와 의제 설정의 영향력을 높이는 한편, AIIB(아시아인프라투자은행), 신개발은행(NDB), BRICS 등 새로운 다자기구를 창설하여 병행적 제도 경쟁을 전개한다. 이들 기구는 기존 체제의 대체물이 아니라, 조건부 대출과 정치적 개입을 배제하고 발전권·주권·상호이익을 중심에 둔 협력 모델을 제시함으로써, 규범의 다양성을 제도적으로 보장하는 병렬 구조를 형성한다. 다시 말해 중국은 체제의 붕괴가 아니라 내재적 재구성을 통해, 같은 규범이라도 다른 해석이 공존할 수 있는 제도적 공간을 확장한다. 기존 제도 안에서는 규범 해석을 둘러싼 영향력을 차츰 키우고, 새로운 제도에서는 자국이 설계한 규범 원리를 시험하고 제도화함으로써, 두 방향에서 동시에 규범 질서를 재편하는 이중 전략을 구사하는 것이다. AIIB(아시아인프라투자은행)와 신개발은행(NDB)은 기존 세계은행·IMF의 조건부 대출 관행과는 다른 원칙을 채택하며, 이는 기존 서구 중심 규범의 독점적 권위에 균열을 내는 실제 사례로 평가된다.

해석 경쟁의 현장에서는 법기술적 논증만으로는 설명되지 않는 정치·경제적 맥락이 중첩된다. 중국식 현대화는 규범을 경제 성장, 사회 안정, 기술 발전, 문화 자존과 같은 다차원 목표를 연결하는 종합적 교차점으로 다룬다. 디지털 규범에서의 데이터 주권은 정보 안보와 디지털 산업 전략, 콘텐츠 통제 정책과 결합하고, 기후 규범에서의 CBDR(공동의 그러나 차별적 책임) 해석은 에너지 안보와 친환경 산업 육성 전략과 연동된다. 무역규범에서의 공정한 발전기회는 산업분류, 기술 표준, 공급망 재편, 보조금 체계와 맞물려 작동하며, 그 결과 규범은 더 이상 추상적 선언이 아니라 정책 설계의 합리성과 정당성을 입증하는 근거로 기능한다. 이처럼 규범 해석과 정책 도구, 제도 설계가 일관된 구조로 묶이는 지점에서, 중국식 현대화의 규범 전략은 내부 정당성과 외부 정당성을 동시에 강화한다.

내부적으로는 당·국가 체제가 국민에게 제시하는 발전과 안정의 서사의 논리적 일관성을 뒷받침하고, 외부적으로는 파트너 국가에게 제시하는 협력 모델의 설득력을 높이는 효과를 낳는다. 물론 이러한 접근은 일방적인 수용만을 전제로 하지 않는다. 서구의 규범 공동체는 중국의 해석을 정치적 권위주의의 제도화로 비판하며, 특히 인권·표현의 자유·시민사회 공간과 관련한 국제 기준이 후퇴할 위험을 지적한다. 또한 대규모 인프라 협력에서 제기되는 부채 지속가능성, 환경·사회 영향, 투명성 문제도 논쟁의 대상이 된다. 중국식 현대화 담론은 이에 대해 발전단계의 차이, 제도의 자율성, 상호이익과 비간섭 원칙을 제시하며, 권리들 사이의 시간적·단계적 조정이라는 현실주의적 논리로 반박한다. 즉 발전 없는 자유가 공허할 수 있고, 자유 없는 발전은 지속되기 어렵다는 상호의존성을 강조하면서, 권리의 위계를 선험적으로 결정하는 것이 아니라 각 사회가 처한 조건에 따라 권리의 시간표와 방향을 조정해야 한다는 입장을 취한다. 이러한 조정 논리는 규범 충돌을 제도적 대립이 아니라 조정 가능한 긴장 상태로 관리하려는 시도이며, 서로 상이한 규범 체계 간의 관리 가능한 공존을 설계하려는 중국식 현실주의의 표현이기도 하다.

중국식 현대화가 추구하는 국제법과 제도의 해석 경쟁은, 국제규범의 텍스트 자체를 바꾸기보다 그 해석의 권위와 적용의 우선순위를 재구성하려는 시도다. 중국은 규범의 주체를 서구 문명에서 다문명 질서로 확장하고, 보편적 가치의 단일 중심을 다원화함으로써 각국의 발전 모델이 제도적으로 공존할 수 있는 여지를 넓히고자 한다. 이는 보편성의 상대화와 제도의 병행화를 통해 실질적 규범 경쟁을 전개하는 전략이며, 장기적으로는 국제규범의 다극화를 제도적으로 실현하려는 구상으로 수렴한다. 특히 다수의 개발도상국이 무역·기후·인권 의제에서 중국이 제기하는 발전권·형평성 담론에 일정 부분 공감하고 있다는 점은, 이러한 구상이 단지 중국의 일방적 주장에 머물지 않고 글로벌 사우수의 광범위한 문제의식과도 연결되어 있음을 보여준다. 다시 말해, 중국식 현대화는 경제나 기술 경쟁을 넘어, 국제법과 규범의 언어를 다시 쓰는 사상적·제도적 과정이며, 그 과정에서 규범은 특정 문명권의 윤리 체계를 강제하는 잣대가 아니라, 다양한 발전 방향을 조율하는 공통의 운영규칙으로 재정의된다. 이러한 흐름은 규범 다극화의 구조로 자연스럽게 이어지며, 향후 글로벌 거버넌스의 방향성을 결정짓는 핵심 관찰 지점을 제공할 것이다. 중요한 것은 해석 경쟁의 승패가 단기간의 규범 채택 여부로 판가름 나는 것이 아니라, 누가 규범의 적용을 설계하고 운영의 관행을 만들어 가느냐에 달려 있다는 점이며, 중국식 현대화는 바로 이 지점에서 장기적 영향력의 기반을 모색하고 있다는 사실이다. 규범의 문구를 바꾸지 않고도 규범 질서의 중심축을 서서히 이동시키려는 이러한 전략적 해석 경쟁이야말로, 21세기 국제질서에서 중국식 현대화가 갖는 가장 중요한 정치적 함의라 할 수 있다.

4. 규범 다극화와 글로벌 가치 질서의 재편
―다원적 규범체계의 형성과 그 함의

국제질서의 변화는 단순히 힘의 중심이 워싱턴에서 베이징으로, 서구에서 비서구로 이동하느냐의 문제로 환원될 수 없다. 그것은 세계가 어떤 가치와 규범의 언어로 스스로를 서술할 것인가, 그리고 국제사회가 무엇을 정당한 질서로 승인할 것인가를 둘러싼 보다 근본적인 전환의 과정이다. 다시 말해, 군사력과 경제력의 재배치가 진행되는 흐름 속에서, 규범적 권위의 다극화가 본격적으로 전개되는 국면에 우리가 집입하고 있다는 점이 핵심이다. 이러한 전환 속에서 중국식 현대화는 더 이상 국내 발전 모델의 성공 사례를 설명하는 정책 서사에 머무르지 않고, 국제규범의 해석 기준과 가치 위계를 재조정하려는 장기적 정치·사상 프로젝트로 부상한다. 중국은 스스로를 서구 근대성의 후발 주자가 아닌, 규범을 생산하고 해석하며 제도화하는 규범 행위자, 나아가 질서 설계자로 위치시키며, 20세기 자유주의 국제질서가 독점해 온 보편성의 언어에 균열을 내고 새로운 의미의 중심을 구축하려 한다. 이는 단순한 반서구 정체성 정치가 아니라, 근대 이후 지속되어 온 하나의 길과 하나의 규범을 전제로 한 보편주의 담론 자체를 다시 심문하는 구조적 기획이다. 이때 규범 다극화는 하나의 규범 블록이 다른 블록을 대체하는 대체적 패권 교체라기보다, 다양한 규범 서사가 서로 충돌·조정·상호 학습을 거치며 공존하는 중층적 구조를 의미한다. 다시 말해, 힘의 다극화 위에 규범의 다극화가 겹겹이 층을 이루는 과정이자, 국제질서의 정당성이 단일 기준이 아니라 복수의 기준들 사이의 경쟁과 협상을 통해 구성되는 시대로의 이행을 가리킨다.

중국의 이러한 규범적 지향을 집약하는 상징 개념이 바로 인류운명

공동체이다. 이 담론은 상호의존을 넘어 상호 취약성이 증폭된 세계에서, 개별 국가의 절대적 주권, 단독 패권, 일방적 제재와 배제의 논리만으로는 지속 가능한 질서를 설계할 수 없다는 진단에서 출발한다. 인류운명공동체는 안보·발전·기후·보건·디지털 질서 등 이질적인 의제들을 하나의 공동 생존 조건의 문제로 묶어내고, 국가의 권리뿐 아니라 공동 책임을 병행해야 한다는 원리를 제시한다. 여기서 중국은 기존 자유주의 질서가 축적해 온 인권, 법치, 다자주의의 형식적 유산을 전면 부정하지 않는다. 다만, 그 적용 과정에서 나타난 선택성, 이중기준, 구조적 불평등을 비판하며, 그 위에 공동 발전, 형평성 있는 참여, 문명 간 상호 존중이라는 규범 축을 덧씌워 보편성의 방향을 수정하려 한다. 유엔 총회 결의문과 인권이사회 문건, 파리협정 후속 논의, 디지털 거버넌스 포럼 등에서 상생, 포용, 공동 미래, 공동 부유 등의 표현이 반복적으로 등장하는 현상은, 중국이 설계한 언어가 점진적으로 국제적 표현체계의 일부로 편입되고 있음을 보여주는 징후라 할 수 있다.

국은 인류운명공동체 담론을 국내적으로는 헌법·당장·정책 문건에 반복적으로 삽입함으로써 국가 발전 전략의 상위 개념으로 활용하고, 대외적으로는 UN 연설, G20·BRICS 정상회의, 일대일로(一帶一路) 포럼 등을 통해 다자 규범 언어로 번역하려 한다. 이러한 이중적 경로는 인류운명공동체를 단순한 수사적 구호가 아니라, 국내 규범과 국제 규범을 연결하는 교량 개념으로 기능하게 한다는 점에서 의미를 갖는다. 이러한 담론의 전개는 서구 중심 보편주의의 균열과 맞물리며, 결과적으로 다원적 규범체계의 형성을 촉진한다. 근대 국제질서는 유엔 체제와 브레튼우즈 체제, 자유무역질서와 자유민주주의를 중심으로 한 '제도적 일원주의 + 가치의 단일화'를 규범적 안정의 조건으로 상정해 왔다. 그러나 21세기 들어 각 문명과 정치체제가 자신의 역사적 경험과 사회적 구조를 근거로 규범의 의미를 재정의하고, 이를 바탕으로 국제

규범의 적용 범위를 조정하려는 요구를 제기하면서, 단일 규범 축에 수렴하는 모델은 점차 설득력을 잃고 있다. 그 자리를 대체하는 것은, 서로 다른 규범 축이 병렬적으로 공존하되, 이슈별·영역별로 상이한 조합을 통해 작동하는 복합 질서이다. 중국은 이 다극화된 규범 공간에서 기존 질서를 전복하는 혁명적 행위자가 아니라, 제도 내부에서 의미와 우선순위를 바꾸는 개혁자로 스스로를 위치시키며, '틀은 유지하되 내용을 바꾼다'는 전략을 일관되게 추구한다. 이러한 접근은 중국이 여전히 UN, WTO(세계무역기구), IMF(국제통화기금) 등 기존 제도에 깊숙이 참여하고 있다는 현실과도 부합한다. 제도 밖에서 완전히 새로운 질서를 만드는 것이 아니라, 제도 안에서 의제 설정과 규범 해석의 방향을 바꾸는 방식으로 영향력을 확대하려는 점에서, 중국은 스스로를 체제 외부의 도전자가 아니라 체제 내부의 재구성자로 상정한다.

이러한 변화는 중국만의 의지로 발생한 결과가 아니다. 개발도상국과 신흥국의 부상, 2008년 금융위기 이후 서구 내부의 경제·사회적 피로감, 자유무역과 세계화가 초래한 불평등 심화, 기후위기·팬데믹·디지털 격차·식량·에너지 위기 등의 누적은, 자유주의 규범이 스스로 약속했던 성장과 자유의 보편적 공유를 충분히 달성하지 못했다는 실망감을 확대시켰다. 이러한 구조적 균열 위에서 BRICS, 상하이협력기구(SCO), G77(개발도상국 77개국 그룹), 글로벌 사우스 포럼 등 다양한 협력체가 규범 형성의 보완적·경쟁적 무대로 등장한다. 이들 연합은 중국이 제시하는 발전권 중심 인권, 주권, 비간섭, 공동안전 등의 원칙에 일정 부분 공감하면서도, 각자의 현실 조건에 맞게 조정·번역하여 지역적 규범으로 채택한다. AU(아프리카연합)이 인권과 민주주의를 논할 때 발전과 평화와의 연계를 강조하는 방식, ASEAN(동남아시아국가연합)이 비간섭과 합의를 축으로 서구식 규범의 일괄 이식을 피하며 점진적 조정을 택하는 방식 등은, 중국식 규범 언어가 실제 제도 설계와 선언문에 부분적으로 스며들고 있음을 보여준다. 또한 G77(개발도상국 77개국 그룹)의 실제 회원국 수는 2024년 기준 134개국으로, 이는 중국 규범 언어가 작동하는 범위가 명목상의 77보다 훨씬 넓다는 점을 보여주는 중요한 사실이다.실제로 BRICS는 회원 확대 논의를 통해 브릭스 플러스(BRICS+) 형식의 느슨한 규범 연합으로 확장되고 있다. 이는 규범 다극화가 고정된 블록의 형성이라기보다, 참여국 구성이 유동적인 느슨한 연대와 협력 네트워크의 확장 과정을 통해 진행되고 있음을 시사한다.

여기서 주목해야 할 지점은, 이러한 규범 다극화가 전통적인 양극 이념 진영의 재현과는 다른 논리로 작동하고 있다는 점이다. 특히 브라질, 인도, 인도네시아, 남아공 등 이른바 규범적 중견국은 어느 한 규범 진영에 종속되기보다 서구와 중국·러시아 그리고 기타 지역 행위자들 사이에서 다중 기준을 운용하는 조정자·중재자로 기능한다. 이들은 자유민주주의와 시장경제라는 규범을 부분적으로 유지하면서도, 발전권·주권·문화적 자율성을 강조하는 담론을 수용해, 이슈별로 상이한 조합을 선택하는 혼합 규범 전략을 구사한다. 중국은 이러한 국가들을 설득의 대상이자 함께 규범을 설계할 파트너로 인식하며, 스스로를 패권적 규범 강요자가 아니라, 다양한 규범이 공존할 수 있는 제도 공간을 제공하고 조율하는 균형자로 연출하려 한다. 이때 반복적으로 등장하는 다양성 속의 질서라는 표현은 중국식 규범 전략의 핵심 좌표를 압축한 정치 언어로 읽힌다. 특히 인도가 최근 데이터 주권 법제와 AI 윤리 규범을 강화하면서도, 서구와의 기술 협력을 병행하는 모습은 규범적 중견국의 다층적 선택 구조를 잘 보여주는 대표적 사례이다. 그러나 규범 다극화가 자동적으로 조화로운 공존으로 귀결되는 것은 아니다. 서로 상이한 규범체계는 필연적으로 인권, 민주주의, 표현의 자유, 국가안보, 사이버·데이터 통제, 환경·노동 기준, 기술 표준 등을 둘러싼 규범 충돌을 동반한다. 이러한 충돌이 인권이사회의 결의안, WTO(세계무역기구)·투자분쟁 판정, 5G·AI(인공지능)·반도체·데이터 규범을 둘러싼 표준 경쟁, CBAM(탄소국경조정제도)이나 노동·환경 기준의 교역 연계 논쟁 등에서 제도화되는 순간, 국제정치의 핵심 전선은 군사동맹의 선이 아니라 규범의 선으로 그어지게 된다. 서구는 중국과 일부 국가들이 내세우는 발전권·주권·비간섭 논리를 권위주의적 국제 규범, 책임 회피의 장치로 비판하고, 중국은 서구의 인권·민주주의 담론이 군사개입·제재·정권교체를 정당화하는 선택적 규범으로 기능해 왔다고 반박한다. 규범 다극화는 이처럼 상호 불신과 정치화의 위험을 동시에 품고 있다. 특히 EU CBAM(탄소국경조정제도)은 2023년부터 이행 단계에 들어가 2026년 본격 시행 예정이며, 이는 기후 규범이 무역 규범과 결합하는 새로운 규범 충돌의 대표 사례이다. 이 과정에서 규범 논쟁은 단지 가치의 추상적 충돌에 그치지 않고, 실제 기업의 투자 결정, 공급망 재편, 기술 이전, 인권 실사, ESG(환경·사회·지배구조) 기준과 같은 미시적 정책·시장 규칙으로 번역된다. 따라서 규범 갈등은 동시에 규범 경쟁이자 규칙 경쟁이며, 각 규범 체계는 자국 및 연계국의 법·표준·인증 체계에 자신이 선호하는 규범을 내재화하려는 노력을 강화하게 된다. 이러한 미시 규범 경쟁은 앞서 제시된 도식(규범 적용의 층위 구조)과도 일치하며, 규범 경쟁의 에너지가 실제 운영 규칙에서 축적된다는 핵심 논리를 시각적으로 보여준다.

중국은 이러한 상황을 단순한 가치의 선악 대립으로 규정하지 않고, 제도적 조정과 운영 기술의 부재가 드러난 과도기적 국면으로 이해하려 한다. 시진핑 지도부가 반복적으로 내세우는 '공통점을 찾고 차이를 존중하는(求同存異)' 원칙은, 규범의 완전한 일치가 아니라, 충돌하는 규범들 사이의 공통분모를 찾아내고, 상호운용성을 설계하는 능력을 새로운 국제 리더십의 기준으로 제시한다. 중국식 현대화의 관점에서 규범의 다양성은 제거해야 할 장애물이 아니라, 다층적 거버넌스 구조, 즉 UN, 지역기구, 이슈 기반 연합, 글로벌 사우스 국가간의 협력, 일대일로(一帶一路)·AIIB(아시아인프라투자은행) 등 기능별 플랫폼을 통한 조율의 출발점이다. 이때 핵심은 어느 규범이 '절대적으로 옳은가'가 아니라, 서로 다른 규범들이 충돌을 최소화하면서도 각자의 정당성을 유지할 수 있는 절충지점, 즉 관리 가능한 공존 상태를 어떻게 설계하느냐이다. 중국은 바로 이 영역에서 자신이 제시하는 규범과 제도적 실험이 기여할 수 있다고 주장하며, 이를 통해 규범 경쟁을 파괴적 충돌이 아니라 공존 가능한 경쟁의 형태로 전환하려 한다. 이러한 접근은 앞서 살펴본 국제법·디지털·기후 규범 해석 전략과도 맞물린다. 중국은 동일한 규범 텍스트를 두고도 자신과 파트너 국가들의 상황에 맞는 해석을 제시하면서, 동시에 제도 설계 단계에서는 서로 상이한 해석들이 공존할 수 있는 절차와 기구를 모색한다. 다시 말해, 해석의 다원성과 제도의 조정 가능성을 결합하는 방식으로 규범 다극화를 관리 가능한 상태로 만들려는 것이다. 이때 최소 공통 규범을 설정하고 이를 유지하는 제도적 장치가 필요하다는 논의가 최근 국제포럼에서 증가하고 있으며, 이는 규범 병렬주의의 지속 가능성을 높이는 핵심 요소로 지목된다.

이러한 맥락에서 중국식 현대화가 제시하는 규범 다극화 비전은, 국제질서를 단일 규범 중심의 수직적 위계에서 다원 규범의 수평적 공존 구조로 전환하려는 구조적 재편 시도로 정의할 수 있다. 이 전환은 규범의 명료성을 낮추고, 협상 비용과 제도 설계의 복잡성을 증대시키는 부정적 효과를 수반할 수 있다. 그러나 동시에, 그동안 주변화되었던 다수 국가와 지역 행위자들이 규범 형성과 집행 과정에 참여할 수 있는 통로를 확장함으로써, 글로벌 거버넌스의 대표성과 절차적 정당성을 강화할 수 있는 가능성을 함께 열어 놓는다. 중국은 이 다극 질서 속에서 자국의 규범 언어를 유일한 보편 규범으로 선포하기보다, 다양한 규범이 경쟁·조정·상호 학습을 거치는 장에서 자신의 해석과 실천이 합리적 선택지 중 하나로 인정되는 상태, 즉 경쟁 속의 제도화된 공존을 실질적 목표로 삼는 경향을 보인다.

이러한 비전이 현실에서 구현되기 위해서는, 중국 역시 자국 규범의 한계와 문제점, 예컨대 표현의 자유, 시민사회 공간, 소수자 인권에 대한 국제적 우려에 대해 일정 수준의 자기 성찰과 조정을 수반해야 한다는 비판도 존재한다. 다시 말해, 규범 다극화가 진정한 의미의 상호 존중과 상호 학습으로 수렴할 것인지, 아니면 각자도생적 진영화와 규범 경쟁의 장기 고착으로 귀결될 것인지는 여전히 열린 과제로 남아 있다. 이 모든 흐름은 국제정치의 중심축이 물리적 힘에서 규범적 힘으로 점진적으로 이동하고 있음을 보여준다. 냉전기와 탈냉전기의 국제질서가 군사동맹, 억지력, 경제진영의 구도로 설명되었다면, 오늘날의 국제질서는 어느 규범과 서사가 UN, G20, BRICS, 지역기구, 다자개발은행, 글로벌 기업, 국제 시민사회 등 복합 행위자들의 행동 규칙으로 수용되는가에 따라 재편되고 있다. 각국은 자국의 제도 모델을 정당화하는 동시에, 이를 국제무대에서 설득 가능한 규범 서사로 번역하려 하고, 이 과정에서 규범적 경쟁과 규범적 협상이 중첩된 새로운 시대가 전개된다. 규범은 더 이상 선언문 속 추상적 가치가 아니라, 법·표준·투자·플랫폼·공급망·데이터 체계에 내재된 작동 규칙으로서 힘을 행사하며, 경쟁도 바로 이 미시적 운영 층위에서 축적된다. 이러한 의미에서 규범 경쟁은 단순히 외교 수사와 선언문의 차이를 넘어, 계약서의 조항, 분쟁해결 메커니즘의 설계, 플랫폼 이용약관, 데이터 저장·이전 규칙, 금융·투자 심사 기준 등 일상적 규칙의 차이로 구체화된다. 규범의 승패는 거창한 이념 대결의 장이 아니라, 이러한 미시 규칙이 어느 정도까지 국제적 관행과 표준으로 자리 잡는가에 의해 가늠된다.

장기적으로 이러한 규범 다극화는 국제법 해석, 무역·투자 규범, 디지털·AI 거버넌스, 기후·환경 협력, 인권 메커니즘 등 전 영역에서, 서로 다른 기준과 메커니즘이 병렬적으로 공존하면서 상호 조정과 선택적 연계를 전제로 작동하는 규범적 병렬주의로 제도화될 가능성이 크다. 중국은 이를 단순한 분열이 아니라 상호보완적 동반발전의 기회로 해석하면서, 인공지능 윤리에서의 안정과 공공질서 강조, 데이터 거버넌스에서의 데이터 주권 원칙, 기후체제에서의 역사적 책임과 발전단계를 반영한 차별적 의무 요구, 글로벌 사우스 국가간의 협력과 일대일로(一帶一路)를 통한 발전권 지원 등을 대안 규범 공공재로 제시하려 한다. 특히 AI 윤리에서 중국이 강조하는 안정·책임 기반 접근법은 최근 글로벌 AI 안전 협의체 논의에서도 하나의 축으로 인정받기 시작했으며, 이는 중국식 규범 언어가 기술 규범에서도 영향력을 확대하는 초기 사례로 평가할 수 있다. 동시에 규범적 병렬주의는 국가와 기업, 국제기구가 서로 다른 규범 체계 사이를 오가며 규범 쇼핑을 하는 유인을 낳을 수 있고, 특정 사안에서 가장 느슨한 기준을 선택하려는 경향을 강화할 위험도 내포한다. 따라서 다원적 규범체계가 실질적인 규범 상향을 가져오기 위해서는, 병렬 구조 사이의 최소 공통 규범과 상호인정 원칙에 대한 지속적인 협상과 조정 메커니즘이 요구된다.

결론적으로, 중국식 현대화가 지향하는 규범 다극화 전략은 서구 중심 질서를 단순히 부정하거나 교체하는 데 목적이 있는 것이 아니라, 국제규범의 해석권·정당성·운영 메커니즘을 다원화함으로써 현실에 부합하는 새로운 질서 조합을 탐색하는 과정으로 이해할 수 있다. 이 전략의 핵심은 규범의 다양성을 충돌의 원인이 아니라 협상의 전제, 조정의 자원, 공존의 조건으로 전환하는 데 있으며, 그를 통해 중국은 자국의 역사적 경험과 문명적 가치가 특정 지역의 특수성을 넘어 국제규범의 한 축으로 제도화될 수 있음을 증명하려 한다. 그 결과 세계는 하나의 보편적 규범을 둘러싼 단선적 패권 경쟁을 넘어, 여러 개의 합리적 규범이 상호 인정과 경쟁, 조정을 통해 공존하는 다원적 구조로 이동하고 있다. 향후 국제정치의 핵심 쟁점은 누가 규범을 처음 만들었는가가 아니라, 누가 그 규범을 어떻게 해석하고, 어떤 제도와 정책·프로젝트를 통해 집행하며, 어떤 지속성을 축적하는가에 의해 결정될 것이다. 중국식 현대화는 바로 이 마지막 층위, 즉 규범 운영의 일상성과 장기적 지속성을 둘러싼 경쟁에서 자신만의 전략적 우위를 구축하려는 시도로 읽혀야 하며, 그 성패는 다극화 시대 규범 질서의 성격을 가늠하는 결정적 시험대가 될 것이다.

5. 맺음말
―규범 경쟁의 귀결과 다극화 시대의 의미

중국식 현대화의 규범적 확장은 단순히 새로운 담론이 하나 더 등장했다는 차원에서 이해될 수 없다. 그것은 서구 중심으로 축적되어 온 인권·민주주의·법치의 규범 체계에 대해, 그 보편성을 전제하지 않은 채 다시 검토하고, 대체가 아니라 다원적 공존의 원리 속에서 재배치하려는 시도이며, 동시에 이러한 재배치를 제도·담론·정책의 층위에서 실질적으로 구현해 보려는 장기 프로젝트이다. 다시 말해, 문제는 '서구 규범이 맞는가', '중국 규범이 맞는가'의 단선적 선택이 아니라, 누가 어떤 역사적 경험과 가치 체계를 근거로 보편을 말할 권리를 갖는가라는 규범 권위의 구조가 도전받고 있다는 점에 있다. 이러한 도전은, 국제 질서의 변화가 군사력과 경제력의 분산을 넘어, 규범의 생산·해석·운영에 관한 권력의 이동이라는 새로운 차원을 수반하고 있음을 보여준다.

이러한 흐름은 20세기 냉전기 이념 경쟁과도 구별된다. 당시에는 자본주의와 사회주의라는 두 체제가 각각 자신이 설정한 단일한 보편 규범을 전면적으로 확산시키려 했다면, 오늘날의 규범 경쟁은 복수의 행위자가 서로 다른 역사적 경험과 가치 체계를 바탕으로 부분적 보편성을 주장하는 양상에 가깝다. 중국식 현대화의 규범 전략은 바로 이 다원적 경쟁 구도 속에서, 서구 규범의 절대성을 상대화하면서도 자신의 경험을 또 하나의 강제적 보편으로 제시하지 않는다는 명분을 확보하려는 기획으로 이해할 수 있다. 중국식 현대화가 제시한 주권과 발전권을 중심으로 한 규범 언어는, 근대화의 자율성과 다양성을 제도적 원리로 승인받고자 하는 시도라는 점에서 일정한 일관성을 가진다. 중국은 자국의 역사적 경험, 특히 주권 상실과 재건의 서사를 바탕으로, 각국이 외부의 규범적 압력에서 상대적 자유를 확보한 상태에서 발전 방향과 제도 모델을 선택할 권리가 있다고 주장한다. 이때 주권은 단지 간섭 거부의 방패가 아니라, 규범 해석의 출발점을 각국의 조건에 두어야 한다는 절차적 원칙으로, 발전권은 인권과 민주주의를 포함한 모든 가치 판단이 현실적 생존 조건과 발전 단계 위에서 논의되어야 한다는 기준으로 제시된다. 이러한 언어는 기존 자유주의 질서의 일방적 규범 확산에 대한 방어이자, 다극화 시대에 적합한 규범 균형을 모색하려는 대안적 구상으로 기능한다. 중국이 국제법과 국제기구에서의 해석 경쟁, 새로운 다자기구의 설계, 개발·기후·디지털 영역에서의 규범 제안을 통해 대안적 규범 주체로 자리매김하려 하는 흐름은, 바로 이 구상의 제도적 표현이다.

동시에 주권과 발전권을 강조하는 규범 언어가 어느 지점에서 개인의 권리와 집단의 자율성을 제약하는 방향으로 작동할 수 있는지도 냉정하게 살펴볼 필요가 있다. 주권과 발전권을 앞세운 규범적 방어가 체제 비판의 여지를 지나치게 축소하거나, 소수자와 취약계층의 권리 요구를 발전 단계라는 이유로 무기한 유예하는 논리로 사용될 경우, 대안 규범은 기존 자유주의 규범이 안고 있던 한계의 또 다른 형태를 재생산할 수 있다. 이 지점에서 중국식 현대화의 규범 언어는, 국가와 개인, 발전과 권리, 자율성과 책임 사이의 균형을 어떻게 설계하는가라는 보다 정교한 과제를 마주하게 된다. 그러나 이 전략이 곧바로 긍정적 결과만을 보장하는 것은 아니다. 규범 경쟁의 심화는 국제규범의 통일성과 정책 집행의 효율성을 약화시키고, 인권 이사회, 무역·기술 표준, 사이버·데이터 규범, 기후 거버넌스 등에서 새로운 갈등과 협상 난항을 야기하고 있다. 서구는 중국식 담론이 발전과 주권을 명분으로 시민적·정치적 권리의 축소를 정당화할 위험이 있다고 비판하고, 중국과 일부 신흥국은 서구의 규범 외교가 제재, 체제 전환 압박, 이중잣대와 결합해 사실상 특정 문명권의 가치 강제로 작동해 왔다고 반박한다. 이 상호 비판은 규범 다극화가 곧바로 풍부한 공존으로 이어지지 않으며, 관리되지 않을 경우 규범의 분절화와 상호 불신, 나아가 규범을 동원한 전략적 경쟁의 격화를 초래할 수 있음을 드러낸다.

이 지점에서 중국식 현대화가 제시하는 방향성의 성패가 갈린다. 중국이 주장하는 공동 발전, 운명공동체, 비간섭과 상호존중이 설득력을 가지려면, 그것이 자국의 체제 이익을 보호하는 방패에 머무르지 않고, 타국의 주권과 발전권을 동등하게 인정하는 규범 운영 원리로 일관되게 적용되어야 한다. 다시 말해, 대안 규범이 진정성 있는 국제적 수용성을 얻기 위해서는, (1) 약소국에 대한 압력과 종속을 재생산하지 않을 것, (2) 투명성과 책임성을 수반할 것, (3) 인권·환경·사회적 영향에 대한 최소 기준을 상호 합의 가능한 수준에서 보장할 것이라는 세 가지 조건이 함께 충족되어야 한다. 이 세 조건을 충족하지 못하는 대안 규범은, 서구 규범에 대한 비판에도 불구하고 실제 작동 방식에서는 기존의 불평등 구조를 다른 형태로 재포장했다는 평가를 받을 수 있다. 그

렇지 않을 경우, 반서구 보편주의를 내세운 새로운 보편화 시도가 단지 중국 중심 보편주의의 또 다른 형태로 인식될 위험을 피하기 어렵다. 이 세 조건은 중국만이 아니라, 서구를 포함한 모든 규범 행위자에게 적용되는 공통의 평가 기준이기도 하다. 중국식 현대화가 제시하는 대안 규범 언어가 신뢰를 얻기 위해서는, 서구 규범의 한계를 지적하는 데서 멈추지 않고, 스스로 그 기준을 얼마나 충족하는지에 대한 자기 점검과 수정의 과정을 병행해야 한다. 마찬가지로 서구 국가들 역시 인권과 민주주의의 보편성을 주장하는 만큼, 제재·개입·무역 규범을 운용하는 과정에서 이중잣대를 줄이고, 자신에게 불리한 사안에서도 규범을 일관되게 적용하려는 노력이 요구된다.

따라서 다극화 시대의 규범 경쟁에서 중요한 것은 누가 규범의 주도권을 차지하느냐가 아니라, 규범의 다양성을 어떤 방식으로 조정 가능한 구조 속에 배치할 것인가이다. 중국식 현대화가 제기한 문제의식, 즉 보편의 상대성, 발전 단계의 차이, 문명적 맥락의 중요성은 분명히 유효하다. 그러나 그 해답이 다시 하나의 문명 또는 하나의 체제가 규범의 최종 기준을 제시하는 방향으로 귀결된다면, 결과는 구조만 바뀐 또 다른 단극 체제일 뿐이다. 그렇기 때문에 향후 국제질서에서 결정적인 과제는, 국가별·문명별 다름을 전제로 하면서도 상호 인정을 가능하게 하는 규범적 최소합의, 즉 강제되지 않은 보편성의 설계에 있다. 중국식 현대화가 공헌할 수 있는 지점이 있다면, 바로 이 최소합의를 둘러싼 논의에 발전권·주권·다원주의의 관점을 제도화된 형태로 제공하는 데서 찾을 수 있을 것이다. 이러한 규범적 최소합의는 추상적 선언으로 주어지는 것이 아니라, 기후위기, 팬데믹 대응, 디지털 격차, 금융·채무 위기와 같은 구체적 글로벌 의제에서 공동의 규칙을 만들어 가는 실천 과정을 통해 형성될 것이다. 예컨대 파리협정, 국제보건규약(IHR), 글로벌 금융규제 협력과 같은 제도들은, 서로 다른 규범 체계를 가진 국가들이 최소 수준의 공통 규칙을 어떻게 구성해 왔는지를 보여주는 사례로 이해할 수 있다. 다시 말해, 강제되지 않은 보편성은 이념적 합의에서 출발하는 것이 아니라, 서로 다른 행위자들이 각자의 규범을 부분적으로 양보하고 조정하면서도 함께 해결해야 한다고 인정한 문제들에 대한 공동 대응의 경험 속에서 점진적으로 축적된다.

궁극적으로 규범 경쟁의 귀결은, 어느 규범이 문서 위에서 승리를 선언하는가로 결정되지 않는다. 실질적 동력은, 누가 규범의 적용 방식을 설계하고, 어떤 제도와 정책을 통해 그것을 일관되게 운영하며, 어떤 방식으로 타국의 신뢰와 참여를 축적하는가에 의해 형성된다. 중국식 현대화가 제안하는 규범 언어가 지속성을 갖기 위해서는, 자국 내 성과와 외부 협력의 경험이 서로를 뒷받침하는 방향으로 축적되어야 하며, 그 과정에서 규범은 갈등의 도구가 아니라 협상의 언어, 배제의 기준이 아니라 조정의 플랫폼으로 기능해야 한다. 중국식 현대화는 서구 근대성에 대한 단순한 부정이 아니라, 근대화의 규범 언어를 다층적 구조로 재구성하려는 시도로 이해할 수 있다. 이 시도가 성공적으로 제도화될 경우, 규범 경쟁은 충돌을 전제로 한 패권 경쟁이 아니라, 서로 상이한 규범들이 상호 조정과 경쟁을 통해 공존 가능한 균형점에 접근하는 규범의 상호발전 과정으로 전환될 수 있다. 반대로 이러한 조정에 실패할 경우, 다극화는 곧 규범의 단절, 상호 불신, 규범을 둘러싼 이데올로기적 봉쇄로 기울어질 것이다. 다극화 시대의 의미는 바로 이 갈림길에 있다. 중국식 현대화가 제기한 질문의 가치는, 특정 규범을 새롭게 강요하는 데 있지 않고, 국제사회가 어떻게 서로 다른 규범들을 인정하면서도 공통의 운영 규칙을 만들어 갈 수 있는가라는 과제를 더 이상 회피할 수 없게 만들었다는 데 있다. 이 과제를 어떻게 풀어내느냐에 따라, 21세기 국제질서는 또 하나의 중심을 둘러싼 경쟁으로 회귀할 것인지, 아니면 진정한 의미의 다원적·규범적 질서로 진입할 것인지가 결정될 것이다. 우리나라를 포함한 중견국에게 이러한 논의는 추상적인 철학적 쟁점에 그치지 않는다. 서로 다른 규범 체계 사이에서 선택과 조합을 반복해야 하는 위치에 있는 만큼, 어떤 규범이 자국의 민주주의와 인권, 경제 발전, 안보 이익을 동시에 뒷받침할 수 있는지에 대한 면밀한 판단 능력이 요구된다. 이는 외교·안보 전략뿐 아니라 디지털 규범, 공급망 기준, ESG(환경·사회·지배구조) 규범, 인권외교 설계 등 국가 운영 전반에 걸쳐 어떤 규범 조합을 선택하느냐가 곧 국가 전략의 핵심 변수가 된다는 뜻이기도 하다. 중국식 현대화와 서구식 규범 질서 사이의 경쟁과 조정 과정을 면밀히 추적하는 일은, 단지 중국을 이해하기 위한 작업을 넘어, 다극화 시대에 중견국이 어떤 규범적 길을 설계할 것인가를 모색하는 데 필수적인 이론적 기반이 될 것이다.

미·중 경쟁과 새로운 국제질서의 형성

제7장

패권 경쟁의 심화
―기술 · 군사 · 경제의 삼중전선

---

1. 들어가는 이야기
―새로운 패권 경쟁의 조건

21세기 초반의 미·중 경쟁은 경제력과 군사력의 단순한 대결을 넘어, 기술·금융·안보·규범이 결합된 복합적 패권 경쟁의 단계로 진입하였다. 냉전시기의 경쟁이 영토와 군사 동맹을 중심으로 한 지리적 경쟁이었다면, 오늘날의 패권 경쟁은 데이터, 반도체, 인공지능, 공급망, 결제체계 등 글로벌 인프라와 표준의 설계 권한을 둘러싼 체제 경쟁으로 전환되고 있다. 세계 경제가 디지털화와 네트워크화를 거치면서 기술과 시장, 안보의 경계가 사라졌고, 그 결과 '누가 세계의 표준을 설정하느냐'가 패권의 핵심 기준이 되었다. 미국은 자유롭고 개방된 인도―태평양 전략을 내세워 기술·군사·금융의 삼중 네트워크를 재편하고, 중국은 자립적 혁신과 안보 중심 발전을 기조로 국가주도형 대응체계를 구축하며 맞서고 있다. 이러한 대립은 냉전시기의 이념 대결과 달리 기술과 제도, 규범의 설계 능력을 둘러싼 새로운 형식의 경쟁이라는 점에서 그 성격이 근본적으로 다르다. 표준의 경쟁은 단순한 기술 선택의 문제가 아니라, 공급망 구조·데이터 흐름·감시·보안·금융 인프라까지 연계된 총체적 권력의 문제다. 예컨대 5G 통신규격, 클라우드 보안 기준, 반도체 설계 아키텍처는 한 번 채택되면 쉽게 변경할 수 없어, 초기 규격을 선도한 국가가 장기적 영향력을 확보하게 된다. 이 때문에 미·중 경쟁은 개별 산업의 경쟁이 아니라 체계 설계 경쟁의 성격을 가진다.

이 전환의 근저에는 세계화의 한계와 디지털 자본주의의 심화가 놓여 있다. 1990년대 이후 경제의 상호의존은 평화의 기반으로 여겨졌지만, 2008년 금융위기와 2020년 팬데믹을 거치며 상호의존이 오히려 취약성의 원천으로 인식되기 시작했다. 공급망의 병목, 기술 의존의 위험, 데이터와 인프라의 안보화는 국가가 다시 전략의 중심으로 복귀하게 만든 요인이다. 효율성보다 회복력, 개방보다 통제, 성장보다 안보가 중시되며, 디커플링과 디리스킹은 이제 경제 용어가 아니라 외교·안보의 언어가 되었다. 기술은 더 이상 성장의 수단이 아니라 권력의 원천이며, 경제와 안보를 연결하는 결정적 고리로 작동한다. 디커플링은 기술·투자·공급망을 구조적으로 분리하려는 시도이고, 디리스킹은 특정 분야의 과도한 의존을 줄여 위험을 완화하되 완전한 분리를 지양하는 접근이다. 미국과 유럽연합은 공식적으로 디커플링을 부정하지만, 실제 정책은 핵심 기술 분야에서 선택적 분리를 추진하고 있어, 실질적으로 전략적 디커플링을 병행하는 모습에 더 가깝다. 이러한 변화는 기술의 전략화라는 새로운 현상을 촉발했다. 반도체·AI(인공지능)·양자·우주·배터리·에너지 기술 등은 산업정책을 넘어 안보와 외교의 핵심 자산으로 편입되었다. 혁신의 속도는 이제 단순한 생산성의 문제가 아니라, 군사력·정보력·감시력·정치적 영향력까지 포괄하는 종합 권력의 척도로 작용한다. 미국은 첨단 반도체 장비와 AI칩, 클라우드 연산망을 중심으로 기술동맹을 형성하고, 우리나라·일본·네덜란드·대만과 함께 친민주 진영 공급망을 구축하고 있다. 반면 중국은 과학기술 자립·자강을 국가 전략의 중심에 두고, 「중국제조 2025」, 「신형 인프라」, 「쌍순환」 전략을 연계해 기술 봉쇄에 대응한다. 기술은 국경을 넘지만, 그 소유와 통제는 여전히 국가의 권력 안에 있다.

오늘날 군사력의 우위는 재래식 전력 자체보다 정보·정찰(ISR), 정밀타격, 네트워크 중심전 능력에 좌우된다. 이 분야는 모두 반도체·AI(인공지능)·양자통신·위성망 등 첨단 기술과 결합되어 있어 기술 패권이 곧 군사 패권으로 연결되는 구조를 만든다. 미국의 CHIPS법(반도체·과학법)과 중국의 핵심 전략기술(重大科技) 투자 확대는 이러한 기술과 군사의 결합을 제도적으로 뒷받침하는 장치다. 이와 함께 패권 경쟁은 규범과 제도의 주도권으로 확장되고 있다. 20세기 후반 미국이 주도한 자유주의 국제질서는 무역 자유화와 시장 개방, 민주주의, 인권, 법치라는 서구적 가치 위에 세워졌으나, 21세기 들어 그 정당성이 점차 흔들리고 있다. 2008년 금융위기는 자유시장 모델의 도덕적 신뢰를 약화시켰고, 팬데믹은 글로벌 협력의 한계를 드러냈다. 중국은 이를 계기로 발전권을 중심 가치로 한 국제질서를 주장하며, 국가 주권, 발전의 자율성, 사회 안정의 우선성을 새로운 국제 규범의 축으로 제시하고 있다. 규칙 기반 질서를 강조하는 미국과 국제법 기반의 공정한 질서를 내세우는 중국의 언어는 유사해 보이지만, 실제로는 규칙 형성의 주도권과 해석권을 둘러싼 정치적 대립을 의미한다. 다시 말해, 미·중 간의 경쟁은 단순히 가치의 충돌이 아니라 국제 규범을 해석하고 운영하는 권한에 대한 경쟁이다. 예를 들어 AI 윤리, 데이터 국외이전 기준, 무역 규범의 안보 예외 해석, 남중국해에서의 UNCLOS(유엔해양법협약) 적용 등은 모두 미·중이 같은 조문을 두고 서로 다른 해석을 제시하며 영향력을 확보하려는 전형적 규범 경쟁 사례다.

이러한 상황은 국제질서의 구조적 변화를 반영한다. 20세기 후반의 국제체제가 단일 패권과 보편 규범을 전제로 했다면, 21세기의 질서는 다극화와 분권화를 특징으로 한다. 유럽연합, 인도, 러시아, 브라질, 동남아 국가들은 각자의 전략적 자율성을 모색하고, 개발도상국·신흥국으로 구성된 글로벌 사우스는 개발·기후·기술의제에서 독자적 입장을 내세우고 있다. 미·중 경쟁은 이러한 다극화 속에서 두 축을 형성하지만, 동시에 그 자체가 다극 질서의 촉진 요인이 되고 있다. 중국은 GDI(글로벌 발전 이니셔티브)와 GSI(글로벌 안보 이니셔티브)를 통해 포용적 다자주의를 제시하고, 미국은 기존 동맹과 규범 체계를 재강화하며 권력의 중심을 유지하려 한다. 그 결과, 오늘날의 국제질서는 경쟁과 협력, 분절과 연계가 동시에 존재하는 중첩 질서로 전개되고 있다. 이 새로운 패권 경쟁의 핵심은 누가 기술을 통제하고, 누가 표준을 제정하며, 누가 규범을 해석하느냐에 달려 있다. 미·중 관계는 더 이상 단절과 대립만으로 설명되지 않는다. 양국은 경제적으로 깊이 연결되어 있지만, 기술과 안보의 영역에서는 선택적 분리와 전략적 견제를 병행한다. 이런 의미에서 현재의 경쟁은 부분적 분절과 병존적 대립이 교차하는 복합 구조로 이해할 수 있다. 단기적으로는 공급망의 불안정과 지정학적 긴장이 지속되겠지만, 장기적으로는 복수의 규범과 가치가 병존하는 다원적 질서로의 이행이 가속화될 것이다. 미·중 경쟁은 결국 21세기 국제질서가 어떤 원리로 운영될 것인가를 결정짓는 실험대이며, 이 실험의 결과는 지배의 독점이 아니라 상호 견제와 제도적 병존의 형태로 수렴할 가능성이 높다.

2. 기술패권

―반도체, 인공지능, 양자, 우주

21세기 미·중 경쟁의 최전선은 기술 영역에서 펼쳐지고 있다. 과거 패권의 척도가 군사력과 경제력이었다면, 오늘날의 패권은 기술을 중심으로 한 지식·데이터·표준의 통제력으로 측정된다. 기술은 생산과 소비를 넘어 금융, 안보, 문화, 여론에 이르기까지 사회 전반의 구조를 재편하는 근본 동력으로 작용한다. 따라서 기술을 선점한다는 것은 단순한 산업 경쟁의 우위가 아니라, 국제질서의 운영 언어를 장악하는 일과 다르지 않다. 기술은 이제 힘의 구성요소이자 질서의 기반이며, 미·중 경쟁은 그 언어를 누가 규정할 것인가를 둘러싼 총체적 경쟁으로 발전하고 있다. 기술패권 경쟁은 개별 분야의 단일 승부가 아니라, 반도체·AI(인공지능)·양자·우주·배터리·에너지 전환 등 서로 다른 기술 영역이 중층적으로 얽힌 기술 생태계 전쟁에 가깝다. 어느 한 분야에서의 우위는 다른 분야의 혁신과 안보, 금융 인프라, 여론 공간에 연쇄 효과를 미치기 때문에, 미·중 모두 기술 전략을 국가 종합전략의 최상위에 배치하고 있다.

(1) 반도체

― 공급망 분절과 전략산업의 지정학화

반도체는 현대 산업의 '쌀'이라 불리지만, 21세기 들어서는 경제와 안보를 동시에 규정하는 전략적 자산으로 전환되었다. 미국은 반도체를 21세기의 원유로 규정하고, 첨단 공정의 전 과정에서 중국을 배제하려는 전략을 구체화하였다. 2020년 제정된 「CHIPS법(반도체·과학법)」은 총 527억 달러 규모의 정부 보조금과 세액공제를 포함하며, 단순한 산업진흥법이 아닌 지정학적 산업정책으로 평가된다. 이 법은 미국 내 제조 복귀(reshoring)와 연구개발 투자 확대를 통해 기술공급망을 동맹 중심으로 재편하고, 반도체 생산 능력을 안보 프레임에 포함시켰다.이후 2022년 10월 미 상무부가 발표한 대중 첨단 반도체 수출통제 조치는 기술봉쇄의 실질적 출발점이 되었다. 이 조치는 장비(ASML·LAM·Tokyo Electron), 소프트웨어(EDA), 인력(미국인 기술자), 투자(벤처자금) 등 반도체 전주기를 통합 통제 대상으로 삼아, 첨단공정(14nm 이하)에서 중국의 독립적 발전을 사실상 봉쇄하였다. 네덜란드·일본과의 협조 체제를 통해 기술 봉쇄의 삼각 구도를 완성한 것은 1990년대 이후 처음으로 국가가 기술 흐름을 직접 통제한 사례였다. 이러한 수출통제는 단순히 개별 제품의 거래를 막는 조치가 아니라, 연구개발·장비·설계 소프트웨어·인력 이동까지 포괄하는 전주기 규제라는 점에서 새로운 특징을 지닌다. 다시 말해, 공급망의 특정 단계가 아니라 가치사슬 전체를 지정학적 기준에 따라 재구성함으로써, 중국이 장기적으로 첨단 반도체 생태계에 접근할 수 있는 통로 자체를 제한하려는 전략이다.

반면 중국은 반도체 굴기(崛起)를 핵심 전략으로 격상시키며 자립노선을 강화하였다. 2014년 출범한 국가반도체산업투자펀드(빅펀드)는 1·2·3차에 걸쳐 누적 3,000억 위안을 넘는 규모로 확장되었으며, 장비·소재·설계·제조의 네 축에 자본을 집중 투입했다. SMIC와 YMTC, 화홍반도체 등이 이를 기반으로 국산화를 추진하고 있다. 그러나 미세공정(5nm 이하)에서는 EUV 장비의 부재로 제약이 여전하다. 이에 중국의 전략은 전면 추격에서 부분 자립으로 전환되며, 전력·자동차용 반도체·산업용 제어칩 등 비첨단 분야에서 자급률을 높이는 기술안보의 완충지대 전략으로 이동하였다. 또한 중국은 동수서산(东数西算) 프로젝트를 통해 서부 지역의 연산 인프라를 동부의 데이터 수요와 연결하고, 반도체·클라우드·AI(인공지능)의 상호 의존 연계를 강화하고 있다. 이러한 전략은 단순한 산업정책이 아니라, 기술자립·에너지 안보·디지털 거버넌스가 결합된 국가 인프라의 재배치이다. 이 과정에서 우리나라·대만·일본·네덜란드는 미국 중심의 Chip4 협의체를 통해 공급망을 동맹 체제로 묶었고, 중국은 RCEP(역내포괄적경제동반자협정)·BRICS·일대일로(一帶一路)를 매개로 대체 공급망을 구축하고 있다. 글로벌 반도체 생태계는 효율 중심의 세계화에서 위험의 지역화로 이동하였으며, 기술의 확산보다 기술의 봉쇄가 새로운 정책현실이 되고 있다.

결국 반도체는 단순한 부품이 아니라 경제·기술·안보를 연결하는 지정학적 언어로 작동한다. 20세기 석유가 군사전략의 핵심이었다면, 21세기의 반도체는 정보전략의 기반이다. 이 산업을 둘러싼 미·중의 경쟁은 산업정책과 외교정책의 경계를 모호하게 만들고 있으며, '누가 생산하느냐'보다 '누가 설계와 표준을 통제하느냐'가 패권의 기준이 되고 있다. 이러한 반도체 경쟁은 우리나라·대만 등 중견국가에 있어서는 거대한 기회이자 리스크다. 생산·설계 역량을 가진 국가일수록 미·중 양측의 압력이 집중되기 때문에, 어느 한 진영에 완전히 편입되지 않으면서도 공급망 재편 과정에서 기술·투자 유입을 극대화하는 정교한 전략이 요구된다.

(2) AI(인공지능)
—데이터 주권과 알고리즘 거버넌스의 경쟁

AI(인공지능)은 국가 경쟁력의 결정적 요인이자 정치적 기술로 부상하고 있다. 미국은 OpenAI·Anthropic·Google DeepMind 등 민간 혁신 생태계를 중심으로 AI 플랫폼을 장악하고 있다. NVIDIA의 GPU, Amazon·Microsoft의 클라우드, 학계의 연구 네트워크가 결합해 사실상 AI 네트워크의 미국화를 이루었다. 2023년 바이든 행정부가 발표한 「AI Executive Order(미국 인공지능 행정명령)」는 민간 혁신의 자유를 보장하되, 국가안보·프라이버시·저작권·노동시장 안정성을 위해 AI 개발과 배포를 연방 차원에서 감독하겠다는 방침을 명문화했다. 이 조치는 AI(인공지능)를 단순한 기술이 아니라 사회·안보 리스크 관리의 대상으로 규정함으로써, 기술 규범의 글로벌 기준을 선점하려는 시도로 해석된다.

미국은 또한 2023년 G7 히로시마 정상회의에서 AI 거버넌스 가이드라인을 제안하고, 영국·프랑스·일본·캐나다 등과 함께 신뢰할 수 있는 AI 원칙을 확산시키고 있다. 이는 기술·윤리·규범이 결합된 AI 질서의 구축을 의미한다. 미국형 모델의 특징은 민간 혁신 역량을 최대한 유지하면서, 국가가 최후의 안전판 역할을 수행하는 데 있다. 연방정부는 안전성 테스트, 국가안보 관련 보고 의무, 주요 모델에 대한 투명성 요구 등을 통해 최소한의 규제 틀을 제공하지만, 알고리즘 설계와 서비스 혁신의 방향은 여전히 기업이 주도한다는 점에서 시장 중심의 규범 구조를 유지하고 있다.

중국은 데이터 주권을 핵심 가치로 내세워 다른 접근을 취한다. 2021년 「데이터보안법」과 「개인정보보호법」, 2022년 「알고리즘 규제 규칙」, 2023년 「생성형 AI 서비스 잠정조치」 등 일련의 법과 제도는 데이터와 알고리즘의 흐름을 국가의 통치 체계로 포섭하는 구조를 만들었다. 데이터는 보호의 대상인 동시에 통치의 자원으로 전환되었고, AI(인공지능)는 산업 혁신의 수단이자 사회 안정의 도구로 제도화되었다. 바이두·앤트그룹(蚂蚁集团)·화웨이(华为)·바이트댄스 등 주요 기업들은 국가 인가 아래 대형언어모델(LLM)을 상용화하고 있으며, 정부는 이를 통해 AI(인공지능)의 윤리·콘텐츠·보안을 통합 관리하는 국가 주도 알고리즘 거버넌스를 확립했다. 이러한 모델은 서구의 개방형·시장형 AI 구조와 달리, 안정·안보·책임의 가치가 기술적 우위보다 앞서는 체계로 작동한다. AI(인공지능)는 이제 군사·외교·사회 관리가 중첩되는 분야에서도 작동한다. 중국 인민해방군은 지능화 전략을 내세워 AI 기반 지휘통제(C4ISR) 체계를 도입하고, 미국 국방부도 2023년 자율 무인체계 대량 배치 구상을 통해 이를 본격적으로 추진하고 있다. 이러한 흐름은 AI(인공지능)의 군사화라는 새로운 패권 경쟁의 단면을 보여준다.

국제사회는 AI 규범을 둘러싸고 세 개의 축으로 분화되고 있다. ① 미국형: 시장 주도, 혁신 우선, 민간 자율 규제; ② EU형: 위험 기반 접근, 인권·프라이버시 중심; ③ 중국형: 국가 주도, 사회 안정·안보 중심. 이 세 모델의 병존은 AI 규범의 다극화를 의미하며, 향후 기술협력과 무역규범에 직접적인 영향을 미칠 것이다.

[주요 AI 규범 모델의 비교(미국·EU·중국)]

구분	미국형 모델 (시장·혁신 중심)	EU형 모델 (인권·책임 중심)	중국형 모델 (안정·통제 중심)
0	핵심 가치	혁신, 자유, 개방, 민간 주도	인권, 투명성, 책임성	안보, 질서, 사회 안정
1	정책 기초	AI Executive Order 2023, 민간 자율 규제, 플랫폼 중심 혁신	AI Act(위험기반 접근), 프라이버시+책임 법제화	데이터보안법(2021), PIPL(2021), 생성형 AI 잠정조치(2023)
2	데이터 접근과 이동	글로벌 클라우드·개방형 데이터셋 활용, 국경 간 자유 이동	제한적 데이터 이전, 개인 정보 보호 우선	국가 안보 목적의 데이터 통제, 국경 간 이동 엄격 제한
3	거버넌스 주체	민간 기업·대학·연구기관 중심	규제기관·감독기구 중심	정부·당·기업 삼중 구조(국가형 거버넌스)
4	윤리 기준	자율적 원칙, 시장 기반 위험 관리	인권·투명성·설명가능성 원칙 명문화	알고리즘의 '공조질서' 적합성, 콘텐츠 검열 및 승인제
5	국제 전략	G7 '신뢰할 수 있는 AI', 글로벌 파트너십 구축	규제 표준의 수출('브뤼셀 효과')	디지털 실크로드·일대일로를 통한 '중국표준' 확산
6	함의	시장 자율·혁신 중심 글로벌 표준 선점	윤리·책임 중심의 규범 수출	안보·질서 중심 통제형 모델, 데이터 주권의 제도화

이 표는 인공지능 거버넌스의 세 가지 대표 모델이 기술·정치·윤리의 층위에서 서로 다른 작동 원리를 갖고 있음을 보여준다. 미국은 시장 중심의 개방형 모델, EU는 규제와 인권 중심의 법제형 모델, 중국은 안정과 통제를 중시하는 국가 주도형 모델로 구분되며, 이러한 다극 구조는 향후 글로벌 기술질서의 분화와 제도적 방향을 가르는 핵심 변수로 작동할 것이다. 위의 <주요 AI 규범 모델의 비교> 도표는 핵심 가치, 정책 기조, 데이터 규제, 거버넌스 주체, 윤리 기준, 국제 전략, 함의 등을 항목별로 제시하여 세 모델의 차이를 구조적으로 보여준다. 특히 미국형은 시장·혁신 중심, EU형은 인권·책임성 중심, 중국형은 안정·통제 중심이라는 대비는 기술패권 경쟁이 성능을 넘어 가치와 위험 인식의 차이를 둘러싼 규범 경쟁이라는 점을 분명히 드러낸다.

(3) 양자기술
—정보력과 안보의 새로운 인프라

양자기술은 기존 정보통신 패러다임을 전복할 잠재력을 지닌다. 미국은 「National Quantum Initiative Act(2018)(국가양자이니셔티브법)」 이후 Quantum Networking Blueprint 2020 (양자 네트워크 청사진 2020)을 발표하고, DARPA(미국 방위고등연구계획국)·NSF(미국 국립과학재단)·NIST(미국 국립표준기술연구소)·국방부가 참여하는 국가—산학연 통합 생태계를 구축했다. IBM·Google·Rigetti 등 민간기업이 양자컴퓨팅 상용화를 주도하며, 2030년까지 상용화 가능한 100만 큐비트 시스템을 목표로 하고 있다.

중국은 이에 맞서 2016년 양자위성 묵자호(墨子號) 발사 이후, 세계 최초의 위성—지상 양자암호통신을 실현하였다. 2020년 '구장(九章)'이라 불리는 광양자 양자컴퓨팅 시스템으로 양자우월성을 입증했고, 2023년에는 후속 프로젝트 구장 2호를 통해 연산 성능을 10배 이상 향상시켰다. 중국과학기술대학(USTC)과 중국과학원은 2030년 양자인터넷 실현을 국가목표로 제시하고, 양자통신·양자센서·양자컴퓨팅을 국가정보 인프라 3대 축으로 규정했다. 양자기술은 안보 차원에서 결정적 의미를 갖는다. 양자암호통신은 해킹이 사실상 불가능한 통신망을 구현하고, 양자센서는 잠수함 탐지·위성 감시 등 군사적 응용에 활용된다. 이는 사이버안보를 넘어 전략정보 체계의 재설계를 의미한다. 미국은 양자 기술을 나토·AUKUS(미국·영국·호주 안보 파트너십) 협력의 범주에 포함시키며 기술동맹화를 추진하고, 중국은 양자안보 네트워크를 자국의 통신·금융·국방망에 통합하고 있다. 결국 양자 영역은 개방적 혁신 대 통제된 혁신, 민간 주도 대 국가 주도의 체제 경쟁을 압축적으로 보여준다. 양자암호, 표준화, 연구 윤리 등에서 이미 국제규범 경쟁이 시작되고 있으며, 2030년대 초반이면 양자 냉전이라는 새로운 기술질서가 현실화될 가능성이 높다. 양자기술의 군사·정보적 파급력은 아직 완전히 가시화되지 않았지만, 일단 특정 국가가 실질적 양자 우위를 확보할 경우 기존 암호체계와 통신 인프라가 한순간에 무력화될 수 있다는 점에서, 각국은 양자 기술을 미래 억지력의 핵심 요소로 간주하고 있다. 이 때문에 양자 분야에서는 협력 논의가 있음에도 실제로는 높은 수준의 기밀 유지와 기술 통제가 병행되는 이중적 구조가 나타난다.

(4) 우주기술
—새로운 영토와 규범의 경계

우주는 과학의 영역을 넘어 정치·경제·안보의 최종 전장으로 재편되고 있다. 미국은 2020년 우주군을 창설해 우주를 독립 작전 영역으로 설정하고, NASA는 아르테미스 협정(Artemis Accords)을 중심으로 30여 개국의 참여 네트워크를 구축하였다. 협정은 달·화성 탐사뿐 아니라 자원 이용·법적 관할권·안전구역 설정 등 우주자원의 법적 규범을 제시한다. 사실상 우주 분야의 브레튼우즈 체제로 평가된다.

중국은 러시아와 협력하여 국제달기지(ILRS) 프로젝트를 추진하고, 2030년대 중반 달 남극 유인 탐사를 목표로 한다. 독자 위성항법시스템 베이더우(北斗)의 완성은 GPS 의존에서 벗어나 전 지구적 통신·위치·시간(GNSS) 체계의 자립화를 의미한다. 또한 톈궁(天宮) 우주정거장의 완공으로 미국 중심의 ISS 체계에 대항하는 병렬 구조를 형성했다. 한편 민간 우주기업의 부상은 패권 경쟁에 새로운 차원을 더한다. 미국의 스페이스X·블루오리진, 중국의 iSpace·CASC는 모두 상업적 발사를 넘어 국가 전략의 외주화를 수행하고 있다. 위성통신, 지구관측, 우주자원 채굴 등이 민간 기업의 혁신을 통해 이루어지고 있지만, 그 배후에는 여전히 국가의 전략 목표가 작동한다.

우주 경쟁은 단순한 탐사가 아니라 우주 거버넌스의 구축 경쟁이다. 궤도·자원·주파수의 배분, 우주폐기물 관리, 위성 요격과 군사화의 규제 등은 향후 국제법의 중심 쟁점으로 부상한다. 미·중 모두 자국 중심의 우주질서 구축을 모색하고 있으며, 우주는 새로운 국제 규범의 시험장으로 변모하고 있다. 특히 아르테미스 협정과 국제달기지(ILRS) 구상은 각각 서구 동맹과 중·러 연대를 축으로 하는 두 개의 우주 규범적 진영을 형성하고 있다. 아직 공식적인 법적 구속력은 제한적이지만, 향후 달·소행성 자원 이용과 우주 인프라 건설 과정에서 어떤 원칙이 관행으로 정착되는가에 따라, 우주 공간에서의 규범 패권이 결정될 가능성이 크다.

(5) 함의
─기술이 곧 질서가 되는 시대

이처럼 미·중 간 기술패권 경쟁은 산업, 안보, 규범의 경계를 동시에 재편하고 있다. 기술은 더 이상 중립적 수단이 아니라 국제질서를 재편하는 정치적 언어다. 미국은 기술동맹을 통해 자유주의 질서의 지속성을 확보하려 하고, 중국은 국가 주도의 기술발전 모델을 통해 새로운 질서의 정당성을 입증하려 한다. 단기적으로는 공급망 분절, 규제 충돌, 표준 경쟁이 지속되겠지만, 장기적으로는 복수의 기술체계와 가치체계가 병존하는 다극 구조로 수렴될 가능성이 높다. 미국은 기술─금융─안보의 삼중 연계를 통해 기존 질서를 유지하려 하고, 중국은 기술

—주권—발전권의 결합을 통해 새로운 질서를 주장한다. 결국 기술패권의 경쟁은 산업의 경쟁을 넘어 질서의 경쟁이며, 기술이 곧 정치이고 표준이 곧 규범이 되는 시대임을 보여준다. 이 과정에서 중국식 현대화의 핵심 과제는 단순한 기술 자립이 아니라 기술을 통한 규범 자립, 즉 자국의 발전 모델을 뒷받침할 제도적·윤리적 틀을 구축하는 일이다. 기술이 힘의 원천이자 질서의 설계도가 된 지금, 미·중 경쟁은 단순히 누가 기술을 먼저 생산하느냐의 문제가 아니라 그 기술을 어떤 가치와 제도에 기반해 사용할 것인가를 결정하는 21세기 국제질서의 근본적 실험으로 이어지고 있다. 따라서 향후 국제정치에서 중요한 것은 '어느 기술이 가장 앞섰는가'가 아니라, '그 기술이 어떤 규범 구조 속에 편입되어 누구에게 어떤 혜택과 위험을 배분하는가'가 될 것이다. 중국식 현대화의 기술 전략을 이해하는 일은 곧, 기술을 둘러싼 새로운 규범 질서인 데이터 주권, 플랫폼 규제, AI 윤리, 양자·우주 거버넌스가 어떤 방향으로 형성되고 있는지를 읽어내는 일과 직결된다.

3. 군사와 안보 아키텍처
—인도-태평양과 회색지대의 확장

21세기 미·중 경쟁은 기술과 경제를 넘어 군사와 안보의 영역에서 더욱 복합적이고 다층적인 양상으로 전개되고 있다. 기술혁신이 새로운 권력의 언어를 만들어내고 있다면, 군사력은 여전히 국제질서의 마지막 보증이자 최종 억지력으로 남아 있으며, 인도—태평양은 이러한 힘의 재배치가 가장 밀집된 공간이 되었다. 이 지역은 세계 인구의 절반과 국내총생산(GDP)의 60%를 차지하는 경제 중심지이자, 기술·무역·에너지·안보의 경계가 교차하는 지정학적 중심축으로서, 미·중 양국이 각자의 질서 모델을 시험하는 무대이기도 하다. 미국은 자유주의 국제질서의 유지를 명분으로 동맹과 파트너십을 다층적으로 재편하고 있으며, 중국은 이에 대응하여 아시아의 안보는 아시아가 지킨다는 원칙 아래 자율적 안보 체계의 구축을 추구하고 있다. 이러한 상호작용은 전통적 군사 대결의 형태를 넘어, 정보·기술·경제·규범이 결합된 복합 억지의 구조로 발전하고 있으며, 그 내부에서는 억지와 협력, 경쟁과 공존이 병존하는 새로운 안보 질서의 형태가 드러나고 있다.

미국의 인도─태평양 전략은 단순한 지역정책이 아니라, 글로벌 권력 구조의 재배치 전략으로 이해될 수 있다. 2017년 트럼프 행정부 시기 처음 공식화된 자유롭고 개방된 인도─태평양 구상은 2021년 바이든 행정부 들어 기술·경제·군사·규범을 통합한 다층적 전략으로 심화되었다. 미국은 이 지역을 21세기 국제질서의 심장부로 규정하면서, 동맹과 파트너십을 연결하는 네트워크형 안보 구조를 설계했다. 기존의 나토식 집단방위체제와 달리, 인도─태평양의 새로운 동맹 구조는 유연하고 모듈형으로 작동하며, 특정 사안에 따라 협력과 참여의 범위가 달라진다. Quad(4자 안보대화)는 해양안보와 기술·공급망·보건협력을 포괄하는 다자협력체로 발전했고, AUKUS(미국·영국·호주 안보 파트너십)는 핵추진 잠수함, 극초음속, 양자통신 등 첨단 군사기술 공유를 통해 기술기반 안보동맹의 새로운 모델을 제시했다. 이와 더불어 2023년 캠프데이비드 한·미·일 정상회의는 인도─태평양 북부의 전략 삼각축을 공고히 하며, 한·미·일 간 정보공유, 미사일경보, 위기관리 협의체제를 제도화하였다. 이처럼 미국의 전략은 단순히 군사적 봉쇄가 아니라, 기술·경제·정보가 얽힌 다층적 억지망을 구축하는 방향으로 진화하고 있다.여기에서 중요한 점은 미국 전략의 중심이 동맹의 재건이 아니라 동맹의 기능화라는 것이다. 각 협력체는 동일한 회원국 구성이 아니라, 목적별·기술별로 다르게 구성되어 안보를 모듈화하는 구조를 형성한다. 이는 냉전기의 일괄적 동맹과 달리, 협력의 단위를 세분화해 억지의 정밀성을 높이려는 시도로 이해할 수 있다. 이러한 억지 구조는 경제안보의 제도화와 맞물려 있다. 2022년 출범한 인도-태평양 경제 프레임워크(IPEF)는 기존의 자유무역협정보다 느슨한 구조이지만, 공급망 안정성, 청정에너지, 디지털 무역, 부패방지 등 새로운 의제를 통해 경제를 통한 억지라는 기능을 수행한다. 이는 기술과 무역이 단순한 협력의 수단을 넘어, 정치적 신뢰와 동맹의 매개로 작동하고 있음을 보여준다. 경제와 안보의 경계가 사라지는 상황에서, 인도-태평양 경제 프레임워크(IPEF)와 Quad(4자 안보대화), AUKUS(미국·영국·호주 안보 파트너십)는 상호 보완적으로 작동하며 '경제-기술-군사 복합질서'를 형성하고 있다. 미국의 전략은 이러한 복합 억지를 통해 중국의 부상으로 인한 구조적 불확실성을 제도화하고, 규칙 기반 질서의 지속성을 확보하려는 시도로 이해할 수 있다.

이에 맞서 중국은 인도-태평양 전략을 미국 중심의 봉쇄체계로 규정하며, 다극적 안보 구조와 자주적 방어 체계를 병행 추진하고 있다. 시진핑 주석이 2014년 제안한 아시아안보관은 "아시아의 문제는 아시아인이 해결해야 한다"는 원칙을 강조하며, 외부 세력의 개입을 최소화하려는 전략적 의도를 담고 있다. 이후 2022년 발표된 글로벌 안보 이니셔티브(GSI)는 이를 전 지구적 차원으로 확장시켰다. 글로벌 안보 이니셔티브(GSI)는 공동·종합·협력·지속가능 안보라는 네 가지 원칙을 제시하며, 미국의 동맹 중심 질서에 대한 대안적 서사를 제공했다. 이 개념은 냉전식 대결과 제재 중심의 질서가 아닌, 상호존중과 발전권의 보장을 중시하는 비대립적 안보 개념으로 해석된다. 중국의 안보 전략은 세 가지 층위에서 작동한다. 첫째, 지역 네트워크의 다변화이다. 상하이협력기구(SCO)는 중앙아시아를 중심으로 출범했지만, 이제 남아시아·중동까지 확장되어 비서구권 안보 플랫폼으로 기능하고 있다. 2023년 이란이 정식 가입하면서 중국은 상하이협력기구(SCO)를 통해 인도양과 페르시아만을 연결하는 전략적 연계를 확보하였다. 둘째, 군사력의 현대화와 구조개혁이다. 인민해방군은 2015년 이후 합동작전사령부를 중심으로 한 체계개편을 단행하고, 지상·해상·공중·우주·사이버·전자전 영역을 통합하는 다중영역 작전을 구축하였다. 이는 단순한 군비 증강이 아니라, 정보화에서 지능화로 전환하는 전략적 사고의 변화를 의미한다. 셋째, 해양력의 확대이다. 해경과 해군의 역할 분담을 명확히 하고, 남중국해·동중국해·대만해협에 걸쳐 방어적 통제 전략을 추진함으로써, 전면전이 아닌 지속적 존재의 정치를 수행하고 있다. 이러한 접근은 미국식 확장억지가 위협을 통해 안정을 추구한다면, 중국식 방어전략은 통제를 통해 안정을 추구한다는 점에서 전략적 성격이 구별된다.

군사 경쟁의 현장에서는 전통적 전쟁의 개념이 빠르게 변화하고 있다. 냉전시기의 억지가 핵전력과 군사력의 물리적 균형에 기반했다면, 오늘날의 억지는 가시성과 정보력, 영향력의 지속성에 기반한다. 이른바 회색지대라 불리는 영역이 새로운 경쟁의 무대가 되었다. 회색지대는 평화와 전쟁, 민간과 군사, 합법과 불법의 경계가 흐려진 상태를 의미한다. 미·중은 직접적 충돌을 회피하면서도, 해양·사이버·우주 등 비전통 영역에서 영향력과 지배권을 시험하는 비대칭 경쟁을 벌이고 있다. 남중국해는 이러한 회색지대 경쟁의 상징적 공간이다. 중국은 해경법을 제정해 자국의 해상법 집행권을 강화하고, 해상 민병대를 활용하여 비군사적 수단을 통한 군사화 전략을 구사하고 있다. 인공섬 건설, 항만시설 확장, 해양감시체계 구축은 모두 법적·물리적 존재를 강화하는 수단이다. 반면 미국은 항행의 자유 작전을 정례화하고, 일본·호주·필리핀 등과의 연합훈련을 통해 대응하고 있다. 이러한 상호작용은 단순히 영토나 항로의 문제가 아니라, 존재의 정치와 가시성의 경쟁이라는 새로운 권력양식을 만들어내고 있다. 대만해협과 동중국해에서도 유사한 양상이 나타난다. 인민해방군 해군의 활동 반경이 제1도련에서 제2도련으로 확대되면서, 미국은 괌·오키나와·루손섬 일대에 새로운 미사일 방어체계를 구축하고 있다. 이러한 전략적 조정은 서로의 억지선을 시험하면서도, 직접 충돌을 피하는 경계 조정의 형태로 작동한다. 즉, 물리적 충돌이 아니라 심리적·정보적 우위가 핵심이 된다.

군사경쟁의 또 다른 축은 기술과 안보의 결합이다. 인민해방군은 2035년까지 지능화 군대 완성을 목표로 하며, 인공지능 기반 지휘통제(C4ISR), 무인체계, 극초음속 무기, 우주·사이버전 통합 등을 추진하고 있다. 이는 병력이 아닌 데이터와 알고리즘이 전쟁을 수행하는 시대, 즉 정보의 우위가 전장의 결정요인이 되는 현실을 반영한다. 미국도 2023년 자율 무인체계 대량 배치 구상을 통해 이를 본격적으로 추진하면서, 전통적 군사력보다 민첩성과 분산성이 높은 네트워크 전쟁으로의 전환을 가속화하고 있다. 이와 같은 지능화 전쟁은 기존의 억지이론을 근본적으로 바꾸고 있다. 과거의 억지가 공포의 균형에 의존했다면, 오늘날의 억지는 예측의 균형에 기반한다. 즉, 상대의 행위를 얼마나 정확히 감시·예측하고, 불확실성을 얼마나 줄일 수 있는가가 안보의 핵심이 되었다.

사이버 공간 또한 새로운 억지의 무대로 부상하고 있다. 미국은 사이버사령부의 권한을 확대해 선제적 사이버공격이 가능하도록 법적 근거를 마련했고, 중국은 2015년 창설한 전략지원부대를 통해 사이버·우주·전자전을 통합 지휘하고 있다. 사이버 억지는 핵 억지처럼 명시적이지 않지만, 침투·감시·교란을 통해 상대의 의지를 약화시키는 비가시적 억지의 형태로 작동한다. 이러한 변화는 안보의 개념을 군사적 방어에서 정보적 통제로 확장시키며, 전쟁의 형태를 데이터와 인프라의 경쟁으로 변환시키고 있다. 이러한 군사와 기술의 결합은 인도-태평양 질서를 다층적으로 재편하고 있다. 첫째, 안보의 다층화가 진행되고 있다. 미국은 동맹과 파트너십을 수평적으로 연결해 네트워크형 억지를 구축하고, 중국은 상하이협력기구(SCO)·BRICS·GSI(글로벌 안보 이니셔티브)를 통해 수직적 협력의 틀을 강화한다. 둘째, 경제안보의 군사화가 심화되고 있다. 공급망, 에너지, 해운로, 데이터의 보호가 모두 안보의 핵심 의제가 되었으며, 경제정책과 군사전략이 상호 의존적으로 작동한다. 셋째, 중견국의 전략 공간이 확대되고 있다. 우리나라, 호주, 인도, 아세안 국가들은 미·중 사이에서 전략적 자율성을 확보하려는 노력을 지속하고 있으며, 다자협력과 쌍무협정을 교차 활용함으로써 자신들만의 균형전략을 모색하고 있다. 이처럼 인도-태평양의 군사 아키텍처는 단극적 질서로의 회귀나 완전한 다극으로의 전환이 아니라, 다중 중심적 질서의 형태로 진화하고 있다. 이는 단일 패권의 지배가 아니라, 상호 억지와 제한적 협력이 공존하는 복합체적 안정이다. 이러한 구조 속에서 미·중은 서로의 행동을 제약하면서도, 경쟁을 통해 질서를 재생산하는 통제된 경쟁의 상태를 유지한다. 이는 냉전식 봉쇄와 달리, 완전한 대결이 아닌 공존 가능한 억지의 형태를 띠고 있다. 공존 가능한 억지는 세 가지 조건 위에서 유지된다. 첫째, 위험의 예측 가능성이다. 상호 간의 군사 채널과 위기관리 메커니즘(핫라인, 해상충돌방지협정 등)이 유지될 때, 경쟁은 충돌로 비화하지 않는다. 둘째, 경제적 상호의존이다. 미·중은 기술과 안보에서 충돌하지만, 무역과 금융의 상호 얽힘은 완전한 분리를 불가능하게 만든다. 셋째, 규범적 경쟁의 제도화이다. 안보 규범을 둘러싼 대립이 폭력적 충돌이 아닌 협의와 제도로 관리될 때, 경쟁은 안정의 한 형태로 전환된다. 결국 인도-태평양의 안보 구조는 패권의 독점이 아닌 경쟁과 억지의 병존, 대결이 아닌 질서의 조정이라는 새로운 형태로 수렴하고 있다. 미국은 동맹과 기술 우위를 통해 자유주의 질서의 지속성을 확보하려 하고, 중국은 자율성과 제도적 정당성을 바탕으로 새로운 질서의 가능성을 모색한다. 그 사이에서 중견국들은 이중 전략을 통해 자국의 안보와 경제를 병행 관리하며, 국제정치의 새로운 조율자로 부상하고 있다. 이러한 변화는 21세기 국제질서가 단일 패권의 시대를 넘어 상호 억지의 질서로 이동하고 있음을 보여주며, 이는 곧 미·중 경쟁이 단순한 세력대결을 넘어, 국제질서의 운영원리 자체를 둘러싼 심층적 실험이라는 점에서 역사적 의미를 지닌다.

4. 경제와 금융
―제재, 결제, 디리스킹

　21세기 미·중 경쟁은 기술과 군사를 넘어 경제와 금융의 영역으로 확장되며, 국제질서의 물질적 기반을 재구성하고 있다. 경제력은 전통적으로 군사력과 함께 패권의 기초를 형성했지만, 오늘날 그 기능은 단순한 부의 축적이나 성장률의 경쟁이 아니라, 제재·결제·공급망·통화체계의 통제를 통해 질서를 설계하고 규칙의 준수 여부를 판정하는 권한을 행사하는 도구로 변화하고 있다. 20세기 후반 냉전기의 경제구조가 자본주의와 사회주의 진영 간의 상호 봉쇄와 교역 질서의 이원화로 나타났다면, 21세기형 패권 경쟁은 복잡한 상호의존 구조를 전제로 한 제도적·규범적 분리, 다시 말해 완전한 단절이 아니라 연결 상태를 유지한 채 통제와 제약을 가하는 연결된 경쟁의 형태로 진행되고 있다는 점에서 질적으로 다르다. 이 과정에서 경제와 금융은 더 이상 국제협력의 중립적 인프라가 아니라, 전략적 억지와 압박, 선택과 배제의 수단으로 전환되고 있으며, 그 결과 국제경제 질서의 규칙과 중심이 서서히, 그러나 구조적으로 재편되고 있다.

미국은 경제와 금융에서의 우위를 국가안보의 확장 수단으로 적극 활용하며, 달러체계와 국제금융 인프라를 통해 질서의 집행자로서의 지위를 공고히 하고 있다. 2008년 금융위기 이후에도 달러는 여전히 글로벌 준비통화의 지위를 유지하고 있고, SWIFT(국제은행간금융통신협회)를 중심으로 한 국제결제망, 런던·뉴욕으로 대표되는 자본시장, 미국 재무부와 연계된 규제 권한은 서로 결합하여 미국의 경제패권을 뒷받침하는 삼중 구조를 이룬다. 특히 2010년대 이후 미국이 제재를 무기화하는 방식은 경제정책·외교정책·안보정책의 경계를 흐리게 만들었다. 2017년 「미국의 적에 대한 제재법(CAATSA)」, 이란·북한·러시아에 대한 금융·에너지·무역 제재, 그리고 2022년 러시아의 우크라이나 침공 이후 단행된 은행 퇴출, 외환보유액 동결, 에너지 수출 제한 조치는 달러체계의 무기화가 구조화되었음을 보여준다. 제재는 더 이상 일시적 응징이 아니라, 국제규범 위반에 대한 경제적 사법권의 행사, 나아가 미국이 규범의 해석과 집행의 중심에 서 있다는 것을 상징하는 장치가 되었고, 그 대상은 국가를 넘어 기업, 금융기관, 플랫폼, 개인에까지 확대되면서, 미국의 관할권이 사실상 초국가적 규범으로 작동하는 구조를 만들어내고 있다.

중국은 이러한 구조적 제약을 단순한 정책 변수로 보지 않고, 발전과 안보를 동시에 위협할 수 있는 체제적 리스크로 인식하면서, 금융·무역 체계의 제도적 자율성을 확보하는 것을 국가전략의 핵심 목표로 삼고 있다. 이 전략의 한 축이 위안화 국제화이며, 다른 한 축이 중앙은행 디지털화폐(CBDC)를 포함한 디지털 금융 인프라의 구축이다. 2015년 위안화의 IMF(국제통화기금) 특별인출권(SDR) 편입은 상징적 출발점이 되었고, 이후 중국은 무역결제, 원자재 거래, 역내 투자에서 위안화 사용을 점진적으로 확대해 왔다. 2024년 기준으로 약 40여 개국과의 통화스와프 네트워크는, 달러를 우회하거나 보완할 수 있는 대체 결제 안전망으로 기능하며, 특히 BRICS, ASEAN(동남아시아국가연합), 아프리카, 중동 국가들과의 교역에서 위안화 결제 비중이 확대되면서, 제재 환경에서 운용 가능한 다극적 금융 네트워크의 기반을 형성하고 있다. 러시아 제재 이후 러시아와의 에너지 거래, 사우디·UAE(아랍에미리트)와의 석유 및 석유화학 거래, 브라질과의 농산물·자원 거래에서 위안화 사용이 늘어난 것은, 위안화가 단지 중국의 국경 안에서만 통용되는 통화가 아니라, 제재 리스크를 분산할 수 있는 실질적 선택지로 부상하고 있음을 보여준다. 이러한 흐름 속에서 중국의 국제결제시스템(CIPS)은 SWIFT(국제은행간금융통신협회)와의 연동을 유지하면서도, 필요시 독립적으로 작동 가능한 구조를 지향하는 전략적 이중화 인프라로 자리 잡고 있다. 2015년 가동된 국제결제시스템(CIPS)는 2020년대를 거치며 참여 금융기관과 국가를 크게 늘렸고, 중국 내 은행을 중심으로 역외 위안화 허브와 연결되면서, 위안화 결제·청산의 병렬 네트워크를 형성하고 있다. 이는 단순한 기술 플랫폼을 넘어, 금융 데이터의 저장과 접근, 제재 대상 거래의 처리 가능성, 규제 관할권의 범위를 둘러싼 디지털 금융주권의 문제와 직결된다. 동시에 중국은 디지털 위안화(e-CNY)를 통해 중앙은행 디지털통화(CBDC) 분야에서 선도적 위치를 점하고 있으며, 일부 국경 간 파일럿 프로젝트를 통해 디지털 위안의 국제결제 활용 가능성을 시험하고 있다. 디지털 위안은 결제 효율성을 제고하는 수단인 동시에, 통화·재정·산업정책을 실시간 연동할 수 있는 관리수단으로서, 통화정책을 보다 미시적이고 직접적인 방식으로 설계할 수 있게 하는 거버넌스 도구로서의 성격을 지니며, 이는 장기적으로 통화와 데이터, 안보를 하나의 체계 안에서 결합하려는 중국식 현대화 전략의 일환으로 해석될 수 있다. 이와 같은 변화는

1944년 브레튼우즈 체제 이후 유지되어 온 달러 중심 국제통화질서의
전제 자체를 서서히 흔들고 있다. 전후 질서는 미국 금융시장과 통화에
대한 신뢰, 그리고 이를 뒷받침하는 제도적 안정성을 기반으로 구축되
었으나, 2008년 금융위기를 거치며 그 신뢰는 점차 미국의 규제권과
제재권에 의해 대체되기 시작했다. 미국이 금융과 결제를 전략적 인프
라로 재정의하고 이를 국가안보의 직할 영역으로 편입한 것은, 달러가
더 이상 단순한 시장의 선택이 아니라 정치적 선택이자 규범적 복종의
조건으로 작동하고 있음을 의미한다. 이에 대해 중국은 금융 인프라를
국제공공재로 개념화하며, 자국이 제공하는 인프라가 특정한 정치적
전제나 제재 압력을 강제하지 않는다는 점을 강조한다. 나아가 금융의
다극화와 탈달러화를 단절이 아닌 점진적 다변화의 과정으로 제시한
다. 이러한 탈달러화는 미국 주도의 질서로부터의 이탈이 아니라, 위기
상황에서 선택 가능한 대체 경로를 확보함으로써 전략적 자율성을 높
이는 위험관리 전략으로 이해하는 것이 타당하다.

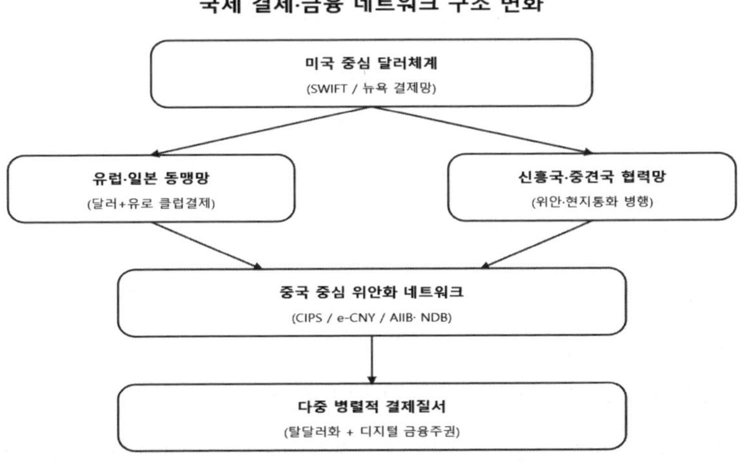

이 도식은 20세기 브레튼우즈 체제 이후의 단극적 달러체계가 21세기 들어 다층적 결제질서로 변모하는 과정을 보여준다. 미국은 제재와 통제 중심의 규칙 집행을 통해 규제 패권을 유지하고 있으며, 중국은 국제결제시스템(CIPS)·디지털 위안화(e-CNY)·AIIB(아시아인프라투자은행)·신개발은행(NDB) 등을 기반으로 금융 공공재와 결제 인프라의 병렬 체계를 구축하고 있다. 그 결과 국제금융은 단일한 중심이 아닌 복수의 통화·결제망이 공존하는 구조로 전환되고 있으며, 이는 탈달러화를 넘어 금융 주권의 다극화로 나아가는 흐름을 보여준다. 이러한 구조적 변화는 금융의 영역을 넘어 기술과 산업의 경쟁 구도로 확장되고 있다.

미국의 제재정책은 기술패권 전략과도 긴밀하게 결합된다. 반도체, 인공지능, 양자, 배터리, 통신장비 등 전략산업에서의 대중 수출통제와 투자 제한은, 군사억지 정책의 일부이자 경제안보 전략의 핵심 도구로 작동한다. 이러한 조치는 안보 논리를 통해 공급망을 재편하고, 외국인 직접투자(FDI)와 기술협력의 방향을 통제함으로써, 사실상의 선별적 보호주의와 기술 장벽을 제도화하고 있다. 미 상무부의 수출제한 대상 목록(Entity List), 재무부의 특별제재대상 목록(SDN List), 국방부의 중국군사 관련 기업 명단(CMIC List)은 상호 연동되며, 기술·금융·투자·무역이 동시에 제한되는 복합적 제재체계를 형성한다. 이처럼 제재는 개별 사건에 대한 대응을 넘어, 중장기적 구조 경쟁을 설계하는 산업정책의 한 형태로 기능하고 있으며, 그 결과 미·중 경제관계는 완전한 결별이 아니라, 안정적으로 관리된 갈등 상태, 즉 관리된 분절의 구조에 편입되고 있다.

우리나라, 유럽연합, 일본 등 미국의 동맹과 파트너 국가들은 이러한 전략적 분리의 흐름에 일정 부분 동참하면서도, 동시에 자국의 경제이익과 전략적 자율성을 고려한 차별적 조정을 시도하고 있다. 이들이 디커플링 대신 디리스킹이라는 표현을 사용하는 것은, 중국과의 경제관계를 전면적으로 끊어내기보다는, 특정 전략 분야에서의 의존도를 줄이고, 정치·안보 리스크에 취약한 지점을 선별적으로 조정하겠다는 현실적 인식을 반영한다. 디리스킹은 공급망과 투자의 방향을 단일 진영 내부로만 돌리는 것이 아니라, 공급원 다변화, 규제 조화, 정보 공유를 통해 위험을 관리하는 규범 기반 조정 전략으로 볼 수 있으며, 이는 미·중 사이에서 제한적 연계와 조건부 협력을 유지하려는 유럽과 중견국들의 입장을 보여준다. 이러한 흐름은 글로벌 경제가 비용 최소화와 효율성 극대화를 주된 목표로 삼던 시대에서, 복원력, 안정성, 가치 연계를 핵심 기준으로 삼는 시대로 이동하고 있음을 시사한다.

중국은 이 같은 디리스킹 담론을 서방 중심 질서의 자기방어이자 중국 견제를 위한 담론적 장치로 인식하면서, 이에 맞서 내순환(內循環)을 축으로 하는 이중순환경제(双循环经济)를 강화하고 있다. 내순환은 대규모 내수시장을 기반으로 한 소비 확대, 핵심기술의 자립, 공급망의 국내 내재화, 국가 주도 혁신체계의 강화 등을 통해 외부 충격에 대한 내성을 높이는 전략이다. 동시에 중국은 외순환(外循环)을 포기하지 않고, RCEP(역내포괄적경제동반자협정) 발효, 일대일로(一带一路)의 디지털·녹색 전환, 브릭스+ 확장 등을 통해 새로운 협력 네트워크를 구축하고 있다. 이는 폐쇄적 자립이 아니라 선택적 개방과 전략적 다변화를 결합하는 자율적 개방의 구조로, 중국식 현대화가 개방과 안보, 효율과 주권을 균형 있게 결합하려는 시도임을 보여준다. 공급망 재편 역시 이러한 전략적 경쟁의 핵심 전장이 되고 있다. 미국과 유럽이 핵심광물, 반도체, 배터리, 의약품, 식량 등 분야에서 리쇼어링·니어쇼어링·프렌드쇼어링을 추진하는 한편, 중국은 희토류, 태양광 모듈, 리튬이온 배터리, 전기차, 통신장비에서의 압도적 생산능력을 활용해 전략물자 카드를 행사할 수 있는 구조를 유지하고 있다. 2023년 갈륨·게르

마늄 등 핵심소재에 대한 수출통제 조치는, 특정 사안에 대한 단기적 대응인 동시에, 서방에 대한 구조적 메시지, 즉 중국 역시 글로벌 공급 망에서 대체 불가능한 고리를 쥐고 있다는 점을 상기시키는 상징적 행위로 해석된다. 이러한 상호의존과 상호억지의 관계는 공급망을 단일 국가의 도구가 아닌, 상호 위험관리와 협상력의 수단으로 변환시키고 있으며, 경제와 안보의 경계가 사실상 소멸된 새로운 전략환경을 보여준다.

이와 동시에, 미·중 경쟁의 금융적 차원에서는 결제 네트워크의 분화와 금융권력의 다극화가 점진적으로 진행되고 있다. 미국은 여전히 IMF(국제통화기금), 세계은행, BIS(국제결제은행), 주요 신용평가기관 등 기존 국제금융기구를 통해 규범적 권위를 유지하고 있지만, 중국은 BRICS, 신개발은행(NDB), AIIB(아시아인프라투자은행)을 통해 대안적 금융 공공재를 제공하려 하고 있다. 신개발은행(NDB)은 회원국 간 프로젝트에 위안화와 현지 통화를 활용함으로써, 달러 의존도를 줄이는 실험을 수행하고 있으며, AIIB(아시아인프라투자은행)은 인프라와 디지털 전환, 녹색에너지 프로젝트를 통해 개발도상국의 자금 접근성을 개선하면서, 발전권을 중심에 둔 금융 거버넌스의 가능성을 제시하고 있다. 이 과정에서 중국은 자국 주도의 금융기구를 기존 질서와 정면 충돌시키기보다는, 병렬적 보완체계로 배치함으로써, 점진적인 다극화를 추구하는 전략을 취하고 있다. 결국 경제와 금융의 영역에서 미·중 경쟁은 단순한 성장률, 무역수지, 투자규모의 비교가 아니라, 국제규범의 중심과 그 규칙을 누가 설계·해석·집행할 것인가를 둘러싼 경쟁으로 귀결된다. 미국은 규칙 기반 질서를 내세워 기존 제도와 규범의 연속성을 강조하고, 제재와 규제, 금융 인프라를 통해 그 규칙의 집행력을 유지하려 한다. 반면 중국은 발전 중심 질서를 주장하며, 주권과 발전권, 제도 선택의 자율성을 앞세워, 서구 중심 규범의 보편성을 상대화한다. 이 대립은 자유주의 경제질서가 더 이상 단일한 기준으로 기능하지 않으며, 복수의 경제윤리와 발전담론이 병존하는 체제경쟁의 국면이 도래했음을 보여준다. 이러한 변화의 함의는 보다 구조적으로 이해될 필요가 있다. 첫째, 경제안보의 정치화가 상수로 자리 잡으면서, 무역·투자·금융정책은 외교·안보전략의 하위 변수가 아니라 핵심 수단으로 재배치되었고, 다자무역체제의 규범적 권위는 약화되고 있다. 둘째, 금융의 디지털화와 통제화가 병행되면서, 중앙은행 디지털통화, 블록체인 기반 결제, 데이터 기반 신용평가 등은 효율성과 포용성을 제고하는 동시에, 특정 국가나 체제에 의해 감시·제재·배제의 수단으로 활용될 위험을 내포한다. 셋째, 글로벌 질서의 다층화와 분절화가 본격화되며, 미국의 달러체계, 중국의 위안화 네트워크, 유럽의 유로권, 지역통화·양자통화스와프 체계 등이 중첩적으로 존재하는 복수 규범 질서가 현실화되고 있다. 이러한 다층화는 불안정성을 증폭시킬 위험을 내포하지만, 동시에 단일 패권 구조에서 벗어난 선택지의 확장이라는 측면도 갖는다. 따라서 경제와 금융을 둘러싼 미·중 경쟁은 제로섬적 충돌이라기보다, 병존과 조정, 경쟁과 상호의존이 얽힌 복합 질서의 형성 과정으로 이해하는 것이 적절하다. 미국은 제재와 규범을 통해 질서를 통제하고, 중국은 결제와 금융인프라를 통해 질서를 확장하며, 양국은 서로의 규칙을 시험하면서도 완전한 단절을 감행하지 못하는 구조 속에서 움직이고 있다. 이는 21세기 국제경제가 효율성의 절대 논리에서 벗어나, 안정·회복력·주권·발전권이라는 정치적 가치와 결합된 새로운 패러다임으로 이행하고 있음을 보여준다. 결과적으로 경제패권의 핵심은 더 이상 단순한 부의 생산이 아니라, 제도의 설계와 규칙의 정의, 그리고 위기 상황에서 어떤 네트워크가 최종 안전망으로 기능할 것인가를 결정하는 통치력에 있으며, 이 경쟁은 곧 국제 질서의 정당성과 방향을 둘러싼 장기적 투쟁으로 이어지고 있다. 여기에서 중국식 현대화의 과제는, 단순히 기존 질서에 편승하거나 대체하는 것을 넘어, 발전과 안보, 개방과 자율성을 조화시키는 새로운 경제·금융 질서의 가능성을 설득력 있게 제시할 수 있는가라는 질문으로 귀결된다고 할 수 있다.

5. 맺음말
―공존 가능한 경쟁의 조건

21세기 미·중 경쟁은 단기적으로 기술, 금융, 안보의 전장 속에서 점점 더 복합적이고 정교한 형태로 심화되고 있지만, 장기적으로는 세계질서의 구조와 국제규범의 방향을 재편하는 힘으로 작용하고 있다. 과거의 패권경쟁이 군사력과 영토, 자원 확보를 중심으로 한 지리적 대결이었다면, 오늘날의 경쟁은 표준과 데이터, 규범과 제도의 주도권을 둘러싼 체제 간 경합으로 변모하였다. 기술, 산업, 군사, 금융이라는 개별 영역에서 전개되는 충돌은 결국 '어떤 가치와 원리가 세계질서의 언어가 될 것인가'를 결정하는 근본적 논쟁으로 이어지고 있으며, 그 속에서 경쟁과 협력, 억지와 공존은 상호 배타적인 개념이 아니라 상호 구성적 관계로 작동하고 있다.

이러한 변화 속에서 미·중 경쟁의 본질은 단순한 패권의 다툼이라기보다 질서의 설계권을 둘러싼 경쟁으로 볼 수 있다. 미국은 자유주의적 가치, 개방적 시장, 법치에 기반한 규칙 중심 질서의 연속성을 통해 기존 체제의 정당성을 유지하려 한다. 그러나 기술·경제·인구 구조의 변화로 인해 그 질서의 보편성이 점차 약화되고 있으며, 특히 글로벌 사우스로 불리는 비서구권 국가들은 기존 규칙에 의문을 제기하며 새로운 제도적 선택지를 탐색하고 있다. 반면 중국은 서구 모델의 단순한 대체자가 아니라, 발전권과 자율성을 강조하는 발전 중심 질서를 제시하며, 자국의 경험을 제도화된 대안으로 제시하고 있다. 이 질서는 권력의 집중보다는 책임의 분산, 규칙의 강제보다는 제도의 상호 적응을 통해 국제사회의 복합성을 포용하려는 성격을 지닌다. 단기적으로 미·중 경쟁은 기술패권, 안보 아키텍처, 금융질서의 세 전선에서 구조적 긴장을 지속하겠지만, 장기적으로는 상호 얽힘을 완전히 끊어내기 어려운 현실적 제약 속에서 공존 가능한 경쟁의 형태로 관리될 가능성이 높다. 이는 경쟁의 종식이 아니라, 경쟁의 관리이며, 갈등의 회피가 아니라, 질서적 경합의 제도화라 할 수 있다. 다시 말해, 상호의존의 밀도가 높을수록 분쟁의 위험은 커지지만, 동시에 완전한 분리나 탈동조화는 구조적으로 불가능하다는 인식이 확산되면서, 양국은 위험을 통제하고 협력을 제한적으로 조정하는 관리된 경쟁의 프레임 속으로 이동하고 있다. 이는 미·중 모두가 '전략적 경쟁 + 제한적 협력'이라는 이중 구조를 지속할 수밖에 없음을 의미하며, 기술·금융·안보에서 서로를 견제하면서도 공급망·기후·보건 등에서 최소한의 조정이 불가피하다는 점을 보여준다.

중국은 이러한 환경 속에서 자립적 혁신과 전략적 자율성을 강화하여 외부 압박에 대한 내성을 높이는 동시에, 글로벌 거버넌스의 재설계자로서의 역할을 모색하고 있다. 기술 영역에서는 반도체·AI(인공지능)·양자·우주 분야의 자립전략을 통해 산업 기반의 주권을 강화하고, 경제·금융 영역에서는 위안화 국제화와 디지털통화를 매개로 금융주권의 범위를 확장하며, 안보 영역에서는 다극적 협력체제를 통해 안정적 억지와 지역적 자율성을 동시에 추구하고 있다. 이러한 전략은 단순한 방어적 자구책이 아니라, 발전과 안보의 통합을 지향하는 중국식 현대화의 구조적 특징으로 이해할 수 있다. 반면 미국은 기술혁신, 군사동맹, 금융지배를 통해 자유주의 질서의 지속성을 확보하려 하지만, 그 우위는 점점 더 선택적이고 조건부가 되어가고 있다. 과거의 미국 패권은 산업·무역·금융의 3축을 중심으로 글로벌 공공재를 제공하는 구조였으나, 현재는 제재·수출통제·안보동맹이라는 규제 중심 패권으로 전환되고 있다. 이는 질서의 안정성을 높이는 동시에, 제도적 피로를 누적시키는 결과를 낳는다. 특히 글로벌 사우스 국가들은 미국이 주도하는 규칙 기반 질서의 일방성을 비판하며, 협력의 폭을 다변화하고 있다. 이러한 흐름은 인도·브라질·사우디아라비아·남아프리카공화국 등 중견국들이 자국 이익을 중심으로 외교와 경제의 균형을 조정하며, 전략적 다극화를 가속화하는 동력으로 작용하고 있다. 동시에 중견국들은 미·중 어느 한쪽에 완전히 편입되기보다, 사안별·분야별 선택적 연계 방식을 통해 전략적 자율성을 최대화하는 전략적 혼합을 강화하고 있다.

결국 미·중 경쟁의 결과는 지배의 독점이 아니라 규범의 병존과 상호 조정으로 수렴될 가능성이 크다. 기술·군사·금융의 세 축에서 각기 다른 제도와 표준이 병렬적으로 존재하는 복합적 질서가 출현하고 있으며, 이는 단일한 세계체제의 해체가 아니라, 복수의 중심과 다층적 거버넌스가 병존하는 다중 중심적 질서의 태동으로 해석할 수 있다. 이 질서 속에서 미국은 여전히 규칙의 수호자로서, 중국은 대안적 제도의 설계자로서 기능하며, 국제사회는 이들 사이의 상호 조정의 공간을 활용해 새로운 협력의 틀을 만들어갈 것이다. '누가 세계의 표준을 설정하느냐'는 경쟁은 앞으로도 계속되겠지만, 그 결과는 지배의 독점이 아니라 상호 인정과 제도적 병존으로 귀결될 가능성이 높다. 기술표준의 다극화, 금융결제 시스템의 병렬화, 안보협력체계의 다층화는 모두 그 전조라 할 수 있다. 이런 변화는 패권의 종말이 아니라, 패권의 형태가 제도적·규범적 경쟁으로 전환되는 과정이며, 그 속에서 국제사회는 더 이상 단일한 보편질서를 상정하지 않고, 복수의 질서가 상호 번역되고 협상되는 새로운 국제 구조를 형성하게 될 것이다. 이는 국제사회가 갈등을 억제하면서도 상호 다른 규범을 인정할 수 있는 규범적 조정 능력의 중요성이 더욱 커짐을 의미한다. 이러한 맥락에서 공존 가능한 경쟁은 단순히 충돌을 피하는 소극적 개념이 아니라, 복수의 질서가 상호 견제와 협력을 통해 안정적 다원성을 유지하는 상태를 의미한다. 이는 현실주의적 균형과 자유주의적 협력이 결합된 통제된 다극화의 형태로 볼 수 있으며, 미·중 양국 모두 이 구조 속에서 자국의 정당성을 제도적으로 관리해야 하는 시대에 진입하고 있다. 또한 이러한 공존적 경쟁은 기후변화·보건·디지털 규범 등 범지구적 의제에서 부분적 협력을 제도화할 필요성을 높이고 있다.

따라서 21세기 국제질서의 핵심 과제는 패권의 전환이 아니라 경쟁의 제도화와 공존의 관리이다. 규범적 차원에서는 법치와 주권, 발전권과 인권, 기술과 윤리 사이의 균형이 요구되고, 정책적 차원에서는 경제안보·디지털 거버넌스·기후변화·공공보건 등 범지구적 의제가 협력의 새로운 토대가 된다. 특히 중국식 현대화가 제시하는 발전권과 안보의 동시 추구, 개방과 자율의 균형은 이러한 공존의 시대에 적합한 하나의 모델로 기능할 수 있다. 이는 중국식 현대화가 단순한 국내 발전모델을 넘어, 국제사회에서 관리된 경쟁을 제도화하는 하나의 규범적자원으로 활용될 수 있음을 시사한다. 결국 미·중 패권 경쟁은 국제질서의 위기이자 재구성의 과정이다. 갈등과 경쟁은 불가피하지만, 그 지속적 상호작용 속에서 새로운 균형과 규범적 합의가 형성될 가능성 역시 존재한다. 21세기의 세계는 단일 패권의 종식 이후, 경쟁 속의 공존,

억지 속의 협력, 분절 속의 연결이라는 복합적 질서로 이동하고 있으며, 이러한 변화 속에서 국제사회가 요구받는 것은 상대의 존재를 인정하면서도 스스로의 규칙과 가치를 지속적으로 조정할 수 있는 능력이다. 공존 가능한 경쟁이란 바로 이 역동적 균형의 다른 이름이며, 그것이야말로 새로운 세계질서가 지향해야 할 가장 현실적이면서도 책임 있는 형태라 할 수 있다.

제8장

글로벌 거버넌스의 변화
—UN·WTO(세계무역기구) 등 국제기구의 재편

1. 들어가는 이야기
—다자주의의 재편과 중국의 전략적 부상

21세기 글로벌 거버넌스는 복합적 전환의 시기에 놓여 있다. 팬데믹, 기후위기, 공급망 불안, 기술패권 등 상호 연계된 위기는 기존 국제질서의 작동 원리를 시험하며, 세계의 규범과 제도 구조를 근본적으로 재편하고 있다. 냉전 이후 미국과 유럽이 주도해 온 자유주의 국제질서는 보편적 규칙이라는 이름 아래 민주주의, 시장경제, 인권의 보편성을 중심으로 단일한 가치체계를 구축해왔다. 이러한 질서는 1990년대 세계화의 확산과 함께 글로벌 거버넌스의 표준으로 기능했지만, 2008년 금융위기, 신흥국의 부상, 기술격차의 심화, 그리고 팬데믹을 거치며 균열을 드러냈다. 특히 미·중 전략경쟁이 구조화되면서, 자유주의 질서의 규칙 생산자와 수용자 간의 경계가 흐려지고, '누가 규칙을 만들고, 누가 그것을 해석하는가'라는 문제 자체가 국제정치의 핵심 쟁점으로 부상하고 있다.

이러한 구조적 변동 속에서 중국은 다자주의의 재편을 역사적 기회이자 전략적 시험대로 인식하고 있다. 시진핑 정부는 2020년대 들어 진정한 다자주의를 핵심 외교 기조로 제시하며, 미국 중심의 제도적·규범적 패권에 도전하는 새로운 담론적 지형을 형성하고 있다. 중국이 말하는 다자주의는 단일한 가치나 이념에 기반한 배타적 블록 다자주의가 아니라, 주권평등과 발전권을 토대로 한 포용적 다자주의로 정의된다. 이는 미국이 주도하는 규칙기반 질서가 실질적으로는 특정 정치·경제 모델의 확산을 전제한 선택적 다자주의라는 비판 인식에서 비롯된다. 시진핑 주석이 유엔총회와 다보스포럼 등 주요 국제무대에서 반복해 강조한 협의에 기초한 국제질서는 바로 이 문제의식의 연장선에 있다. 중국은 각국의 발전단계와 문화적 차이를 존중하는 다원적 국제규범 체계의 구축을 지향하며, 이를 통해 새로운 국제 거버넌스의 정당성과 대표성을 확보하려 한다. 이 과정에서 중국은 인권이사회에서 발전권 결의안을 상정하거나, 글로벌 안보 이니셔티브(GSI)를 통해 안보 규범의 범위를 확대하는 등, 다원적 규범체계를 제도적 수준에서 가시화하려는 시도도 병행하고 있다. 이러한 인식과 전략적 구상은 중국이 제시하는 진정한 다자주의의 구조적 틀로 도식화될 수 있다(아래 도식 참조).

　이는 국제질서 전환의 과정 속에서 중국이 기존 제도 내 영향력 확대와 대안적 플랫폼 구축을 병행함으로써, 질서의 내재적 재균형을 도모하려는 외교전략의 핵심을 보여준다.

　중국의 전략은 두 가지 방향에서 병행적으로 전개되고 있다. 첫째, 기존 국제기구 내부에서의 영향력 확대이다. 중국은 UN, WTO(세계무역기구), 세계보건기구(WHO), FAO(국제연합식량농업기구) 등 주요 제도권 안에서 규칙의 재해석자로 자리매김하고 있다. 특히 PKO(평화유지활동), 기후변화 대응, 공중보건, 개발협력 분야에서 재정적 기여와 인력·기술 지원을 강화하며 책임 있는 대국 이미지를 구축하고 있다. 중국은 2020년 기준 UN 분담금 2위 국가이며, PKO 파병 규모에서도 상임이사국 중 최상위권을 유지하고 있어 기존 제도 내부에서의 실질적 영향력은 이미 상당 수준에 도달해 있다. 또한 국제전기통신연합(ITU) 사무총장 배출, FAO의 중국 출신 사무총장 선출 등은 중국이 기존 제도 내부에서 규범 형성과 기술표준 논의에 실질적 영향력을 행사하고 있음을 보여주는 대표적 사례이다. 이러한 활동은 단순한 영향력 확대를 넘어, 국제기구 운영의 담론적 주도권, 즉 협력의 언어를 규정하고 공동이익의 의미를 설정하는 능력을 확보하려는 시도로 볼 수 있다. 중국은 이를 통해 국제기구 내부의 규범 해석권을 넓히며, 제도의 틀 속에서 새로운 규칙의 방향성을 제시하고 있다.

　둘째, 기존 체제를 보완하는 대안적 다자 플랫폼의 구축이다. AIIB(아시아인프라투자은행), 브릭스 신개발은행(NDB), 일대일로(一帶一路), 그리고 2023년 확대된 브릭스 플러스(BRICS+)는 모두 중국의 다자외교가 제도화된 형태를 보여준다. 이들 기구는 서구 중심의 국제금융 질서와 병행하는 보완적 병렬 구조로 작동한다. AIIB(아시아인프라투자은행)는 100여 개 회원국을 확보하며 포용적 금융 거버넌스를 내세우고 있고, 신개발은행(NDB)은 현지통화 결제와 위안화 기반 프로젝트 융자를 통해 탈달러화의 제도적 토대를 확장하고 있다. 또한 브릭스 플러스(BRICS+)는 글로벌 사우스 국가들을 포섭하며, 경제·금융·디지털·에너지 전환 등 실질 협력의 제도적 기반을 강화하고 있다. 2023년 사우디아라비아·UAE·이란·이집트 등의 신규 참여는 BRICS가 단순한 신흥국 협의체를 넘어 규범·금융·자원·에너지 네트워크의 확대 구조로 전환되고 있음을 상징한다. 이 과정에서 중국은 국제개발 금융 분야에서 기존 세계은행·IMF(국제통화기금) 체제의 보완적 공급자 역할을 수행하며, 금융적 영향력을 제도화된 방식으로 확대하고 있다. 중국의 다자주의는 따라서 탈서구적 국제질서를 지향하는 전략적 외교 노선으로 이해할 수 있다. 이는 미국 중심의 동맹형 질서와 달리, 협력의 다극화를 목표로 하며, 각국이 주체적으로 참여하는 유연한 네트워크형 거버넌스를 추구한다. 동시에 중국은 공동의 발전을 국제규범의 핵심 가치로 제시함으로써, 서구가 강조해온 인권·민주주의 중심 담론을 발전권·안보권 중심의 담론으로 전환시키려 한다. 이는 단순한 가치 대립이 아니라, 국제규범의 생산 방식 자체를 다양화하려는 시도이다. 중국식 현대화가 제도화된 다자 플랫폼을 통해 외연을 확장하는 행보는, 국제질서의 주도권을 둘러싼 담론 경쟁이 제도 경쟁으로 이행하고 있음을 보여주는 구체적 사례다. 결국 진정한 다자주의는 중국이 국제 체제 속에서 제도적 정당성과 담론적 주도권을 동시에 확보하기 위한 외교전략의 핵심 프레임이라 할 수 있다. 그것은 기존 질서의 부정을 통한 대체가 아니라, 질서의 내재적 재균형을 목표로 한다. 중국은 기존 제도의 틀을 유지하면서도 그 안에서 새로운 규범과 언어를 주입함으로써, 보완적 병렬 거버넌스를 구축하고 있다. 이는 단기적으로는 국제기구의 운영과 가치 기준을 점진적으로 변형시키는 효과를 가져오며, 장기적으로는 협력과 경쟁이 병존하는 다층적·복합적 글로벌 거버넌스 체제의 기반을 마련하는 과정이라 할 수 있다. 즉, 중국이 추구하는 재균형은 기존 질서를 해체하거나 대체하는 방식이 아니라, 기존 틀을 유지한 채 그 내부의 규범적 우선순위와 의제 구조를 바꾸는 내부적 변화 전략이라는 점에서 그 특징이 분명해진다. 또한 글로벌 사우스 국가들의 제도적 대표성 확대를 통해 기존 국제질서의 민주성과 포용성을 강화하는 방향으로 작동하고 있다. 다시 말해, 중국식 현대화의 외연은 이제 국내의 발전모델을 넘어, 세계 질서 자체를 재정의하려는 문명형 제도 전략으로 진화하고 있는 것이다.

2. 진정한 다자주의의 경쟁적 서사

21세기 들어 다자주의는 국제질서의 핵심 개념이자 가장 치열한 담론 경쟁의 장이 되었다. 냉전 종식 이후 서구가 주도한 다자주의는 자유주의적 가치와 제도를 기반으로 한 가치 중심 다자주의였다. 민주주의, 인권, 시장경제, 자유무역이 보편적 규범으로 제시되며, 이에 부합하지 않는 정치체제나 경제모델은 종종 비정상적 혹은 비자유적으로 규정되었다. 이러한 체제는 1990년대 세계화의 확산과 함께 제도적 표준으로 자리 잡았으나, 2008년 글로벌 금융위기와 미·중 경쟁의 격화, 팬데믹 이후의 공급망 재편, 기술패권 갈등 등을 거치며 근본적 균열을 드러냈다.

자유주의 질서의 내적 모순은 보편적 가치의 보편성 자체에 대한 의문을 제기하게 만들었다. 글로벌 사우스 국가들은 서구가 내세운 자유무역·민주주의·인권 담론이 실질적으로는 선택적 적용과 이중기준을 내포하고 있다고 비판하였다. 예컨대 인권·민주주의를 이유로 특정 국가에 제재를 가하면서도, 전략적 이해관계가 있는 국가에는 동일 기준을 적용하지 않는 방식은 글로벌 사우스가 지적해온 대표적 가치 선택성의 사례로 제시된다. 이 과정에서 다자주의는 협력의 언어에서 경쟁의 언어로, 규범적 이상에서 지정학적 도구로 전환되었다. 이러한 환경 속에서 중국은 기존 담론의 대안으로 진정한 다자주의를 제시하며, 국제질서의 규범적 전환을 시도하고 있다.

중국은 서구가 주도한 다자주의가 자유주의적 이념과 제도적 규칙을 세계 표준으로 확정해 온 과정에서 정치적 배타성을 내포했다고 본다. 즉, 서구의 다자주의는 규범의 보편성을 주장하지만 실제로는 서구 문명권의 경험과 제도를 세계 보편으로 일반화한 선택적 다자주의라는 것이다. 이러한 비판은 단순한 정치적 수사에 그치지 않는다. 중국 학계와 외교 당국은 가치 중심 다자주의가 ① 국제규범의 다양성을 억제하고, ② 국가 주권의 자율성을 침식하며, ③ 경제·기술적 의존을 통한 새로운 형태의 규범적 불평등을 조장한다고 분석한다. 시진핑 정부는 이를 가치 패권주의로 규정하며, 국제관계의 핵심은 가치가 아니라 협의와 조정에 기반해야 한다는 점을 강조한다. 이러한 관점에서 중국식 다자주의는 가치의 동질성이 아니라 이익의 상호성에 기초한다. 이러한 문제의식은 중국식 현대화의 외교적 확장판으로 이어진다. 중국은 근대 이후 서구 중심 근대화 모델이 유일한 발전 경로로 간주되어 온 역사적 맥락을 비판하며, 다양한 문명과 발전 모델의 공존을 국제정치의 지속가능한 토대로 제시한다. 즉, 진정한 다자주의는 단지 외교전략이 아니라, 서구 근대의 단선적 서사에 대한 구조적 반론이자, 국제규범의 다원화를 향한 시도이다.

시진핑 정부는 패권이 아닌 협의, 배타가 아닌 포용, 강제가 아닌 상호 존중을 다자주의의 본질로 규정하고, 이를 진정한 다자주의의 핵심 명제로 발전시켰다. 이 개념은 2017년 다보스포럼, 2021년 보아오포럼, 2022년 G20 정상회의 등에서 반복적으로 언급되며 중국 외교의 중심 프레임으로 자리 잡았다. 진정한 다자주의의 담론 구조는 세 가지 축으로 요약된다. 첫째, 주권 평등이다. 국가는 규모, 제도, 발전 수준에 관계없이 동등한 발언권을 가져야 한다는 원칙이다. 둘째, 발전권이다. 경제성장, 산업화, 빈곤퇴치의 권리를 인권과 동등한 국제규범으로 인정해야 한다는 주장이다. 셋째, 문명적 다양성이다. 정치·문화적 차이를 상호 존중하는 것이야말로 지속가능한 협력의 전제라는 인식이다. 이 세 축은 단순한 외교 원칙이 아니라 중국식 현대화의 국제적 확장 논리와 직결된다. 중국은 서구의 규범을 수용하는 것이 아니라, 규범의 정의 자체를 협의의 대상으로 재배치하려는 시도를 하고 있는 것이다. 이러한 세 축을 중심으로 전개되는 진정한 다자주의의 구조와 그 외연 확장 경로는 다음 도식과 같이 정리할 수 있다.

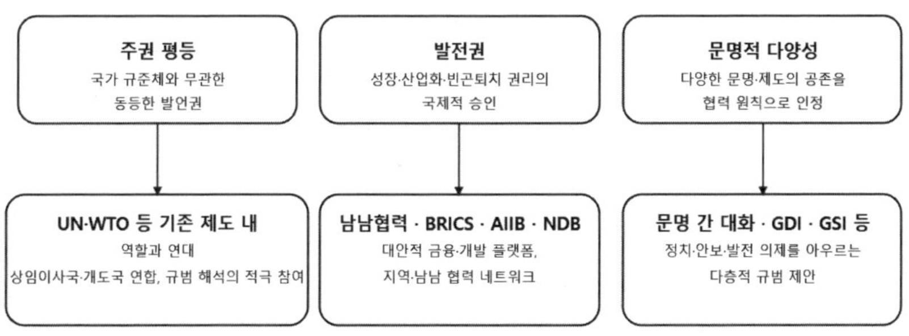

중국은 또한 진정한 다자주의를 자국의 외교정체성과 결부시켜, 강압이 아닌 협의, 제로섬이 아닌 상생, 폐쇄가 아닌 개방이라는 세 가지 원리를 반복적으로 강조한다. 이는 단순한 외교 수사가 아니라 국제질서의 운영 논리를 재정의하려는 규범적 제안이다. 서구의 다자주의가 규칙의 보편성에 기초한 통제의 질서였다면, 중국식 다자주의는 협의의 다양성에 기초한 조정의 질서를 지향한다. 다시 말해, 다자주의는 이념적 동맹을 형성하는 것이 아니라, 각국의 발전 수준과 문화적 차이를 조정하는 실용적 협력의 플랫폼이 되어야 한다는 것이다. 이러한 접근은 자유주의 대 권위주의라는 이념 대립 구도를 흐리게 만들고, 거버넌스의 실효성과 포용성을 새로운 기준으로 제시한다. 중국은 이를 통해 규범의 경쟁에서 협력의 실용성으로 국제 담론의 초점을 이동시키려 한다.

중국의 다자주의 전략은 담론적 수준을 넘어 제도적 차원에서도 구체화되고 있다. 중국은 UN, WTO(세계무역기구), 세계보건기구(WHO), G20 등 기존 글로벌 거버넌스 체계 안에서 영향력을 점진적으로 확대해왔다. 중국 인사들의 국제기구 주요직 진출, 재정 기여 증대, 글로벌 의제 설정 과정에서의 적극적 참여는 중국이 더 이상 규칙의 수용자가 아닌 규칙의 형성자로 전환했음을 상징한다. 예컨대 FAO(국제연합식량농업기구), ITU(국제전기통신연합), ICAO(국제민간항공기구) 등에서의 중국 출신 수장 배출은 기존 제도에서의 영향력 확장을 보여주는 구체적 사례다. 또한 중국은 UN 분담금·PKO(평화유지활동) 기여 규모에서 상위권을 유지하며 제도 내 책임국가 이미지를 제도적으로 강화하고 있다. 특히 WTO(세계무역기구) 개혁 논의는 진정한 다자주의의 실험장이 되고 있다.

중국은 개도국의 발전권 보장과 산업보조금의 현실적 고려를 주장하며, 서구 중심의 공정경쟁 규범이 신흥국 산업화의 정당한 여지를 제한한다고 본다. 반면 미국과 EU는 국유기업·보조금·기술이전 문제를 개혁의 핵심으로 제시하며, WTO(세계무역기구)를 안보화된 무역질서의 기초로 재편하려 한다. 중국의 접근은 기존 자유무역체제를 유지하면서도 그 내적 규칙을 발전 단계의 다양성을 반영하는 방향으로 재해석하려는 시도이며, 다자주의를 제도적 협상의 장으로 복원하려는 의도와 맞닿아 있다. 이러한 상반된 접근은 다자주의가 더 이상 규칙의 적용 문제가 아니라, 규칙의 정의와 정당성 자체를 둘러싼 경쟁의 장으로 이동하고 있음을 보여준다. 동시에 중국은 체제 외부에서 새로운 협력 구조를 구축하며 병렬적 다자체제를 강화하고 있다. AIIB(아시아인프라투자은행), BRICS, 상하이협력기구(SCO), 일대일로(一帶一路) 등은 모두 서구 중심 질서 바깥에서 운영되는 대안적 플랫폼으로, 기존 체제의 정치적 조건을 배제한 실용적 거버넌스 모델을 표방한다.

AIIB(아시아인프라투자은행)는 투명성·효율성·포용성을 원칙으로 하며 100여 개국의 회원을 확보해 기존 국제금융질서의 보완적 공공재로 정착했다. 신개발은행(NDB)은 신흥국의 자본 조달 및 인프라 투자를 지원하며, 지역통화 결제와 위안화 프로젝트 융자를 통해 탈달러화 흐름의 제도적 토대를 확장하고 있다. 이들 기구가 전통적 서구 금융기관의 정책 조건성을 최소화하고 개발국의 정책 자율성을 존중한다는 점은 글로벌 사우스가 중국 주도의 플랫폼을 대안적 협력 모델로 인식하도록 만드는 핵심 요인이 된다. 또한 브릭스 플러스(BRICS+)의 확대는 중국이 구상하는 글로벌 사우스 국가간의 협력의 제도화를 상징하며, 서구 중심의 국제제도와 병존하는 대안적 네트워크 거버넌스의 모습을 보여준다. 브릭스 플러스(BRICS+)의 구조는 단순한 경제 협력체를 넘어선 새로운 다자 실험장으로 진화하고 있다. 에너지·식량·금융·기후 영역에서의 협력은 기존 G7 중심의 거버넌스에 대한 보완적 구조로 작동하며, 특히 글로벌 사우스의 정책결정 참여를 제도화한다는 점에서 의미가 크다. AIIB(아시아인프라투자은행) 또한 2020년대 들어 녹색 인프라, 디지털 전환, 기후변화 대응 프로젝트로 영역을 넓히며 탈서구적 거버넌스의 실험장으로 자리 잡고 있다. 이는 단순한 자금 지원 기관이 아니라, 서구의 정치적 조건과 다른 방식으로 공공재를 제공하는 새로운 규범적 금융 메커니즘으로 이해된다. 결과적으로 중국의 제도 외 전략은 탈서구화보다 병렬화라는 다자주의의 새로운 작동 형식을 보여준다. 이러한 전략은 중국이 체제 외 도전자가 아니라, 체제 내 개혁자이자 병렬적 제도 설계자로 자신을 규정하고 있음을 보여준다. 다시 말해, 중국은 기존 질서의 정당성을 부정하지 않으면서도, 그 내부와 외부를 동시에 활용해 규범 다원화의 구조적 토대를 구축하고 있다. 이러한 이중 전략은 단기적으로는 국제기구 내 의사결정의 다극화를 촉진하고, 장기적으로는 국제질서의 구조적 재균형으로 이어질 가능성을 내포한다.결국 중국의 진정한 다자주의는 기존 자유주의 국제질서의 규범적 전제와 이념적 우위를 해체하고, 협의·포용·발전권을 중심으로 한 새로운 글로벌 거버넌스의 언어를 제시하려는 시도이다. 그것은 규범의 대체가 아니라, 국제규칙의 다성화를 목표로 하는 전략적 개입이며, 향후 글로벌 거버넌스 개혁의 주요 축으로 작용할 가능성이 크다. 중국은 진정한 다자주의를 통해 국제체제의 중심이 단일한 서구적 규칙에서 벗어나 복수의 규범이 공존하는 협의 구조로 이동하기를 기대한다. 이는 탈서구화의 담론을 넘어, 국제제도의 구조적 변형을 지향하는 장기 전략이다. 이 과정에서 중국식 현대화는 단순한 발전 모델이 아니라, 국제규범 생산자이자 제도 설계자로서의 정체성을 구축하는 단계로 진입하고 있으며, 이에 따른 국제적 기대와 부담 역시 동시에 커지고 있다.

3. UN 중심 거버넌스에서의 역할 확대

─다자체제 내부에서의 영향력 재구성

21세기 국제기구의 중심인 UN 체계는 냉전 이후 가장 복합적인 변화를 겪고 있다. 글로벌 거버넌스의 위기와 지정학적 경쟁의 심화 속에서, UN은 한편으로는 규범적 보편성의 상징으로 남아 있지만, 다른 한편으로는 회원국 간 가치와 이해의 충돌로 작동 기반이 약화되고 있다. 이러한 전환기 속에서 중국은 UN 시스템 내에서 영향력을 체계적으로 확대해 왔으며, 책임 있는 대국이라는 외교 브랜드를 구체적 제도 운영을 통해 실체화하고 있다.

중국은 2010년대 중반 이후 유엔 중심의 국제체제 수호자이자 개혁의 추진자라는 이중적 위치를 강조하며, 기존 질서의 해체가 아니라 내부 개혁을 통한 재조정을 전략적 목표로 삼고 있다. 이는 진정한 다자주의의 제도적 구현이자, 서구 주도의 가치 중심 거버넌스에 대응하는 내부로부터의 질서 변형 전략이라 할 수 있다. 중국의 참여 확대는 단순한 정치적 상징을 넘어 제도 운영의 실질적 주도권으로 연결되고 있다. 2010년대 이후 중국은 FAO(유엔식량농업기구), ITU(국제전기통신연합), ICAO(국제민간항공기구), UNIDO(유엔산업개발기구) 등 주요 유엔 전문기구에서 최고위직을 배출하며, 전문기구 네트워크의 제도적 허브로 부상하였다. 이 네 곳은 특정 시기를 기준으로 했을 때 중국이 동시 또는 순차적으로 수장을 배출한 최대 규모이며, 이는 국제기구 인사 배치의 구조적 변화가 이미 진행되었음을 보여주는 중요한 지표다. 모든 UN 전문기구 중 중국 출신 수장이 이끌었던 기관 수는 4곳으로, 이는 상임이사국 가운데 미국 다음으로 높은 수준이다. FAO(유엔식량농업기구)에서는 2019년 취동위(屈冬玉) 사무총장 선출을 통해 식량·농업정책 전반에서 중국의 영향력이 강화되었고, ITU에서는 디지털 인프라와 통신표준 논의 과정에 중국 기업과 정부의 정책 방향이 반영되었다. ICAO(국제민간항공기구)와 UNIDO(유엔산업개발기구)에서도 항공·산업 표준 관련 논의에서 중국식 접근법(기술 자립·표준다원주의)이 가시화되면서, 국제기구의 기술·표준 의제가 더 이상 서구 규범의 일방적 확산이 아닌 다국적 조정의 장으로 변화하고 있다.

또한 중국은 재정 측면에서도 UN의 주요 기여국으로 자리매김했다. 2023년 기준, 중국은 UN 일반예산 분담금에서 약 15.2%로 2위를 차지하고 있으며, PKO(평화유지활동) 분담금에서도 15% 내외로 미국 다음 2위를 차지한다. 이러한 재정적 기여는 중국이 단순한 수혜국이 아닌 제도 유지 비용을 분담하는 행위자임을 상징하며, 책임 있는 대국 이미지를 제도적으로 공고히 한다. PKO(평화유지활동)는 특히 중국의 UN 내 영향력 강화의 대표적 사례로, 중국은 2023년 기준 약 2,200명 규모의 인력을 상시 파견해 상임이사국 중 최다 파병국으로 자리했다. 중국의 PKO 파병은 전투 중심이 아니라 공병·의료·경찰 기능을 중점으로 하여 안정화·재건 역할을 수행한다는 점에서 중국식 평화유지의 특성이 드러난다. 수단·남수단·콩고민주공화국 등 분쟁 지역에서 공병·의료·경찰단을 운영하며, 평화유지라는 보편적 가치를 자국의 비간섭 원칙 및 발전 우선 접근과 결합시켰다. 중국은 군사 개입의 명분을 안보가 아닌 발전으로 재정의하며, UN 안보리 상임이사국으로서의 역할을 평화적 이미지로 보완하고 있다. 이러한 제도적 참여 확대는 중국이 인류운명공동체 담론을 국제 규범 담론으로 연결시키는 토대가 되었다. 평화·안정·발전·공정을 국제협력의 기본 원리로 제시하는 이 개념은, 서구가 강조해온 인권·민주주의 중심 질서와는 다른 차원의 공동발전 규범을 제도 언어로 번역하려는 시도이다. 중국은 UN 헌장의 평등과 상호존중 원칙을 재해석해, 기존의 보편주의를 발전의 보편성으로 치환하고 있다. 특히 2017년 이후 일부 UN 결의문에 인류운명공동체 관련 표현이 포함되기 시작하면서, 중국 담론이 제도적 언어로 자리 잡는 흐름이 본격화되었다. 이러한 접근은 중국이 단순한 제도 참여국을 넘어, 국제규범의 해석자이자 생산자로 이동하고 있음을 보여준다. 더 나아가 중국은 국제 규범 형성 과정에서 담론의 경쟁자로서 위치를 공고히 하고 있다. 과거 서구가 선도하던 인권·민주주의·시장경제 담론의 중심축에 대해, 중국은 발전권과 문명다양성이라는 개념을 대응축으로 제시함으로써 규범 담론의 양극화를 초래했다. 이로써 UN 무대는 단일한 가치의 확산 공간에서 규범적 교섭의 장으로 변화하고 있다. 중국의 역할은 전통적 안보 의제뿐 아니라 비전통 안보 영역으로 급속히 확장되고 있다. 보건·기후·식량·에너지·디지털 등 인간안보 중심의 분야에서 중국은 기술과 자본을 결합한 실질적 공공재 제공자로 자리매김하고 있다.

보건 거버넌스의 영역에서, 코로나19 팬데믹은 중국의 역할 변화를 가장 두드러지게 보여준 사례였다. 중국은 WHO의 대응체계 강화와 백신 공급 메커니즘(COVAX)에 적극 참여하며 백신은 글로벌 공공재라는 원칙을 천명했다. 백신과 의료물자를 100여 개국에 제공하고, 아프리카와 동남아 지역에 현지 생산시설을 지원함으로써, 팬데믹 대응을 국제협력의 시험대이자 다자주의의 신뢰 회복의 무대로 활용했다. 서구 일각에서 백신 외교 비판이 제기되었지만, 많은 개도국은 중국 백신과 물자 지원을 실질적 대안으로 받아들이며 중국의 공중보건 영향력이 확대되었다는 평가도 존재한다. 이러한 행보는 보건 안보를 인도주의적 구호가 아닌 공동발전의 공공재 문제로 전환시켜, 서구 중심의 인권 접근보다 실용적 협력으로 초점을 이동시켰다는 평가를 받는다.

기후 거버넌스 영역에서도 중국은 적극적인 제도 행위자로 부상했다. 2060년 탄소중립 목표를 선언하고, 파리협정 이행의 주요 당사국으로서 녹색전환·재생에너지 프로젝트를 다자 협력의 중심 의제로 제시했다. 특히 2021년 이후 추진된 녹색 일대일로는 AIIB(아시아인프라투자은행)와 UNIDO(유엔산업개발기구)를 연계한 환경협력 프로젝트를 통해 기후변화를 공동의 발전과제로 재구성했다. 중국이 2021년 해외 석탄발전소 신규 건설 지원 중단을 선언한 것은 이러한 녹색전환 전략의 중요한 전환점으로, 중국식 기후 리더십이 제도적으로 강화되는 계기가 되었다. 이는 중국식 현대화가 생태문명이라는 내부 개념을 외교 규범으로 확장하는 과정이며, 동시에 기후 거버넌스를 글로벌 사우스와 연계하는 정치적 통로로 작동하고 있다. 중국은 자국의 기술·자본·프로젝트 모델을 활용해 개도국의 에너지 전환과 산업구조 조정을 지원하며, 이를 통해 녹색발전 공동체라는 새로운 협력 개념을 확립하려 하고 있다. 식량과 개발협력 분야에서도 중국의 존재감은 뚜렷하다.

FAO(유엔식량농업기구) 내에 설립된 글로벌 사우스 국가간의 협력 센터는 중국의 농업기술과 농촌진흥 경험을 개도국과 공유하는 플랫폼으로 기능한다. 이 센터는 아프리카·중남미 등 30여 개국에서 협력 프로젝트를 수행하며, UN의 지속가능발전목표(SDGs)와 중국의 공동발전 담론을 연결하는 핵심 거점이 되었다. 이러한 개발협력은 단순한 원조가 아니라, 정책 동반자 모델로의 전환을 의미한다. 더 나아가 중국은 디지털 거버넌스 영역에서도 UN 산하 논의 구조에 적극적으로 개입하고 있다. ITU(국제전기통신연합)의 통신표준 협상, UNIDO(유엔산업개발기구)의 디지털 포용 프로그램, UNESCO의 인공지능 윤리 논의 등에서 중국은 기술주권과 데이터 안보의 관점을 제시하며, 서구의 자유 데이터 흐름 규범에 대한 대안을 구축하고 있다. 즉, 자유로운 데이터 흐름과 데이터 주권의 구도는 UN 거버넌스 체계에서도 핵심 쟁점으로 부상하고 있으며, 중국의 개입은 향후 국제표준의 방향성에 직접적 영향을 미치고 있다. 최근에는 AI(인공지능)·양자기술·사이버안보 등 새로운 거버넌스 의제에서도 중국이 GGE(정부전문가그룹) 협상에 활발히 참여하며, 기술표준의 국제적 정의를 둘러싼 규범적 논의에 직접 관여하고 있다.

중국의 참여 확대는 UN 체계의 의제 설정력 다극화를 촉진하고 있다. 과거 미국과 유럽이 주도했던 글로벌 어젠다가 점차 공동 발전·안보·기후·디지털 포용으로 확장되면서, UN의 의제 공간은 더 이상 서구 중심의 프레임으로 고정되지 않는다. 중국은 이러한 전환의 촉매자로 기능하며, 규범의 균형 조정자이자 대안적 협력 모델 제시자로서 위상을 높이고 있다. 동시에 이러한 행보는 서구의 시각에서는 중국식 영향력 투사로 비판받기도 하지만, 개도국 다수에게는 정책 선택권을 넓히는 실질적 대안으로 받아들여지고 있다. 이 과정에서 미국과 유럽은 중국의 UN 내 영향력 확대를 경계하며, 가치 중심 연대를 통한 대응 전략을 강화하고 있다. 예컨대 인권이사회와 국제노동기구(ILO) 등에서 서구 국가들은 중국의 개입을 견제하기 위해 민주주의 파트너십 프레임을 강화했고, 데이터·기술 표준 부문에서는 OECD(경제협력개발기구) 및 G7을 중심으로 규칙 기반 거버넌스 담론을 재확인하고 있다. 그러나 중국의 전략은 기존 질서의 정면 부정이 아니라 내부 조정에 초점을 두고 있기 때문에, 서구의 견제는 도덕적 명분보다 실질적 영향력 경쟁으로 나타나고 있다. 결국 UN 내에서의 중국의 역할 확대는 단순한 위상 제고를 넘어, 다자체제의 규범 언어를 재정의하려는 시도로 이해할 수 있다. 중국은 UN 헌장과 보편주의 원칙을 부정하지 않으면서도, 그 의미를 발전과 협력의 언어로 재해석하고 있다. 이러한 접근은 진정한 다자주의의 제도적 구현이자, 규범의 내재적 재균형의 과정이다. UN을 중심으로 한 글로벌 거버넌스의 구조는 여전히 서구적 규범 위에서 작동하지만, 그 운영의 실제는 점차 다극화되고 있다. 이는 우리나라·동남아·중동 등 중견국에게 새로운 외교 공간을 열어주고 있으며, 특정 진영에의 일방적 편입이 아니라 사안별 선택적 연계의 전략이 점점 더 현실적 선택지가 되고 있음을 보여준다. 중국의 행보는 기존 체제의 틀을 유지한 채 그 안의 언어와 가치, 운영 방식을 바꾸어가는 내부로부터의 개혁 전략이다. 이러한 변화는 국제기구가 더 이상 특정 문명권의 산물이 아니라, 복수의 규범과 이해가 공존하는 협의적 플랫폼으로 전환되고 있음을 시사한다. 중국식 현대화는 이러한 변화 속에서 국내 발전 모델의 외연을 제도 설계·규범 형성의 영역까지 확장하고 있으며, 이는 향후 UN 체계의 구조적 재편 과정에서 핵심 변수로 작용할 가능성이 크다. 결국 UN 체계 내 중국의 영향력 확대는 패권적 도전이라기보다 질서의 재균형과 규범의 재해석을 통한 다극적 조정의 과정으로 보는 것이 더 정확할 것이다. 앞으로의 관건은 이러한 변화가 협력의 질서를 강화하는 방향으로 정착될 것인지, 아니면 미·중 간 제도 경쟁을 심화시키는 새로운 갈등 구조로 발전할 것인지에 달려 있다.

4. 무역·투자 규범의 재배치와 WTO(세계무역기구) 개혁
경제안보 시대의 다자무역 질서재편

WTO(세계무역기구)는 1995년 출범 이후 세계경제의 자유화와 규칙 기반 무역질서의 핵심 제도로 기능해 왔다. 관세 인하, 비관세장벽 축소, 분쟁해결제도 운영 등을 통해 예측 가능한 자유무역을 제도화한 WTO(세계무역기구)는 한때 세계화의 제도적 상징이었다. 그러나 2008년 글로벌 금융위기 이후 선진국 내부의 보호주의와 국가개입 강화, 도하개발어젠다(DDA)의 교착, 2019년 이후 상소기구 기능이 사실상 중단되면서 WTO(세계무역기구)는 규범 형성 능력과 집행 권위를 동시에 상실해 가고 있다. 여기에 미·중 기술패권 경쟁, 팬데믹으로 인한 공급망 충격, 에너지·식량·기후 위기까지 중첩되면서, 무역체제는 효율보다 안보·전략·지정학의 논리에 의해 재편되는 국면에 진입했다. WTO(세계무역기구)는 더 이상 보편적 자유무역의 수호자라기보다, 경제안보·공급망·기후·기술이 교차하는 복합 규범 경쟁의 무대로 변모하고 있는 것이다.

중국은 이러한 전환을 불완전하지만 불가피한 질서 조정의 과정으로 본다. 미국과 유럽이 주도해 온 자유주의 무역규범이 현실의 권력·발전 격차를 충분히 반영하지 못한 채, 특정 국가의 산업·기술 우위를 제도화해 온 측면이 있었다는 인식에서다. 중국이 제시하는 WTO(세계무역기구) 개혁 구상은 단순히 몇 개 조항을 손질하는 문제가 아니라, 발전권과 포용성, 규범의 다양성을 제도화하여 진정한 다자주의를 경제·무역 영역에서 구현하는 것이다. 다시 말해, WTO(세계무역기구)를 해체하는 것이 아니라, 그 내부에서 규칙의 의미와 적용 방식을 재조정하려는 체제 내 개혁 전략으로 이해할 수 있다.

(1) WTO(세계무역기구) 개혁 논의와 발전권의 문제

WTO(세계무역기구)의 제도 위기는 무엇보다 규범 정체와 분쟁해결 기능 마비에서 비롯되었다. 미국이 상소기구 위원 임명을 거부한 이후, 분쟁사건에 대해 1심 판정부 결정은 나오지만 상소 절차가 작동하지 않는 법적 공백이 발생했다. 이는 미국이 상소기구가 초과심사를 수행하며 WTO 협정문에 없는 새로운 기준을 만들어냈다고 비판한 데서 비롯된 것으로, 분쟁해결제도의 기능 정지라는 구조적 문제로 연결되었다. 그 결과 분쟁해결기구(DSB)는 더 이상 강제력을 가진 최종 재판소가 아니라, 회원국 간 정치적 협상을 촉진하는 수준으로 후퇴했다. 동시에 디지털무역, 국유기업, 산업보조금, 환경·기후 규범과 같은 신흥 의제들에 관한 포괄적 합의가 부재하면서, WTO(세계무역기구)는 새로운 경제 현실을 수용하지 못하는 제도로 비판받고 있다.

이 공백 속에서 중국은 WTO(세계무역기구) 개혁의 정당한 이해당사자이자 주요 행위자로 등장했다. 2001년 WTO(세계무역기구) 가입 이후 중국은 세계의 공장에서 세계 최대 교역국으로 부상했지만, 여전히 WTO(세계무역기구) 분류상 개도국 지위를 유지하고 있다. 미국과 EU는 이를 제도적 허점의 악용으로 비난하지만, 중국의 시각은 다르다. 중국은 WTO(세계무역기구) 체제가 출범 당시 선진공업국 중심의 무역 구조를 전제한 채 설계되었으며, 신흥국의 산업화와 국가주도발전 전략을 충분히 고려하지 못했다고 본다. 그래서 중국은 WTO(세계무역기구) 개혁 논의에서 다음 세 가지 원칙을 전면에 내세운다.

첫째, 발전단계별 차별적 책임의 제도화이다. 선진국과 개도국은 산업혁명 이후 누적된 온실가스 배출량, 산업화 수준, 기술능력에서 현격한 차이가 있는 만큼, 동일한 규범을 기계적으로 적용해서는 안 된다는 주장이다. 둘째, 산업정책과 보조금의 정당성 인정이다. 중국은 특정 시기 국가의 전략적 산업 육성은 발전 과정의 일부이며, 이를 일률적으로 시장왜곡으로 간주하는 것은 발전권의 부정이라고 본다. 셋째, 포용적 무역규범의 구축이다. 신흥국이 글로벌 가치사슬에 편입되는 과정을 규제의 대상이 아니라 지원의 대상으로 보아야 한다는 관점이다.

반면 미국과 EU는 개혁의 핵심을 공정경쟁에 두고 있다. 이들은 중국식 국가주도경제 모델이 과잉생산과 덤핑, 왜곡된 경쟁 조건을 낳는다고 비판하며, ① 국유기업의 투명성, ② 산업보조금 및 국가지원 규율, ③ 강제 기술이전 및 지식재산 보호를 WTO(세계무역기구) 개혁의 우선 과제로 상정한다. 미국의 2022년 무역정책보고서는 이를 21세기형 공정경쟁 규범의 재건으로 정의하며, 중국을 핵심 대상국으로 지목했다. 이처럼 중국이 개혁을 선진국 중심 규범의 재평형으로 보는 반면, 서구는 규칙 기반 질서의 복원으로 인식하면서, WTO(세계무역기구) 개혁은 단순히 기술적 조정이 아니라 자유무역 vs 국가주도발전, 시장 vs 정부, 단일 규범 vs 규범 다원성이 충돌하는 정치적 전장이 되었다. 이 인식의 간극이 WTO(세계무역기구) 개혁 논의를 가장 어렵게 만드는 구조적 요인이다.

(2) 공급망 재편과 경제안보의 제도화

팬데믹과 미·중 전략경쟁은 글로벌 무역질서를 자유화의 논리에서 안보화의 논리로 이동시켰다. 반도체, 배터리, 희토류, 통신장비 등 전략 품목에서 미국과 서구는 중국 의존도 축소를 국가안보 사안으로 규정하며, 공급망 재편 정책을 추진하고 있다. 미국의 리쇼어링, 프렌드쇼어링, CHIPS법(반도체·과학법)과 IRA(인플레이션감축법), EU의 디리스킹 전략은 모두 이러한 흐름의 제도적 표현이다. 이는 WTO(세계무역기구)의 핵심 원칙인 비차별, 최혜국대우, 시장개방보다 동맹·가치·안보를 우선하는 새로운 질서를 정당화하는 효과를 낳는다.

중국은 이러한 흐름을 경제 블록화이자 가치와 동맹에 기반한 선택적 다자주의로 비판한다. 이에 대응해 2022년 공급망 안정협력 이니셔티브(SCI)를 제안하며, 특정 국가의 배제와 제재를 지양하고, 공급망의 정치화를 방지하자는 원칙을 제시했다. 공급망 안정협력 이니셔티브(SCI)는 에너지·식량·의약품·핵심원자재 등 전략 품목의 안정적 공급을 위해, 관련국 간 정보공유, 위기대응 메커니즘, 장기 계약 등을 제도화하자는 구상이다. 공급망 안정협력 이니셔티브(SCI)는 현재 동남아·중앙아시아·중동 일부 국가들과의 협력 논의가 진행되고 있으며, 이는 공급망 거버넌스를 지역적 네트워크 차원에서 제도화하려는 중국의 전략을 잘 보여준다. 중국은 이를 통해 상호의존을 위험이 아니라 상호보장의 기반으로 재해석하려 한다.

공급망 안정협력 이니셔티브(SCI)는 일대일로(一帶一路)를 통해 구축된 인프라망, RCEP(역내포괄적경제동반자협정)를 중심으로 하는 역내 무역 네트워크, AIIB(아시아인프라투자은행)의 금융 지원과 연계되어, 공급망을 단순한 비용·효율의 문제가 아니라 거버넌스 대상으로 전환한다. 여기서 중국이 제시하는 핵심 메시지는 탈동조화가 아닌 재조정, 배제가 아닌 다변화이다. 즉, 미국식 경제안보가 공급망의 분리와 차단을 지향한다면, 중국식 경제안보는 연결의 안정성과 예측가능성을 강조하는 방향으로 규범화하려는 시도다. 이는 WTO(세계무역기구) 체제의 전통적 가치였던 개방성과 비차별을 완전히 버리지 않으면서도, 안정성과 조화를 새로운 규범 축으로 추가하려는 내재적 업그레이드라고 볼 수 있다. 이러한 구도에서 중국은 스스로를 위험요인이 아니라 안정 공급자로 재현하며, 특히 글로벌 사우스 국가들에게 미·중 대립 속에서도 안정적 교역과 투자 환경을 제공할 수 있는 파트너라는 메시지를 전달하려 한다. 이 역시 WTO(세계무역기구) 질서를 정면 부정하는 것이 아니라, 그 주변부에서 협력 규범을 축적하며 영향력을 확대하는 병행 전략으로 이해할 수 있다.

(3) 디지털·환경 규범의 경쟁

21세기 무역질서의 가장 역동적인 전선은 디지털무역 규범과 환경·기후 규범에서 형성되고 있다. 디지털무역 영역에서 미국과 EU는 자유로운 데이터 이동을 강조하며, 데이터 국경을 최소화하는 규범을 추진하고 있다. 반면 중국은 데이터 주권과 국가 안보 차원의 데이터 관리를 전면에 내세운다. 2021년 시행된 「데이터보안법(DSL)」과 「개인정보보호법(PIPL)」은 중요 데이터의 국외 이전 통제, 국가안보 관련 데이터의 보호, 플랫폼 기업의 관리 강화 등을 규정하며, 디지털 거버넌스에 대한 중국식 모델을 제도화하고 있다. 중국은 WTO(세계무역기구) 및 기타 협상에서 안보 예외를 근거로 이러한 정책의 정당성을 주장하며, 이를 보호주의가 아니라 주권과 공공안전의 합법적 수단으로 규정한다. 이러한 디지털 규범 경쟁은 WTO(세계무역기구) 틀 밖의 전자상거래 협상, DEPA(디지털경제동반자협정), OECD(경제협력개발기구) 논의 등 다양한 협상 트랙과 중첩되며 더욱 복잡한 다층 규범 구조를 형성하고 있다.

환경·기후 규범에서도 경쟁은 선명하다. EU의 탄소국경조정제도(CBAM)는 탄소집약적 수입품에 추가 부담을 부과함으로써, 기후 대응과 산업 보호를 결합한 새로운 규범 장치를 도입했다. 탄소국경조정제도(CBAM)는 2023년부터 전환 기간에 들어갔으며, 2026년 이후 본격적인 비용 부과가 예정되어 있다. 중국과 다수 개도국은 이를 사실상 기후를 명분으로 한 새로운 무역장벽으로 인식한다. 중국은 모든 국가가 책임을 공유하되, 수준은 달라야 한다는 원칙을 재차 강조하며, 역사적 책임과 발전단계, 감축 능력을 고려하지 않은 일률적 기준은 기후 정의에 반한다고 주장한다.

이와 동시에 중국은 2060년 탄소중립 선언, 석탄발전 감축, 재생에너지 확대, 녹색 일대일로 등을 통해 자체적인 녹색 전환 전략을 추진하고, 이를 다자협력 의제와 연계하고 있다. 이를 통해 중국은 서구의 기후 규범에 수동적으로 응하는 대상이 아니라, 녹색 거버넌스의 공동 설계자를 자임한다. 중국은 환경보호와 발전권의 균형을 공정한 전환의 문제로 재구성하며, 개도국의 산업화와 에너지 전환을 지원하는 다양한 협력 패키지를 제시함으로써 발전 중심 기후정의라는 대안 담론을 실천하려 한다. 결과적으로 디지털과 환경·기후 영역은 WTO(세계무역기구) 및 기타 다자체제에서 새로운 규범 경쟁의 전선을 이룬다. 중국은 디지털무역, 녹색산업, 서비스무역 등을 포괄하는 신세대 다자무역 개념을 제시하며, 기존 상품·관세 중심 규범에서 디지털·환경·포용으로 축을 확장해야 한다고 주장한다. 이는 서구식 자유화 규범을 대체한다기보다, 그 위에 복수의 기준과 예외를 중첩시키는 다층 규범 체계를 형성하는 방향으로 작동하고 있다.

(4) 다극적 무역질서의 형성과 향후 과제

이러한 환경에서 중국은 WTO(세계무역기구) 개혁 논의에서 개도국 블록(G77, G33 등)과의 연대를 강화하고 있다. 인도, 브라질, 남아프리카공화국 등과 함께 발전권 연합을 형성함으로써, 선진국이 단독으로 규범을 설계하는 구조에 제동을 걸고 있다. 개도국들의 요구인 식량안보, 농업보조, 특혜관세, 기술이전, 기후재원을 공동의 협상 의제로 묶어, WTO(세계무역기구) 논의가 다시 개발 어젠다를 중심에 두도록 압박하는 전략이다. 이 과정에서 중국은 자신을 글로벌 사우스의 대변자이자 조정자로 위치시키며, 공정무역 담론의 정치적 기반을 넓혀가고 있다.

중국의 협상 전략은 단계적 이행과 상호 이익의 균형에 초점을 둔다. 즉, 급진적 규칙 재편보다는, 기존 규범의 해석 범위를 넓히고, 예외 조항과 유연성을 확대하며, 개도국의 정책 공간을 제도 안에 인정하는 방식으로 개혁을 추진한다. 이는 WTO(세계무역기구)라는 공통의 틀을 유지하면서도, 그 안에서 규범 다양성과 정책 자율성을 확대하려는 시도다. 중국은 이를 통해 스스로를 체제 파괴자가 아니라, 제도 내 개혁자로 규정한다. 이러한 접근에서 규칙은 고정된 진리가 아니라, 협상의 산물이라는 인식이 전제된다. 규범은 권력을 덮어 씌우는 도구가 아니라, 상호 이해와 현실 타협의 결과여야 하며, 따라서 무역 규칙 또한 유동적 합의를 통해 지속적으로 조정되어야 한다는 것이다. 이는 규칙 기반 질서를 절대화하는 서구 담론과 차별화되는 중국식 규범관이자, 진정한 다자주의 담론의 경제 영역 적용이다. 결국 WTO(세계무역기구) 개혁은 ① 발전권 vs 공정경쟁, ② 자유화 vs 안보화, ③ 환경보호 vs 보호주의 라는 세 축의 가치 충돌로 집약된다. 중국은 이 갈등을 단극적 자유무역에서 협의 기반 다극무역질서로 전환시키는 계기로 활용하려 한다. 이는 국제무역질서를 무너뜨리려는 시도가 아니라, 각국의 발전단계와 안보·환경 요구를 반영하는 다층적·조정형 질서로 재구성하려는 기획이다.

중국식 현대화는 이 전환 속에서 개방과 통제, 효율과 안정, 발전과 환경의 균형을 모색하는 경제질서 모델로 작동하고 있다. WTO(세계무역기구) 개혁은 중국이 국제무역에서 규범 수용자를 넘어 규범 생산자로서 인정받을 수 있는 시험장이기도 하다. 앞으로의 WTO(세계무역기구)는 단일 규칙을 일방적으로 강제하는 기구라기보다, 발전단계별 차별적 책임, 경제안보와 공급망 안정의 상호보장, 디지털·환경·기후 규범의 병존을 관리하는 조정형 거버넌스로 진화할 가능성이 크다. 다만 이러한 조정형 질서는 국가 간 이해 차이가 클 경우 규범의 과도한 파편화, 개도국·선진국 간 책임 분담 갈등, 경제안보를 이유로 한 예외 조항 남용 등 새로운 불안정 요소를 동반할 수 있다는 점도 함께 고려되어야 한다. 결국 다자무역질서의 미래는 미·중 경쟁의 지속 여부만이 아니라, 각국이 규범 경쟁의 장에서 협력의 공통분모를 얼마나 제도화할 수 있는지에 달려 있다. 중국은 WTO(세계무역기구) 개혁을 통해 단극적 자유무역의 시대를 넘어, 다극적·조정형 무역질서라는 새로운 표준을 제시하려 하고 있으며, 이러한 흐름이 제도 개혁으로 구체화될 경우, 21세기 국제무역의 언어는 자유화에서 안정과 조화로, 일방 규칙에서 협의 규칙으로 옮겨가게 될 것이다.

5. 개발금융과 신플랫폼의 확장
─AIIB·NDB·BRICS 네트워크의 제도화와 남반구 협력 질서

21세기 글로벌 거버넌스의 핵심 변화 중 하나는 개발금융 체계의 다극화다. 냉전 이후 세계은행과 IMF(국제통화기금)가 주도하던 국제금융질서는 오랫동안 서구 중심의 제도적 위계에 기반해왔다. 그러나 2010년대 이후 신흥국의 성장과 자본 축적, 글로벌 사우스 국가간의 협력의 확대는 기존 질서에 병행하는 대안적 개발금융 네트워크를 형성하기 시작했다. 그 중심에 중국이 있다.

중국은 일대일로(一帶一路), AIIB(아시아인프라투자은행), 신개발은행(NDB), 브릭스 플러스(BRICS+) 협의체 등을 연계하여, 기존 국제금융체제의 보완적 공공재를 제공하는 전략을 취하고 있다. 이러한 기구들은 단순한 자금 공급기관이 아니라, 규범·지배구조·거버넌스 원칙에서 서구 제도와 차별화된 새로운 표준을 제시하고 있다. 즉, 정치적 조건을 완화하고, 효율성과 실용성을 강조하며, 발전권과 포용적 성장에 초점을 맞춘 비서구형 다자금융모델의 형성이다.

(1) AIIB(아시아인프라투자은행)의 역할 전환과 제도적 특징

2016년 출범한 AIIB(아시아인프라투자은행)은 애초 아시아의 인프라 격차를 해소하기 위한 개발은행으로 설계되었다. 초기에는 도로·항만·에너지 등 전통적 인프라 사업이 중심이었으나, 2020년대에 들어서면서 디지털 전환·그린 에너지·도시 회복력 등 신산업 분야로 투자를 확대하고 있다. AIIB(아시아인프라투자은행)는 현재 100개 이상의 회원국을 보유하고 있으며, 그 중 비(非)아시아 회원국이 절반에 가까운 비중을 차지한다. 이는 AIIB(아시아인프라투자은행)가 단지 지역개발은행이 아니라 글로벌 포용형 다자금융기구로 자리 잡았음을 의미한다. AIIB(아시아인프라투자은행)의 가장 큰 특징은 비정치적 실용주의다. 대출심사 과정에서 정치체제나 인권, 거버넌스 조건을 직접적으로 요구하지 않으며, 프로젝트의 경제적 타당성과 지역효과를 우선한다. 이는 서구 주도의 국제금융기구가 오랫동안 적용해 온 정책 조건부성과 대비된다. AIIB(아시아인프라투자은행)는 이를 효율성과 공동이익의 균형으로 설명한다.

재정구조 면에서도 AIIB(아시아인프라투자은행)는 독특하다. 총 자본금 1,000억 달러 중 중국이 약 30%를 출자하고 있으며, 주요 거버넌스 의사결정에서 비토권에 가까운 영향력을 가진다. 그러나 AIIB(아시아인프라투자은행)는 출범 초기부터 비중립성 우려를 피하기 위해 투명성과 다자성을 강조해왔다. 예컨대 일본·미국이 불참한 상황에서도 유럽 주요국(독일·프랑스·영국 등)을 포함한 다양한 회원 구성을 통해 '단일국가의 영향력 기구가 아니다'는 이미지를 구축했다. AIIB(아시아인프라투자은행)는 팬데믹 이후 대출 포트폴리오를 인프라 중심에서 그린·디지털 프로젝트로 재편하고 있다. 2023년 기준 전체 프로젝트의 50% 이상이 기후 친화적 분야에 속하며, 녹색교통·재생에너지·스마트시티·디지털 인프라 프로젝트를 중점 지원하고 있다. 또한 기후변화 대응을 위한 AIIB 녹색프로그램을 신설하고, ESG(환경·사회·지배구조) 평가 기준을 자체적으로 개발했다. 특히 AIIB(아시아인프라투자은행)가 자체 ESG(환경·사회·지배구조) 기준을 강화하는 과정에서, 국제학계가 세계은행·아시아개발은행(ADB)와의 기준 접근성이 높아졌다고 평가한 지점은 AIIB(아시아인프라투자은행)가 국제 규범 논의에 본격적으로 편입되고 있음을 보여주는 대목이다. AIIB(아시아인프라투자은행)는 기존의 세계은행, 아시아개발은행(ADB) 등과 경쟁하기보다, 보완적 공공재 공급자로 자신을 규정한다. 즉, 서구 중심 제도의 정치적 조건을 완화하고, 프로젝트 실행의 속도와 현장성을 높이는 방식으로 개혁적 다자주의를 실천하고 있다. 이는 중국식 현대화의 국제경제적 확장판으로, 효율·포용·실용을 결합한 개발금융의 다극화를 제도화하는 사례라 할 수 있다.

(2) 신개발은행(NDB)과 BRICS 금융협력의 진화

브릭스 신개발은행(NDB)은 2015년 설립되어 중국 상하이에 본부를 두고 있다. 출범 당시 목표는 기존 국제금융체제의 구조적 불균형, 즉 신흥국이 자본 공급자임에도 불구하고 의사결정에서 주변화되는 문제를 시정하는 것이었다. 신개발은행(NDB)는 회원국 간 자본 출자 비율을 균등하게 설정하고, 의결권 또한 동등하게 배분하여 지분 중심 불평등을 해소했다. 이는 IMF(국제통화기금)·세계은행의 지배구조와 대조적인 설계이다.신개발은행(NDB)의 핵심 기능은 인프라 투자, 지속가능 발전 프로젝트, 기후금융 등으로, 특히 현지통화 결제와 탈달러화 추진이 주목된다. 신개발은행(NDB)는 2020년대 들어 위안화·루피·헤

알 등 역내 통화를 활용한 대출 비중을 확대하고, 지역통화 결제시스템을 실험하고 있다. 이는 국제금융시장에서 달러 의존도를 낮추고, 다중 통화 기반의 지역금융 네트워크를 구축하려는 시도다. 회원국 확장 또한 빠르게 진행되고 있다. 2021~2023년 사이 이집트, UAE(아랍에미리트), 방글라데시, 우루과이가 새로 가입하면서 신개발은행(NDB)는 단순한 브릭스 5개국의 기구에서 글로벌 사우스형 개발은행으로 변모하고 있다. 향후 사우디아라비아, 인도네시아, 아르헨티나 등도 참여할 가능성이 크다.

신개발은행(NDB)은 대출 심사에서 프로젝트의 개발효과성을 최우선으로 하고, ESG(환경·사회·지배구조)를 자체 기준으로 운영한다. 이는 서구 기관의 일방적 조건 부과 대신, 수혜국과의 협의를 중시하는 협의형 거버넌스 모델로 평가된다. 또한 신개발은행(NDB)은 BRICS 국가 간 인프라 연결, 에너지 네트워크, 도시 스마트화 프로젝트를 공동 추진하며, 글로벌 사우스 국가간의 협력의 실질적 플랫폼으로 기능하고 있다. 다만 국제금융 분석에 따르면, 신개발은행(NDB)의 탈달러화 효과는 아직 제한적이라는 평가도 존재한다. 글로벌 무역·투자 비중에서 달러 역할이 워낙 크기 때문에, 신개발은행(NDB)의 현지통화 대출이 장기적 잠재력은 크나 단기적 영향력은 제한적이라는 분석이 병존한다. 이는 신개발은행(NDB)의 역할에 대한 국제적 평가가 엇갈리고 있음을 보여준다. 특히 주목할 점은 신개발은행(NDB)가 단순한 자금 제공을 넘어 금융 거버넌스의 규범화를 시도하고 있다는 것이다. BRICS 회원국 간 공동 프로젝트의 금융지침, 리스크 평가, 투자 기준 등을 독자적으로 설정함으로써, 서구 기관이 독점하던 국제 금융규범을 다원화하고 있다. 이런 맥락에서 신개발은행(NDB)는 단순한 대안 은행이 아니라, 대안 규범 기관으로 자리매김해가고 있다.

(3) 브릭스 플러스(BRICS+)와 글로벌 사우스의 제도화

2024~2025년 브릭스 플러스(BRICS+) 체제의 출범은 글로벌 사우스 협력의 제도화를 상징한다. BRICS는 2000년대 초 단순한 신흥경제국 협의체에서 출발했지만, 지금은 경제·금융·에너지·식량·디지털 영역을 포괄하는 남반구형 협의 플랫폼으로 진화하고 있다. 브릭스 플러스(BRICS+) 확대에는 이집트, 에티오피아, 이란, UAE(아랍에미리트) 등 중동·아프리카·라틴아메리카 국가들이 참여했으며, 사우디아라비아는 초청을 받은 상태다. 이는 글로벌 국내총생산(GDP)의 약 35%, 인구의 45%를 차지하는 거대한 블록으로, 사실상 G7에 대응하는 제2의 거버넌스 축을 형성하고 있다.

브릭스 플러스(BRICS+)의 의제는 세 가지 방향으로 확장되고 있다. 첫째, 에너지·식량안보 협력이다. 각국의 에너지 전환과 식량 생산기반 강화를 위한 공동기금 설립이 논의 중이다. 둘째, 금융협력의 제도화다. 신개발은행(NDB)와 연계하여 지역통화 결제망, 공동 신용평가 시스템, 결제 인프라의 상호운용성을 확대하고 있다. 셋째, 디지털·기술 협력으로, 데이터 관리, 디지털 인프라, 전자상거래 규범을 공동 논의하는 협의체가 신설되었다.

중국은 브릭스 플러스(BRICS+)를 통해 스스로를 보완자에서 대안 제도 제공자로 전환하고 있다. 즉, 세계은행·IMF(국제통화기금)가 중심이 된 서구 금융체제를 부정하기보다, 그 옆에 병행 가능한 다원적 공공재 체제를 구축하려는 것이다. 이를 통해 중국은 금융·개발·디지털 거버넌스의 세 영역을 포괄하는 신국제공공재 공급국으로서의 위상을 강화하고 있다. 브릭스 플러스(BRICS+)는 이와 동시에 포용적 다자주의의 시험장이기도 하다. 회원국 간 정치체제, 경제모델, 지역 이해관계가 상이하지만, 협력의 공통분모를 발전권과 균형적 대표성에서 찾고 있다. 이는 기존 서구 중심 질서가 강조한 가치 연합과 구별되는,

이익 연합에 기반한 다자협력 방식이다. 브릭스 플러스(BRICS+)의 확장은 향후 글로벌 거버넌스가 단극적 구조에서 다원적 상호작용의 네트워크형 구조로 전환되고 있음을 보여주는 대표적 사례다.다만 브릭스 플러스(BRICS+)가 빠르게 확대되며 내부 이질성, 즉 정치체제, 대외전략, 경제구조의 차이가 동시에 커지고 있다는 우려도 존재한다. 지나치게 이질적인 회원 구성은 협력의 실행력을 약화시킬 위험이 있다는 국제적 평가가 병존한다. 이는 브릭스 플러스(BRICS+)를 둘러싼 국제적 기대와 우려가 동시에 존재함을 시사한다. 결과적으로 AIIB(아시아인프라투자은행), 신개발은행(NDB), 브릭스 플러스(BRICS+)로 대표되는 중국 주도의 개발금융 네트워크는 단순한 자금 공급을 넘어 국제경제 거버넌스의 새로운 축으로 작동하고 있다. 이들은 정치적 조건의 완화, 효율성과 포용의 결합, 개발권 중심의 공공재 공급을 통해 서구 주도의 국제금융체제에 병행하는 보완적 제도체계를 형성하고 있다. 이러한 흐름은 중국식 현대화가 국내 발전모델을 넘어 국제제도의 설계자로 확장되고 있음을 보여주는 사례이자, 21세기 글로벌 거버넌스 다극화의 핵심 동력 중 하나가 되고 있음이 국제정치학계에서 반복적으로 지적되는 점이다.

6. 맺음말
─다극적 거버넌스와 공존 가능한 경쟁

21세기 글로벌 거버넌스는 단일한 중심 권력에서 다극적 조정체제로 이행하고 있다. 냉전 이후 한동안 유지되어 온 미국 중심의 자유주의 질서는 경제·기술·정치·문화의 영역에서 균열을 보이고 있으며, 그

틈새에서 새로운 제도와 규범의 다원화가 진행되고 있다. 미·중 경쟁의 격화, 글로벌 사우스의 부상, 팬데믹과 기후위기 같은 초국경적 도전은 국가 간 협력의 방식과 규범의 의미를 근본적으로 재검토하게 만들었다. 이러한 전환기 속에서 중국은 진정한 다자주의를 외교전략의 핵심 프레임으로 내세우며, 기존 질서의 불균형을 완화하고자 한다. 그러나 서구는 이를 자유주의 질서에 대한 도전이자 체제 경쟁의 확장선으로 인식하며, 새로운 규범 질서의 정당성을 둘러싼 경쟁이 심화되고 있다.

중국이 제시하는 다자주의의 핵심은 협의·포용·발전권에 있다. 이는 서구의 가치 중심 다자주의가 내포한 이념적 배타성을 비판하면서, 국가 주권의 평등과 발전단계의 차이를 인정하는 협의 중심 질서를 강조한다. 그러나 이러한 접근은 이상과 현실 사이의 간극도 크다. 중국이 강조하는 주권 존중과 비간섭 원칙은 국제 규범의 안정성을 유지하는 장점이 있지만, 인권·환경·투명성 같은 글로벌 공공규범과의 충돌 가능성도 내포한다. 따라서 진정한 다자주의는 서구식 질서의 대체 모델이라기보다, 기존 규범의 해석과 적용 방식을 다원화하려는 내부 조정 전략으로 이해하는 것이 더 정확하다. AIIB(아시아인프라투자은행), 신개발은행(NDB), BRICS 등 중국이 주도한 신흥 플랫폼의 등장은 이러한 전략의 제도적 표현이다. AIIB(아시아인프라투자은행)는 비정치적 실용주의를 기치로 효율성과 포용을 결합한 개발금융을 실험하고 있고, 신개발은행(NDB)는 달러 중심 금융질서의 한계를 보완하는 다통화 금융 네트워크를 구축하고 있다. 브릭스 플러스(BRICS+)는 글로벌 사우스 국가 간의 이익 연합을 제도화하며, 서구 중심 협의체에 대응하는 병행적 공공재 체제의 틀을 형성하고 있다. 이 플랫폼들은 모두 글로벌 사우스의 대표성과 자율성을 확대하는 성과를 거두었지만, 동시에 투명성·채무관리·규범 표준의 불확실성이라는 구조적 제약도 함께 안고 있다. 중국이 강조하는 비정치적 개발협력은 개도국의 선택권을 넓혀주지만, 서구에서는 이를 정치적 영향력 확대로 해석하며 경계한다. 결과적으로 이러한 제도들은 협력과 경쟁이 병존하는 혼합형 거버넌스 구조를 만들어내고 있다. 또한 이러한 신플랫폼은 기존 질서의 대체라기보다, 기존 제도의 규범 공백을 메우는 보완적 병렬체제로 작동하며, 규범 경쟁과 제도 경쟁이 맞물리는 구조적 전환을 보여준다.

무역·투자 규범 영역에서도 이러한 이중성이 반복된다. WTO(세계무역기구) 개혁 논의에서 중국은 발전권과 포용성을, 미국과 EU는 공정경쟁과 투명성을 각각 강조한다. 팬데믹 이후 무역질서가 자유화에서 안보화로 이동하면서, 공급망 재편과 기술통제가 무역규범의 핵심의제가 되었다. 중국은 공급망 안정협력 이니셔티브(SCI)를 통해 정치적 블록화 대신 상호보장적 협력 모델을 제시하지만, 서구는 이를 전략적 의존도 유지로 해석한다. 디지털무역·데이터·기후 규범에서도 보안과 개방, 환경보호와 발전권 사이의 균형이 여전히 불안정하다. 결국 현재의 WTO(세계무역기구) 개혁과 다자무역질서 재편은 규범 간의 경쟁이자 가치 간의 협상이 되고 있다. 특히 디지털·녹색전환 규범의 확장은 기존 WTO 체계가 포괄하지 못했던 새로운 영역에서 규범 경쟁이 구조화되고 있음을 보여주며, 이는 다자주의 전반을 기존 규칙의 적용에서 새로운 규칙의 정의로 이동시키는 의미를 가진다. 이 과정에서 중국식 현대화는 점점 더 내부 발전모델이자 외부 규범 프로젝트의 이중적 성격을 띠게 되었다. 국내적으로는 고품질 발전과 공동부유, 법치·디지털·생태문명 등을 통해 사회주의 현대화를 심화시키는 한편, 외부적으로는 이러한 가치들을 국제협력의 언어로 변환하여 제도화하려 한다. AIIB(아시아인프라투자은행)의 포용적 금융, 신개발은행(NDB)의 현지통화 결제, 브릭스 플러스(BRICS+)의 글로벌 사우스 국가간의 협력, WTO(세계무역기구) 개혁의 포용적 다자주의 등은 모두 중국식 현대화의 외교적 확장판이라 할 수 있다. 그러나 동시에 이 모델이 성공하려면 제도적 투명성, 책임성, 그리고 신뢰 구축이 필수적이다. 중국이 제시하는 새로운 국제규범이 보완적 질서로 인정받기 위해서는, 기존 질서와의 경쟁을 넘어 상호 작동 가능한 제도로 발전해야 한다. 즉, 중국식 현대화의 외연이 국제질서에서 지속성을 갖기 위해서는, 개도국과 선진국 모두가 수용 가능한 최소 규범과 운영 원리를 제시하고, 제도적 예측가능성을 안정적으로 축적해야 한다. 결국 글로벌 거버넌스의 중심은 단극적 패권에서 다극적 조정체제로 이동하고 있다. 중국은 이 전환 속에서 기존 질서의 불균형을 완화하고 제도적 정당성을 재구성하려 하지만, 여전히 서구는 이를 체제의 도전으로 본다. 이러한 긴장은 불가피하지만, 바로 그 접점에서 공존 가능한 경쟁이라는 새로운 질서의 형태가 등장하고 있다. 이는 패권의 교체가 아니라 경쟁을 제도화한 공존의 구조, 즉 경쟁을 통해 협력을 재조정하고, 협력을 통해 경쟁을 관리하는 다층적 거버넌스의 가능성을 의미한다. 이 개념은 미·중 경쟁의 안정적 관리뿐 아니라, 다극화 시대에 다양한 규범·제도·이해가 충돌하는 상황에서 조정 메커니즘을 제도화하는 데 필수적인 분석 틀이 된다. 공존 가능한 경쟁의 제도화는 단지 미·중 관계의 안정화 차원을 넘어, 21세기 국제질서의 지속가능성을 좌우할 관건이 될 것이다. 각국이 이 경쟁 속에서 상호 인정과 조정의 틀을 제도화할 수 있다면, 세계질서는 충돌이 아닌 균형, 분열이 아닌 조정의 방향으로 나아갈 수 있다. 중국식 현대화는 바로 그 균형, 즉 협력과 경쟁이 공존할 수 있는 질서의 설계를 목표로 하며, 다극적 거버넌스 시대의 새로운 규범 실험으로 자리매김하고 있다. 궁극적으로 국제질서의 미래는 단일 규범의 우위가 아니라, 서로 다른 규범들이 협의 가능한 구조 속에서 상호 작동할 수 있는 최소 합의의 구축에 달려 있으며, 중국식 현대화의 외연은 이러한 합의 형성 과정에 기여할 수 있는 중요한 요소로 남아 있을 것이다.

제9장

공존 또는 충돌·두 현대화 모델의 미래
—관리 가능한 경쟁의 조건과 전망

1. 들어가는 이야기
— 두 현대화 모델이 교차하는 새로운 세계 질서의 문턱

21세기 국제질서는 근대 이후 한 번도 경험하지 못한 복합적 전환기에 들어섰다. 냉전 종식 이후 세계를 지배해 온 자유주의 질서가 균열을 보이는 가운데, 중국식 현대화가 새로운 발전 방향으로 부상하면서 두 개의 상이한 현대화 모델이 병존하는 국면이 전개되고 있다. 하나는 개인의 자유와 시장 경쟁, 민주주의 제도를 핵심 가치로 하는 미국식 근대화 모델이며, 다른 하나는 국가 주도의 발전 전략과 사회적 안정, 그리고 발전권의 보편성을 중시하는 중국식 현대화이다. 두 모델은 모두 산업화와 기술혁신을 통한 번영을 목표로 하지만, 그 출발점과 가치체계, 그리고 국제질서에 대한 인식의 틀에서 근본적인 차이를 보인다. 이러한 차이는 단순한 발전 방향이나 정책 방식의 차원에 그치지 않는다. 두 모델은 사회를 바라보는 철학, 제도의 작동 원리, 그리고 세계 질서 속 국가의 역할을 규정하는 방식에서 근본적으로 다른 인식 구조를 갖는다. 그 차이를 항목별로 정리하면 다음과 같다.

[미국식 근대화와 중국식 현대화의 비교]

	구분	미국식 근대화 (Liberal Modernity)	중국식 현대화 (Chinese Modernization)
0	사상적 기반	계몽주의·자유주의·개인주의 전통	마르크스주의·국가발전론·집단주의 문화
1	핵심 가치	개인의 자유, 민주주의, 시장 경쟁	사회 안정, 국가 중심, 발전권의 정당성
2	발전 방식	자율적 시장과 제도의 점진적 진보	국가 주도, 계획과 시장의 병행 활용
3	정치 제도	권력 분립, 법치, 선거 민주주의	당·국가 일체 구조, 장기적 목표 계획
4	경제 모델	민간 혁신 중심의 자유시장 체제	공공 투자·산업정책 중심의 국가자본 모델
5	국제질서 인식	보편 가치, 규범 중심 다자주의	주권 존중, 문명 다원성, 형평성 중심 질서
6	발전 담론	근대화=서구화, 보편적 모델의 확산	발전권·문명 다양성·사회주의 현대화
7	외교 전략	동맹·파트너십 중심의 규범 외교	전략적 자율성·남남협력 중심 다자주의
8	대표 정책	자유무역·디지털 개방·규범 확산	중국제조2025·쌍순환·디지털 주권 강화
9	질서 지향	통합과 보편성 중심의 단일 질서	다극화·상호 인정 중심의 조정 질서

미국식 근대화는 계몽주의와 산업혁명으로부터 이어진 자유주의의 흐름 속에서 형성되었다. 개인의 권리, 사유재산, 시장 경쟁, 법치주의는 발전의 필수 조건으로 간주되었고, 민주주의 제도를 통해 정치적 정당성과 사회적 안정이 유지된다는 믿음이 자리했다. 이러한 모델은 20세기 냉전 이후 미국이 주도한 세계 질서의 핵심 규범으로 확산되었으며, 자유무역과 금융 개방, 제도적 투명성을 통해 글로벌 통합을 촉진해 왔다. 이에 비해 중국식 현대화는 후발국의 산업화 경험과 사회주의 계획경제의 유산, 그리고 유교적 집단주의 문화가 결합된 복합 모델이다. 국가가 사회 전반의 조율자이자 발전의 추진력으로 기능하며, 시장은 전체 목표를 달성하기 위한 도구로 사용된다. 이 모델은 정치적 안정과 경제적 성장을 상호 보완적 가치로 결합시켜, 발전의 속도와 균형

을 동시에 추구한다.

중국식 현대화가 주목받는 이유는, 단순히 경제 규모의 성장 때문만이 아니다. 그 안에는 서구 근대성의 핵심 전제인 개인 중심주의, 자유경쟁, 보편 규범의 일방적 확산에 대한 도전이 내포되어 있다. 중국은 발전권의 보편성과 문명 간 다양성을 주장하며, 각국의 역사적 조건과 발전 단계가 다르다는 현실을 국제 규범 속에 반영해야 한다고 본다. 이는 근대화가 하나의 방향이 아니라, 여러 문명과 제도가 공존할 수 있는 다원적 과정이라는 문제의식을 반영한다. 이러한 담론적 전환은 경제 모델의 차이를 넘어, 국제질서의 운영 원리 자체를 재정의하려는 시도로 이어지고 있다.

2000년대 이후 세계화의 심화는 두 모델을 경쟁적 공존의 관계로 묶어놓았다. 미국과 중국은 무역, 금융, 기술, 에너지 등 거의 모든 영역에서 서로 긴밀히 연결되었으며, 상호의존의 구조는 글로벌 성장의 동력이자 안정의 기반으로 작용했다. 중국은 세계의 공장으로서 생산과 공급망의 중심에 자리 잡았고, 미국은 기술·금융·소비의 중심으로서 네트워크를 조정했다. 상호의존은 경제적 효율성과 상호이익의 논리 위에서 작동했고, 2010년대 초반까지 세계화의 성과는 양국의 협력에 의해 확장되는 듯했다. 그러나 시간이 흐르면서 이러한 관계는 점차 불균형과 불신의 징후를 드러내기 시작했다. 2010년대 후반 이후 미·중 간 전략 경쟁은 새로운 단계로 진입했다. 기술패권 경쟁과 지정학적 대립이 격화되면서 상호의존의 의미는 협력에서 위험 관리로 바뀌었다. 반도체, 인공지능, 통신 장비, 데이터 등 첨단 기술 분야가 국가 안보의 핵심 영역으로 부상했고, 공급망의 효율성보다 회복력과 통제 가능성이 더 중시되기 시작했다. 미국은 첨단 기술의 군사적 전용 가능성을 경계하며 수출 통제와 투자 제한을 강화했고, 중국은 기술 자립과 내수 중심의 순환 구조를 강화하며 이에 대응했다. 특히 미국의 2017년 「국가안보전략(NSS)」이 중국을 전략적 경쟁자로 공식 규정하면서, 중국이 2020년 쌍순환 전략을 발표한 이후 양국의 경쟁은 경제·기술·안보·외교가 결합된 총체적 경쟁으로 전환되었다.

두 현대화 모델의 대립은 경제적 차원을 넘어 규범적 경쟁으로 확산되고 있다. 미국식 근대화가 자유주의 가치와 민주주의 제도를 중심으로 보편적 규칙을 강화하려 한다면, 중국식 현대화는 발전권과 주권 평등, 문화적 다양성을 내세워 서구 중심 질서의 단일 규범에 균열을 내고 있다. 예컨대 인권·인터넷 거버넌스·데이터 보안·기후 변화 같은 분야에서 중국은 발전 단계별 차이와 국가 주권의 존중을 강조하며, 각국의 자율적 선택을 보장하는 다원적 국제규범 체계를 주장한다. 이는 최근 국제정치경제 분야에서 논의되는 분절화된 상호의존의 흐름과도 맞물리며, 기존 자유주의 국제질서가 단일 구조에서 다원적 구조로 이동하고 있음을 보여준다. 하지만 이러한 경쟁이 곧 절대적 충돌을 의미하지는 않는다. 현실의 국제질서는 여전히 분리와 협력이 교차하는 복합적 구조 속에서 작동하고 있다. 산업과 기술, 에너지, 물류, 인적 교류 등 실질적 영역에서는 상호의존이 여전히 깊게 뿌리내려 있다. 기후변화, 감염병, 금융안정, 해상안전과 같은 글로벌 현안에서는 협력이 불가피하며, 어느 한쪽의 완전한 단절은 전 지구적 비용을 초래한다. 미국과 중국 모두 이러한 구조적 현실을 인식하고 있으며, 경쟁을 관리 가능한 수준으로 유지하기 위한 제도적 장치를 동시에 모색하고 있다. 위기관리 채널, 표준 협력, 규범 조정 메커니즘은 이러한 관리 가능한 경쟁의 핵심 요소로 점차 제도화되고 있다.

오늘날의 국제질서는 완전한 분리도, 완전한 공존도 아닌, 관리 가능한 경쟁의 시대로 이동하고 있다. 이 새로운 질서의 특징은 경쟁을 인정하되, 충돌을 통제하고, 협력의 여지를 제도화하는 데 있다. 상호의존을 단절하는 대신 위험을 관리하고, 경쟁의 규칙을 설정함으로써 체제 붕괴를 방지하려는 시도가 확산되고 있다. 이는 미·중 양국뿐 아니라, 세계 각국이 직면한 현실적 과제이기도 하다. 여기서는 복합적 현실을 종합적으로 제시한다. 미·중 관계는 분리, 경쟁, 부분적 협력이라는 여러 경로를 통해 구조적 변화를 겪고 있으며, 디커플링과 디리스킹은 새로운 형태의 상호의존을 재구성하는 방향으로 작동하고 있다. 위기관리, 표준, 규범은 경쟁을 통제 가능한 범위 안에서 운영하기 위한 핵심 매개로 부상하고 있으며, 우리나라·ASEAN(동남아시아국가연합)·EU 등 중견국은 이러한 환경 속에서 다양한 조합과 균형 전략을 통해 공존의 공간을 구성해 나가고 있다. 이러한 흐름은 두 현대화 모델이 단절이 아니라 조정 가능성의 틀 속에서 어떤 방식으로 병존할 수 있는지, 그리고 미래의 다극적 질서가 어떤 형태의 균형으로 자리 잡게 될지를 가늠하게 하는 중요한 단서를 제공한다.

2. 분리·경쟁·부분적 협력의 경로들
─상호의존 구조의 재편과 전략적 분화

21세기 세계화는 오랜 기간 미·중 관계의 안정적 기반으로 작동해 왔다. 냉전 종식 이후 세계경제는 효율성과 분업을 중시하는 자유주의적 질서를 중심으로 재편되었고, 중국의 WTO(세계무역기구) 가입은 그 정점이었다. 미국은 기술·금융·소비의 중심에서 세계화의 방향을 주도했고, 중국은 제조·무역·투자의 확장을 통해 세계의 공장으로 자리 잡았다. 두 국가는 상호의존을 통해 경제적 효율성을 극대화했고, 그 결과 글로벌 생산 네트워크의 핵심 축으로 부상했다. 그러나 2010년대 후반 이후 경쟁이 전면화되면서, 이러한 상호의존은 더 이상 협력의 토대가 아닌 전략적 위험의 원천으로 인식되기 시작했다. 미·중 모두가 서로의 경제 구조를 자국 안보의 취약점으로 간주하게 되면서, 관계의 성격은 상호의존적 공생에서 관리되는 경쟁적 상호의존으로 전환되고 있다. 이러한 변화의 흐름을 시기별로 정리하면, 세계화는 협력적 상호 의존에서 균열과 불신의 확산, 그리고 관리되는 경쟁적 상호의존의 단계로 진화하고 있음을 확인할 수 있다. 그 과정을 도식화하면 다음과 같다.

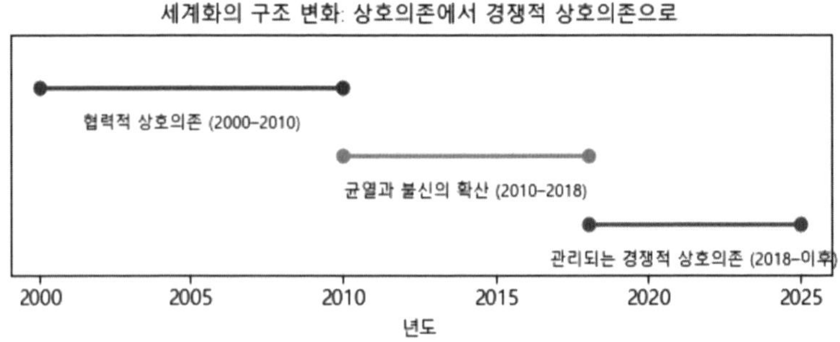

이 전환의 근본에는 세계화의 피로와 글로벌 생산구조의 재편이 놓여 있다. 1990~2000년대의 세계화는 저비용 생산지와 자유무역 체제를 통해 효율성을 극대화했지만, 2008년 금융위기 이후 불평등과 디지털 격차가 심화되면서 세계화의 역풍이 불기 시작했다. 여기에 코로나19 팬데믹과 미·중 전략경쟁의 심화가 결합되면서, 공급망 안정성과 국가 안보가 새로운 핵심 의제로 부상했다. 특히 팬데믹은 생산과 물류가 특정 지역에 집중된 구조의 취약성을 드러냈고, 각국은 글로벌 생산의 최적화 대신 위험의 분산을 경제정책의 우선순위로 삼게 되었다. 미국은 이를 경제 안보화로 제도화하고, 중국은 내순환 강화로 제도화하면서 상호의존의 의미를 정치적 차원에서 재정의했다. 산업과 기술 영역에서 이러한 변화는 가장 뚜렷하게 나타난다. 미국은 반도체, 인공지능, 양자기술, 우주산업 등 첨단 분야를 국가경쟁력의 핵심 인프라로 규정하고, 기술 패권을 유지하기 위한 다층적 전략을 추진하고 있다. 2022년 제정된 「CHIPS법(반도체·과학법)」과 「IRA(인플레이션 감축법)」는 그 제도적 기반이다. 전자는 미국 내 반도체 생산 회귀와 연구개발 지원을 통해 공급망의 자립도를 높이는 것을 목표로 하고, 후자는 친환경 산업과 첨단 제조업에 대한 세제 혜택을 통해 산업정책의 방향을 안보화했다. 미국은 또한 우리나라·일본·대만·유럽을 포함하는 공급망 협의체를 구축하며, 기술과 안보를 결합한 경제동맹 체제를 공고히 하고 있다. 이러한 미국의 공급망 전략은 세계 생산체계의 구조적 재편을 촉발하고 있다. 미국을 중심으로 한 첨단기술·표준·금융 네트워크와 중국을 중심으로 한 제조·인프라·시장 네트워크가 병렬적으로 공존하면서, 양극화된 공급망 질서가 형성되고 있는 것이다. 이를 도식화하면 다음과 같다.

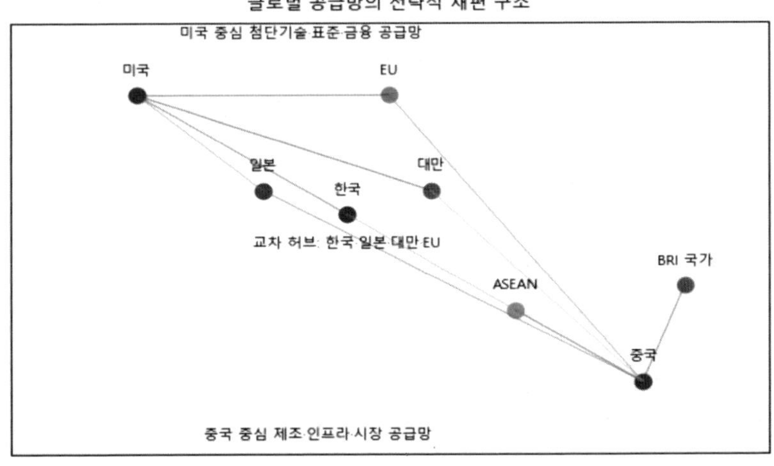

반면, 중국은 외부 압력에 대응하기 위해 자립화·고도화 전략을 강화하고 있다. 중국제조 2025는 10대 핵심산업, 즉 반도체, 첨단기계, 항공우주, 바이오, 에너지장비, 신소재 등을 지정하며, 기술 자립을 제도화했다. 이후 제14차 5개년 계획에서는 과학기술 자강을 핵심 목표로 설정했고, 국가중점실험실 개편과 국가 전략형 산업단지 조성, 국유기업 구조조정 등을 통해 기술 역량의 내재화를 추진했다. 또한 신형 인프라 정책을 통해 5G, 인공지능, 산업인터넷, 데이터센터, 전기차 충전망 등 디지털 기반산업을 확대하면서 디지털 주권을 강화하고 있다. 여기에 쌍순환(雙循環) 전략을 결합해, 내수 중심의 순환 구조를 강화하면서도 국제 무역·투자 관계를 완전히 단절하지 않는 균형 전략을 구사하고 있다.

이러한 산업 전략의 대립은 단순히 생산 거점의 이동이 아니라, 기술 체제와 표준의 분리로 이어지고 있다. 반도체를 중심으로 한 글로벌 공급망은 이미 정치경제적 지도 위에서 재배치되고 있다. 미국은 반도체 장비와 설계·소프트웨어를 장악한 반면, 중국은 제조와 수요 시장을 보유하고 있다. 우리나라, 일본, 대만, 유럽 등은 이 사이에서 기술·부품·생산의 복합적 네트워크를 형성하며, 어느 한 축의 붕괴가 전체 시스템을 마비시킬 수 있는 상호의존의 구조를 이루고 있다. 바로 이런 이유로 미·중 모두 완전한 디커플링이 불가능하다는 점을 인식하고 있으며, 경쟁 속에서도 일정한 상호 연결을 유지할 수밖에 없는 불안정한 공진화 상태가 지속되고 있다. 데이터와 디지털 경제의 영역에서도 비슷한 현상이 나타난다. 미국은 자유로운 데이터 흐름을 내세우며 개방형 인터넷과 글로벌 플랫폼 중심의 질서를 유지하려 하지만, 중국은 「개인정보보호법(PIPL)」과 「데이터보안법(DSL)」을 통해 데이터의 국외 이전을 엄격히 통제하고 있다. 이는 단순한 개인정보 보호 조치가 아니라, 국가의 데이터 주권을 확립하기 위한 전략적 시도다. 데이터가 생

산요소이자 안보자산으로 전환되면서 사이버 공간은 경제·기술·규범이
교차하는 새로운 경쟁 영역으로 부상했다. 미·중은 사이버 안보, 인공
지능 윤리, 디지털 화폐 등에서 상이한 규범 체계를 구축하며, 디지털
세계화의 방향을 다르게 그리고 있다.

　금융·무역 질서의 분절화 또한 빠르게 진전되고 있다. 미국은 달러
패권을 경제·안보의 지렛대로 활용하며, 금융 제재를 외교 수단으로 적
극 구사하고 있다. 2018년 이후 중국 기업에 대한 상장 제한, 자산 동
결, 기술 거래 금지는 단순한 경제 조치가 아니라, 전략적 억제의 일환
이었다. 반면 중국은 위안화 국제화와 독자 결제 시스템인 국제결제시
스템(CIPS)를 확대하면서, 달러 중심 금융 질서에 대한 대체 가능성을
모색하고 있다. 더불어 BRICS, 상하이협력기구(SCO), AIIB(아시아인
프라투자은행) 등 새로운 다자금융 네트워크를 통해 비서구권의 금융
자율 공간을 확장하고 있다.

　무역 구조의 변화도 눈에 띈다. 미국은 인도-태평양경제프레임워크
(IPEF)를 출범시켜 공급망·청정에너지·디지털 무역의 새로운 규범을
설계하며, 가치 동맹 중심의 네트워크를 강화하고 있다. 중국은 RCEP
(역내포괄적경제동반자협정)을 통해 아시아 태평양의 경제 네트워크
를 공고히 하고, 일대일로(一帶一路)를 통해 유라시아·아프리카·남미
를 포괄하는 대규모 인프라·무역 회랑을 확장하고 있다. 이로써 세계무
역은 규범 기반 시장과 인프라 기반 시장이라는 두 축으로 분리되어 가
고 있으며, 자유무역의 원리는 점점 지정학적 이해관계에 종속되는 양
상을 보인다. 제도와 표준의 경쟁도 가속화되고 있다. 5G, 인공지능, 블
록체인, 녹색기술, AI 윤리 등 신흥 기술 분야에서는 규범과 표준을 둘
러싼 선점 경쟁이 치열하다. 미국은 민주주의·투명성·인권을 핵심 가치
로 한 기술 규범 연대를 구축하고, EU와 함께 디지털 규제 동맹을 추진
하고 있다. 반면 중국은 국제전기통신연합(ITU)이나 ISO(국제표준화

기구)와 같은 다자기구를 활용해, 디지털 실크로드의 연장선에서 자국 기술 표준을 확산시키고 있다. 예컨대 스마트 시티 표준안이나 AI 거버넌스 지침은 개발도상국에 빠르게 채택되고 있으며, 이는 기술적 협력과 동시에 규범적 영향력 확대의 통로로 작동한다.

이러한 분절화 속에서도 협력의 여지는 완전히 사라지지 않았다. 글로벌 공급망의 상호보완성, 기후변화 대응, 보건 협력, 금융 안정 등은 여전히 미·중 모두의 공통된 이해를 요구한다. 2021년 영국 글래스고에서 열린 UN 기후정책 국제회의(COP26)에서 양국이 공동으로 기후변화 대응 성명을 발표하고, 2023년 G20 회의에서 글로벌 부채 문제와 AI 거버넌스에 대한 협의를 진행한 것은 이러한 협력의 잔존 가능성을 보여준다. 그러나 이러한 협력은 제도화된 신뢰가 아닌 사안 기반의 실용적 협조로 남아 있다. 협력의 불안정성은 양국의 구조적 불신에서 기인한다. 상대방의 체제 정당성을 인정하지 않은 채 기능적 협력을 시도하는 한, 신뢰의 축적은 제한적일 수밖에 없다. 협력은 원칙이 아니라 사건에 의해 촉발되고, 이해관계가 사라지면 빠르게 중단된다. 이런 구조 속에서 협력은 제도화되지 못하고 사건 단위 협조로 남는다. 따라서 오늘날의 미·중 관계를 이해하기 위해서는 단순한 탈동조화나 디커플링보다는, 영역별로 다른 속도와 깊이로 전개되는 분절화된 상호의존이라는 개념으로 접근해야 한다. 이러한 분절화는 세계화의 해체가 아니라 재구성의 과정이다. 산업·기술·금융·무역·규범 등 각 영역이 서로 다른 논리로 작동하며, 경쟁과 상호의존이 교차하는 새로운 균형이 형성되고 있는 것이다. 국가는 효율성과 회복력, 개방성과 통제, 글로벌 협력과 지역 자율성 사이에서 최적점을 탐색하고 있다. 이런 변화 속에서 다극화와 지역화는 동시에 진행되고 있으며, 글로벌 경제는 더 이상 하나의 중심이 아니라 여러 권역의 네트워크가 상호작용하는 복합 구조로 이행하고 있다. 결과적으로 오늘날의 미·중 관계는 단일한 탈동조화나 완전한 결별의 방향으로 설명될 수 없다. 경쟁과 협력, 분리와 연결이 얽힌 다층적 과정 속에서, 상호의존은 해체가 아닌 재편의 방향으로 움직이고 있다. 향후 국제질서는 하나의 중심이 아닌 다중의 규범과 제도가 병존하는 복합적 체계로 작동할 것이다. 이러한 다층성과 분절화는 세계화의 다음 단계이자, 미·중이 서로를 완전히 대체하거나 배제하지 못한 채 공존 가능한 경쟁으로 제도화되는 현실의 표현이다.

3. 디커플링과 디리스킹
—상호의존의 재구성과 위험의 관리

디커플링과 디리스킹은 2020년대 들어 미·중 관계를 이해하는 핵심 개념으로 자리 잡았다. 두 용어는 모두 복잡하게 얽힌 상호의존 관계를 조정하려는 시도를 뜻하지만, 그 접근과 강도에서 본질적 차이를 지닌다. 디커플링이 경제·기술·금융의 연결 자체를 끊어내는 분리 전략이라면, 디리스킹은 그 연결을 전면 해체하지 않고 위험의 집중을 완화하며 관리 가능한 범위 내에서 조정하려는 실용적 접근이다. 즉, 디커플링은 전면적 단절, 디리스킹은 위험 완화 조정이라는 정책 언어로 구분된다. 다시 말해 전자는 체계의 단절을 전제로 하지만, 후자는 체계 내부의 구조적 위험을 완화하기 위한 재설계에 가깝다. 이 두 용어는 단순한 경제정책의 기술어가 아니라, 세계화의 성격을 바꾸는 담론적 전환점이기도 하다. 2018년 미·중 무역전쟁과 팬데믹 이후 세계경제는 효율성의 논리에서 회복력과 안정성의 논리로 이동했고, 이에 따라 상호의존은 더 이상 위험을 줄이는 메커니즘이 아니라, 위험을 증폭시키는 구조로 인식되었다. 디커플링은 이런 위기의식에서 출발한 단절의 언어였으나, 곧 글로벌 경제의 복잡한 상호 연결망 속에서 그 현실적 불가능성이 드러났다. 전면적 분리는 공급망의 마비와 비용 상승, 혁신 속도의 둔화로 이어졌기 때문이다. 이 한계를 인식한 서구 국가들은 2022년 이후 디리스킹이라는 새로운 정책 언어를 도입했다.

EU는 이 개념을 가장 적극적으로 제도화한 주체다. EU 집행위원장 우르줄라 폰데어라이엔은 2023년 브뤼셀 연설에서 디커플링이 아니라 디리스킹을 공식 입장으로 천명했다. 유럽은 중국과의 경제관계를 전면적으로 끊기보다는, 특정 분야, 즉 반도체, 핵심 광물, 청정에너지, 디지털 기술 등에서의 과도한 의존도를 줄이려는 접근을 택했다. 이는 미·중 사이의 전략적 경쟁이 심화되더라도, 경제적 교류의 기본 틀은 유지해야 한다는 현실적 판단에 기반한다. 실제로 유럽의 주요 기업들은 여전히 중국 내 투자를 지속하고 있으며, 독일의 자동차 산업이나 프랑스의 화학·에너지 산업은 중국 시장에 대한 의존도를 쉽게 줄일 수 없다. 따라서 EU의 디리스킹은 공급망 다변화와 위험 분산의 논리이지, 단절의 논리가 아니다.

미국의 접근은 이보다 한층 더 안보 중심적이다. 트럼프 행정부 시절의 디커플링은 기술·산업·금융을 포괄하는 포괄적 분리 전략이었지만, 바이든 행정부는 작은 마당과 높은 울타리라는 개념으로 전환했다. 이는 전략적으로 민감한 핵심 분야만을 대상으로 강력한 통제를 가하되, 나머지 영역에서는 협력과 경쟁을 병행하겠다는 의미다. 첨단 반도체, AI(인공지능), 양자기술, 5G 통신 장비 등은 작은 마당의 영역으로 분류되어 수출 통제와 투자 제한이 집중되고, 금융·소비재·서비스 산업 등은 상대적으로 개방 상태를 유지한다. 이러한 선별적 분리는 디커플링의 비용을 줄이는 동시에, 기술 우위를 유지하려는 현실적 조정이라 할 수 있다. 여기에 더해 미국의 작은 마당 범위는 최근 더욱 구체화되고 있다. 반도체 제조장비(ASML의 EUV 노광장비 수출 제한), AI용

고성능 GPU(NVIDIA·AMD 수출 통제), 양자컴퓨팅 관련 부품과 소프트웨어, 5G 통신장비 및 핵심 네트워크 장비 등이 대표적인 통제 대상이다. 이는 기술-안보 연계가 심화되는 가운데 특정 핵심 기술군을 전략적 자산으로 규정하려는 시도이며, 향후 규제 범위가 더 확장될 가능성도 제기되고 있다.

중국 역시 이러한 국제 환경의 변화에 대응해 전략을 수정하고 있다. 외부의 구조적 압력에 맞서면서도 전면적 대결이 초래할 불확실성을 피하기 위해, 중국은 자립자강과 쌍순환(雙循環)을 양축으로 한 조정 정책을 추진하고 있다. 내부적으로는 내수 기반과 기술 역량을 강화하여 안정성을 확보하고, 외부적으로는 글로벌 공급망과 시장, 기술 협력의 통로를 완전히 닫지 않는 개방적 유연성을 유지하는 것이다. 중국의 디리스킹은 폐쇄가 아니라 재조정이며, 단절이 아니라 균형의 복원이다. 중국의 이러한 전략 조정은 제도적 기반에서도 강화되고 있다. 국가집적회로산업투자기금(대펀드) 3기 출범, 2023년 국가데이터국 신설, 전략성 신흥산업에 대한 중앙-지방 공동 투자체계 확립, 그리고 위안화 국제화와 국제결제시스템(CIPS) 기능 확장 등이 대표적 사례다. 이는 기술·데이터·금융이라는 세 축에서 '내부 역량 강화 + 외부 연계 유지'라는 이중 전략을 안정적으로 작동시키기 위한 제도적 기반으로 평가된다.

[디커플링과 디리스킹의 비교]

	구분	디커플링 (Decoupling)	디리스킹 (De-risking)
0	핵심 개념	연결의 단절, 체계적 분리	연결의 재조정, 위험 분산
1	목표	전략적 자립, 의존 해소	회복력 강화, 집중 리스크 완화
2	접근 방식	공급망·기술·금융의 포괄적 차단	민감 분야 중심의 선택적 통제 및 다변화
3	주요 주체/담론	트럼프 행정부, 강경 대중 노선	EU·바이든 행정부, 중국의 조정 전략
4	정치경제적 특징	블록화·대립 구조 심화	부분적 세계화·관리된 경쟁 구조

　이러한 전략적 조정은 산업·금융·기술·기후 등 여러 영역에서 병렬적으로 진행되고 있다. 이 도식은 디리스킹이 산업, 금융, 기술, 에너지·기후, 디지털 거버넌스 등 다양한 영역으로 확장되고 있음을 보여준다.

　반도체 분야에서는 미국의 CHIPS법(반도체·과학법)과 중국의 국가 집적회로산업기금(대펀드)이 상호 견제 속에 맞서고 있다. 금융 분야에서는 미국의 투자심사 강화(CFIUS)와 중국의 금융안정법이 동시에 시행되며, 상호 투자의 리스크를 관리하려 한다. 에너지와 기후 분야에서는 녹색 디리스킹이라는 새로운 개념이 등장했다. 미국과 유럽은 청정에너지 공급망에서 중국산 태양광·배터리 의존을 줄이려 하고, 중국은 희토류와 리튬, 전기차 등 녹색 기술의 공급망을 자국 중심으로 재편해 대응한다. 디리스킹의 논리는 금융 시스템에서도 명확히 드러난다. 글로벌 금융의 상호연결성이 위기 전파의 경로로 인식되면서, 각국은 금융 네트워크의 집중도를 낮추려 하고 있다. 미국의 금융 제재는 달러 체제의 신뢰를 유지하면서도, 그 의존도를 새로운 위험으로 노출시켰다. 이에 대한 대응으로 중국은 위안화 국제화와 BRICS의 공동결제 시스템을 추진하고 있다. 이는 금융 탈동조화의 새로운 형태이자, 디리스킹이 통화·결제·자본 이동 전반으로 확장된 사례라 할 수 있다.

　데이터·디지털 분야에서도 이 개념의 적용이 확산되고 있다. 미국은 데이터 자유화를 통해 글로벌 기술기업의 개방형 네트워크를 유지하려 하지만, 동시에 정보보호와 사이버 안보를 강화하는 선별적 개방을 추진한다. 중국은 데이터 국가전략을 통해 데이터 국유화와 안전관리 체계를 확립했고, EU는 GDPR(일반개인정보보호규정)과 디지털 시장법(DMA)을 통해 개인 중심 데이터 디리스킹을 제도화했다. 이렇게 세 모델, 즉 미국식 개방, 중국식 통제, 유럽식 규제이 병존하면서, 디지털 세계는 하나의 규범 체계로 통합되기보다 세 갈래로 분기되고 있다.그러나 디커플링과 디리스킹의 병존은 단순히 상호의존의 약화를 의미하지 않는다. 이는 상호의존의 질적 변화, 즉 연결의 성격이 바뀌고 있음을 보여준다. 과거의 상호의존이 효율성과 비용 절감, 시장 접근을 중심으로 했다면, 이제는 회복력, 신뢰, 위험 관리가 핵심 기준이 되고 있다. 연결은 유지되지만, 그 연결의 방향과 강도, 그리고 제도적 틀이 달라지고 있는 것이다. 예를 들어, 반도체 공급망은 여전히 글로벌하지만, 생산공정의 각 단계가 지정학적으로 재배치되며 새로운 정치경제적 지도 위에서 작동하고 있다.

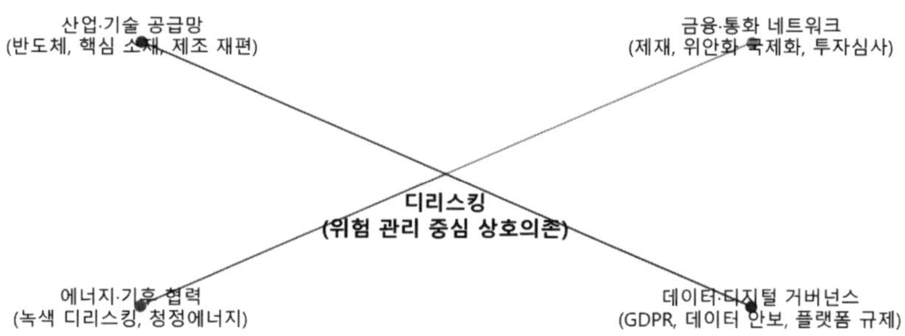

디리스킹은 결과적으로 부분적 세계화의 제도적 표현이라 할 수 있다. 이는 세계화를 해체하는 것이 아니라, 정치·경제·기술적 변수들 아래에서 부분적으로 관리하는 형태로 전환하는 것이다. 각국은 자국의 산업 구조와 외교 전략에 따라 위험을 분산시키며, 동시에 경쟁의 여지를 남겨둔다. 완전한 탈동조화가 초래할 경제적 비용과 혁신 저하의 위험을 감수하기보다는, 선택적 협력과 전략적 경쟁을 병행하는 방향으로 조정하는 셈이다. 하지만 디리스킹이 새로운 안정 질서로 정착하기 위해서는 제도적 기반이 필요하다. 관리 가능한 경쟁을 유지하려면 위기관리 메커니즘, 정보 공유, 기술 표준의 상호 인정, 금융·무역 분쟁 조정 체계 등이 작동해야 한다. 특히 기술 표준의 상호 인정은 디커플링의 위험을 낮추는 핵심 장치라는 점이 학계에서도 강조된다. 현재의 구조에서는 이러한 제도화가 아직 초기 단계에 머물러 있다. 미국과 유럽, 일본이 추진하는 경제안보 협의체나, 중국이 제안한 글로벌 발전 이니셔티브(GDI) 등이 각각의 시도이지만, 상호 조율은 제한적이다. 미·중 간 핫라인 복원, 군사·기후·보건 협의의 재개는 긍정적 신호이지만, 갈등의 근본 원인을 조정하기에는 여전히 미흡하다. 디리스킹의 지속 가능성은 결국 신뢰의 회복과 정책의 일관성에 달려 있다. 미·중 모두 내부 정치와 경제 상황에 따라 상호 모순된 신호를 보낸다. 미국은 기술 패권을 유지하려 하면서도 글로벌 공급망의 효율성을 포기할 수 없고, 중국은 자립자강을 강조하면서도 외국인 투자를 필요로 한다. 이 양면성 속에서 디리스킹은 체계적 전략이라기보다, 불안정한 조정의 상태로 남아 있다. 그럼에도 불구하고 디리스킹은 완전한 대립보다는 경쟁의 관리라는 새로운 규칙을 제시했다는 점에서, 국제질서의 구조적 전환을 상징한다.

향후 이 개념은 경제·기술을 넘어 안보·기후·보건 등 비전통적 영역으로 확대될 가능성이 높다. 이미 그린 디리스킹, 보건 디리스킹, 안보 디리스킹과 같은 개념들이 논의되고 있으며, 이는 글로벌 리스크 거버넌스의 새로운 언어로 자리 잡고 있다. 이러한 흐름 속에서 중견국들은 양극 구조를 완화하는 완충지대로 기능할 수 있다. 우리나라, 일본, 독일, 인도, ASEAN(동남아시아국가연합) 국가들은 분야별로 선택적 협력과 분리 전략을 병행하며, 부분적 연계를 통해 자율성을 확보하려 한다. 결국 디커플링과 디리스킹은 상호의존의 재구성을 상징한다. 세계화의 기반이었던 개방과 효율의 논리가, 회복력과 위험 분산의 논리로 대체되고 있다. 전면적 분리 대신 위험을 관리하고, 경쟁을 제도화하려

는 시도 속에서 새로운 형태의 국제질서가 형성되고 있는 것이다. 문제
는 이러한 관리형 상호의존이 어느 정도까지 지속 가능한가, 그리고
미·중 모두가 이를 유지할 정치적 의지와 제도적 기반을 마련할 수 있
는가에 달려 있다. 디리스킹은 국제질서의 새로운 균형 언어이다. 그것
은 냉전식 블록 경쟁이 아닌, 상호 의존적인 복합 구조 속에서 경쟁을
통제하려는 현실적 타협이자, 미·중이 충돌 없이 공존하기 위한 임시적
규범이다. 결국 이 개념이 실질적인 제도와 관행으로 정착될 수 있다
면, 관리 가능한 경쟁 체계, 즉 21세기 국제질서의 새로운 안정 메커니
즘의 기초가 될 것이다.

4. 관리 가능한 경쟁 체계
—제도·표준·규범을 통한 조정의 실험

　미·중 경쟁이 구조화되면서 양국은 갈등의 확산을 통제하기 위한 다
양한 제도적 장치를 동시에 모색하고 있다. 완전한 협력 체제로의 복원
은 어렵지만, 충돌을 방지하고 예측 가능한 관계를 유지하기 위한 관리
가능한 경쟁의 틀이 점차 논의되고 있다. 이러한 경쟁 체계는 군사적
긴장 완화, 경제·기술 분야의 분쟁 조정, 그리고 표준과 규범을 둘러싼
제한적 협력으로 구성된 다층적 구조를 띤다. 다시 말해, 단절이 아닌
관리, 경쟁이지만 조정 가능한 구조, 이것이 오늘날 미·중 관계의 새로
운 현실적 균형으로 자리하고 있다. 이러한 제도적 장치는 군사적 위기
관리, 경제·기술 분야의 분쟁 조정, 규범·표준·다자 협력이라는 세 축을
중심으로 상호 연결된 구조를 이루고 있다. 아래 도식은 이른바 관리
가능한 경쟁 체계를 구성하는 세 축의 관계를 개략적으로 보여준다.

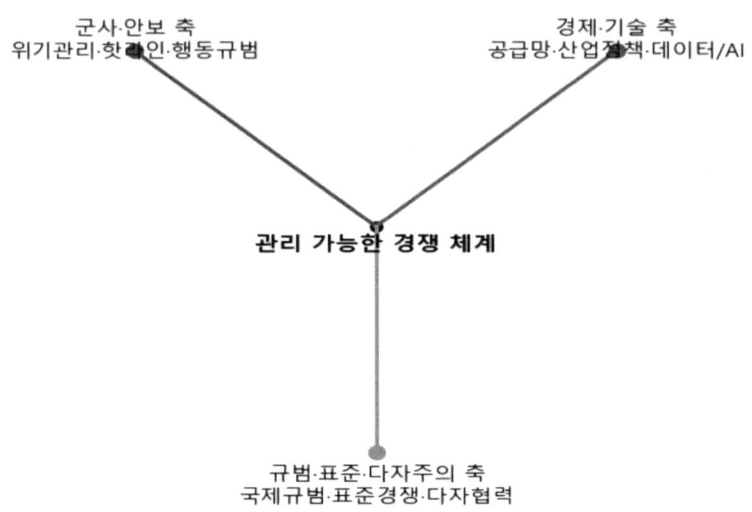

(1) 군사·안보 영역의 위기관리 구조

군사적 차원에서 관리 가능한 경쟁은 가장 즉각적이고 실질적인 필요에서 출발한다. 남중국해, 대만해협, 동중국해 등에서 해상·공중 충돌 위험이 높아지면서 양국 모두 우발적 군사 충돌이 초래할 정치·경제적 비용을 명확히 인식하게 되었다. 특히 2018년 이후 양국 간 군사 핫라인이 단절되고, 미 해군의 항행의 자유 작전과 중국 해군의 대응이 반복되면서, 위기관리를 위한 제도적 채널 복원이 필수 과제로 부상했다. 이에 따라 2023년 이후 미·중은 고위급 군사 대화 채널을 재개했고, 국방정책조정회의와 해상군사안전협의체가 단계적으로 복원되었다. 이러한 소통 채널은 완전한 신뢰 구축은 아니지만, 오판을 방지하고 충돌을 예방하기 위한 최소한의 안전장치로 작동한다. 특히 항공·

해상에서의 비접촉 행동 규칙(CUES), 위기 상황에서의 정보교환 절차, 군사 통보 체계 등의 합의는 위험의 제도화된 관리의 대표적 사례로 평가된다. 이러한 합의는 1990년대 미·소 간 핫라인 외교가 냉전 관리의 최소 안전판으로 기능했던 것과 유사한 구조를 띠며, 우발적 충돌의 제도화된 억제라는 새로운 군사외교 모델로 자리 잡고 있다. 흥미로운 점은 양국 모두 전략적 모호성을 유지하면서도, 의사소통 채널만큼은 지속적으로 관리한다는 것이다. 미국은 인도·태평양 전략의 일환으로 일본·호주·필리핀 등과의 연합훈련을 강화하면서도 중국과의 직접 대화를 병행하고, 중국 역시 군사적 긴장을 외교적 협상 지렛대로 활용하면서도 국지적 충돌이 자국의 발전 환경을 해칠 수 있다는 판단 아래 절제된 행동을 유지한다. 이런 양면성은 군사적 경쟁이 지속되는 가운데에서도 일정 수준의 '관리된 대립 체제'가 작동하고 있음을 보여준다.

(2) 경제·기술 분야의 조정 메커니즘

경제와 기술 영역에서도 제도적 조정의 움직임이 뚜렷하게 나타난다. WTO(세계무역기구), G20, AIIB(아시아인프라투자은행) 같은 기존의 다자 플랫폼은 여전히 기능하고 있으며, 양국은 새로운 비공식 대화 채널을 병행해 구축하고 있다. 2022년 G20 발리 정상회의와 2023년 샌프란시스코 미·중 정상회담에서는 경제안보 대화와 기후·보건 협력 재개가 합의되었고, 2018년 이후 사실상 중단되었던 고위급 경제대화가 제도적으로 복원되었다는 점에서 상징성이 크다.

전략산업 차원에서도 이중적 구조가 형성되어 있다. 미국은 반도체·배터리·핵심광물 등 첨단산업을 국가안보 기반산업으로 규정하고, CHIPS법(반도체·과학법), IRA(인플레이션감축법) 등을 통해 공급망을 동맹국 중심으로 재편하고 있다. 중국은 이에 대응해 쌍순환(雙循環) 전략을 통해 내수 기반 강화와 역내 공급망 구축을 병행하며, 산업의 자립적 순환을 모색하고 있다. 이로써 미·중 경쟁은 단순한 무역전쟁이 아니라, 공급망의 지정학화라는 새로운 양상으로 발전하고 있다.

반도체를 비롯한 첨단 기술 부문에서는 미국이 소재·장비·설계를, 중국이 제조·수요를 장악하고 있어, 구조적으로 완전한 분리가 불가능하다. 특히 우리나라, 대만, 일본, 유럽 등이 매개 역할을 하며 복잡한 다층적 공급망을 형성하고 있다. 이런 상황에서 각국은 경쟁 속에서도 상호 연결을 유지할 수밖에 없는 제도화된 공존 구조 속에서 움직이고 있다. 데이터와 인공지능 분야에서도 이러한 상호의존적 조정이 확대되고 있다. 미국은 글로벌 크로스보더 프라이버시 규칙 체계와 신뢰를 기반으로 한 데이터 자유 흐름을 통해 자유화를 추진하며, 일본·호주·싱가포르 등과의 연합을 강화하고 있다. 반면 중국은 「데이터보안법(DSL)」과 「개인정보보호법(PIPL)」을 시행하며, 데이터 주권을 중심으로 한 통제형 모델을 확립했다. 그러나 실제 산업 현장에서는 클라우드 보안·데이터 인증·알고리즘 검증 기준 등에서 제한적 상호 인정이 전개되고 있다.

(3) 규범·표준 영역의 상호 경쟁과 실험

규범과 표준의 영역에서는 표준 공동체를 둘러싼 경쟁이 한층 격화되고 있다. 미국은 민주주의·투명성·인권을 핵심 가치로 한 가치 중심 표준 동맹을 강화하고 있고, 중국은 발전권·주권 평등·문화적 다양성을 강조하며 대안적 국제 규범 체계를 확산하고 있다. 이러한 대립은 단순한 기술표준의 경쟁이 아니라, 국제법과 세계질서의 철학적 기초를 둘러싼 규범적 경쟁으로 확장되고 있다. 그러나 완전한 대립은 상호 파괴적이다. 글로벌 시장의 단절은 양측 모두에게 손실이 되기 때문이다. 실제로 ISO(국제표준화기구), ITU(국제전기통신연합), AI 윤리 협의체, UN 기후변화협약(COP) 등 국제기구에서는 미·중이 경쟁하면서도 실용적 절충을 시도하는 움직임이 나타난다. 예를 들어 AI 윤리 규범의 경우, 미국은 인간 중심의 투명성을, 중국은 사회적 안정과 발전 효율을 강조하지만, AI 위험 최소화라는 공동 목표를 통해 부분적 합의에 도달하고 있다.

중국은 이를 표준의 세계화 전략의 일환으로 보고, 디지털 실크로드를 통해 자국 기술표준을 개발도상국으로 확산시키고 있다. 스마트 시티, 감시기술, 클라우드 보안 분야에서 중국 표준은 이미 아프리카·중동 지역에서 채택되고 있으며, 이는 기술 확산을 넘어 규범적 영향력 확대의 통로로 기능한다. 이러한 과정은 규범 경쟁이 단절이 아니라 조정의 형태로 발전하고 있음을 보여주는 사례다.

(4) 다자주의와 제도 복원의 노력

미·중의 경쟁이 심화되면서도 양국은 여전히 다자 제도 내에서 영향력을 유지하려 한다. 중국은 UN, WTO(세계무역기구), AIIB(아시아인프라투자은행), BRICS, 상하이협력기구(SCO) 등 기존 체제 내 영향력을 강화하며 포용적 다자주의를 강조하고, 미국은 G7, Quad(4자 안보대화), AUKUS(미국·영국·호주 안보 파트너십), IPEF(인도·태평양 경제 프레임워크) 등 소다자 협력체를 결합해 가치 중심 다자주의를 강화하고 있다. 이 두 체계는 병렬적으로 작동하지만 기후·보건·금융안정과 같은 분야에서는 상호보완적 조정 기능을 수행한다.

기후변화 대응에서 미국은 민간 혁신 기반의 감축 메커니즘을 강조하고 중국은 국가 주도형 전환을 내세우지만, 양국 모두 탄소중립 목표를 유지하고 있다. 미국은 2050년, 중국은 2060년 탄소중립을 목표로 한다는 점을 함께 고려할 때, 기후 영역은 경쟁과 협력이 교차하는 대표적 분야라 할 수 있다. 또한 IMF(국제통화기금)·FSB(금융안정위원회) 등의 금융기구에서는 위기 예방 기준에는 합의하면서도 규제 방식에서는 차이를 보이며, 병렬적 협력이 경쟁을 제도화된 상호 관리로 전환하는 역할을 하고 있다.

(5) 관리 가능한 경쟁의 구조적 특징

관리 가능한 경쟁 체계는 협력과 대립 사이의 불안정한 균형 구조다. 그것은 불신을 전제로 하지만, 체제 붕괴를 막기 위해 일정한 신뢰의 틀을 유지하려는 현실적 선택이다. 이 구조의 핵심은 경쟁을 부정하지 않고, 그 경쟁을 제도적 규칙 속에 가두려는 제도적 억제의 논리에 있다.

이 경쟁 체계는 위험의 분절적 관리라는 원리를 바탕으로 작동한다. 군사·경제·기술·규범 등 각 영역의 위험이 독립적으로 관리되며, 각 분야의 협의체가 교차 작동함으로써 전체 균형이 유지된다. 미·중은 군사 채널을 통해 우발적 충돌을 차단하고, 경제 영역에서는 제재 강도와 통상 조치를 협상하며, 기술·규범 협의체에서는 경쟁의 경계를 명시한다. 예컨대 반도체의 경우 생산·설계·장비·소재가 여러 국가에 분산되어, 경쟁이 존재하더라도 절대적 단절이 불가능한 구조는 관리 가능한 경쟁이 현실적으로 작동할 수밖에 없는 대표적 사례다.

(6) 향후 과제와 제도적 지속성

이러한 관리 가능한 경쟁 체계가 안정적으로 유지되기 위해서는 세 가지 제도적 조건이 필요하다. 첫째, 신뢰의 제도화다. 단기적 회담이나 정상회동만으로는 부족하며, 경제안보대화·기술표준 협의·군사 핫라인 등 정례화된 대화 구조가 지속적으로 작동해야 한다. 둘째, 다자 기구의 조정력 강화다. 미·중 외의 중견국들이 중재자 역할을 수행할 때 경쟁은 예측 가능한 수준으로 유지될 수 있다. 셋째, 민간·산업·학술 교류의 복원이 필요하다. 이러한 교류는 상호 이해의 네트워크를 재건하고, 정치·제도의 경직성을 완화하는 역할을 한다.

관리 가능한 경쟁은 상대의 존재를 인정하는 경쟁이다. 이는 체제를 대체하거나 파괴하려는 제로섬의 논리가 아니라, 서로 다른 시스템이 공존하며 조율되는 실용적 다극주의의 한 형태다. 경쟁의 규칙이 제도화될 때 비로소 갈등은 관리되고, 국제질서는 불완전하지만 지속 가능한 균형을 유지한다. 오늘날 국제질서의 최소한의 안정 조건은 바로 이 관리 가능한 경쟁 체계의 작동에 달려 있다. 군사적 억제, 경제적 조정, 기술·규범 협력의 세 축이 유기적으로 기능할 때, 미·중 관계는 통제 가능한 긴장 상태로 유지될 수 있다. 이 구조는 완전한 평화도, 새로운 냉전도 아니다. 불신과 협력, 경쟁과 공존이 교차하는 현실적 국제정치의 얼굴이며, 앞으로의 다극적 질서가 어떻게 작동할지를 예고하는 실험적 모델이라 할 수 있다.

5. 중견국의 전략 공간
─선택과 혼합, 그리고 균형의 기술

미·중 경쟁이 장기화되면서, 우리나라를 비롯한 중견국들은 분리와 협력의 경계에서 복잡한 전략적 선택을 요구받고 있다. 양국이 각각 자국 중심의 규범과 공급망, 기술 표준을 구축하는 과정에서, 중견국은 어느 한 체계에 완전히 편입되기도, 독립적으로 행동하기도 어려운 구조적 딜레마 속에 놓였다. 이러한 압력 속에서 중견국들은 선택적 연계와 전략적 혼합을 통해 자율성을 최대화하려는 경향을 보이고 있다. 이는 단순한 중립이나 균형 외교를 넘어, 분야별로 상이한 연계 방식을 조합하는 다층적 대응 전략으로 발전하고 있다.

오늘날의 중견국은 냉전 시기의 중립적 완충지대와는 전혀 다른 성격을 지닌다. 군사력이나 경제 규모의 중간 지위보다는, 네트워크 연결성과 제도 설계 능력에서 그 위상을 찾을 수 있다. 이들은 글로벌 공급망과 기술 혁신, 규범 경쟁의 교차점에 자리하며, 협상과 조정의 능력을 통해 질서의 안정성을 유지하는 구조적 균형자로 작동한다. 이러한 역할은 특히 미·중 경쟁이 전면화된 이후, 국제사회의 완충지대로서의 의미를 넘어, 새로운 질서의 조정자로 확대되고 있다.

우리나라는 이 전환기의 대표적 사례다. 안보 측면에서 미국과의 동맹을 유지하면서도, 경제와 기술 분야에서는 중국과의 협력 관계를 병행한다. 미국의 반도체·배터리 공급망 재편(CHIPS법, IRA)에 참여하면서도, 중국 내 주요 생산거점(삼성 시안, SK하이닉스 우시)을 유지하기 위해 면제를 확보한 것은 대표적 예다. 이는 한미동맹의 틀 속에서도 산업·시장 자율성을 보존하려는 실용적 절충의 결과다. 또한 우리나라는 디지털 무역과 데이터 규범 영역에서도 개방과 보호의 균형을 모색하고 있다. 2023년 체결된 한·싱가포르 디지털 파트너십 협정 (DPA)은 데이터 이동의 자유와 개인정보보호를 동시에 보장하며, 미·중 디지털 규범 경쟁 속에서 제3의 모델을 제시했다. 여기에 우리나라 정부가 2023~2024년 공급망 정책에서 디리스킹이라는 개념을 공식적으로 도입하며, 반도체·배터리·핵심광물 분야에서 위험 분산 전략을 강조한 점은 한국의 전략적 조정이 제도화 단계에 진입했음을 보여준다. 이러한 우리나라의 대응은 중견국이 자율적 중개자로 기능할 수 있음을 보여준다. 과거에는 외부 압력에 대한 수동적 대응이 중심이었지만, 오늘날에는 동맹 네트워크 내부에서 전략적 선택의 여지를 확보하고, 특정 분야별로 협력의 범위를 조정하는 능동적 행위로 변화했다. 한·미동맹과 대중경제협력의 병행, 첨단산업에서의 리스크 분산, 그리고 신흥시장과의 새로운 공급망 연계는 모두 자율성을 확보한 협력이라는 공통의 논리를 가진다. 또한 우리나라는 호주·캐나다 등과의 공급망 협력 MOU 및 AI 기술 협력 체제를 강화하며, 중견국 네트워크의 실질적 확장에 참여하고 있다.

ASEAN(동남아시아국가연합) 국가들의 전략 역시 복합적이다. 인도네시아, 베트남, 태국, 말레이시아 등은 미·중 양측과의 관계를 병행하며, 전략적 이중화를 실천하고 있다. 인도네시아는 미국의 기술 투자와 중국의 인프라 자본을 동시에 활용하며, 개방성과 자율성을 모두 확보하려 한다. 베트남은 미국과의 전략적 파트너십을 강화하면서도 일대일로(一帶一路) 프로젝트를 통해 전력·항만·교통 인프라 투자를 유치했다. 태국과 말레이시아도 비슷한 방향에서 미국의 공급망 재편에 참여하되, 중국 시장 접근성과 금융 협력을 유지하고 있다. 이러한 다층적 선택은 균형적 개방성을 추구하는 ASEAN(동남아시아국가연합) 특유의 실용주의 외교로 요약된다. 특히 싱가포르는 DEPA(디지털경제동반자협정)·디지털 파트너십 협정(DPA) 등 디지털 경제 협정을 선도하며, 규범·데이터 영역에서 미·중 사이의 제3의 표준 모델을 제시하고 있다. 베트남은 미국·일본의 반도체 투자 유치를 확대하며, 제조·기술 공급망의 교차점으로 부상하고 있다. ASEAN(동남아시아국가연합)은 집단적으로도 독자적 자율성을 유지하려 한다. 2020년 발효된 RCEP(역내포괄적경제동반자협정)은 이를 상징한다. RCEP(역내포괄적경제동반자협정)은 미국이 주도했던 TPP(환태평양경제동반자협정)와 달리 정치적 가치 기준보다는 실질적 경제협력에 초점을 맞추었다. 이 협정은 우리나라와 중국, 일본, 호주, 뉴질랜드 등 주요 경제권을 모두 포괄함으로써, 특정 국가가 아닌 지역 전체의 상호의존 구조를 유지하는 완충장치로 기능하고 있다. 즉, RCEP(역내포괄적경제동반자협정)은 미·중 경쟁의 틈새에서 경제협력을 지속할 수 있는 제도적 기반이자, 협력의 안전지대를 제공하는 구조다.

EU는 또 다른 형태의 자율성을 추구하고 있다. EU는 안보에서는 미국과의 NATO 연대를 유지하지만, 경제·기후·데이터 규범에서는 독자적 질서를 구축하고 있다. 브뤼셀은 전략적 자율성을 공식 외교 기조로 삼고, 디지털 주권과 녹색 전환을 핵심 아젠다로 내세우고 있다. 유럽의 대중 정책은 파트너, 경쟁자, 체제적 라이벌이라는 세 가지 인식틀로 요약된다. 즉, 중국과의 관계를 단일한 대립으로 규정하지 않고, 협력과 경쟁을 병행하는 다층적 접근을 취한다. 다만 2023~2024년 EU 문서에서는 전략적 자율성이 전략적 개방성이라는 표현과 함께 사용되며, 완전한 분리보다는 조정된 연계와 표준 확산을 중시하는 방향으로 기조가 조정되고 있다.

독일과 프랑스는 이러한 기조를 현실화하는 주요 행위자다. 독일은 제조·수출 중심의 경제구조상 중국 시장과의 단절이 불가능하다는 현실을 인식하고, 리스크 관리형 연계를 선택했다. 프랑스는 마크롱 대통령의 발언처럼 동맹이지만 종속은 아니다라는 원칙 아래, 대서양 동맹

내 자율성을 강조하고 있다. 이러한 유럽의 접근은 가치 중심 연대의 틀 속에서도 정책 자율성을 지키려는 시도이자, 미·중 양극 구조에 제3의 조정축을 제시하는 실험이다.

인도와 중동, 그리고 이른바 글로벌 사우스 역시 새로운 균형 축으로 부상하고 있다. 인도는 미·중 사이에서 전략적 다원주의를 구사하며, Quad(4자 안보대화)·I2U2(인도-이스라엘-아랍에미리트-미국 협의체)·BRICS·상하이협력기구(SCO) 등 복수의 협의체에 동시에 참여한다. 이는 탈냉전기 비동맹 외교의 21세기적 진화로, 기술·안보·개발의 영역을 분리하여 각기 다른 협력 구조를 운영하는 독자적 모델이다. 인도는 또한 디지털 공공인프라(DPI)를 중심으로 한 기술 자립 생태계를 구축하면서, 서구 중심의 기술 질서에 대안을 제시하고 있다.

중동 지역의 행보도 주목할 만하다. 사우디아라비아와 UAE(아랍에미리트)는 미국의 안보 보장을 유지하면서도, 중국과의 에너지·기술·디지털 인프라 협력을 확대하고 있다. 두 국가는 화웨이(华为)와 협력해 스마트시티·AI 프로젝트를 추진하며, 서구식 자유시장 모델과 중국식 국가개발 모델을 혼합한 하이브리드 전략을 구현하고 있다. 또한 2024년 이후 사우디와 UAE는 AI 규제와 클라우드 국지화 정책을 강화하며, 기술 협력에서 전면 개방이 아닌 단계적 접근을 선택하고 있다. 이는 중동이 기술 다극화의 실험장이면서도, 자국 중심의 규제 체계를 병행하는 전략적 조정자로 진화하고 있음을 보여준다.

한편, 글로벌 사우스의 부상은 국제질서의 규범 구조를 변화시키고 있다. 브라질, 인도네시아, 남아프리카공화국, 나이지리아 등은 발전권과 공정한 다자주의를 내세우며, 기존 서구 중심 질서의 재조정을 요구하고 있다. G20, BRICS, 유엔총회 등에서 이들이 제기하는 의제는 경제협력과 개발금융을 넘어, 국제법과 글로벌 거버넌스의 정당성에 대한 근본적 문제 제기로 확장되고 있다. 특히 2023년 이후 BRICS가 사우디·UAE(아랍에미리트)·이집트·이란 등으로 확대되면서, 글로벌 사우스의 제도적 영향력이 한층 강화되는 계기가 되었고, 세계은행·IMF 구조개혁 요구도 주요 의제로 떠오르고 있다.

　이러한 흐름 속에서 중견국 간의 연대도 점차 제도화되고 있다. 우리나라·호주·캐나다·EU·ASEAN(동남아시아국가연합) 등은 미·중이 직접 개입하지 않는 새로운 협력 플랫폼을 구축하고 있다. 2023년 한·EU 디지털 파트너십, 한·ASEAN(동남아시아국가연합) 공급망 복원협력(MSCF), 인도-중동-유럽을 연결하는 IMEC(인도-중동-유럽 경제회랑) 등은 모두 중견국 네트워크의 확대를 상징한다. 다만 IMEC(인도-중동-유럽 경제회랑)은 사우디-이스라엘 관계 악화로 2024년 현재 추진이 중단된 상태이며, 이는 중견국 네트워크가 지정학적 환경에 따라 변동될 수 있음을 보여주는 대표적 사례다. 이들은 특정 강대국의 블록에 속하지 않으면서, 상호 보완적 연결을 통해 연합적 자율성을 실현하고 있다. 결과적으로 중견국의 전략 공간은 단순한 회피나 중립의 영역이 아니다. 그것은 미·중 경쟁의 방향을 조정할 수 있는 중요한 완충지대이자, 새로운 협력의 시험대다. 완전한 중립도, 일방적 편승도 아닌 균형의 기술이 요구되는 시점이다. 이러한 균형은 군사력보다 제도 설계 능력, 규범 적응력, 외교적 기민성에 의해 좌우된다. 특히 디지털·기후·에너지·AI(인공지능)와 같은 신흥 분야에서 중견국의 표준·제도 설계 역량은 국제 규범 경쟁의 갈림길을 결정짓는 핵심 변수로 부상하고 있다. 만약 중견국들의 이러한 대응이 제도화되고 상호 연계로 발전한다면, 향후 국제질서는 단순한 양극 대결 구도를 넘어 관리 가능한 경쟁과 공존의 질서로 진화할 수 있다. 미·중 양국이 모든 영역을 통제하지 못하는 다극적 환경 속에서, 중견국들의 선택과 협력은 새로운 질서의 안정성을 담보하는 실질적 기반이 될 것이다. 중견국은 더 이상 주변부가 아니라, 21세기 다극 질서의 설계자이자 균형자로서 중심적 역할을 수행하게 될 것이다.

6. 맺음말
─공존 가능한 경쟁의 설계

21세기 국제질서는 더 이상 단일한 발전 모델이나 보편적 규범으로 수렴되지 않는다. 근대 이후 세계를 이끌어온 자유주의 질서는 여전히 유효한 제도적 기반을 제공하지만, 그 내부에서는 이미 균열과 다원성이 공존하고 있다. 미국식 근대화가 개인의 자유와 시장 경쟁, 민주주의의 보편성을 핵심 가치로 하여 글로벌 통합의 서사를 유지하려 한다면, 중국식 현대화는 국가 주도의 발전 전략과 사회적 안정, 문화적 다양성을 앞세워 또 다른 질서의 가능성을 제시한다. 두 모델은 서로 상반된 가치와 제도를 내포하지만, 동시에 세계 질서의 공존을 가능케 하는 상호 의존적 구조로 진화하고 있다.

미·중 경쟁은 단순한 패권의 다툼을 넘어, 기술과 산업, 규범과 가치의 복합적 재편 과정이다. 냉전의 이념 대결과 달리, 오늘날의 경쟁은 상호연결된 세계화의 심층 구조 속에서 이루어지며, 단절보다 관리, 대립보다 조정의 형태로 나타난다. 기술 공급망, 데이터 통제, 금융 결제, 군사 억제, 기후 거버넌스 등 거의 모든 영역에서 두 체제는 경쟁과 협력의 혼합 구조를 형성하고 있다. 이 복합적 질서는 불안정하지만, 완전한 대립으로 수렴하지 않는다. 바로 그 모순된 현실을 제도화하고자 하는 개념이 관리 가능한 경쟁이다.

관리 가능한 경쟁은 단순히 갈등을 완화하려는 외교적 구호가 아니라, 현실적인 질서 운영의 방식이다. 이는 경쟁을 전제로 하되, 그 경쟁이 통제 불가능한 대결로 비화하지 않도록 제도적 안전판을 마련하는 접근이다. 군사적으로는 우발적 충돌 방지를 위한 위기관리 채널과 행동 규칙, 경제적으로는 공급망의 복원력과 금융안정 장치, 기술적으로는 표준과 규범의 상호 인정, 외교적으로는 다자대화의 지속적 유지가 이에 해당한다. 즉, 분리와 연결의 균형을 제도화한 공존의 기술이라 할 수 있다.

이런 관리형 질서는 냉전식 양극 체제와도, 완전한 자유주의 통합체 제와도 다르다. 각국이 자국의 발전 모델을 유지하면서도 상호 조정 가능한 관계를 만들어 가는 조율된 다극화의 형태에 가깝다. 경쟁이 제도적 규칙 안에서 이루어지고, 협력이 국가이익의 교차점에서 제한적으로 발생하는 구조다. 이는 충돌과 분리의 중간지대에서 작동하는 새로운 질서의 원리이며, 21세기 국제정치가 향하고 있는 가장 현실적이고 지속 가능한 형태의 균형이라 할 수 있다. 이러한 전환기에서 중견국들의 역할은 점점 더 중요해지고 있다. 우리나라, ASEAN(동남아시아국가연합), EU, 인도, 브라질 등은 분리와 연결의 경계에서 자율성과 협력의 균형을 모색하고 있다. 이들은 한편으로는 강대국 간 경쟁의 충격을 흡수하는 완충지대이자, 다른 한편으로는 새로운 제도와 규범을 형성하는 실험장이다. 특히 우리나라·ASEAN(동남아시아국가연합)·EU의 사례는, 지정학적 긴장과 경제적 상호의존이 교차하는 현실 속에서 정책적 자율성과 제도적 연계성의 동시 추구가 가능하다는 것을 보여준다. 이러한 시도들이 축적된다면, 향후 다극적 구조 속에서 새로운 규범 질서가 형성되는 중요한 기초가 될 것이다.

중견국들의 협력은 균형의 기술을 제도화하는 과정으로 볼 수 있다. 이들은 특정 진영의 이념이나 가치보다, 위험 관리와 이익의 극대화를 우선순위에 두고 행동한다. 그 결과 중견국 간 연대, 예를 들어 한·EU 디지털 파트너십, RCEP(역내포괄적경제동반자협정), IMEC(인도-중동-유럽 경제회랑)은 글로벌 거버넌스의 새로운 층위를 만들어내고 있다. 다만 IMEC(인도-중동-유럽 경제회랑)은 사우디와 이스라엘의 관계 악화의 영향으로 2024년 현재 추진이 사실상 중단된 상태라는 점에서, 예시로 언급되더라도 그 제도화 과정이 여전히 불확실하다는 한계를 안고 있다. 이는 미·중이라는 양대 질서의 중간에서, 협력 가능한 규칙을 공유하고 관리 가능한 경쟁 구조를 제도화하는 방향으로 발전하고 있다. 궁극적으로 두 현대화 모델의 미래는 충돌과 공존의 양극단 사이에서, 제도와 규범을 통해 경쟁을 관리할 수 있는가에 달려 있다. 중국식 현대화가 발전의 다원성을 강조하며 기존 질서의 규범적 기반을 수정하려 한다면, 미국식 근대화는 보편적 가치의 지속 가능성을 유지하려 한다. 이 두 접근은 표면적으로 대립하지만, 세계가 완전한 분리로 향하지 않는 이유는 바로 이들 간의 상호의존이 이미 구조화되어 있기 때문이다. 기술, 금융, 인적 교류, 기후 문제 등 글로벌 공공재 영역에서 양 체제는 서로의 존재를 전제로 작동한다. 또한 AI(인공지능)·디지털·기후 등 신흥 분야에서 중견국들이 주도하는 규범 협력은, 기존 미·중 중심 구조가 아닌 분산적 규범 생성의 흐름을 보여주는 새로운 사례로 평가된다. 따라서 미래의 국제질서는 경쟁의 규칙을 세우고, 공존의 여지를 제도적으로 유지하는 방향으로 나아가야 한다.

완전한 승자도, 절대적 질서도 존재하지 않는 세계에서 중요한 것은 갈등을 없애는 것이 아니라, 갈등이 통제 가능한 범위 안에서 작동하도록 만드는 일이다. 관리 가능한 경쟁은 그 현실적 해법이자, 다극화 시대의 질서 운영 원리이다. 이런 의미에서 중국식 현대화와 미국식 근대화의 경쟁은 단순한 패권 경쟁이 아니라, 상호 의존 속에서 운영 원리를 조정하는 과정이다. 두 체제가 각자의 가치와 제도를 유지한 채 상호 조정 가능한 관계로 진화할 수 있다면, 그것이 바로 21세기 국제질서의 새로운 안정 조건이 될 것이다. 세계가 완전한 분리로 가지 않으려면, 각 체제가 경쟁의 규칙을 존중하고, 협력의 최소선을 인정해야 한다. 공존 가능한 경쟁의 설계란, 곧 충돌을 관리하고 차이를 제도화하는 질서의 지혜이다. 이는 대결을 회피하는 것이 아니라, 상호 이해와 위험 통제를 통해 지속 가능한 경쟁을 가능케 하는 구조다. 미·중 간 경쟁의 결과가 어느 한 체제의 승리로 귀결되지 않고, 다양한 현대화의 경로가 병존하는 다층적 세계로 이어진다면, 그것이야말로 오늘날 국제사회가 도달할 수 있는 가장 현실적이고 안정적인 방향일 것이다.

결론: 공존 가능한 경쟁 질서의 설계
―중국식 현대화와 21세기 국제질서의 재구성

21세기 국제질서는 더 이상 단일한 근대화 모델이나 보편적 규범에 의해 설명될 수 없는 다층적 구조로 이동하고 있다. 자유주의 국제질서가 한때 세계의 기본 틀을 제공해왔지만, 오늘날의 세계는 복수의 제도·가치·발전 경로가 병존하며 상호 충돌과 조정이 반복되는 새로운 국면에 진입하였다. 서구식 근대화가 시장 중심 성장, 개인의 자유, 민주주의 보편성을 기반으로 세계질서를 조직하려 했다면, 중국식 현대화는 국가 주도 발전, 사회적 안정, 기술 기반 통치, 문화적 다양성을 앞세워 또 다른 방식의 질서 형성과 발전 경로를 제시하고 있다. 이러한 두 모델의 병존은 단순한 가치 대립이 아니라, 국제질서가 단일한 규범적 기준으로 수렴하던 경향이 약화되었음을 보여준다.

중국식 현대화는 무엇보다 복수의 근대가 공존하는 시대에 국제질서가 어떻게 조정되고 안정화될 수 있는가라는 근본적인 질문을 던진다. 발전권을 중심 가치로 삼고, 경제 성장·정치 안정·기술 주권·문화적 자신감을 결합한 중국의 방향은 단지 중국 내부의 정책 조합이 아니라, 세계적 차원에서 발전의 다양성과 제도적 다원성을 인정해야 한다는 규범적 주장으로 확장된다. 이는 서구 중심 질서의 단일성을 상대화하는 효과를 가져왔고, 국제사회가 제도·가치·문명 간의 차이를 더 이상 일방적으로 흡수하거나 동화할 수 없는 시대가 도래했음을 드러냈다.

중국식 현대화를 떠받치는 구조는 크게 세 축으로 형성되었다. 첫째, 국가주도 경제·산업정책은 전략산업 육성, 공급망 자립, 고품질 발전을 통해 경제적 안정성을 강화했다. 둘째, 디지털 거버넌스 체제는 데이터 감독, 플랫폼 규제, 디지털 법제화, AI(인공지능)·감시 기술의 활용을 결합하며 기술적 효율성과 사회적 안정이라는 목표를 동시에 추구했다. 셋째, 문화적 자신감과 문명 담론은 중국식 현대화를 단순한 경제 모델이 아닌 문명적 경로로 정립하며 국가 정당성과 국제적 정체성을 강화했다. 이 세 가지 요소는 상호 맞물리며 중국식 현대화 모델의 내적 일관성을 형성하고, 외부로 확장되는 규범적 영향의 기반이 되었다.

이 구조는 국제사회에도 다층적인 변화를 촉발했다. 공급망 재편, 기술 표준 경쟁, 디지털 규범 분절, 녹색전환의 가속화, 글로벌 사우스 국가간의 협력의 확대 등 다양한 영역에서 중국식 현대화의 영향력이 나타났으며, 이는 국제질서의 규칙과 행동 양식을 실질적으로 변화시키고 있다. 중국의 경제·기술 역량이 급속히 성장함에 따라 세계경제의 구조가 재배치되었고, 미·중 경쟁은 기술·군사·경제라는 삼중전선에서 동시에 심화되며 국제정치의 긴장 수준을 높였다. 그러나 이러한 경쟁의 심화에도 불구하고, 다극화와 중견국 전략 공간의 확대는 국제질서가 새로운 균형을 모색할 여지를 넓히고 있다. EU의 전략적 자율성, ASEAN(동남아시아국가연합)의 선택적 연계, 인도의 다원주의, 중동과 글로벌 사우스의 국가간의 협력 확대는 단일 패권 중심의 질서가 후퇴하고, 다양한 지역 세력이 상이한 형태의 협력·견제·조정을 조합해 새로운 국제적 작동 방식을 만들어가고 있음을 보여준다. 이러한 변화는 단순히 힘의 지형도가 변화한 것이 아니라, 세계가 제도와 가치의 차이를 구조적으로 수용하는 방향으로 이동하고 있음을 의미한다.

이러한 현실 속에서 21세기 국제질서의 핵심 과제는 경쟁을 완화하거나 종식하는 것에 있지 않다. 오히려 핵심은 경쟁을 관리 가능한 형태로 제도화하는 데 있다. 기술·산업·안보·환경·보건 등 상이한 정책 영역은 서로 다른 위험 구조를 가지며, 이들 위험은 분절적으로 관리하면서도 상호 연동성을 고려해야 한다. 단일 규범이나 이념을 강제하던 시대는 이미 지나갔고, 영역별 조정 메커니즘과 위기 완충 장치를 결합한 복합적 조정 구조가 국제질서의 안정성을 결정하는 핵심 요소가 되었다.

다극화의 흐름은 제도·가치·문명 간의 차이를 구조적으로 수용하는 토대를 만들고 있다. 이 과정에서 지역 세력들은 전통적 블록 구도를 따르기보다, 경제·안보·기술·환경 등 분야별로 상이한 연계 방식을 선택하며 전략적 혼합을 통해 자율성과 공간을 확대하고 있다. 이러한 행위 패턴은 단일한 질서로의 수렴이 아닌, 다층적 상호의존이 새로운 기본 구조가 되었음을 의미한다. 이처럼 협력·경쟁·회피·조정이 동시에 작동하는 환경에서는, 가치의 일방적 우위보다 상호 충돌을 조정하는 절차적 정당성이 더욱 중요해진다.

중국식 현대화는 이러한 전환기에서 이중적 성격을 지닌다. 한편으로는 규범적 다양성과 제도적 다원화를 확장하는 동력이 되며, 다른 한편으로는 기술 주권·데이터 규범·공급망 자립을 강조함으로써 새로운 갈등 요인을 만들어낸다. 이 모델은 국제질서를 안정화하는 힘과 긴장을 유발하는 힘을 동시에 내포하고 있으며, 이 때문에 중국식 현대화는 기존 질서를 대체하는 단일한 패러다임이 아니라 복수의 근대를 조정하기 위한 하나의 메커니즘으로 이해될 필요가 있다. 이 맥락에서 공존 가능한 경쟁은 21세기 국제질서의 핵심 원리로 부상한다. 이는 경쟁을 제거하거나 억제하는 것이 아니라, 충돌의 위험을 낮추고 예측가능성을 높이는 방식으로 제도화하는 구조를 의미한다. 공존 가능한 경쟁 질서는 위험의 분절적 관리, 다층적 소통 채널 유지, 영역별 규범 조정,

기술·안보·환경 문제의 연동성 고려, 위기관리 체계의 제도화가 결합될 때 실질적으로 유효해진다. 이 과정에서 패권 경쟁보다 중요한 것은 복잡한 상호의존 구조를 설계하고 조정할 수 있는 능력이며, 이는 미래 국제질서에서 새로운 형태의 권력으로 작동할 것이다.

중국식 현대화는 기술 패권 경쟁, 디지털 규범 분절화, 생태 전환의 비용 증가, 공급망 재편, 문명적 긴장 등 세계가 직면한 복합적 도전을 조정하는 하나의 축으로 작동한다. 단일한 근대성의 시대를 넘어서는 이 전환기에서 규범의 다원화와 조정 구조의 필요성은 더욱 선명해지고 있다. 국제질서의 지속가능성은 어느 문명이나 국가가 승리하는가에 달린 것이 아니라, 상호 인정과 절차적 합의를 기반으로 충돌을 통제하고 경쟁을 관리할 수 있는 조정 가능한 질서를 얼마나 정교하게 구축할 수 있는가에 달려 있다. 중국식 현대화는 이러한 역사적 전환기의 중심에서, 경쟁과 협력이 교차하는 새로운 국제질서를 공동으로 설계하는 중요한 위치를 점하고 있다. 이는 단순한 체제 경쟁이 아니라, 복수의 근대화를 조정하여 공존 가능한 경쟁 질서를 제도화하는 장기적 실험이며, 21세기 세계질서의 향방은 이러한 조정 능력의 성패에 의해 결정될 것이다.

중국식 현대화가 제시하는 국제적 함의는 단순히 하나의 국가 모델이 확장되는 현상을 넘어, 근대화 자체의 개념과 국제규범 구조가 재정의되고 있음을 시사한다. 특히 기술 패권, 디지털 주권, 생태적 전환, 안보·경제의 결합이 가속화되는 환경에서 중국식 현대화는 기존 자유주의 규범이 설명하기 어려웠던 조정 기반 질서의 가능성을 제기한다. 이는 국제사회가 단일 규범의 강제를 통해 안정성을 확보하던 방식에서 벗어나, 복수의 제도와 가치가 공존하는 현실을 인정하고 이를 조정 가능한 틀로 묶어내야 한다는 새로운 요구로 이어진다. 이러한 변화는 근대화의 보편성에 대한 역사적 합의가 약화된 이후, 세계가 어떤 방식으로 지속 가능한 안정성과 협력을 재구성할 수 있는지를 보여주는 중요한 전환점이라는 점이 분명해진다. 또한 중국식 현대화는 미·중 경쟁이라는 양자 구조의 압력 속에서도 중견국과 지역 행위자들이 자율성을 확보할 수 있는 전략적 공간을 넓히는 효과를 만들어내고 있다. 우리나라, ASEAN(동남아시아국가연합), 인도, 중동, 아프리카 등 다양한 지역 세력은 단일 블록에 편입되기보다, 분야별로 상이한 연계 방식을 선택하는 다층적 전략을 통해 새로운 형태의 균형을 모색하고 있다. 이는 21세기 국제질서가 더 이상 특정 강대국의 규범이나 모델을 중심으로 작동하기보다, 다양한 행위자들이 상호 조정과 선택적 협력을 통해 질서를 공동 구성하는 시대가 되었음을 말해준다.

참고자료

Ⅰ. 한국자료

국가안보전략연구원, 『미·중 경쟁과 한반도 전략환경』

국가안보전략연구원, 『인도-태평양 전략과 한국의 대응』

국가안보전략연구원, 『중국의 기술굴기와 안보전략 변화』

국립외교원, 『미·중 전략경쟁 시대 한국의 전략적 선택』

국립외교원, 『중국 디지털 통치와 국제규범 경쟁 분석』

국립외교원, 『중국의 대외전략 변화와 한국 외교의 대응』

대외경제정책연구원, 『RCEP 이후 동아시아 무역질서 변화』

대외경제정책연구원, 『미·중 기술패권 경쟁과 한국의 공급망 전략』

대외경제정책연구원, 『중국식 현대화와 산업정책 변화 분석』

대외경제정책연구원, 『중국의 디지털 무역 규범과 한국의 대응』

산업연구원, 『반도체·배터리 공급망 변화와 한국 제조업 영향』

산업연구원, 『미·중 디커플링이 한국 제조업에 미치는 영향』

산업연구원, 『중국 전략산업 육성정책 평가(중국제조2025 등)』

통일연구원, 『중국의 한반도 정책과 미·중 경쟁의 파급효과』

한국개발연구원, 『글로벌 공급망 재편과 한국경제의 구조적 대응』

한국개발연구원, 『미국·중국 산업보조금 정책 비교』

한국개발연구원, 『한국 수출·투자 구조의 위험 분석』

한국무역협회 국제무역연구원, 『IRA·CHIPS법의 한국 산업 영향 평가』

한국무역협회 국제무역연구원, 『한국-중국 공급망 의존도 분석』

한국무역협회 국제무역연구원,『중국 디지털 무역 규범 변화와 한국 기업의 대응』
한국은행 조사국,『한국-중국 공급망 의존도 분석』
한국은행 조사국,『미·중 금융 디커플링 가능성 분석』
한국은행 조사국,『위안화 국제화 평가』

Ⅱ. 중국자료

国务院新闻办公室, 携手构建人类命运共同体：中国的倡议与行动(2023)
国务院新闻办公室, 新时代的中国国际发展合作白皮书(2021)
科学技术部, 国家中长期科学和技术发展规划纲要(年份因版本而异, 通常为
    2006-2020规划)
中华人民共和国民法典(2020)
中华人民共和国数据安全法(2021)
中华人民共和国个人信息保护法(2021)
中国共产党, 中国共产党第二十次全国代表大会报告(2022)
中共中央·国务院, 构建数据基础制度 更好发挥数据要素作用的意见(2022)
中华人民共和国国民经济和社会发展第十四个五年规划纲要(2021-2025)

Ⅲ. 서양자료

Alastair Iain Johnston, "China in a World of Orders" (2021)
Barry Naughton, *The Chinese Economy*
Brookings Institution, *China's Common Prosperity Strategy*
Carnegie Endowment, *China's Digital Governance*

CSIS, U.S.-*China Tech Competition*

David Shambaugh, China and the World

Henry Farrell & Abraham Newman, "Weaponized Interdependence" (2019)

IISS, Asia—Pacific Regional Security Assessment

IMF, World Economic Outlook

Lowy Institute, Asia Power Index

MERICS, China's State Transformation & Modernization Narratives

OECD, Productivity and Inclusive Growth in China

UNDP, Human Development Report (China Chapter)

World Bank, World Development Indicators (WDI)

Yuen Yuen Ang, China's Gilded Age

Jude Blanchette, China's New Red Guards

IV. 기타자료

연합뉴스, 국제·중국 뉴스(https://www.yna.co.kr/international)

한국경제신문, 중국·글로벌 경제 분석
(https://www.hankyung.com/international/china)

매일경제, 중국·세계경제·산업 보도(https://www.mk.co.kr/news/economy/)

조선비즈, 중국 산업·기술·정책 분석
(https://biz.chosun.com/international/china/)

国家统计局 (National Bureau of Statistics, NBS), 中国统计数据
(https://www.stats.gov.cn/)

国务院新闻办公室 (SCIO), 国务院新闻办公室公报·白皮书
(https://www.scio.gov.cn/)

中央人民政府（Gov.cn），法律·政策文件数据库(https://www.gov.cn/)

World Bank, World Bank Open Data(https://data.worldbank.org/)

IMF, IMF Data Portal(https://www.imf.org/en/Data)

UN Data, UN Data Explorer(https://data.un.org/)

UN Comtrade, International Trade Statistics Database
(https://comtrade.un.org/)

OECD, OECD Data Platform(https://data.oecd.org/)

CSIS, ChinaPower Project(https://chinapower.csis.org/)

Lowy Institute, Asia Power Index (Online Edition)
(https://power.lowyinstitute.org/)

MERICS, China Monitor(https://merics.org/en)

IISS, Strategic Dossiers & Data(https://www.iiss.org/)

Georgetown CSET, Security & Emerging Technology Data Resources
(https://cset.georgetown.edu/)

ASPI, International Cyber Policy Centre(https://www.aspi.org.au/)

중국식 현대화와
세계질서의 재편

초판1쇄 발행 ㅣ 2026년 1월 15일

지은이 ㅣ 선옥경

펴낸이 ㅣ 이명권

펴낸곳 ㅣ 열린서원

등록번호 ㅣ 제300-2015-130호(1999년)

주소 ㅣ 강원특별자치도 화천군 간동면 용호길 73-155

전화 ㅣ 010-2128-1215

전자우편 ㅣ imkkorea@hanmail.net

ISBN ㅣ 979-11-89186-88-3(03300)

값 20,000원

※ 잘못 만들어진 책은 구입한 곳에서 교환해 드립니다.
※ 이 도서의 국립중앙도서관 출판사 도서목록은 e-CRP홈페이지
   (http://www.nl.go.kr/ecip)에서 이용하실 수 있습니다.